죽음집

이 책은 2020년도 정부(교육부)의 재원으로 한국고전번역원의 지원을 받아
수행된 '권역별거점연구소협동번역사업'의 결과물임.

This work was supported by Institute for the Translation of Korean Classics - Grant funded by the Korean Government.

한국고전번역원 한국문집번역총서/조선대학교 인문학연구원 고전번역연구소

죽음집 1

竹陰集

조희일 지음
趙希逸

이민호 최이호 옮김

일러두기

1. 이 책의 번역 대본은 서울대학교 규장각 소장《죽음집(竹陰集)》(奎6830)으로 하였다. 이 문집은 한국고전번역원 발간 한국문집총간 83집에 수록되어 있다.
2. 내용이 간단한 역주는 간주(間註)로, 긴 역주는 각주(脚註)로 처리하였다.
3. 한자는 필요한 경우 이해를 돕기 위하여 넣었으며, 운문(韻文)은 원문을 병기하였다.
4. 맞춤법과 띄어쓰기는 한글 맞춤법과 표준어 규정을 따랐다.
5. 이 책에서 사용한 부호는 다음과 같다.
   - ( ) : 번역문과 음이 같은 한자를 묶는다.
   - 〔 〕: 번역문과 뜻은 같으나 음이 다른 한자를 묶는다.
   - " " : 대화 등의 인용문을 묶는다.
   - ' ' : " " 안의 재인용 또는 강조 문구를 묶는다.
   - 「 」: ' ' 안의 재인용을 묶는다.
   - 『 』: 「 」 안의 재인용을 묶는다.
   - 《 》: 책명 및 각주의 전거(典據)를 묶는다.
   - 〈 〉: 책의 편명 및 운문·산문의 제목을 묶는다.
   - □ : 글자의 자리를 비워 둠을 나타낸다.
   - ▨ : 글자의 판독이 불가함을 나타낸다.

차례

죽음집 권수

죽음집 제1권

부 賦

사 辭

죽음집 제2권

오언절구 五言絶句

육언절구 六言絶句

죽음(竹陰) 조희일(趙希逸)의 생애와《죽음집(竹陰集)》

유종수 | 조선대학교 인문학연구원 연구원

1. 머리말

주지하다시피 조선의 선조(宣祖) 때는 그 능호를 붙여 목릉성세(穆陵盛世)라고 부를 만큼, 뛰어난 인재들이 쏟아져 나온 시기이다. 헤아릴 수 없이 많은 인물들이 배출되었지만, 문장가로 보자면 소위 삼당시인(三唐詩人)과 한문사대가(漢文四大家)를 거론해 볼 수 있다. 즉 삼당시인으로 불리는 옥봉(玉峯) 백광훈(白光勳, 1537~1582), 고죽(孤竹) 최경창(崔慶昌, 1539~1583), 손곡(蓀谷) 이달(李達, 1539~1612)과, 한문사대가로 불리는 월사(月沙) 이정귀(李廷龜, 1564~1635), 상촌(象村) 신흠(申欽, 1566~1628), 계곡(谿谷) 장유(張維, 1587~1638), 택당(澤堂) 이식(李植, 1584~1647) 등은 그 당시 문운(文運)이 대단히 융성했음을 넉넉히 짐작케 하는 사람들이다.

그런데 목릉성세 인재의 대부분은, 안으로 사림(士林)이 훈척(勳戚) 세력을 대체해 가며 붕당으로 분화되어 대립하는 시기와, 밖으로 임진왜란(壬辰倭亂)과 병자호란(丙子胡亂)이라는 미증유의 전란 및 명(明)나라와 청(淸)나라의 교체기를 살았다. 이러한 때에, 삼당시인보다는 조금 늦지만 한문사대가와는 거의 동시대에 활동한 인물로, 문학적 재능이나 작품에 있어 당대에 그들과 명성을 나란히 하였던 죽음(竹陰) 조희일(趙希逸, 1575~1638)이 있었다.

조희일은 선조, 광해군(光海君), 인조(仁祖) 세 조정에서 활약한 관료이자 문인이었다. 우선《인조실록(仁祖實錄)》에 실린 그의 졸기(卒記)와 그의 문집에 붙은 이민서(李敏敍)의 평가를 제시해 본다.

전 부사 조희일(趙希逸)이 졸하였다. 희일은 승지 조원(趙瑗)의 아들이다. 어려서부터 뛰어난 재주가 있어 시(詩)에 능하고 글씨를 잘 썼다. 일찍 과거에 합격하고 또 중시(重試)에 합격하였으며 호당(湖堂)의 선발에 들었다. 혼조(昏朝 광해군) 때에 이위경(李偉卿)에게 모함을 당하여 여러 해 동안 귀양을 살다가 인조반정 후에 옥당(玉堂)을 거쳐 승지에 올랐다. 얼마 되지 않아 시골에 살면서 삼가지 않았다는 이유로 박정(朴炡)에게 논핵을 당했는데 이로 인하여 세력을 잃어 청환(淸宦)의 길이 막혔다. 희일의 사람됨은 탐욕스럽고 인색하며 또 재주를 믿고 거만한 습성이 있었기 때문에 끝내 이로써 낭패를 당하였다. 마지막으로 참판을 지냈는데, 강릉 부사(江陵府使)로 나갔다가 파직되어 돌아와 졸하였다.[1]

예부터 글을 논할 때 "궁해진 뒤에야 시가 훌륭해진다."라고 하였으니, 세간에서는 사리를 아는 자의 말이라고 여겼다. 그런데 우리나라는 그렇지 않아서 추앙을 받거나 뛰어난 문장가들은 항상 부귀하고

1《仁祖實錄 16年 8月 20日》: "前府使趙希逸卒. 希逸, 承旨瑗之子也. 少有雋才, 能詩工書. 早擢科, 又捷重試, 預湖堂選. 昏朝時爲李偉卿所搆, 竄謫累年, 反正後, 由玉堂陞承旨. 未幾以居鄕不謹, 被劾於朴炡, 坐此蹭蹬, 見阻淸路. 希逸爲人貪吝, 且有恃才夸傲之習, 故終以是敗焉. 最後歷參判, 出守江陵, 罷歸而卒."

형편이 넉넉한 집안에서 나오고 초췌하고 곤궁한 자들은 끼지 못하였다.……공의 헌걸차고 탁월함으로 말할 것 같으면 품부 받은 바가 또한 온전하였다. 이미 뛰어난 재주와 청아한 명망으로 높은 명성을 누리고 순탄하게 나아갔는데, 도리어 세사에 곤액을 치렀다. 만년에는 나라의 중흥기(中興期)를 맞아 당시 동배 가운데 공경(公卿)이 된 자들이 많았는데 공은 세상과 조화되지 못하여 벼슬이 크게 떨치지 못하였다. 그리하여 옛사람이 했던 말을 도리어 우리나라에서 믿게 되었다.[2]

임진왜란과 병자호란 등의 전란으로 《승정원일기(承政院日記)》 등의 사료가 대부분 산실되어 조희일의 관력(官歷)을 정확히 재구할 수 없는 상황에서,[3] 위 《실록》의 졸기는 우선 한 인물에 대해 매우 간략하면서도 냉정한 평가를 내리고 있으며, 그의 삶에 관한 전체적인 통찰을 제공하고 있다. 즉 조희일은 출세의 모든 조건인 좋은 가문과 문과 급제, 누구나 인정할 수밖에 없는 시문(詩文)과 글씨 등을 갖추었음에도, 인조반정 이후 벼슬할 때 박정(朴炡)에게 논핵을 당하여 끝내 높은 벼슬에 이르지 못하였다는 것이다.[4] 벼슬은 공경(公卿)이 되지 못하고

2 《竹陰集 序〔李敏敍〕》: "自古論文, 謂窮者而後工, 世以爲知言. 至於我東則不然, 宗工哲匠, 恒出於富貴鍾鼎之家, 而枯槁厄窮者, 不與焉.……若公之恢奇卓犖, 所稟亦全矣. 旣以高才雅望, 享嵬名履亨塗, 而乃反阨於世故, 晩際中興, 一時儕流爲公卿者相望, 而公終抹摋而官不大振, 使古所云者, 反信於我東."

3 선조와 광해군 때의 《승정원일기》는 남아 있지 않으며, 인조 때의 《승정원일기》는 여타 시대의 그것에 비해 소략한 편이다.

4 사관은 조희일이 시골에 살며 근신하지 않은 이유로 논핵을 당했다고 했으나 《실록》의

참판에 그치며, 당대에 명성이 자자한 대단한 문장을 가졌음에도 문형(文衡)에 오르지 못한 이러한 관력은, 자신은 물론 당시 사람들에게 연민을 자아내게 한 것을 넘어, 그의 사후에도 꼬리표처럼 그를 따라다녔다. 즉 당대의 명성을 가리는 그의 현실에서의 불우함은 죽음 조희일에 대한 연구와 이해가 지금껏 전무하다시피 한 사실과 아마도 무관하지 않을 것이다.

이민서도 그의 사후 40여 년이 지나 간행된 그의 문집 서문에서 이러한 입장으로 그를 바라보고 있다. 하지만 이민서는, 우리나라에서 추앙받는 문장가들은 유복한 배경 아래에서 훌륭한 기운을 타고난 것에 힘입은 경우가 대부분이만, 조희일은 타고난 자질에다가 궁함과 시련을 견디는 과정을 통해 작품이 한층 훌륭해질 수 있었다는 말을 덧붙이고 있다.

《실록》의 졸기에 대해서는 증거할 만한 것이 그렇게 많지 않아 그 생평의 시비에 대해 오늘날에 와서 다시 논하고 어렵고, 이민서의 서문은 고인을 위로하기 위한 일종의 과장적인 언사에 불과한지 아니면 후세의 공론에 대한 자신감의 표현인지 지금에 와서 가려내기 어렵다. 그럼에도 불구하고 이제 그의 문집이 한글로 번역됨으로써 그를 둘러싼 많은 물음에 대해 한두 가지의 대답은 제시할 수 있지 않을까 한다.

다른 기록에 따를 때 근신하지 않아 호서(湖西)에서 원망을 샀던 일 외에, 조희일(趙希逸)이 언관을 거쳐 정상적인 절차로 논열(論列)하지 않고 재신(宰臣)의 집에 가서 대신(大臣)인 신흠(申欽)을 침해하는 말을 함으로써, 남을 이용하여 대신을 흔들었다고 박정에게 공박 당하였다. 《仁祖實錄 1年 12月 11日》

2. 죽음 조희일의 생애

조희일의 생애는 송시열(宋時烈)이 지은 신도비처럼 정연하게 정리된 것이 없는 만큼 이를 근간으로 기술하되, 《실록》과 인조조(仁祖朝) 《승정원일기》의 기록을 참고하여 정리한다.

조희일은 본관이 임천(林川), 자가 이숙(怡叔), 호가 죽음(竹陰)이다. 본생가의 조부는 조응관(趙應寬)이고 부친은 조원(趙瑗, 1544~1595)인데, 조원은 계부(季父) 조응공(趙應恭)이 후사가 없어 그 양자가 되었다. 모친은 전의 이씨(全義李氏)로 이준민(李俊民, 1524~1590)의 따님이다.

1575년(선조8). 조희일의 생년으로, 서울에서 태어났다.[5] 태어나면서 정수리뼈 부위에 연꽃 모양의 형상이 있었다고 한다. 7세 때에는 칠언시를 짓고 선배 학자에게 "이백(李白)의 시를 읽은 지 사흘 만에 벌써 능히 전신(傳神)하였다."라고 하는 칭찬을 들었다고 한다.

20세 무렵에, 두 형이 왜적(倭賊)에게 살해되는 불행이 있었다. 《동국신속삼강행실도(東國新續三綱行實圖)》 〈효자도(孝子圖) 권6〉에 기술된 내용에 의하면, 임진왜란 때에 부친 조원이 왜적을 만나 해를 당하려 하자 형제가 에워싸고 살려달라고 애걸하여, 조원은 죽음을 면하고 대신 두 형 희정(希正)과 희철(希哲)은 모두 해를 당하였다고 한다.[6] 이

5 조희일(趙希逸)은 북악산(北岳山) 아래 순화방(順化坊)에서 태어난 듯하다. 즉 숙종의 계비 인원왕후(仁元王后)가 탄생한 집인 양정재(養正齋)가 조희일의 구제(舊第)라는 기록이 있는데, 인원왕후는 조경창(趙景昌)의 딸로 그 증조부가 바로 조희일이다. 《英祖實錄 33年 3月 26日》 또 서울 종로구 소재 경복고등학교 내에 조희일의 부친 조원(趙瑗)의 호를 딴 운강공(雲江公)을 새긴 바위가 있는 것으로 볼 때 조희일 가문은 그 인근에서 세거했음을 추측할 수 있다.

일에 대하여 송시열의 《신도비명》에는 효를 행하다가 죽었다고 하고, 《죽음집》에도 당시의 일을 술회한 글이 실려 있다.[7]

1595년(선조28, 21세). 4월에 부친상을 당하였다. 전년에 송유진(宋儒眞, ?~1594)이 충청도 일대에서 의병대장이라고 칭하며 반란을 일으킨 일로 대대적인 국문(鞫問)이 있었는데, 그 과정에서 부친 조원이 송유진의 수하인 오원종(吳元宗)에게 칙서(勅書)를 유출함으로써 반역을 방조하였다는 혐의를 받았다. 이때 조원의 두 아들 조희일, 조희진(趙希進) 및 사돈 정흠(鄭欽)도 함께 곤경을 겪었는데,[8] 비록 이 일로 처벌을 당한 기록은 없지만 훗날 광해군 때 조희일이 이산(理山)에 귀양 갈 때에 양사(兩司)에서 이 일을 들추어 언급하는 것으로 볼 때, 평생 부담으로 작용했으리라 짐작할 수 있다.[9]

1601년(선조34, 27세). 진사시(進士試)에 장원으로 합격하였다. 부친 조원도 진사시에 장원한 데다, 나중에 그의 아들 조석형(曺錫馨, 1598~1656) 또한 진사시에 장원하게 되는데, 이는 조희일 생전부터 매우 유명한 일로 인구에 크게 회자되었다. 나중에는 증손인 조정만(趙正萬) 역시 진사시에 장원하여 그 명예를 더하게 된다.[10] 이 무렵 선조

6 《東國新續三綱行實圖 孝子圖 卷6 二子活父》: "幼學趙希正, 都事趙希哲, 京都人. 事親誠孝. 壬辰倭亂, 其父趙瑗, 遇賊將被害, 兄弟擁衛哀乞, 瑗獲免二人俱見害. 今上朝旌門." 부친을 구한 이러한 두 형의 효행으로 쌍효자거리, 쌍효잣골 등의 말이 생겼으며, 서울의 효자동 지명의 유래가 되었다고 한다.

7 《竹陰集 卷4 伯仲忌日有感》《竹陰集 附錄 挽章〔舍弟司導寺正希進〕》

8 《宣祖實錄 27年 1月 24日·25日·28日, 2月 8日》

9 《光海君日記 中草本 9年 1月 27日》

10 《陶谷集 卷11 刑曹判書趙公神道碑銘》

(宣祖)가 명필가를 골라 병풍을 만든 일이 있었는데, 조희일이 글씨를 써서 올리자 아들이 부친을 뛰어넘었다는 칭찬을 듣기도 하였다.

1602년(선조35, 28세). 별시 초시(別試初試)에 장원하고 별시 문과(別試文科)에 병과(丙科) 3위로 합격하여 승문원 저작(承文院著作)이 되었다. 이후 이정귀(李廷龜)의 주청으로 자문점마(咨文點馬)로 관서(關西)에 다녀오기도 하였고, 승정원의 주서(注書)를 역임하였다.

1604년(선조37, 30세). 부인 해주 정씨(海州鄭氏)의 상을 당하였다.[11]

1606년(선조39, 32세). 원접사 유근(柳根)의 종사관 신분으로, 명(明)나라 신종(神宗)이 황손의 탄생을 알리기 위해 파견한 정사(正使) 주지번(朱之蕃)과 부사(副使) 양유년(梁有年)을 의주(義州)에 나아가 영접하였다. 이는 유근이 승문원 박사로 참하관 신분이던 조희일을 6품으로 승진시켜 데려갈 수 있도록 자벽(自辟)한 것이었다.[12] 임무를 마치고 돌아왔을 때 선조가 조희일이 지은 시문을 보고 "원기(元氣)가 혼혼(渾渾)하다."라고 칭찬하였다. 이후 사헌부 감찰, 예조 좌랑을 거쳐 6월에 해운 판관(海運判官)에 제수되었다.

1608년(광해군즉위년, 34세). 중시(重試)에 을과(乙科) 2위로 합격하였다. 11월에 독서당(讀書堂) 인원으로 선발되었다.

1609년(광해군1, 35세). 원접사 유근(柳根)의 종사관으로 다시 뽑혀, 사시 조사(賜諡詔使) 웅화(熊化)를 영접하였다. 이때의 일화로, 웅화가 그의 시를 칭찬하며 《사기(史記)》를 얼마나 읽었느냐고 물어보자, 《춘추좌씨전》·《사기》와 시서(詩書)를 비복들도 일하며 외울 정도로 익

11 《滄溪集 권17 外王考近水軒趙公墓表陰記》

12 《宣祖實錄 39年 1月 4日》

숙히 읽었다고 답하였다. 7월에 정언이 되고, 9월에는 영의정 이덕형(李德馨)의 사직 상소에 대해 불윤비답(不允批答)을 지었다. 사간원에서 능해군(綾海君) 구성(具宬)을 특진관(特進官)으로 임명하는 것을 반대하는 계사(啓辭)의 초안을 두고, 이견을 내세우다가 체차되었다.

1610년(광해군2, 36세). 4월에 시강원 사서(侍講院司書)가 되고, 12월에 헌납이 되었다가 그달에 호패(戶牌)의 시행에 관한 물의가 일어나, 피혐하여 체차되었다.

1611년(광해군3, 37세). 8월에 지평이 되었는데 그달에 바로 체차되었다. 이후 문학에 제수되었다가 12월에 다시 지평이 되었다.

1612년(광해군4, 38세). 1월에 지평에서 체차되었다가 2월에 겸문학에 제수되고, 다시 지평이 되었다. 또 4월에 이이첨(李爾瞻), 송극인(宋克訒)과 갈등이 있어 피혐한 끝에 다시 체차되는 등 이해 내내 문학 등 시강원의 관직과 사헌부 지평 자리를 오고가다가, 12월에는 이조좌랑에 제수되었다.

1613년(광해군5, 39세). 2월에 《성학십도(聖學十圖)》를 써서 들이라는 명을 받았고, 3월에 이조 정랑에 제수되었다. 4월에 박응서(朴應犀)·서양갑(徐羊甲) 등 7명의 서출(庶出)이 인목대비(仁穆大妃)의 아버지인 김제남(金悌男)과 역모를 꾸몄다고 고변한 이른바 '칠서지옥(七庶之獄)'이 일어났는데, 문사 낭청(問事郎廳)으로 친국(親鞫)하는 자리에 참여하였다. 이때 역모와 연루된 무인(武人) 중 1인인 정협(鄭浹)의 공초에서 김제남과 친밀한 인물로 거론되어, 의금부에서 문초를 받은 뒤에 삭직되어 풀려나고, 이후 벼슬에서 물러나 야인으로 지냈다.

1616년(광해군8, 42세). 질아(姪兒)를 위해 《학어초독(學語初讀)》을 지었다.

1617년(광해군9, 43세). 전년 12월의, 인목대비가 유폐되어 있던 경운궁(慶運宮)에 광해군의 죄악을 늘어놓은 투서(投書) 사건이 빌미가 되어 1월에, 여러 역옥에 연루되었으면서도 요행히 도성에 살면서 불령(不逞)한 무리들을 끌어 모은다는 죄목으로 양사(兩司)의 논척을 받았다. 이로 인하여 평안도 이산(理山)에 위리안치되는 처분을 받았고, 2월 12일에 적소에 도착하였다.[13]

1618년(광해군10, 44세). 후금(後金)이 침입한다는 잇단 경보로 서북의 도류인(徒流人)을 옮기라는 명이 내려져, 9월에 하동(河東)으로 이배되어 10월에 적소에 도착하였다. 남쪽으로 내려오는 도중에 안산(安山)의 모친에게 인사드렸다.

1619년(광해군11, 45세). 6월에 사면을 받아 전리(田里)로 풀려났다. 경강(京江)의 촌사에서 모친을 봉양하다가 12월에 모친상을 당하고, 장사를 치른 뒤에 시묘(侍墓)를 살았다. 탈상한 뒤에 호서(湖西)의 덕산(德山)에 우거하였다.

1623년(인조1, 49세). 인조반정(仁祖反正)으로 정계에 복귀하여, 3월 홍문관 부수찬에 제수되는 것을 시작으로, 사헌부 집의, 홍문관 응교, 사간원 사간 등의 청요직을 두루 역임하였다. 또한 의정부 사인(議政府舍人)을 거쳐 전한(典翰)이 되었다가 승지(承旨)로 승진하였다. 홍문관에 재직할 때에 경연(經筵)에 참석하여 붕당(朋黨)의 필요성을 강

13 사평(史評)에 의할 때, 조희일이 유배 가게 된 것은 그가 표제(表弟)인 이위경(李偉卿) 및 허균(許筠)과 틈이 있었던 데다가, 허균 등이 투서 사건이 조작된 것임이 탄로날까 두려워하여 이를 은폐하는 과정에서 조희일 등을 유배 보낸 뒤, 변란을 더욱 일으켜 그를 모주(謀主)로 삼고자 해서였기 때문이라고 하였다. 《光海君日記 中草本 9年 1月 27日》

하게 주장하였고, 삼사(三司)에 출입할 때는 적극적으로 언론을 개진하였다.

12월에 정언 박정(朴炡)에게 재신(宰臣)을 구슬려 대신(大臣 신흠(申欽))을 흔들려고 하였다는 내용의 논핵을 당하였는데, 이 일로 대사간 정엽(鄭曄)의 변호를 받았다.[14] 《실록》의 조희일 졸기에 이 일로 청환(淸宦)의 길이 막혔다는 평이 보인다.

1624년(인조2, 50세). 3월에 이괄(李适)의 난이 일어나, 공주(公州)로 피신하는 어가(御駕)를 호종하고 돌아왔다. 가선대부(嘉善大夫)로 승진했다가 광주 목사(光州牧使)로 나갔다.

1625년(인조3, 51세). 2월에, 세자의 관례(冠禮)와 책봉례(冊封禮)에 죽책 서사관(竹冊書寫官)으로 참여한 공으로 반숙마(半熟馬) 1필을 하사받았다. 4월에 도총부 부총관(都摠府副摠管)으로 있다가 영위사(迎慰使)로 관서로 나갔다.[15] 이어 9월에 예조 참판에 제수되었고, 다시 병조 참판에 임명되었다.

1626년(인조4, 52세). 4월에 지문 서사(誌文書寫)로 인조의 생모인 계운궁(啓運宮 인헌왕후(仁獻王后))의 지석(誌石)을 써서 들였다.[16] 6월에 황태자가 탄생한 데 따른 조서를 반포하기 위해 정사 강왈광(姜曰廣)과 부사 왕몽윤(王夢尹)이 왔을 때, 안주(安州))로 나가 그들을 영접하여 위문하였다. 8월, 별시(別試)의 전시(殿試)에 시관으로 참석하였는데, 파방(罷榜)해야 한다는 물의가 일어나 사헌부의 논핵을 당하였다.[17]

14 《仁祖實錄 1年 12月 11日》

15 《仁祖實錄 3年 4月 28日》

16 《承政院日記 仁祖 4年 4月 3日·6日》

1627년(인조5, 53세). 정묘호란이 일어나 대가(大駕)를 강화도에서 호종하였다. 담양 부사(潭陽府使)로 나가 부당하게 거두는 세곡(稅穀) 문제를 감사(監司)를 통해 조정에 제기하여, 5천 곡(斛)을 영구히 면제 받도록 하였다.

1628년(인조6, 54세). 7월에 동지(同知)가 되었고, 8월에 알성시 무과 초시(武科初試)의 시관이 되었다. 9월에 접반사(接伴使)에 세수되어 이듬해 3월까지 가도(椵島)에서 모문룡(毛文龍)을 접대하며 조정과 연락을 주고받는 일을 수행하였다.[18] 접반사가 되어 가도로 갈 때에 영서(迎曙)에서 역마를 함부로 탄 일로 추고를 당하여 처분을 받았는데, 도형과 장형(杖刑)은 면제받아 속전(贖錢)을 내었고 고신(告身)의 추탈 또한 면제 받았다. 또 1629년 1월에는 조정에서 약재와 심약(審藥)을 보내 줄 정도로 중병을 앓아 접반사에서 일시 체차되기도 하였다.

1630년(인조8, 56세). 2월 감시 초시(監試覆試)의 일소(一所) 시관과, 문과 강경(文科講經)의 이소(二所) 시관이 되었다. 5월에 형조 참판이 되어 비국의 제조를 겸대하였고, 특진관(特進官)으로 경연에 참석하였다. 10월에 예조 참의에 제수된 뒤 목릉(穆陵)의 천장 문제로 산릉에 나가 외재궁(外梓宮)을 검칙(檢飭)하는 등 장생전 당상(長生殿堂上)의

17 《仁祖實錄 4年 8月 26日·28日》

18 모문룡의 접반사를 할 때 두 가지 정도의 행적이 기록에 보인다. 하나는 모문룡이 평안 감사 김기종(金起宗)에게 패만(悖慢)한 내용의 회첩(回帖)을 보내온 일로, 감사 김기종과 상의하여 엄정하면서도 화평한 내용의 답서를 지어 보내라는 조정의 명을 수행한 것이고, 또 하나는 가도에서 모문룡을 만났을 때 그가 은근히 인조의 정통성을 부정하는 의중을 내비치자 정색하여 변호한 것이다. 《仁祖實錄 6年 12月 17日》《竹陰集 附錄 神道碑銘》

임무를 수행하였다. 12월에 경상 감사에 제수되어 이듬해 1월에 하직 인사를 올리고 부임하였다.

1631년(인조9, 57세). 6월 호변(胡變)[19]이 발생하여 해서(海西)의 병력을 징발하는 등의 조치가 내렸을 때, 경상 감사로 상주(尙州)로 나아가 머물렀다. 8월 경상 감사를 재차 사직하는 글을 올려 감사에서 체차되었다.[20]

1632년(인조10, 58세). 3월 동지중추부사에 제수되어 사은숙배한 상태에서, 인조의 생부 정원군(定遠君)의 추존을 허락받기 위한 주청부사(奏請副使)에 임명되었다가 4월에 병으로 체차되었다.

1634년(인조12, 60세). 다시 예조에 들어가, 어명을 받들어 1월 14일 남한산성에 나아가 부총병(副總兵) 정룡(程龍)에게 위로연을 베풀어 주었다.

1636년(인조14, 62세). 강릉 부사(江陵府使)에 제수되어 7월 5일에 하직 인사를 하고 부임하였다.

1637년(인조15, 63세). 전년 12월에 병자호란이 일어나 대가가 남한산성으로 피난하였다는 소식을 듣고, 군민(軍民)을 모집하고는 행조(行朝)로 달려가 문안하였다. 전란이 끝난 뒤 4월에, 강원 감사의 장계

19 호차(胡差) 박중남(朴仲男)과 아지호(阿之戶) 등이 군사 1만여 명을 이끌고 가산(嘉山) 서쪽을 막은 뒤, 가도(椵島)를 치기 위해 조선의 배를 빌려 달라고 요구한 일이 있었다.

20 송시열(宋時烈)은 사직한 이유에 대해, 부임한 해에 선묘조(宣廟朝) 때 연해(沿海)의 공사천을 모두 선격(船格)에 충정하기로 한 수교를 엄하게 집행하느라 세력가들의 구설을 불러들였으므로, 결국 병을 핑계 삼아 물러나게 되었다고 하였다.《竹陰集 附錄 神道碑銘》

로 인해 의금부에 나아가 문초를 받고 파직되었다.[21] 11월, 어명에 따라 장유(張維), 이경석(李景奭)과 함께 삼전도비(三田渡碑)의 비문을 지어 바쳤는데, 고의로 거칠게 지었으므로 그 글이 칙사(勅使)에게 보내지지 않았다.

1638년(인조16, 64세). 7월에 병이 들어 8월 20일에 운명하였다. 9월에 사제문(賜祭文)과 부의(賻儀)가 내려오고, 그 즈음에 바로 서용되어 관작도 회복되었다. 고양(高陽)의 선영에 장사지냈다가 뒤에 파주(坡州)의 혜음리(惠陰里)로 이장하였다.

부기할 만한 것으로, 죽음 조희일 사후 《죽음집》 외에 《가림세고(嘉林世稿)》가 간행되었다는 점이다.[22] 서종태(徐宗泰)가 1704년(숙종30)에 지은 서문이 달린 이 책은 조희일과 그 부친 조원(趙瑗) 및 그의 아들 조석형(趙錫馨) 3대의 글을 모은 것인데,[23] 부록에는 조원의 소실인 전주 이씨(全州李氏) 옥봉(玉峯)[24]의 시도 실려 있다.

21 어떤 일인지는 자세하지 않으나, 1637년(인조15) 4월에 강원 감사 장계에 의해 파직되었다는 기록이 보이는데, 이 당시 장계를 올린 감사는 이해 2월에 제수된 이해(李澥)로 보인다. 《承政院日記 仁祖 15年 2月 21日, 16年 9月 25日》

22 이 외에 조희일이 남긴 저서로, 집안에서 소장하였던 10여 책의 《경사질의(經史質疑)》가 보이는데, 이에 대해서는 자세하지 않다. 《竹陰集 附錄 神道碑銘》

23 《晩靜堂集 第11 嘉林世稿序》

24 《寤齋集 卷3 李玉峰行蹟》 이옥봉(李玉峯)은 당대에 유명했던 여류 시인으로, 옥천군수(沃川郡守) 이봉(李逢)의 서녀이다. 조원의 소실로 들어가 살다가, 이웃집 백정처의 억울한 사정을 듣고 그 백정 남편을 위한 소장의 작성을 도와주었는데, 이 일이 드러나 조원에 의해 친정으로 쫓겨났다. 그 뒤 다시 남편 곁으로 돌아오지 못하고, 임진왜란 때에 사절(死節)했다고 전해진다.

3. 죽음 조희일에 대한 평가

조희일은 송시열의 평에 의하자면, 당당한 외모를 지녔고 남보다 재주가 훨씬 높고 명성이 대단하여 권간(權奸)이라도 그를 요직에서 배제할 수 없었다고 한다.[25] 그런데 《실록》 등에 보이는, 관료로서 특히 지방관으로서의 평가는 대단히 야박하다. 인조조(仁祖朝)에서 시관(試官)으로 있었을 때의 처신을 두고 "기가 많아 안정되지 않아서 근신하지 못하였다."[26]라고 한 사관(史官)의 기록이 보이고, 담양 부사로 있었을 때에 대해서는 "일처리가 번거로워서 백성들이 매우 고통스러워한다."[27]라고 한 김류(金瑬)의 말도 보인다. 또한 접반사(接伴使)가 되었을 때에 영서(迎曙)에서 역마를 함부로 타서 처벌을 받았고[28] 법령을 어기고 교자(轎子)를 탄 일에 대해 인조가 꼬집어 말하기도 하였다.[29] 또 만년의 그를 두고 인조는 물망(物望)에 부합하지 않는 오활한 사람의 실례로 경상 감사 조희일을 지목하였는데, 그 자리에 있던 최명길(崔鳴吉) 또한 문한(文翰)은 취할 만하나 어디서든 일처리를 제대로 하지 못한다고 거들고 있다.[30] 이미 소개한 《인조실록》의 졸기(卒記)에는 탐욕스럽고 인색하며 또 재주를 믿고 거만한 습성이 있다고까지 하며 혹평을

25 《竹陰集 附錄 神道碑銘》 : "公長身偉幹, 神彩發越, 仍且佩服庭訓, 其高才峻望, 絶出等夷, 雖權奸執命, 而不敢不處以選地."

26 《仁祖實錄 4年 8月 28日》

27 《仁祖實錄 6年 2月 8日》

28 《仁祖實錄 6年 11月 21日》

29 《仁祖實錄 7年 3月 10日》

30 《承政院日記 仁祖 15年 4月 4日》

가하고 있다. 이런 점으로 볼 때, 관료나 지방관으로서의 유능함과 명망을 갖추었다는 식으로 그를 포장하기에는 다소 무리가 있음을 알 수 있다. 그가 관인(官人)으로서 지적 받은 여러 비판은, 송시열이 본 문집의 서문에서 남의 평을 빌려 말한 '타인의 비난에서 초탈하였다.'라는 말로도 해명하기 힘들어 보인다.

하지만 그의 문학적 재능이나 성취는 전혀 별개의 문제이다. 조희일을 못마땅하게 여기는 사람들조차도 그의 문재(文才)에 대해서만큼은 이론을 내세우지 않았고, 일일이 거론하기도 힘든 당대의 거장과 후대의 문사들이 그의 시문에 경의를 표시하였다. 관직에 나온 지 얼마 되지 않은 그를 원접사 유근(柳根)이 자급을 올려 종사관으로 삼은 일과, 만년에 삼전도의 비문을 짓게 한 사실은 평생에 걸쳐 문장가로서의 영예를 누렸음을 알게 한다.

조희일의 문장에 대해 동시대 인물의 몇 가지 평가를 제시해 본다. 송시열은 〈신도비명〉에서는, 김상헌(金尙憲)의 "홍장거필(鴻匠鉅筆)로 잠깐 동안에 수천만의 말을 지어낸다.", "동쪽 이웃에 또한 용을 잡는 솜씨를 가진 자가 있다."라고 한 말과, 김류(金瑬)의 "바다에 들어가 용(龍)을 엿보는 듯하고, 시문(市門)에 기대어 물건들을 구경하는 듯하다."라고 한 말을 인용하면서, 끝내 대제학에 오르지 못한 것에 대해 지금까지도 문단에서 탄식한다고 하였다. 김수항(金壽恒)은 자신이 쓴 《죽음집》의 서문에서, 조부인 김상헌이 양경우(梁慶遇)의 시집에 쓴 서문의 내용에 조희일이 30대 중반에 이미 문단의 거목으로 알려졌던 사실을 증언하고 있음을 환기시키고 있다.[31] 또한 용주(龍洲) 조경(趙

31 《竹陰集 序〔金壽恒〕》: "及王父序梁子漸詩集, 則論東槎幕僚之盛, 而以公爲鴻匠鉅筆, 此

絅, 1586~1669)은 1668년(현종9)에 황호(黃㦿, 1604~1656)의 문집인 《만랑집(漫浪集)》의 서문을 쓰며, 황호의 경지를 상찬(賞讚)하는 논거를 조희일이 생전에 그를 인정한 데에서 찾기도 하였다.[32]

조희일의 시문(詩文)은 후대에 편찬된 시화(詩話)나 시선집(詩選集)을 통해 잊히지 않고 가치를 인정받았다. 조희일의 작품을 수록한 선집으로 가장 이른 시기의 것은 남용익(南龍翼, 1628~1692)의 《기아(箕雅)》인데, 그는 거기에 총 7수를 싣되 여러 시체를 안배하였다. 즉 오언율시(五言律詩)로는 〈충원으로 부임하는 이도장과 헤어지다〔別李道章赴忠原〕〉, 칠언율시(七言律詩)로는 〈현옹의 시에 차운하다〔次玄翁韻〕〉·〈회포를 읊다〔詠懷〕〉·〈금남군 정충신에 대한 만사〔錦南君鄭忠信挽〕〉, 오언배율(五言排律)로는 〈소두의 다산 시에 차운하다〔次小杜茶山十四韻〕〉, 칠언배율(七言排律)로는 〈매미 20운〔蟬二十韻〕〉, 오언고시(五言古詩)로는 〈계곡의 시에 차운하다〔次谿谷韻〕〉[33]를 뽑았다.[34]

또 홍만종(洪萬宗, 1643~1725)의 《소화시평(小華詩評)》에는 칠언율시인 〈도망시(悼亡詩)〉[35]가 실려 있으며, 장지연(張志淵, 1864~1921)의 《대동시선(大東詩選)》에는 《기아》에 수록된 여러 작품을 취하여 〈충원으로 부임하는 이도장과 헤어지다〔別李道章赴忠原〕〉, 〈현옹의 시에 차운

可見稱引之重也."

32 《龍洲遺稿 卷11 黃諫議漫浪集序》: "竹陰趙希逸談藝最亢, 少許可. 至於公, 折輩行爲忘年友, 曰吾儕中無與敵此子者. 趙之儕輩三四公, 非當世之以文鳴者乎, 聞者以爲公案."

33 《죽음집》에 실린 제목은 〈次張持國謝與芝峯令公同訪〉이다.

34 南龍翼 編, 趙季 校注, 《箕雅校注》, 中華書局, 2008.

35 《죽음집》에 실린 제목은 〈別用他韻贈李學官〉이다.

하다〔次玄翁韻〕〉, 〈금남군 정충신에 대한 만사〔錦南君鄭忠信挽〉, 〈계곡의 시에 차운하다〔次谿谷韻〕〉 총 4수가 실려 있다. 이 외에 1678년(숙종 4)에 손치미(孫致彌)가 사신으로 와서 조선의 시를 채집하여 《조선채풍록(朝鮮採風錄)》을 엮었는데 조희일의 시 2편도 들어갔다.[36]

4. 조희일의 교우 관계(交友關係)

조희일이 누구에게 배웠는지에 대해서는 자세하지 않다. 부친 조원(趙瑗)이 진사시에 장원한 데다가 문과 급제 후 여러 벼슬을 거쳐 승지까지 역임한 인물이고, 외조부 이준민(李俊民) 또한 문과에 급제하고 중시(重試)까지 합격한 문신(文臣)인 만큼 스승 없이 가학(家學)으로 학문에 도달한 것으로 보아도 무리가 없을 것이다.

눈에 띄는 것은, 이준민과 조원은 장인과 사위 관계이면서 동시에 남명(南冥) 조식(曺植)을 스승으로 두었다는 점이다.[37] 그런데 이들은 붕당이 일어나 동인과 서인으로 갈라지는 와중에 동인 쪽에 가담하기보다는 시국을 걱정하여 두 세력 간의 갈등과 대립을 해소하려고 노력한 인물들이다.[38] 이러한 집안의 특수한 내력으로 말미암아, 외조부 이준민

36 한치윤, 《海東歷史 藝文志7》: "康熙十七年, 孫致彌使朝鮮, 採東國詩, 撰朝鮮採風錄, 皆近體詩也.……鄭道傳, 魚無迹, 權應仁詩, 各一首, 趙希逸詩, 二首."

37 이준민의 모친은 남명 조식의 부친 조언형(曺彦亨)의 딸이므로, 조식은 그의 외숙(外叔)이 된다. 또한 조원은 조식에게 크게 촉망을 받아, 《남명집(南冥集)》 전체의 첫 작품이자 오언절구에 수록된 첫 작품이 진사시에 장원한 그에게 준 작품이다. 《南冥集 卷1 書釼柄》

의 손자인 이위경(李偉卿, 1586~1623)은 정인홍(鄭仁弘)으로 상징되는 북인(北人) 정권의 폐모론(廢母論)의 중심에 서게 되고, 조희일은 서인의 핵심 인사들과 줄곧 가까이 지내다가 외사촌인 이위경에게 크게 시달려 유배까지 가게 되고, 인조반정 후에는 서인의 일원으로 자리매김함으로써, 적대적인 세력에 의한 탄압에서는 자유로울 수 있었다.

일찍부터 서성(徐渻, 1558~1631) 집안과 교분이 있어 그 아들들인 서경우(徐景雨, 1573~1645), 서경주(徐景霌, 1579~1643)와 친하였고, 나중에는 김상헌(金尙憲)과도 함께 어울리는 사이가 되었다.[39] 특히 김상헌은 사가독서(賜暇讀書) 인원에 같이 선발되었고 유근의 종사관 일도 함께 수행한 각별한 인연으로, 그와 평생 무수한 시문을 주고받았을 뿐만 아니라 조희일이 정치적인 위기에 처했을 때에 그의 버팀목이 되어 주기도 하였다. 게다가 아들 조석형(曺錫馨)이 김상헌의 조카 김광현(金光炫 김상용(金尙容)의 아들)의 딸에게 장가듦으로써 인척관계로도 얽히게 되었다.

《죽음집》의 각종 작품에 나타나는 인물 중 교유 관계가 확인되는 인물을 제시해 본다. 윤근수(尹根壽, 1537~1616)에 대해서는 제문과 만사를 지어, 개인적인 인연과 더불어 대단한 존경심을 드러내고 있다.

38 조헌(趙憲)이 올린 상소에, 이준민은 사심이 없는 자인데 이이(李珥)를 어질다고 하여 두문불출하게 되었다고 그를 두둔하는 내용이 보인다. 《宣祖實錄 19年 10月 1日》 또 조원이 김효원(金孝元) 세력을 배척한 일로 윤두수(尹斗壽)의 조카 윤현(尹晛)이 그를 전랑(銓郞)으로 끌어올렸다는 말이 보인다. 《宣祖修正實錄 8年 8月 1日, 9年 2月 1日》

39 《죽음집》에는 서성(徐渻)의 장남 서경우의 부탁으로 지은 서성의 묘지명이 실려 있고, 서경우가 지은 조희일의 만장에 김상헌(金尙憲)과의 교유 관계에 대한 정보가 보인다. 《竹陰集 卷16 贈大匡輔國崇祿大夫……忠肅公徐公墓誌銘》《竹陰集 附錄 挽章〔安邊都護府使徐景雨〕》

조금 선배인 이정귀(李廷龜, 1564~1635)와 신흠(申欽, 1566~1628), 조위한(趙緯韓, 1567~1649)과도 다수의 시문을 주고받는 사이로, 이정귀와 신흠에게는 만사와 제문을 남겨 슬픔과 공경을 표하였다. 특히 신흠은, 대간(臺諫)으로 있던 조희일에게 논척을 받아 곤란을 겪기도 하였으나,[40] 유감을 갖지 않고 오히려 시종 그의 문재(文才)를 아끼며 포용해 주었다.

비슷한 연배로는, 양경우(梁慶遇, 1568~?), 심열(沈悅, 1569~1646), 임서(林㥠, 1570~1624), 김류(金瑬, 1571~1648), 이안눌(李安訥, 1571~1637), 조찬한(趙纘韓, 1572~1631), 홍서봉(洪瑞鳳, 1572~1645), 목서흠(睦敍欽, 1572~1652), 김치(金緻, 1577~1625), 심광세(沈光世, 1577~1624), 김대덕(金大德, 1577~1639), 이경직(李景稷, 1577~1640) 등이 눈에 띈다. 양경우는 1606년에 원접사 유근을 같이 수행한 인연이 있었고, 김류는 조희일 사후에 아들 조석형이 부친의 문집 산정을 의뢰할 정도로 각별한 관계가 있었으며, 홍서봉, 목서흠, 김치는 독서당 생활을 같이 하였다. 김대덕은 진사시에 같이 합격한 인물로 평생을 허물없이 지낸 사이인데, 가장 길고 애틋한 제문을 조희일의 영전에 바쳤다.

후배로는, 택당(澤堂) 이식(李植, 1584~1647), 권극량(權克亮, 1584~1631), 이정귀의 아들 이명한(李明漢, 1595~1645), 이경석(李景奭, 1595~1671) 등을 거론할 만하다.

40《仁祖實錄 1年 12月 11日》

5. 《죽음집》의 편찬과 간행

《죽음집》은 조희일 사후에 장남 조석형(趙錫馨, 1598~1656)이 손수 부친의 시문을 베껴 완성한 초고본(草稿本), 조석형 사후에 손자 조경망(趙景望)이 태인(泰仁)에서 판각한 초간본(初刊本), 조경망 사후에 증손 조정만(趙正萬)이 강서(江西)에서 간행한 중간본(重刊本)으로 구별할 수 있다.

초고본은 초간본의 간행 작업에 기준이 된 원고로, 조석형이 시묘살이를 하면서 날마다 베껴서 7편(編) 한 질로 만든 것이다. 조석형이 이것을 가지고 김류(金瑬)와 이경석(李景奭)에게 산정을 부탁하였지만 두 사람 모두 생전에 되돌려주지 못하고 조석형 또한 그대로 사망하였다.[41]

이후 간행 작업에 진척이 없다가 손자 조경망(趙景望)이 이전의 초고본을 김수항(金壽恒)에게 가지고 가서 그 일을 다시 부탁하여, 마침내 김수항이 산정을 마무리하여 돌려보내 주었고, 이를 가지고 조경망이 시산(詩山 태인(泰仁)) 군수로 있으면서 판각 등의 간행 작업을 시작하며 김수항에게 다시 서문을 부탁하였다.[42] 이후 조경망이 합천 군수(陜川郡守)로 재임하던 전후의 어느 시점에서 초간본이 인출(印出)된 것으로 보인다.

중간본은 초간본이 세상에 나온 지 20년 정도 만에 간행된 것이다.

41《滄溪集 卷17 外王考近水軒趙公墓表陰記》,《竹陰集 序〔金壽恒〕》

42《竹陰集 序〔金壽恒〕》: 侍直公之胤景望, 用是慨然, 又以請於兩公者, 請壽恒以卒先志. 余不獲終辭, 妄加去取而還之. 景望出宰詩山, 始付之剞劂, 又求余弁卷之文.

즉, 초간본을 간행한 뒤 조경망이 영구히 보존할 생각으로 해인사(海印寺)에 목판을 보관했는데 화재를 당해 모두 소실되었고, 그 후 증손인 조정만(趙正萬)이 강서 현령(江西縣令)이 되고 몇 년이 지나 그 임소에서 관(官)의 도움과 사비(私費)의 출연을 통해 중간본을 간행하였다.[43]

초고본(草稿本)은 전해지지 않고, 초간본은 조희일의 외증손(外曾孫) 권익륭(權益隆)[44]의 장서기가 있는 것이 서울대학교 규장각한국학연구원에 있으며, 중간본은 현존 《죽음집》의 대부분을 차지하는 것으로 다수의 기관에 소장되어 있다.[45] 특히 규장각한국학연구원은 두 간본(刊本)을 모두 소장하고 있는데, 이곳의 중간본이 바로 이 책의 번역 대본이다.[46] 규장각 소장 《죽음집》 초간본과 중간본의 서지사항은 다음과 같다.

43 《竹陰集 附錄 識〔趙正萬〕》 : 右, 我曾王考竹陰公文集也. 先人昔宰泰仁日, 始得鋟梓, 曁莅陜川, 移置于海印寺. 蓋爲久遠計, 而不幸煨燼於回祿. 不肖懼其傳布不廣, 捐捧鳩功, 重刊于江西縣任所. 前後剞劂, 專籍官力, 何莫非國恩耶. 崇禎後七十七年甲申仲春, 不肖曾孫正萬, 謹識.

44 권익륭은 조희일의 사위 권게(權垍)의 후손이다. 권게가 조희일의 장녀에게 장가들었으므로 그 후사는 조희일의 외손이 된다. 《竹陰集 卷16 秀才權君墓表銘》

45 한의숭, 〈竹陰 趙希逸의 散文에 대한 연구〉에 실린 내용을 참고할 때, 문집의 일부 또는 전체를 소장하고 있는 기관으로는, 전남대학교 도서관, 고려대학교 도서관 연세대학교 학술정보원, 국립중앙도서관, 한국학중앙연구원 도서관, 국회도서관 자료수집과, 계명대학교 동산도서관, 성균관대학교 동산도서관 등인데, 낙질로 소장한 곳도 많으며 1704년에 간행된 중간본이 대부분을 이루고 있다.

46 본서의 대본은 한국문집총간 83집이며, 그 저본은 서울대학교 규장각한국학연구원(도서번호 : 奎 6830)이다.

〈표. 죽음집의 판본〉

비고	초간본	중간본
권수제	竹陰先生集	竹陰先生集
간종	木版本	木版本
간행년	미상	1704
권책	5권 5책	序, 目錄, 原集 16권, 附錄 1권, 합 6책
행자	10行 20字	10行 20字
규격	33×20(㎝)	29×19(㎝)
어미	上下二葉花紋魚尾	上下二葉花紋魚尾
서발사항	없음	序(宋時烈, 金壽恒, 李敏敍)
소장처	규장각한국학연구원	규장각한국학연구원
간행지	泰仁	江西

1) 초간본 서문의 유무 및 간행과 시기의 문제

《죽음집》의 중간본은 여러 기관에서 완질 내지 낙질 형태로 소장되어 있지만, 초간본은 희귀하여 서울대 규장각에 소장된 것을 참조할 수 있을 따름이다. 문제는 규장각 초간본은, 판심제(版心題) 아래 권차(卷次) 부분은 확인이 곤란한 제1판의 지면에 목록의 일부만 남아 있고, 그 위로 서문은 보이지 않는다는 점이다. 이러한 사실은 실제로 서문이 없이 초간본이 인출되었는지의 여부와 또 그 인출 시기가 정확히 언제인지를 확정하는 데에 많은 난점을 안기고 있어, 연구자의 관심이 필요한 부분이다.[47]

47 규장각에 소장된 초간본은 서문이 없는 상태이다. 하지만 초간본 1권의 마모나 낙질 상태를 고려해 보면, 중간본에 있는, 송시열(宋時烈)이 1684년(숙종10)에 지은 서문과 김수항(金壽恒)이 1685년에 지은 서문과 이민서(李敏敍)가 1682년 지은 서문이 초간본에도 실려 있다가 모두 탈락된 것으로 봐야 할 듯하다. 그 근거로는 서문이 없이 문집이 출간되는 것은 상당히 이례적이라고 볼 수밖에 없는 데다, 송시열, 김수항, 이민서의

2) 체재상의 차이

초간본과 중간본은 편집에 있어 큰 차이를 보이므로 이에 대해서는 잘 살펴보아야 한다. 초간본이 1책 당 1권으로 된 5책 5권인 반면, 중간본은 원집 16권에 서문 3편과 목록, 부록이 포함된 6책으로 구성되어 있다.

초간본의 권1은 낙질로 일부만 남아 있는 목록과 사(辭)와 부(賦)로 이루어져 있는데, 중간본에서는 권1에서 30편의 부와 2편의 사를 싣고, 목록은 원집과 별도로 중간본의 서문 다음에 배치하였다.

초간본의 권2는 오언율시(五言律詩)와 육언시(六言詩)인데, 중간본에서는 오언율시 상과 하로 나누어 권4와 권5로 만들었고, 육언율시(六言律詩) 7수와 육언절구(六言絶句) 1수로 구성된 초간본의 육언시는 각

서문에, 조경망이 태인(泰仁)에 있을 때에 서문을 부탁하여 짓는다고 해석될 만한 언급이 모두 있기 때문이다. 이러한 견해를 취한다면, 논리적으로 초간본이 최종 인출된 시점은 김수항이 서문을 지은 1685년 이후가 되어야 한다. 즉 어디까지 진행되었는지는 모르겠으나, 조경망이 태인에 부임한 시점인 1680년 가을 이후에 초간본의 간행 작업이 시작되었고, 또 조경망이 1684년 5월에 합천 군수로 부임하고 나서 1685년 무렵 김수항의 서문을 받아 다른 두 서문과 합쳐서 초간본을 인출한 뒤, 그 목판은 해인사(海印寺)에 보관한 것으로 상정해 볼 수 있다. 그렇다면 초간본을 최종 간행·인출한 장소도 해인사 등 합천 지역으로 볼 여지도 없지 않으며, 또한 해인사에 보관하던 초간본이 화재로 소실된 시점도 조경망이 합천 군수로 재직 중이라고 단정하기보다는 초간본이 출간된 이후부터 1704년에 간행되는 중간본을 판각하는 것이 물리적으로 가능한 최종 시점 사이에 불이 난 것으로 융통성 있게 보아야 할 듯하다. 이 아래 서문에 보이는 간행 관련 언급을 부기해 둔다. 《竹陰集 序〔宋時烈〕》: "公沒幾五十年, 而其孫景望, 與其諸子正萬等, 收拾公諸作, 爲若干卷, 刊行于世.", 《竹陰集 序〔金壽恒〕》: "侍直公之胤景望, 用是慨然, 又以請於兩公者, 請壽恒以卒先志. 余不獲終辭, 妄加去取而還之. 景望出宰詩山, 始付之剞劂, 又求余弁卷之文.", 《竹陰集 序〔李敏敍〕》"晩與公之孫縣監君遊, 君以先君之故, 待我特厚. 且以公詩文若干卷出示, 而辱徵一言, 不佞得以卒業也."

각 중간본의 권5와 권1에 실었다.

초간본의 권3은 칠언율시(七言律詩)인데, 중간본에서는 칠언율시 상과 하로 나누어 권6과 권7에 실었다[48]

초간본의 권4는 오언배율(五言排律), 칠언배율(七言排律), 칠언쌍운고시(七言雙韻古詩), 오언고시(五言古詩)인데, 중간본에서는 권8에 오언배율과 칠언배율을, 권10의 칠언고시 뒤에 칠언쌍운고시를, 권9에 오언고시를 실었다.

초간본 권5는 칠언고시(七言古詩), 응제(應製), 상량문(上樑文), 계(啓), 표(表 전문(箋文)을 포함함), 차자(箚子), 책문(策問)인데, 중간본에서는 권10에 칠언고시를, 권11에 응제와 상량문, 계, 표, 전(箋)을, 권12에 차자를, 권13에 책문을 실었다. 여기서 눈여겨 볼 점은, 초간본 권5 응제의 몇몇 작품을 중간본의 다른 곳에 편차하고 교서(敎書) 형식의 글만 남기되, 두 개의 교서를 증보한 것이다.[49] 즉, 초간본에서 응제에 속하던 〈하교에 의해 지은 기우제 제문〔敎祈雨祭文〕〉은 중간본 권14의 제문에 보이고, 또 역시 초간본 응제에 포함되었던 〈황태자에게 올리는 동지 전문〔皇太子冬至箋文〕〉, 〈황태자에게 사례하는 전〔謝皇太子箋〕〉, 〈대전의 탄신일을 축하드리는 전〔大殿誕日賀箋〕〉은 따로 빼어 중간본 권11의 마지막에 전(箋)의 형식 아래에 두었다.

두 간본은 초간본의 시 부분에 낙질과 마모가 심하여 완벽하게 그

48 권7 칠언율시의 마지막 작품으로 〈거처를 정하다〔卜居〕〉가 있다. 이는 원래 초간본 권3의 중간에 수록된 작품인데, 분권한 체재로 보나 지은 연대순으로 보나 중간본 권6의 마지막이나 권7의 맨 처음에 있어야 하지만 착오로 권7의 마지막에 실렸다 할 것이다.

49 〈위성 공신 2등 진창군 강인에게 내리는 교서〔敎衛聖功臣二等晉昌君姜絪書〕〉와 〈남해 현령에게 포상하며 내리는 교서〔敎褒南海縣令書〕〉 두 작품이 중간하면서 새로 들어갔다.

이동을 판별하기 곤란한 점이 있지만 이미 설명한, 분권하는 과정에서의 차이와는 또 다르게, 초간본에는 수록되지 않은 작품들이 중간본에서 증보되었음을 유의해야 한다. 즉 중간본에는 권2와 권3에 초간본에는 아예 없었던 오언절구와 칠언절구를 각각 실었고, 권14에 역시 초간본에는 없던 제문류(祭文類)를 실었다.[50] 또한 권15에 실린 여러 기(記), 서(序), 발(跋), 잡저(雜著) 아래에 있는 작품들은 초간본에 없던 것이고, 권16의 묘갈명(墓碣銘), 묘지(墓誌), 행장(行狀)도 중간하면서 새로 실린 것들이다.

6. 《죽음집》의 구성과 내용

본 문집은 서문과 목록, 원집 16권, 부록 1권이며 합 6책으로 이루어져 있다. 우선 간단히 문집의 전체 내용을 개관한 뒤에, 특기할 만하거나 작품의 이해에 필요하다고 여겨지는 것 위주로 원집의 각 권에 실린 작품을 살펴본다.

본 문집의 서문은 1684년(숙종10) 8월에 송시열(宋時烈)이 쓴 것, 1685년 10월에 김수항(金壽恒)이 쓴 것, 1682년 11월에 이민서(李敏敍)가 쓴 것이 차례로 실려 있고, 그 뒤에는 목록이 붙어 있다.

권1은 부(賦)와 사(辭)이다. 권2~권10은 시(詩)로, 총 994제(題) 1128수(首)가 수록되었다. 권2는 오언절구와 육언절구, 권3은 칠언절구, 권4

50 초간본의 응제(應製)에 있던 〈하교에 의해 지은 기우제 제문[教祈雨祭文]〉 다섯 작품이 중간본에서는 제문으로 옮겨져 있다.

는 오언율시 상, 권5는 오언율시 하와 육언율시, 권6은 칠언율시 상, 권7은 칠언율시 하, 권8은 오언배율과 칠언배율, 권9는 오언고시, 권10은 칠언고시이다. 각 권의 시는, 모두 지은 연대순으로 편차한 것으로 그 배열에는 간간이 예외라고 볼 만한 것이 있고, 시를 지은 해가 바뀌더라도 따로 간지를 달아 드러내지는 않았으므로 작품을 이해하는 데에 적지 않은 난점이 있음을 우선 인식할 필요가 있는데, 이런 문제점을 어느 수준에서 제기하거나 해소하는 것이 이 해제 작성의 주된 방향이기도 하다.

원집의 11권 이하는 주로 산문으로, 권11은 응제(應製)·상량문(上樑文)·계(啓)·표(表)·전(箋), 권12는 차(箚), 권13은 책(策), 권14는 제문(祭文), 권15는 기(記)·서(序)·발(跋)·잡저(雜著), 권16은 묘갈명(墓碣銘)·묘지(墓誌)·행장(行狀)이다.

부록에는 송시열이 지은 〈신도비명(神道碑銘)〉과, 인조의 사제문(賜祭文)을 포함한 당대의 명사와 지인들이 조희일의 죽음을 애도한 다수의 제문과 만장(挽章)이 수록되어 있고, 마지막에는 중간본을 간행한 증손 조정만(趙正萬)이 쓴 후지(後識)가 있다.

1) 권1

부(賦) 30편과 사(辭) 2편이 실려 있다. 30편의 부 뒤에 2개의 사가 실려 있는데, 초간본에는 사가 부의 앞에 위치해 있었다.

《죽음집》의 체제에서 사부(辭賦)가 맨 처음에 위치한 것은 적지 않은 의미가 있다. 부는 일반적으로 시(詩)보다 낯설고 여타 학자의 문집에 실린 작품 양도 상대적으로 적은 문체인데, 본 문집에서 그것을 앞세웠다는 것은 조희일이 부에 장처(長處)가 있음을 과시하는 측면이 있다. 이러한 그의 특장은 본 문집 가운데에, 김수항(金壽恒)의 "사부

(辭賦)는 옛사람의 경지에 가까웠다.",[51] 이민서(李敏敍)의 "사부에서는 특히 천부적인 솜씨를 자랑하였다.",[52] 김대덕(金大德)의 "사부가 양자운(揚子雲)에 필적한다."[53]라고 한 여러 평가에서 확인할 수 있다. 그 밖에, 권1에 실린 〈용문상설부(龍門賞雪賦)〉는 1601년(선조34)에 시행한 진사시(進士試)에 장원을 안겨 준 글인데, 당시 선조(宣祖)가 시권(試券)을 직접 보고 칭찬한 것으로 유명하였고, 이후에도 사람들에게 회자되었다.[54]

본 문집에 실린 30편의 부는 대부분 역사적 사건이나 일화(逸話)에서 제재(題材)를 취하였는데, 엄격한 형식미에 구애되지 않는 소위 '문부(文賦)'에 가깝고 그 내용적 특징도 일반적인 문부의 그것과 유사하다. 즉 매 작품에서 비교적 자유로운 형식으로, 마치 눈앞에서 제재로 삼은 일을 직접 겪은 듯 생생한 묘사를 하고, 이어 개인적인 감흥을 드러낸 다음 자신만의 독창적인 시각과 표현으로 의론과 포폄을 가하는 식이다.

권1의 사부는 《죽음집》의 여타 편제와 동일하게, 작품의 저술 연대에 따라 배열된 것으로 보이는데, 그렇다고 할 때 주목할 만한 점이 있다. 즉 대부분의 작품이 벼슬하기 전에 지어진 것이고, 벼슬한 이후의 것도 월과(月課)로 지은 것이 상당수를 차지한다는 것이다. 즉 30개의 부 중에 진사시에 응시할 때 제출한 두 작품인 〈투벽제하부(投甓濟河

51 《竹陰集 序〔金壽恒〕》

52 《竹陰集 序〔李敏敍〕》

53 《竹陰集 附錄 祭文〔前參判金大德〕》

54 《滄溪集 卷16 雜著 書龍門賞雪圖賦後》

賦)〉와 〈용문상설부(龍門賞雪賦)〉를 포함하면 23개의 부가 출사(出仕)하기 전의 젊은 시절에 지어진 것이고, 이 두 작품 뒤에 편차된 7개 부 중에 4개는 월과의 제출용으로 저술한 것이다. 아래에 특별히 30개 부 전체에 대한 간단한 설명을 붙인다.

〈청매자주논영웅부(靑梅煮酒論英雄賦)〉는 나관중(羅貫中)의 《삼국연의(三國演義)》에서 조조(曹操)가, 근거지를 잃고 자신에게 의탁해 있는 유비(劉備)를 불러 영웅에 대해 논했던 이야기를 제재(題材)로 삼은 것으로, 유비는 영웅이고 조조는 간웅(姦雄)이라고 논하고 있다.

〈척금부(擲金賦)〉는 채마밭에서 발견한 금 조각을 두고 반응이 각각 달랐던 관녕(管寧)과 화흠(華歆)의 이야기를 제재로 삼아, 훗날 그들의 절교(絶交)가 필연적이라는 것과 나아가 외물에 대해 무심해야 함을 논한 것이다.

〈무혐지협부(舞嫌地狹賦)〉는 한 경제(漢景帝)가 조회(朝會)할 때에 장사정왕(長沙定王) 유발(劉發)의 한마디 말에 그에게 봉토를 더해 준 사실을 제재로 삼은 것으로, 경제의 처사가 잘못은 있으나 유발의 자손 광무제(光武帝)가 한 왕실을 중흥하였으므로 유발의 그릇됨을 잘 파악하였다고 논하였다.

〈원우부(冤牛賦)〉는 밭두둑에서 잠자는 주인 농부를 구했으나 도리어 농사짓는 밭을 망쳤다고 억울하게 도살된 소 이야기를 제재로 삼아 지은 부이다.[55]

55 고산(孤山) 윤선도(尹善道)가 1661년(현종2) 삼수(三水)에 유배되었을 때 지은 글에 쾌산원우(快山冤牛)에 관한 이야기가 실려 있는데, 조희일(趙希逸)의 〈원우부〉 내용과

〈양태부(養胎賦)〉는 백성을 정성스럽게 길러 마침내 복수하여 설욕한 월왕 구천(越王句踐)의 이야기를 제재로 삼았는데, 구천이 현자에게 신의(信義)를 끝까지 지키지 못한 처사에 대해 논하였다.

〈병골부(病鶻賦)〉는 조희일의 24세 젊은 시절 포부를 잘 드러낸 작품으로, 해주(海州)에 있을 때 버드나무에 깃든 병든 송골매를 보고 지은 부이다.

〈증검부(贈劍賦)〉는 비무극(費無極)의 흉계로 아버지와 형을 잃고 망명 생활을 하던 초(楚)나라 오자서(伍子胥)가, 위급한 상황에서 강을 건너게 해 준 어부에게 자기의 보검으로 사례한 일을 제재로 삼은 작품이다.

〈불탐위보부(不貪爲寶賦)〉는 춘추 시대 송(宋)나라 대부 자한(子罕)이 어떤 사람에게 보옥을 받고 "나는 탐내지 않는 것을 보배로 여기고 그대는 옥을 보배로 여깁니다.……차라리 각자의 보배를 간직하는 것이 좋습니다."라고 한 말을 제재로 삼아 지은 부이다.

〈죽림사부(竹林祠賦)〉는 북송(北宋)의 명신 구준(寇準)을 기리는 사당에 관한 부로, 구준이 뇌주(雷州)에서 사망한 뒤 고을 사람들이 그를 제사지낼 때 지전(紙錢)을 걸기 위해 세웠던 마른 대나무에서 죽순이 돋아 자라났던 이적(異蹟)을 제재로 삼은 작품이다.

〈포편부(蒲鞭賦)〉는 후한(後漢)의 유관(劉寬)이 관리나 백성에게 벌을 줄 때 부들 채찍〔蒲鞭〕만을 사용하고 육체적 고통을 가하지 않았던 고사를 제재로 삼아 지은 작품이다.

〈호남팔부(呼南八賦)〉는 안녹산(安祿山)의 난 때 수양성(睢陽城)을

동일하다.《孤山遺稿 卷5 雜著》

지키던 장순(張巡)이 그의 부장(部將)인 남팔(南八 남제운(南霽雲))을 불러 의연히 죽을 것을 타이르고 남팔 또한 수긍하여 함께 순절한 일을 제재로 삼은 것이다.

〈백령관채부(百翎貫寨賦)〉는 오(吳)나라의 무장 감녕(甘寧)이 유수(濡須)에서 백 명의 기병으로 조조(曹操)의 대군이 머무는 영채(營寨)를 야습(夜襲)하여 유린한 고사를 제재로 삼아 지은 부이다.

〈목요부(木妖賦)〉는 당 현종(唐玄宗) 때 안녹산(安祿山)의 난리를 치른 뒤, 국법이 해이해진 것을 틈타 신하와 장수들이 대규모의 저택과 누각을 짓는 풍조가 만연하여, 이를 두고 '목요(木妖 목재로 인한 괴현상)'라고 당시 사람들이 비난했던 일을 제재로 삼은 작품이다.

〈투무부(投巫賦)〉는 전국시대 위(魏)나라 서문표(西門豹)가 업현(鄴縣)의 수령이 되어, 황하에 처녀를 제물로 바치는 고을의 악습을 혁파하기 위해 무당 및 그 가담자들을 황하에 내던진 일을 제재로 삼은 것이다.

〈견사제벽계부(遣使祭碧鷄賦)〉는 한 선제(漢宣帝)가 벽계(碧溪)의 신(神)을 불러내어 복과 수명을 빌기 위하여 간의대부 왕포(王褒)를 촉(蜀) 땅에 보낸 처사를 제재로 삼아 지은 부이다.

〈초불사영어동풍부(草不謝榮於東風賦)〉는 이백(李白)의 〈일출입행(日出入行)〉에 "풀은 무성해졌다고 해서 봄바람에 감사하지 않고, 나무는 잎이 졌다고 해서 가을 하늘을 원망하지 않는다.〔草不謝榮於春風, 木不怨落於秋天.〕"[56]라고 한 시구를 제재로 삼아 지은 부로, 태평성대의 지극한 인정(仁政)을 도가(道家)의 무위지치(無爲之治)와 연결

56《李太白文集 卷2》

시켜 논한 작품이다.

〈매륜부(埋輪賦)〉는 후한(後漢) 순제(順帝) 때 주군을 순행하는 어사에 뽑힌 장강(張綱)이, 낙양(洛陽)의 도정(都亭)에 수레바퀴를 땅에 묻고 떠나지 않고서 외척인 양 황후(梁皇后)의 오빠 양기(梁冀)와 그 아우 양불의(梁不疑)의 죄를 들어 탄핵한 일을 제재로 삼아 지은 작품이다.

〈사상림자부(賜商霖字賦)〉는 송(宋)나라 휘종(徽宗)이 장상영(張商英)을 재상에 임명하고 그 다음 날 큰 가뭄 끝에 단비가 쏟아지자, 대단히 기쁜 마음에 '상림'이라는 글씨를 크게 써서 하사한 일을 제재로 삼은 부이다.[57]

〈청풍명월불용일전매부(淸風明月不用一錢買賦)〉는 이백(李白)이 〈양양가(襄陽歌)〉에서 진(晉)나라 때 양양 태수(襄陽太守) 산간(山簡)이 경치 좋은 곳에 갔다 대취(大醉)하여 돌아오곤 한 일을 두고 "맑은 바람과 밝은 달은 돈 한 푼 들여 살 것 없고, 옥산은 스스로 무너졌지 남이 민 게 아니로다.〔淸風明月不用一錢買, 玉山自倒非人推.〕"라고 한 시구를 제재로 삼아 지은 부이다.[58]

〈투벽제하부(投璧濟河賦)〉는 조희일이 진사시에 장원한 해인 1601년(선조34)의 향시(鄕試)에 장원을 안겨 준 작품으로, 춘추 시대 진 문공(晉文公)이 망명 생활 중 자신을 보필하던 호언(狐偃)이 범한 몇 가지

57 상림(商霖)은 상(商)나라의 장맛비라는 뜻으로 정승을 의미하는 말로도 쓰이는데, 고종(高宗)이 부열(傅說)에게 "만일 해가 큰 가뭄이 들거든 그대를 장마비로 삼으리라.〔若歲大旱, 用汝作霖雨.〕"라고 한 데서 온 말이다. 《書經 說命上》

58 《李太白集 卷6》. 옥산(玉山)이 무너졌다는 말은 술에 몹시 취하여 곧 넘어질 듯한 자태를 형용한 말이다.

무례를 불문에 부치며, 강물에 벽옥을 던지고 황하를 가리키며 계속 같이 할 것을 맹세한 고사를 제재로 삼아 지은 부이다.

〈용문상설부(龍門賞雪賦)〉는 조희일이 진사시에 장원을 차지하게 한 작품으로, 송(宋)나라 구양수(歐陽脩)가 낙양(洛陽)에서 벼슬할 적에 사강(謝絳) 등과 함께 숭산(嵩山)을 유람하다가 용문(龍門)의 향산(香山)에 이르러 눈이 내리므로 석루(石樓)에 올라가 도성을 바라보며 그 눈을 감상한 일을 제재로 삼은 부이다.

〈〈수양춘부〉에 차운하다〔次愁陽春賦〕〉는 월과(月課)로, 아름다운 봄날에 고향과 인물을 그리워하는 마음을 이태백(李太白)의 〈수양춘부〉에 차운하여 읊은 부이다.[59]

〈북문쇄약부(北門鎖鑰賦)〉는 송(宋)나라 구준(寇準)이 대명부(大名府)를 맡아 지키고 있을 때, 그가 변방에 있는 것을 의아하게 여긴 요(遼)나라 사신(使臣)의 물음에 "황상께서 조정이 무사할 때 북문을 굳게 잠그는 것〔北門鎖鑰〕은 구준이 아니면 안 된다고 하셨기 때문이다."라고 대답한 일을 제재로 삼아 지은 부이다.[60]

〈괘표부(挂瓢賦)〉는 남을 대신해서 지은 월과로, 요(堯) 임금 때의 은사(隱士) 허유(許由)가, 물을 떠 마시고 나무에 걸어 둔 표주박이 자꾸 바람에 흔들려 덜그럭거리며 소리를 내자 마침내 그것을 내다 버린 일화를 제재로 삼아 지은 부이다.[61]

〈요지연부(瑤池宴賦)〉는 주 목왕(周穆王)이 천하를 유람하다가 선녀

59 《李太白文集 권24》

60 《古今事文類聚外集 卷10 北門鎖鑰》

61 蔡邕, 《琴操 卷下 箕山操》

서왕모(西王母)의 빈객이 되어 곤륜산(崑崙山) 위의 요지(瑤池)가에서 함께 연회를 가졌던 일을 제재로 삼은 작품이다.[62]

〈군중기서루부(軍中起書樓賦)〉는 당(唐)나라 위박 절도사(魏博節度使) 전홍정(田弘正)이 만여 권의 책을 모아 군중(軍中)에 서루(書樓)를 일으킨 일을 제재로 삼은 작품이다.[63]

〈형곡부(硎谷賦)〉는 진시황(秦始皇)이 천하를 통일하고 앞 시대의 전적(典籍)과 제도를 바꾸려고 할 때, 이를 극렬히 반대하고 비난하는 유자(儒者)들을 간계로 형곡에 유인한 뒤 구덩이에 빠뜨려 파묻은 일을 제재로 삼아 지은 부이다.

〈봉황래의부(鳳凰來儀賦)〉는 월과로, 《서경》 〈익직(益稷)〉에 "순 임금의 음악이 아홉 악장 연주되자, 봉황이 와서 춤을 추었다.〔簫韶九成, 鳳凰來儀.〕"라고 한 구절을 제재로 삼아 지은 부이다.

이 권의 맨 끝에 사(辭) 2편이 실려 있다. 그 첫 번째로 제목이 없이 긴 서문이 붙은 작품은 고국 땅에서 불우하게 지내던 노인(魯認, 1566~1622)의 기구한 이야기를 제재(題材)로 삼은 작품이다. 그 내용을 살펴보면, 정유재란 당시에 왜적의 포로로 끌려갔다가 중국 절강성(浙江省)으로 탈출한 뒤 경사(京師)로 가는 길에 명성을 드날리며 귀국한 일을 서술하고, 이어 고국 땅에서 낮은 지위에서 다시 뜻을 굽히고 사는 그의 처지를 읊었다. 두 번째 작품인 〈영창대군에 대한 만사〔永昌大君挽詞〕〉는 사의 형식으로 지은 애도문(哀悼文)으로, 영창대군의 모

62 《列子 周穆王》

63 《舊唐書 田弘正列傳》

친인 인목대비(仁穆大妃)의 심정에 이입(移入)하여 지은 작품이다. 인조반정 후 영창대군의 관작과 봉호를 회복시키고 예장(禮葬)을 행할 때 지어 바친 만사로 보인다.[64]

2) 권2

오언절구 29제(題) 76수와 육언절구 1수가 실려 있는데, 이는 차운한 시 아래 실린 유근(柳根)의 원래 시 1수는 계산에 넣지 않은 것이다. 맨 끝에는 지은 연대가 자세하지 않은 육언절구 〈상인의 시축에 쓰다〔題上人軸〕〉 1수가 실려 있는데, 이는 원래 오언율시가 중간본 권4와 권5로 분권(分卷)이 된 초간본의 권2 끝에 위치한 시로, 중간본에서 오언절구를 새로 수록하면서 그 끝에다 옮긴 것이다.

첫 작품 〈취한 뒤에 붓을 놀려 자선의 벽화에 제하다〔醉後放筆題子善壁畫〕〉부터 〈차운하여 접반사로 가는 민여양의 행차에 주다〔次韻贈閔驪陽接伴行軒〕〉까지 4제의 시는 조희일이 벼슬하기 전에 지은 것으로 보인다. 〈취한 뒤에 붓을 놀려 자선의 벽화에 제하다〉는 이영원(李榮元)이 소유한 그림 속의 사물과 정경을 4수의 시로 읊은 것이다. 〈하곡의 신정 십영〔霞谷新亭十詠〕〉은 판상(判相) 한후천(韓后川)의 시에 차운한 10수의 작품으로 하곡과 한후천에 대해서는 미상이다.[65] 〈산수도. 상공 서경의 시에 차운하여 이만호에게 주다〔山水圖次西坰相公韻贈

64 《仁祖實錄 1年 3月 15日·17日》

65 다만 시 중에 나오는 '사천(斜川)'이 지명이라고 할 때 하곡의 신정은 조희일과 교유한 이경엄(李景嚴)의 별서(別墅)가 위치한 경기도 양평(楊平) 용문산(龍門山)의 사천(斜川) 인근에 지어진 건물인 듯하다.

李萬戶]〉는 산수도를 보고 유근의 시에 차운한 8수의 작품으로, 1596년(선조29)에서 1598년 사이에 지어진 듯하다. 〈차운하여 접반사로 가는 민여양의 행차에 주다〉는 왕 참정(王參政 왕사기(王士琦))을 접반하러 가는 민인백(閔仁伯, 1552~1626)에게 준 시인데, 1598년(선조31) 경에 지은 시이다.

〈사상의 시에 차운하여 영위사로 가는 송 첨지의 행차에 주어 작별하다[次使相韻贈別宋僉知迎慰行軒]〉부터 호당의 삭제(朔製)인 〈비온 뒤에 차운하다[雨後次韻]〉까지 4제는 유근의 종사관으로 활약할 때인 1606년에서부터 독서당에 들어간 해인 1608년 사이에 지은 시이다.

권2의 나머지 작품 중에 지은 연대가 비교적 명확한 시를 위주로 설명을 붙인다.

〈차운하다[次韻]〉는 평안도 이산(理山)에 유배되었을 때 지은 것이고, 〈단성으로 향하다[向丹城]〉는 같은 제목의 오언율시도 있는 작품으로, 이산에서 하동(河東)으로 이배(移配)되는 중에 지은 듯하다. 〈임술년 칠월에 우연히 읊다[壬戌七月偶吟]〉 10수는 유배에서 풀려나고 모친상을 마친 뒤 덕산(德山)에서 우거할 때 지은 시로 보이는데, 소식의 〈적벽부(赤壁賦)〉에 나오는 글자들로만 시구를 엮었다. 〈진주에서 출발하여 덕천으로 향하는 도중에[自晉州發向德川途中]〉는 경상 감사 재임 시절인 1631년(인조9)에 지은 것으로 보이고, 〈죽암의 적소에 부치다[寄竹巖謫所]〉는 1634년(인조12) 경에 지은 것으로 인조의 사친 추숭(私親追崇)을 반대하다 유배 간 김광현(金光炫)을 위로한 시이다. 〈직소에서 동료에게 보이다[直廬示僚友]〉는 오언절구의 마지막 시로, 계해년(1623, 인조1)에 있어야 한다는 주가 달려 있다.

3) 권3

칠언절구 100제(題) 131수가 실려 있는데, 이는 차운한 시 아래에 실린 김상헌의 원래 시 1수는 계산에 넣지 않은 것이다. 이 권의 시 또한 시를 지은 연대순으로 배열한 것이지만 다른 권에 비해 추정하기가 어렵고, 편차가 잘못된 것으로 보이는 부분도 확인된다. 이는 칠언절구가 오언절구와 함께 중간본에 이르러서야 문집에 들어가, 초간본에서처럼 교열 작업을 정밀하게 거치지 않은 데에 한 원인이 있는 듯하다. 예를 들어 이 권의 맨 마지막 시인 〈길천군이 형조 판서에서 막 체차되다〔吉川君初遞秋卿〕〉는 1629년(인조7) 경의 시이므로, 1630년 이후에 지은 시의 앞에 있어야 한다. 아래에서는 연대가 비교적 확실한 작품 위주로 설명을 붙인다.

〈평산의 객사에서〔平山客舍〕〉부터 〈차운하여 허 양평에게 주다〔次贈許陽平〕〉까지 25제는 처음 출사한 조희일이 1604년(선조37) 자문점마(咨文點馬) 일을 수행하고 이어 원접사 유근(柳根)의 종사관으로 활약한 뒤 충청도와 전라도의 조운(漕運) 업무를 맡아보던 해운 판관(海運判官)에 재직할 때인 1606년(선조39)부터 1608년까지의 기간에 지은 작품으로 보인다. 〈평산의 객사에서〉, 〈송경(松京)〉, 〈취하여 철산 부사에게 주다〔醉贈鐵山〕〉는 자문점마로 관서에 다녀올 때 지은 것으로 보이는데, 그 뒤의 시 또한 이 시기 덕산(德山)에 별장을 마련해 두고 이안눌(李安訥), 이영원(李榮元)과 교유하며 차운한 시가 많다. 〈삼가 선친의 시에 차운하여 종사에게 주다〔敬次先稿韻贈宗師〕〉는 16년 전에 만난 승려를 재회하여 그의 시축에 있던 부친 조원(趙瑗)의 시에 차운하여 준 작품인데, 긴 원주가 달려 있다. 〈국화 연구(菊花聯句)〉 2수는 국화를 주제로 이안눌과 한 구씩 나누어 지은 시이다. 〈사상의 시에 차운하여 창기에게 주다〔次使相韻贈歌兒〕〉는 제목 아래 주석에 병오년(1606, 선조39)이라고 되어 있다.

〈사헌부와 합계한 밤에 비답이 내려오기를 기다리다〔與柏府合論夜候批下〕〉부터 〈낙화를 읊다〔詠落花〕〉까지 17제의 시는 광해군 시절 대관(臺官)과 시강원(侍講院) 관직 등에 재직하던 때 및 '칠서(七庶)의 옥'에 연루되어 물러나 있을 시기에 지은 것으로 보인다.

〈고연주에서〔古延州〕〉부터 〈취하여 좌객에게 주다〔醉贈座客〕〉까지 21제는 이산(理山)과 하동(河東) 유배 시절 및 해배되어 풀려난 그 해 모친상을 치르고 탈상 후 덕산(德山)에 우거하던 시기에 지은 시로 보인다. 〈고연주에서〉는 이산에 있을 때에, 〈안성 도중 두견화를 감상하다〔安城途中賞杜鵑花〕〉와 〈함양 도중〔咸陽途中〕〉은 하동으로 이배 중에, 〈권사임과 심덕용이 관청에 갔는데 오래도록 기다려도 오지 않다. 지은 작품이 있다〔權士任沈德容往公廨久待不來有作〕〉, 〈휴옹의 법천사 시에 차운하다〔次休翁法泉寺韻〕〉, 〈곤양으로 향하는 횡당을 전송하다〔送橫塘向昆陽〕〉, 〈악양현에서〔岳陽縣〕〉는 유배지 하동에 도착한 직후부터 시간순으로 지어진 작품으로 보인다.

〈한복재의 시에 차운하다〔次韓復齋詩韻〕〉부터 〈성 동쪽 처가에서. 차운하다〔城東聘家次韻〕〉까지 37제는 인조반정 후에 다시 출사한 뒤 서울과 지방을 오가며 지은 시를 모은 것이고, 이다음 권3의 끝 시 〈길천군이 형조 판서에서 막 체차되다〔吉川君初遞秋卿〕〉의 편차의 문제점에 대해서는 이미 설명하였다. 이 부분은 비교적 지은 연대를 확정하기 용이한 편이다. 〈상사 권시망에 주어 작별하다〔贈別權上舍時望〕〉는 시어에 '무등(無等)'이 있는 것으로 보아 1625년(인조3) 광주 목사(光州牧使) 때 지은 시로 보이고, 〈술자리에서 장난삼아 주인 영공에게 주다〔酒席

戲贈主人令公〕〉와 그 아래 3수의 시는 1626년에 영위사(迎慰使)로 안주(安州)에 나갔을 때 지은 것이라 하겠다. 〈남원 수령 송성구에게 주다〔贈南原倅宋聖求〕〉와 〈성묘하다〔掃灑〕〉는 1628년(인조6) 전후에, 〈관동의 윤 방백에게 추후에 주다〔追贈關東尹方伯〕〉와 〈병든 뒤에 출사하여 욱재를 찾았으나 만나지 못하다〔病後出仕過勖哉不遇〕〉는 각각 1629년에서 이듬해 초에 지은 것으로 보인다. 〈청도 도중에〔淸道途中〕〉는 1631년 경상 감사로 내려갈 때의 시이고, 〈청음이 보내온 편지에 답장하고……이별을 원망하는 마음이 들다〔答寄淸陰……怨離之思〕〉는 1632년 김상헌이 정원군(定遠君)의 추숭 문제로 곤란을 겪을 때에 지은 듯하다. 〈부총관 정룡에게 주고 겸하여 난죽 화첩에 사례하다〔贈程副摠龍兼謝蘭竹畫帖〕〉는 1634년에 지은 것이고, 〈근래 청음이 청평산을 유람한다는 말을 듣고……회포를 부치다〔比聞淸陰訪遊淸平山……寄懷〕〉는 1635년에 지어진 것이다.

4) 권4

오언율시 상(上)으로, 권5의 오언율시 하(下)와 짝이 되는 권이다. 모두 274제(題) 292수가 실려 있는데, 이 권은 조희일의 생애 중 1626년(인조4)까지의 작품이다. 대부분의 시가 지은 연대순으로 잘 편차되어 있는 편이다.

첫 시 〈호서로 가는 김자시를 보내며〔送金子始之湖西〕〉부터 〈중양절에 취하여 일어나다〔重陽醉起〕〉까지 12제는 출사한 직후 승문원(承文院)에 재직 시부터 자문점마를 할 때에 지은 시를 포함하다.

〈영광 도중〔靈光途中〕〉에서부터 〈홀로 읊다〔獨吟〕〉까지 57제의 시는 자문점마 이후의 벼슬 산 시기, 정사 주지번(朱之蕃)을 맞이하러 유근의 종사관으로 의주(義州)를 왕래한 시기, 복귀하여 해운 판관으로 재직한 시기에 지어진 것들이다.

〈이 정(李正 이충(李沖))이 준 시에 차운하다〔次李正見贈韻〕〉부터 〈1월 12일에 비가 내리다〔正月十二日雨〕〉까지 60제의 시는 1609년(광해군1) 무렵부터 광해조에서 삭직되어 물러나 있다가 이산(理山)으로 귀양 가기 전에 지은 것들이다. 〈취중에 나오는 대로 읊조려 사미당께 삼가 드리다〔醉中口占伏呈四味堂〕〉는 김상헌의 부친인 김극효(金克孝)에게 올린 시이다. 〈밤에 읊다〔夜詠〕〉, 〈8월 18일 밤에〔八月十八日夜〕〉 등의 시는 벼슬에서 물러나 지내는 착잡한 심정을 토로하는 작품이다.

〈우연히 읊다〔偶吟〕〉부터 〈8월 초에 듣기로 귀양 온 사람이 양남으로 이배된다고 하다〔八月初聞謫人移兩南〕〉까지 63제의 시는 평안도 이산에 유배되었을 때 지은 작품들이다. 이 권의 이 시기에 지은 시들은 다른 권보다 유배 시절의 실상이 더욱 잘 나타나는데, 위리안치(圍籬安置)되었다고 하나 술을 가지고 찾아온 친구들에게 시를 지어 주기도 하고, 변방을 오고가는 순변사(巡邊使)나 우후 등과 만나기도 하며, 아들이 적소(謫所)에 와서 머물다 가기도 하는 등 비교적 운신의 폭이 자유로웠음을 알 수 있다. 이런 점은 나중에 하동(河東)으로 이배되어 지낼 때도 마찬가지이다.

〈아이 도중에 쉬다〔憩阿耳途中〕〉부터 〈소옹에게 부치다〔寄素翁〕〉까지 24제의 시는 하동으로 이배되는 과정 및 그곳에서 귀양살이를 할 때 지은 작품이다. 〈여동생의 무덤에 곡하다〔哭女弟墳〕〉와 〈단성으로 향하다〔向丹城〕〉는 이배 중에, 〈하동에서〔河東〕〉는 하동 유배지에 도착한 당일에 지은 것이다. 〈이 금오와 작별하다〔別李金吾〕〉는 자기를 배소에 데려다 준 도사(都事)를 전별하는 시이고, 〈권사임과 심덕용이 관청에 갔는데 오래도록 기다려도 오지 않다〔權士任沈德容往公廨久待不來〕〉는 같은 제목의 칠언절구도 있는 시이다. 〈덕현의 시에 차운하다〔次德顯韻〕〉는 경상도 고성(固城)에 유배 중인 심광세(沈光世)의 시에 차운하여 그에 대한 그리움을 표현한 것이고, 〈서 상사에게 주다〔贈徐上舍〕〉는 제목 아래 장문의 주석이 달린 시인데 진양(晉陽)에 이배된 서용갑(徐龍甲)의 거처가 아직 정해지지 않은 덕에 그와 이틀을 함께 묵으면서 지어 준 것이다.

〈하동에서 출발하여 이 판관의 장사에 들르다〔發河東過李判官莊舍〕〉부터 〈봄비가 내리다〔春雨〕〉까지 53제는 1619년(광해군11) 6월에 사면되고 1623년(인조1) 정계에 복귀하기 전까지 지은 시이다. 이 시기는 모친상이 있었고 탈상한 뒤에는 충청도 덕산(德山)에 우거하였다. 〈앞의 시에 차운하고 겸하여 시를 주고 술을 보내온 것에 대해 사례하다〔次韻兼謝贈詩送酒〕〉는 귀양에서 살아 돌아와 모친을 봉양하는 즐거움을 노래한 시이고, 〈임실 이 사군에게 주다〔贈任實李使君〕〉는 사면되어 올라갈 때 만났던 이여벽(李如璧)을 그해 늦가을에 다시 만나 재차 지어 준 작품이다. 〈한시에 차운하다〔次韓詩韻〕〉는 덕산에 우거하며 한유의 시[66]에 차운한 작품이고, 〈누산의 옛집에 들르다〔過樓山舊宅〕〉는 해운 판관 시절에 살던 자신의 별장을 방문하여 지은 것으로 보인다.

〈귀근하는 이양백에게 주다〔贈李養伯歸覲〕〉부터 권말의 〈세초암에 쓰다〔題洗草巖〕〉까지 16제는 인조반정 후 다시 출사하고부터 1625년(인조3) 사이에 지어진 시이다. 〈조사의 시에 차운하다〔次詔使韻〕〉는 1624년에 영위사(迎慰使)로 안주(安州)에 나가 황태자의 탄생을 알리

66 《全唐詩 卷342 晚寄張十八助教周郎博士》

기 위해 온 조사 강왈광(姜曰廣)을 접대할 때 지은 작품이다.

5) 권5

오언율시 하(下)와 육언율시를 묶은 권이다. 오언율시는 모두 105제(題) 111수로, 1626년(인조4) 이후에 지은 시를 모은 것이다. 육언율시는 7제 7수가 실려 있다.

〈서장관 김지수와 헤어지다〔別書狀官金地粹〕〉부터 〈목릉을 천장하는 발인 날에 감회가 있어〔穆陵遷葬發引日有感〕〉까지 36제는 1626년 무렵부터 1630년 경상 감사에 제수되어 부임하기 전에 지은 시로, 다수의 만시(挽詩)를 포함한다. 〈나오는 대로 읊조려 아우와 헤어질 때 주다〔押呼贈別舍弟〕〉, 〈추월 금성 두 산을 지나는 도중에〔秋月金城兩山途中〕〉, 〈담주에서 감회가 일어〔潭州有感〕〉 등의 시는 담양 부사로 나갔을 때 지은 시로 보이고, 〈안주에서 감회가 일다〔安州有感〕〉, 〈유상촌에서 노숙하다〔露宿楡霜村〕〉, 〈증산에서〔甑山〕〉 등의 시는 1628년(인조6)부터 그 이듬해 초까지 모문룡(毛文龍)의 접반사 일을 수행할 때에 지은 시이다. 〈성균관에서 중구일에 과거를 주관하며 감회가 있어〔泮宮試闈重九日有懷〕〉 이하 7수의 시는 1630년 감시 초시에 시관이 되었을 때 지은 시이고, 〈목릉을 천장하는 발인 날에 감회가 일어〉는 선조(宣祖)의 능묘를 옮길 때 지은 것인데 권8에 같은 주제의 칠언배율이 있다.

〈문경을 지나는 도중 소재의 시에 차운하며〔聞慶途中次蘇齋韻〕〉부터 〈고성으로 목욕하러 가는 민 판윤 윤보 영공을 전송하다〔送閔判尹潤甫令公高城沐浴之行〕〉까지 64제의 시는, 1631년 1월 경상 감사로 부임했다가 내직에 복귀한 기간 및 강릉 부사로 나갔다가 파직된 채로 돌아와 운명하기까지의 시기에 지은 작품들이다. 〈진부역에서 호 선사의 시축에 적다〔珍富驛題浩師軸〕〉, 〈대관령(大關嶺)〉, 〈중추 15일 음산하게 비가 내려서……홍이 일었다〔中秋十五日陰雨……有興〕〉는 모두 강릉 부사 시절에 지은 시이다.

권5에 실린 오언율시의 마지막 5제 6수는 지은 시기와 무관하게 맨 뒤쪽에 편차된 듯하다.

〈북대에 올라 군산도를 바라보다〔登北臺望群山島〕〉는 정미년(1607, 선조40)에 있어야 한다는 주가 있고, 〈진주 이 상사 종형의 옛 거처에 적다〔題晉州李上舍從兄舊居〕〉 또한 제목 아래의 주석으로 신미년(1631, 인조9)에 지은 것임을 알 수 있다.

오언율시 다음 권5의 끝에 육언율시 7제가 실렸는데, 그중 〈술자리에서 입에서 나오는 대로 붓을 달리다〔酒席口呼走筆〕〉와 〈방초를 읊다〔詠芳草〕〉 두 시는 각각 삭직되어 퇴출된 1614년(광해군6)과 해배(解配)될 즈음인 1619년(광해군11)에 지은 시이다. 그리고 상사(上舍) 선시한(宣時翰)에게 준 시 2제가 실려 있다.

6) 권6

칠언율시 상(上)으로, 권7의 칠언율시 하(下)와 짝이 되는 권이다. 권6과 권7은 초간본의 권3에 해당되는데 중간하면서 권(卷)이 나누어진 것이다. 권6에는 모두 234제(題) 247수가 실려 있는데, 처음 출사했을 때부터 귀양에서 해배된 뒤 모친상을 마치고 호서의 덕산(德山)에 우거할 때까지의 시들을 모은 것으로 보인다.

〈희릉에서. 이실지의 시에 차운하다〔禧陵次李實之韻〕〉부터 〈구백공에게 주다〔贈具伯肇〕〉까지 7제는 처음 출사하여 원접사 유근(柳根)의 종사관이 되기 전까지의 시들이다.

〈천마산인 시축 중의 시에 차운하다〔次天磨山人軸中韻〕〉부터 〈김숙도가 준 시에 차운하다〔次金叔度見贈韻〕〉까지 50제는 처음 유근의 종사관이 되어 의주(義州)를 오고갈 때 지은 시들이다. 사상(使相) 유근 및 동행한 문사들의 시에 차운한 작품이 많고, 〈현옹에게 주다〔贈玄翁〕〉는 영위사로 의주에 나온 신흠(申欽)에게 준 시이다.

〈목은의 시에 차운하다〔次牧隱韻〕〉부터 〈승려의 시축에 쓰다〔題僧軸〕〉까지 12제는 해운 판관으로 재직하다가 광해조에서 내직에 복귀한 뒤 독서당에 선발되기 전까지의 시이다.

〈늦여름 그믐 되려 할 적에 비가 오다〔季夏將晦得雨〕〉부터 〈봄날이 추워 이웃에 보이다〔春寒示隣舍〕〉까지 94제의 시는 광해조의 독서당 시절과 내직기 및 삭출된 뒤에 이산(理山)으로 유배 가기 전에 지은 작품들인데, 벼슬살이하는 중간에 호서(湖西) 등지를 떠돌며 지은 시가 보인다. 〈설수로 달인 차〔雪水煎茶〕〉는 경술년(1610, 광해군2)의 월과(月課)라고 한 주석이 달려 있는데, 이하 〈남훈금(南薰琴)〉까지의 시는 모두 월과로 지은 작품인 듯하다. 두 번에 걸쳐 11수의 시를 김상헌(金尙憲)에게 부쳤는데, 모두 서울을 떠나 있을 때 지은 작품으로 보인다. 유배 시기에 지은 시의 바로 직전에 편차된 작품으로 〈주청사로 가는 월사에게 받들어 올리다〔奉贈月沙奏請之行〕〉와 제목 아래 '동전(東殿)'이라는 주석이 달린 〈춘첩(春帖)〉 시가 있다.

〈차운하다〔次韻〕〉부터 권6의 마지막 시인 〈술자리에서 운자를 부르다〔醉席呼韻〕〉까지 71제는 이산에 유배되었다가 하동으로 이배되고, 거기서 사면 받아 서울로 다시 올라가기까지의 작품을 모은 것이다. 이

부분은 유배지에서의 울적한 심사를 표현한 작품이 대부분이고, 하동으로 이배되는 도중에 쓴 시와 사면되어 서울로 가면서 지은 시를 포함하는데, 공교롭게도 사면된 날에 여동생의 부고를 듣고 지은 시도 보인다.[67] 〈호두침(虎頭枕)〉은 호랑이 베개를 주제로 쓴 시이고,[68] 〈7월 29일에 느낌이 일어〔七月念九有感〕〉는 유배지 이산에서 모친의 생일날을 당해 지은 시이다. 〈벽동에 도착하여 서울 소식을 듣다〔到碧潼聞京報〕〉, 〈철옹성에서〔鐵甕城〕〉, 〈남원에서〔南原〕〉, 〈혈암에서〔血巖〕〉, 〈진양 절도사 남공이 촉석루를 중건하고………모방하여 짓다〔晉陽節度南公重建矗石樓……乃擬賦焉〕〉는 이배 중에 지은 듯하다. 부휴자(浮休子 심광세(沈光世))에게 준 차운시 9수와 그 다음 그에게 화운(和韻)한 시는 심광세가 인근의 고성(固城)에 유배 중일 때 지어 준 것이다.

7) 권7

칠언율시 하(下)로 모두 105제 109수인데, 이는 중간에 있는 김상헌의 차운시 1수는 계산에 넣지 않은 것이다. 이 권 끝의 〈보고 느낀 것을 읊다〔卽事〕〉 이하 5수는 지은 시기가 애매한데, 특히 〈부사의 〈유한강〉 시에 차운하다〔次副使遊漢江韻〕〉는 '을축년(1625, 인조3)에 있어야 한다.'라고 한 제목 아래 주석이 있으나 당시 정사 강왈광(姜曰廣)과 부사 왕몽윤(王夢尹)이 등장하는 《인조실록(仁祖實錄)》 등의 기록에 의할 때 그 이듬해인 병인년의 잘못으로 보아야 하고,[69] 그렇다면 바로 다음 시인 〈부사의 시에

67 《竹陰集 卷6 蒙赦日兼聞女弟訃》

68 송파(松坡) 이서우(李瑞雨, 1633~1709)의 문집에 이 시를 차운한 작품이 보인다. 남긴 바 있다. 《松坡集 卷9 虎頭枕次東人韻》

차운하다〔次副使韻〕〉도 병인년 왕몽윤을 접대했을 때의 시가 되어야 한다. 또한 〈거처를 정하다〔卜居〕〉는 초간본 권3의 중간에 있었는데, 중간하면서 여기 권7의 끝으로 잘못 옮겨진 것으로, 중간본에서는 응당 권6의 마지막이나 권7의 처음에 위치하여야 함은 주 48)에서 이미 설명하였다.

〈3월 18일에 비가 오다〔三月十八日雨〕〉부터 〈서경의 시에 차운하다〔次西坰韻〕〉까지 19제는 해배된 해 12월에 모친상을 당해 탈상한 뒤 충청도 덕산(德山)에 내려가 우거할 때에 지은 시들이다. 〈인일에〔人日〕〉는 유배 중에 지었던 같은 제목의 시를 펼쳐 보고 지었다는 주석이 있는데, 이는 오언율시 상에 실린 두 개의 〈인일에〉 중 두 번째의 작품을 가리킨다.

〈광산으로 돌아가는 길에 종질과 유별하다〔光山歸路留別宗姪〕〉부터 〈응천 현감 만오 이이실 영공에게 주다〔贈晩悟李而實令公剌凝川〕〉까지 39제의 시는 인조반정으로 복귀한 뒤 광주 목사(光州牧使)로 나가고 다시 내직으로 들어왔다가 경상 감사로 부임하기 전까지의 작품들이다. 〈옛 장성에 회포가 있어〔古長城有懷〕〉는 광주에 막 부임하는 소회를 나타낸 것이고, 〈임 감사 자신에 대한 만사〔林監司子愼挽〕〉는 조희일이 부친의 묘갈명을 써 주기도 한 황해 감사 임서(林㥠)의 죽음을 애도하는 글로, 죽기 직전에 임소로 찾아와 명(銘)을 부탁한 정황을 엿볼 수 있다. 〈함담정은 주 학사가 소봉호로 이름을 고친 정자로……옛일에 감회가 일어 짓다〔菡萏亭朱學士改以小蓬壺……感舊有作〕〉부터 〈이 평사

69 《仁祖實錄 4年 2月 23日, 4年 6月 13日》, 《月沙集 卷13 儐接錄下 次正使至王京卽事韻·次副使遊漢江韻》, 또 저자의 〈진위사 정 참판에게 준 시의 서문〔贈進慰使鄭參判詩序〕〉에서도 병인년이라고 하였다.

를 전송하다〔送李評事〕〉까지 4수의 시는 1626년(인조4)에 조선에 온 조사 강왈광(姜曰廣)을 영접하러 안주(安州)에 갔을 때 지은 작품으로 보인다. 〈청하에게 주다〔贈聽荷〕〉는 모문룡(毛文龍)을 접반하는 일로 평안 감사 김기종(金起宗)과 긴밀한 관계를 유지할 때 지어 준 시인데, 이하 〈송도에서〔松都〕〉까지의 작품 역시 모문룡 접반사 시절에 지은 것으로 보인다. 이 시기에 지은 시 가운데 미상인 작품으로 〈공산 도중에 회포가 있어 장차 호장으로 곧장 향하려 하다〔公山道中有懷將欲直向湖莊〕〉가 있는데, 제목 아래에 '무진년(1628, 인조6) 공산 시 뒤에 있어야 한다.'라는 주석이 달려 있다.

〈정 순천과 작별하다〔別鄭順天〕〉부터 〈지독한 가뭄에 느낌이 일어〔苦旱有感〕〉까지 43제의 시는 경상 감사 재직 때부터 말년까지 지은 작품들이다. 〈간성 군수 이군 택당에게 주다〔贈杆城倅李君澤堂〕〉는 경상 감사에서 체차될 무렵의 시로, 인조 생부인 정원군(定遠君)의 추숭에 반대하다 좌천된 이식(李植)에게 준 작품이다. 〈강원도 관찰사로 부임하는 조인보 영형을 전송하다〔送趙仁甫令兄按關東〕〉는 조정호(趙廷虎)에게 준 시이고, 〈살곶이 도중에〔箭串途中〕〉는 조정호가 관찰사로 부임한 지 3달 만에 조희일이 강릉 부사로 나가게 되었을 때 지은 시이다. 〈시국을 상심하다〔傷時〕〉는 병자호란 직전의 시로 보인다.

권7의 마지막 3수는 편차를 벗어난 것으로, 초간본에서도 낙질이 심하여 원래의 편차를 확인하기 곤란하다.[70]

70 초간본에서는, 제목으로 〈윤 도정에 대한 만사〔尹都正挽〕〉까지만 확인 가능하고, 그 뒤로는 시구의 잔편(殘片)들을 수습하여 지면에 어지럽게 붙인 것들이 나오는데,

〈부사의 〈유한강〉 시에 차운하다〔次副使遊漢江韻〕〉와 〈부사의 시에 차운하다〔次副使韻〕〉의 저작 시기의 문제에 대해서는 이미 설명하였다. 권7의 마지막에 있는 〈거처를 정하다〔卜居〕〉는 내용으로 보아 모친상을 치루고 난 뒤 덕산(德山)에 우거할 때 지은 것으로, 중간본 편차의 문제점에 대해서는 앞에서 누차 설명하였다.

8) 권8

오언배율 52제(題) 56수와 칠언배율 7제 7수가 실려 있는데, 모두 지은 순서에 따라 편차한 것이다.

첫 시 〈안흥에서 한욱재에게 지어 보여주다〔安興示韓勖哉〕〉부터 〈신판부사에 대한 만사〔申判府事挽詞〕〉까지 9제는 병오년(1606, 선조39)에 유근(柳根) 종사관으로 활약하기 이전의 시이다. 첫 시는 자문점마 때의 시로 보이고, 〈창석을 삼가 송별하다〔奉別蒼石〕〉는 1604년 세자책봉주청사 서장관으로 중국에 가는 이준(李埈)에게 올린 시이다.

〈원접사가 세 관료에게………여섯 운으로 된 짧은 시를 짓다〔使相贈三僚……題短律六韻〕〉부터 〈만취당의 시에 차운하다〔次晩翠堂韻〕〉까지 19제는 선조와 광해군 때의 유근 종사관 시절 및 광해조에서 중앙에서 벼슬살이할 때에 지은 시들이다. 〈원접사가 세 관료에게……여섯 운으로 된 짧은 시를 짓다〉와 〈양 천사와 작별하며 주다〔贈別梁天使〕〉는 1606년의 종사관 때 작품이고, 〈금교를 출발하며……원접사·청음·오산·양자점에 올리다〔發金郊……呈使相及淸陰五山梁子漸〕〉부터 〈사민당에서 밤에 술 마시며……화답시를 구하다〔思民堂夜酌……求和〉까지 5

마모가 극심하여 원래의 편차에 따라 모은 것인지도 판단하기 곤란하다.

수는 1609년의 종사관 시절에 지은 작품이다.

〈여울 소리〔灘聲〕〉부터 〈두 번째 차운하다〔二次〕〉까지 5제는 유배되어 이산(理山)에 있을 때 지은 시들이다. 유배 중이지만 술에 취해 제생(諸生)들에게 지어 준 시도 있고, 유배 중 건강을 지키는 한 방편으로 단전(丹田)을 연마하는 도가(道家)의 양생법을 긍정적으로 언급하고 있는 작품도 보인다.[71]

〈노두의 배를 돌린 시에 차운하다〔次老杜回棹韻〕〉부터 〈소두의 다산 시에 차운하다〔次小杜茶山韻〕〉까지 8제는 이배지(移配地)인 하동(河東)에서 지은 시들이다. 〈입에서 나오는 대로 붓을 달리며 남해의 유배객에게 주다〔口呼走筆贈南海謫客〕〉는 하동에 이배된 직후의 시로, 권4의 오언율시 〈서 상사에게 주다〔贈徐上舍〕〉의 긴 서문과 내용이 일치하는 것으로 보아 서익(徐益)의 서자 서용갑(徐龍甲)에게 준 시이다.

〈홍 감사에 대한 만시〔挽洪監司〕〉부터 〈월정사 이십운(月精寺二十韻)〉까지 9제는 인조반정 이후 조정에 복귀한 때부터 저자의 말년 시기에 지은 시들이다. 〈불명암에서 비 오기를 빌다〔禱雨佛明菴〕〉는 광주 목사 시절에, 〈월정사 이십운〉은 강릉 부사 시절에 지은 시로 보인다.

오언배율 작품의 마지막 2수인 〈차오산의 공강정 시에 차운하다〔次車五山控江亭韻〕〉와 〈두 공부의 시에 차운하다〔次杜工部韻〕〉는 편차 순서로는 가장 만년(晩年)의 시가 되어야 하나 시의 내용으로 볼 때는 그 전에 지은 작품인 듯하다. 지은 시점을 확정하기 애매한 데다가 인생을 술회하는 시구가 등장하므로 제일 뒤에 두었을 수도 있다.

71 《竹陰集 卷8 次杜工部夔府一百韻》

권8의 오언배율 다음에는 칠언배율 7수가 있는데, 월정 윤근수(尹根壽)에 대한 만사와 목릉(穆陵)을 천장할 때 지은 만사가 포함되어 있다. 〈차오산의 시에 차운하여 동추 곽진경에게 주다. 삼십운〔次車五山韻贈郭同樞震卿三十韻〕〉은 조희일이 작고한 해인 1638년(인조16)에 지은 시로, 임진왜란 때 전공을 세운 뒤 환속한 승병장 의엄(義嚴)을 칭송하며 준 시이고, 칠언배율의 마지막 시인 〈매미 이십운〔蟬二十韻〕〉은 사물에 대한 묘사를 극대화한 작품으로, 남용익(南龍翼, 1628~1692)의 《기아(箕雅)》에도 실려 있다.

9) 권9

오언고시 49제(題) 55수가 실려 있다. 역시 기본적으로는 지은 순서대로 편차하였으나 앞부분의 시는 연대가 불분명한 것이 많고, 맨 뒤의 시 몇 수도 그러하다.

〈총수산(蔥秀山)〉부터 〈답청한 다음날 이자선에게 주다〔踏青翌日贈李子善〕〉까지 29제는 선조 때의 출사 시기를 거쳐 광해조에서 벼슬하다 귀양에서 풀려나 칩거한 시기에 지은 시들이다. 〈월사 영공을 삼가 송별하다〔奉別月沙令公〕〉는 1604년 경 조희일이 자문점마로 관서에 나가 있을 때 책봉사(冊封使)로 연경에 가는 이정귀(李廷龜)를 만났을 때 지은 시이다. 〈가을 기운이 남간에 모이다〔秋氣集南澗〕〉는 유종원(柳宗元)의 〈남간중제(南澗中題)〉의 구절을 시제(詩題)로 삼아 지은 시인데, 주석은 없으나 월과(月課)로 보이고,[72] 바로 다음의 시 〈〈후출새〉 곡에 차운하다〔次後出塞曲〕〉는 모두 5수로 월과라고 하는 주석이 붙어 있다.

72 《海峯集卷 卷3 秋氣集南澗〔月課〕》

〈춘방에서 숙직하며 김 서장 득지를 그리워하다〔鎖直春坊懷金書狀得之〕〉는 1610년(광해군2) 무렵 시강원 사서를 할 때 성절사(聖節使)의 서장관으로 나간 김대덕(金大德)을 생각하며 지은 시이다.

〈고성 군수 고선행에게 차운하여 주다〔次贈高城使君高善行〕〉부터 〈빙모 숙인 신씨에 대한 만장〔聘母淑人申氏挽章〕〉까지 17제는 인조반정 후 벼슬에 복귀한 때부터 말년까지의 기간에 지은 시들이다. 이 시기는 대부분 관직에 있던 때라 교유 관계에 따른 증시(贈詩)가 대부분이다. 〈빙모 숙인 신씨에 대한 만장〉의 숙인 신씨는 첫째 부인 해주 정씨(海州鄭氏)의 모친에 대한 것인 듯하다.

오언고시의 마지막 3수 중 〈월계(月溪)〉와 〈회옹의 시에 차운하여 홍천 현감 이화숙에게 주다〔次淮翁韻贈洪川倅李和叔〕〉는 지은 시점을 확정하기 애매하고, 〈호수 정자에서 당시의 운을 사용하여 짓다〔湖亭用唐詩韻〕〉는 주에 기유년(1609, 광해군1)으로 되어 있다. 이 부분을 초간본에서 찾아보면, 〈청음의 시에 차운하다〔次淸陰韻〕〉 이후의 작품이 낙질로 인해 확인이 불가능한 상태라 대조가 불가능하다.

10) 권10

칠언고시 46제(題) 51수가 실려 있다.

〈함경 감사로 가는 약봉 영공에게 삼가 드리다〔奉贈藥峯令公按關北〕〉부터 〈제산정의 운에 차운하다〔次齊山亭韻〕〉까지 13제는 선조조(宣祖朝)에서 출사한 초창기부터 유근의 종사관으로 사신 주지번(朱之蕃)을 맞이할 때 지은 시들이다.[73] 첫 시 〈함경 감사로 가는 약봉 영공에게

73 서정록(西征錄)이라는 주석이 있는 작품이 이 부분에서 두 개가 나오는데, 선조(宣

삼가 드리다〔奉贈藥峯令公按關北〕〉는 선대의 교분이 있던 서성(徐渻)에게 올린 시로 승문원에서의 괴로운 벼슬살이에 도움을 받았었다는 내용이 눈에 띈다. 월과(月課) 2제가 있는데, 〈눈 속에 눕다〔臥雪〕〉는 대설로 뒤덮인 집에서 걸식하지 않고 누워 있다 효렴으로 천거된 후한(後漢) 원안(袁安)의 고사를 시제(詩題)로 삼은 것이고, 〈문산의 〈육가〉에 차운하다〔次文山六歌〕〉 6수는 남송(南宋)의 문천상(文天祥)이 원(元)나라에 항거하다 붙잡혀 북쪽으로 압송되는 도중에 지은 〈육가(山六)〉를 모방하여 지은 작품이다.

〈취성당 운에 차운하다. 사물을 형용하는 말을 금하다〔次聚星堂韻禁體物語〕〉부터 〈정 상사에 대한 만사〔挽鄭上舍〕〉까지 9제는 이산(理山)에 유배되기 전까지의 작품들이다. 〈홍 신천에게 주다〔贈洪信川〕〉는 광해조에서 벼슬하다 물러나 칩거할 때인 1615년(광해군7) 경에 신천 군수로 가는 홍준(洪遵)에게 준 시이고, 〈정 상사에 대한 만사〉는 정홍택(鄭弘澤)을 위해 지은 것인데, 정홍택은 김상용(金尙容)의 동생 김상관(金尙寬)의 사위인 듯하다.

〈삼각산(三角山)〉부터 〈양 첨정 자점에게 부치다〔寄梁僉正子漸〕〉까지 13제는 이산에 유배되었을 때부터 말년 때까지의 시를 모은 것이다. 〈삼각산(三角山)〉, 〈병풍석(屛風石)〉, 〈여정을 기록하다〔紀行〕〉는 모두 유배지인 이산으로 향하는 도중에 쓴 것이고, 같은 제목으로 또 나오는

祖) 당시인 병오년인지 광해군 즉위 직후인 기유년인지 확정하기가 곤란하다. 다만 배를 띄워 풍류를 즐기는 내용으로 볼 때 선조의 상(喪)으로 사시 조사(賜諡詔使)를 맞이하는 광해군 때라고 보기는 힘듦으로 선조 병오년에 황손의 탄생을 알리는 주지번(朱之蕃)을 영접할 때의 시로 보는 것이 타당하다.

〈병풍석〉·〈삼각산〉과 〈황주에서〔黃州〕〉는 하동으로 이배되는 도중에 쓴 작품으로 보인다. 〈용계에게 주다〔贈龍溪〕〉는 인조반정 후 정계에 복귀하기 전이 시이고, 〈안흥성 밖 칠불사에……시를 청하였다〔安興城外七佛寺……求詩〕〉는 1628년(인조6) 모문룡(毛文龍)을 접반(接伴)하러 가도(椵島)에 갔을 때 지은 시로 보인다.

그 다음 3수인 〈용 북〔龍梭〕〉, 〈연경 가시는 월사 영공께 삼가 드리다〔奉贈月沙令公赴燕京〕〉, 〈바다 건너가는 송운 선사에게 주다〔贈松雲師浮海〕〉는 연대순으로 편차한 원칙에 맞지 않는 것들이다.

〈용 북〉은 월과(月課)에서 수석을 안겨 준 작품으로, 동진(東晉)의 도간(陶侃)이 어렸을 때 우연히 건진 용 모양의 저축(杼柚)에 관한 이야기를 시제(試題)로 삼은 것이고, 〈연경 가시는 월사 영공께 삼가 드리다〉는 1604년(선조37) 책봉사(冊封使)로 나가는 이정귀(李廷龜)에게 바친 시이다. 〈바다 건너가는 송운 선사에게 주다〉는 1604년에 임진왜란 후 화친을 위해 일본으로 건너가는 사명당(四溟堂) 유정(惟政)을 송별하는 시이다.

그 다음 권10의 마지막 부분에 해당하는 7수는, 초간본에서는 〈구책을 전송하다〔送區冊〕〉 위에 '칠언쌍운고시(七言雙韻古詩)'라는 중제목 아래에 있던 시들로, 중간본에서는 〈구책을 전송하다〉의 제목 아래에 모두 쌍운(雙韻)이라고 한 주석이 있다. 즉 여기의 7수는 원래 초간본 권4의 칠언배율 뒤에 있었는데, 중간하면서 칠언배율과 떨어져 권10의 칠언고시 뒤에 붙게 된 것이다. 〈주 천사와 작별하며 주다〔贈別朱天使〕〉는 1606년(선조39)에 황태자의 탄생을 알리고 돌아가는 주지번과 헤어지며 준 시이고, 〈도원수로 부임하는 장 옥성에게 삼가 드리다〔奉贈張玉城都元帥行〕〉는 장만(張晩)을 전송하며 준 작품인데, 선조(宣祖)가 친히 교외에서 전송한 의식을 위주로 묘사하였고 이듬해 이괄(李适)의 난을 평정한 일도 곁들였다.

11) 권11

응제(應製) 6편, 상량문(上樑文) 2편, 계(啓) 2편, 표(表) 2편, 전(箋) 3편으로 이루어져 있다. 초간본과 중간본 응제의 동이(同異) 문제에 대해서는 이미 설명하였다.

응제는 모두 교서(敎書)인데, 지은 순서에 따라 편차하지는 않고 뒤섞여 있다. 〈위성 공신 2등 진창군 강인에게 내리는 교서〔敎衛聖功臣二等晉昌君姜絪書〕〉는 광해군이 임진왜란 때 자신을 호종한 강인을 2등의 공신에 책훈(策勳)하는 글이고, 〈남해 현령에게 포상하며 내리는 교서〔敎褒南海縣令書〕〉는 남해 현령이 부족한 물자를 가지고 단기간에 전선(戰船) 3척을 건조한 데 대해 포상하는 교서이다.[74] 〈경기도관찰사 겸 병마수군절도사 개성부유수 이경함에게 내리는 교서〔敎京畿道觀察使兼兵馬水軍節度使開城府留守李慶涵書〕〉는 경기 감사로 부임하는 이경함에게 유시하는 내용이며, 〈백령 첨사 김입신이 나랏일에 마음을 다하여 성과를 이미 드러낸 것에 대해 상을 내리는 교서〔敎白翎僉使金立信盡心國事成效已著賞加書〕〉 역시 상전을 베푸는 내용이다. 〈위성 공신 1등

74 본 문집에는 이름이 실려 있지 않다는 주가 있지만, 광해군 당시에 남해 현령이면서 포상이 언급된 사람으로 나대용(羅大用)이라는 인물이 보인다. 《光海君日記 中草本 3年 6月 8日》

의정부 우의정 정탁에게 내리는 교서〔敎衛聖功臣一等議政府右議政鄭琢書〕〉는 정탁 사후에 임진왜란 당시 그가 광해군을 호종한 공을 기려서 위성 공신으로 포상한 것이다. 응제의 마지막 작품으로 〈위성 공신 3등 동지중추부사에게 내리는 교서〔敎衛聖功臣三等同知中樞府事書〕〉가 있는데, 공신의 이름이 실려 있지 않다.

상량문 2편 중 〈신광사 상량문(神光寺上樑文)〉은 사륙변려체(四六騈儷體)의 글인데, 신광사를 건립할 때 지은 실제의 상량문은 아니다. 즉 제목 아래의 주석과 내용을 살펴볼 때, 고려 때 목은(牧隱) 이색(李穡)이 그 상량문을 지었다고 하나 그 문장이 전해지지 않는다는 사실에 착안하여, 조희일이 자신을 신광사 건립 당시의 이색에 이입(移入)하여 시종 상상으로 지은 작품이다. 〈서쪽 들판에 새로 지은 거처에 대한 상량문〔西墅新居上樑文〕〉은 본문 중에 압도(鴨島)와 봉성(鳳城)이라는 말이 등장하는 것으로 볼 때 서울의 어떤 한 별장을 세울 때 지은 듯하다.[75]

계(啓) 2편은 임금에게 올리는 주소(奏疏)나 관사 간에 주고받는 공문(公文)이 아니고 사적으로 청탁한 글과 호의에 사례한 글이다. 〈남을 대신하여 지은, 말을 빌리기 위해 서 방백에게 올리는 글〔代人上徐方伯乞馬啓〕〉은 변려체의 긴 글로 남을 대신하여 지은 글인데, 나그네 생활에 지친 어떤 형제가 서씨(徐氏) 성을 가진 방백에게 선대(先代)의 우호가 있음을 내세워 관청의 말을 빌려 달라고 호소하는 내용이다. 〈오 상사 첨경이 분매를 준 것에 대해 사례한 글〔謝吳上舍添慶贈盆梅啓〕〉

75 본 문집 권6에 김상헌에게 준 시에 "鴨島東邊吾別業, 綠蓑歸去問漁隈."라고 한 구절이 보이는데, 이 시는 1613년(광해군5)에 지었다고 추정되므로 대강의 건립 시기를 추정해 볼 수 있다. 《竹陰集 卷6 送春日次踏靑韻贈淸陰》

역시 변문으로 지은 작품으로, 매화에 관한 각종 고사를 풍부히 인용하였다.

표(表) 2편 중 첫 번째인 〈송나라 지담주남악묘 주희가 본원에 뜻을 두어 천하의 일에 응하도록 청한 것을 본떠서 지은 표문〔擬宋知潭州南岳廟朱熹請加意本源之地以應天下之務表〕〉은 주희(朱熹)가 33세에 감장주남악묘의 직책에 있을 때 새로 즉위한 효종(孝宗)에게 올린 〈임오년 조칙에 응하여 올린 봉사〔壬午應詔封事〕〉의 내용 중 일부만을 취하여 글의 제재(題材)로 취하되, 주희 당시의 시대에 가탁하여 지은 작품이다. 〈예조에서 《동문선》을 찬집하여 문헌을 징험하도록 청한 것을 본떠서 지은 전〔擬禮曹請撰集東文選以徵文獻箋〕〉 또한 실제의 글이 아니라 예조(禮曹)에서 지은 글을 모방한 의작(擬作)이다.

전(箋) 3편은 〈황태자에게 올리는 동지 전문〔皇太子冬至箋文〕〉, 〈황태자에게 사례하는 전〔謝皇太子箋〕〉, 〈대전의 탄신일을 축하드리는 전〔大殿誕日賀箋〕〉인데, 두 번째 작품은 1609년(광해군1) 무렵 표류하던 중국 상인 진성(陳成)을 구조하여 무사히 보내준 일로 황태자가 상을 내려준 것에 대해 사례한 글이고,[76] 세 번째 작품은 인조(仁祖)의 탄신일을 맞아 바친 글로 보인다.

12) 권12

저자가 사헌부 지평으로 재직할 때 지은 장문의 〈임자년(1612, 광해군4) 봄에 올리려고 한 차자〔壬子春擬上箚〕〉 1편이 있다. 제목 아래의 주석에 의하면, 사헌부에서 광해군의 구언(求言)에 응하여 연명(聯名)으

76 《光海君日記 1年 1月 13日》, 《月沙集 卷57 漂流人陳成等發解降勅謝恩表》

로 작성했으나 사헌부 장관(長官)이 체차되는 와중에 결국 올리지 못하였다고 한다. 하늘의 노여움을 풀어 재이(災異)를 없애기 위해서는 임금이 근본을 바로잡고 근원을 맑게 해야 함을 말한 뒤, 그 구체적인 8가지 조목으로 '천재를 두려워할 것〔畏天災〕', '백성의 고통을 돌아볼 것〔恤民隱〕', '직언을 받아들일 것〔容直言〕', '공도를 넓힐 것〔恢公道〕', '기강을 바로잡을 것〔整紀綱〕', '궁중을 엄숙히 할 것〔嚴宮禁〕', '검약을 숭상할 것〔崇儉約〕', '상벌을 신중히 할 것〔愼賞罰〕'을 거론하고, 이어 학문을 통해 본원을 밝히는 공부에 힘쓰라는 말로 정리하고 있다.

13) 권13

책문(策文) 2편이 실려 있다. 조희일이 각각 1602년(선조35)에 별시 초시(別試初試)에 장원하고 별시 문과(別試文科)에 병과(丙科)로 합격할 때의 대책(對策)으로, 모두 책문(策問)까지 붙어 있다.

초시에 장원할 때에 출제된 책문은 최립(崔岦)이 지은 것인데,[77] 조희일은 그 설문을 받아, 태극이라는 말로 충분한데 주돈이(周敦頤)는 무극(無極)이라는 말을 왜 하였으며, 성선(性善)이라는 말로 충분한데 장재(張載)는 기질지성(氣質之性)이라는 말을 왜 하였는지 등에 대해 논하였다.

문과에 합격할 때의 대책은, 《중용》의 구경(九經)과 《대학》의 팔조목(八條目)을 바탕으로 치국평천하를 이룩하고자 할 때에 거기에 따른 이론적 미비점이나 모순점에 관해 몇 가지 설문한 것에 답하고 있으며, 또한 당시 빈번하게 발생하는 천재(天災)에 대한 구언(求言)에도 상당

77 《簡易集 卷1 策問》

부분 지면을 할애하여 답하고 있다.

14) 권14

제문(祭文) 21제(題) 22편이 실려 있는데, 지은 연대순으로 편차하였다. 인물에 대한 제문이 13편, 기우제 혹은 기청제 제문이 8편, 그 밖의 것으로 〈수침리 토지신에 대한 제문〔祭水沈里土地神文〕〉 1편이다.

〈하교에 의해 지은 기우제 제문〔敎祈雨祭文〕〉은 초간본에는 응제(應製)로 분류된 것인데 소제목이 달린 다섯 작품으로 구성되어 있고, 〈무등산 신령에게 올리는 제문〔祭無等山神文〕〉은 1624년(인조2)에 광주 목사 재직 시에 지은 것이다. 바로 뒤 작품인 〈성황사에 올리는 기우제 제문〔城隍祠祈雨文〕〉, 〈기우제 제문〔祈雨祭文〕〉, 〈기청제 제문〔祈晴祭文〕〉 2편은 경상 감사 시절에 지은 것이다. 〈수침리 토지신에 대한 제문〉은 유배에서 풀려난 해에 모친상을 당하였다가 탈상하고 나서 덕산(德山)에 우거할 때 지은 것으로 보이는데, 집안에 갖가지 안 좋은 일이 생기므로 그곳을 주관하는 토지신에게 잡귀를 몰아내 달라고 비는 글이다.

다음은 인물에 대한 제문이 나온다. 소광진(蘇光震, 1566~ 1611), 윤근수(尹根壽), 임회(林檜, 1562~1624), 신흠(申欽), 이정귀(李廷龜), 김상용(金尙容), 남이흥(南以興)에 대한 것은 생전의 교분으로 지은 것이고, 고경명(高敬命)에 대한 제문은 광주 목사에서 체차되어 돌아갈 때 그 사당에서 제사지내며 지은 것이다. 그 외로 장인인 정흠(鄭欽), 인숙(姻叔)인 이흡(李洽)과 이위(李湋), 재종형 한술(韓述), 인형(姻兄)인 감찰 한사덕(韓師德)에 대한 제문이 들어 있다.

15) 권15

기(記) 4편, 서(序)와 발(拔)이 각각 1편, 잡저(雜著) 〈학어초독(學語初讀〉 1편으로 이루어져 있다. 기문 4편은 〈법련암기(法蓮庵記)〉, 〈완산정기(翫山亭記)〉, 〈퇴우정기(退憂亭記)〉, 〈삼매당기(三梅堂記)〉인데, 지은 시대순으로 편집한 것이다.

〈법련암기〉는 이경탁(李慶倬, 1572~?) 일행과 덕산(德山) 인근의 어느 공사 중인 암자에 머물렀을 때, 그곳 승려의 부탁으로 절의 이름을 지어준 전말을 기록한 글이다. 〈완산정기〉는 정산(定山) 지역을 다스리는 구(具)씨 성을 가진 수령이 공무의 여가에 편히 쉬기 위해 지은 정자에 대한 기문이다. 〈퇴우정기〉는 박승종(朴承宗, 1562~1623)이 한강 가에 정자를 지은 뒤 사람을 보내 편액을 보여주며 기문을 써 달라고 요구한 데에 응해 준 것이다. 〈삼매당기〉는 명리를 멀리하며 은거하고 있는 정일(丁鎰)이라는 사람이 당호를 삼매당으로 한 의도가 무엇인지에 대해, 혹자와의 문답 형식으로 지은 글이다.

서문 1편은 〈진위사 정 참판에게 준 시의 서문〔贈進慰使鄭參判詩序〕〉이다. 1630년(인조8) 진위사(進慰使)가 되어 바닷길로 사행을 떠나는 정두원(鄭斗源)을 전별하는 시의 서문으로, 사행길 도중에 연조(燕趙) 지역의 영웅적이고 맹렬한 기상을 가진 인사들과의 교유에 특히 힘썼다가 이를 나중에 알려 줄 것을 당부하고 있다.

발문 1편은 〈《졸옹집》에 대한 발〔拙翁集跋〕〉로, 저자 홍성민(洪聖民, 1536~1594)의 인품과 문장을 칭송하는 한편 선친 운강공(雲江公 조원(趙瑗))과의 인연 또한 강조하고 있는 글이다.

잡저 〈학어초독(學語初讀)〉은 일종의 아동용 계몽서로, 광해군 때 벼슬에서 밀려나 지내던 시기에 조카를 위해 지은 글이다. 천지 및 산천초목 등의 사물과 여러 자연현상을 설명한 뒤, 인륜을 밝히고 도리를 따를 것을 타이르고 있다. 이 작품은 종증손(從曾孫)인 필선 조정순(趙正純)이 〈동학초독(童學初讀)〉이라는 이름으로 영조(英祖)에게 바치면서 동궁에게 보여주기를 청하여, 윤허를 받기도 하였다.[78]

16) 권16

묘갈명(墓碣銘) 6편,[79] 묘지(墓誌) 2편, 행장(行狀) 1편으로 구성되어 있는데, 묘갈명과 묘지는 모두 서문이 있다.

〈고 현감 양공 묘갈명〔故縣監梁公墓碣銘〕〉은 양자징(梁子澂, 1523~1595)에 대한 묘갈명이고, 〈증 예조 참판 이공 묘갈명〔贈禮曹參判李公墓碣銘〕〉은 이중계(李重繼, 1566~1619)에 대한 묘갈명이다. 〈증 자헌대부 의정부우참찬 겸 지의금부사 이공 묘갈명〔贈資憲大夫議政府右參贊兼知義禁府事李公墓碣銘〕〉은 조희일과 동갑내기 벗인 이배원(李培元)의 부탁으로 지은 것으로 그 부친 이염(李琰, 1546~1595)에 대한 묘갈명이고, 〈처사 권공 묘갈명〔處士權公墓碣銘〕〉은 조희일의 사돈 권확(權彠)의 부친인 권결(權潔, 1534~1605)에 대한 묘갈명이다. 〈증 자헌대부 병조 판서 행 승문원 정자 임공 묘갈명〔贈資憲大夫兵曹判書行承文院正字林公墓碣銘〕〉은 황해 감사 임서(林惰)의 생전 부탁으로 지은 것으로 그 부친 임복(林復, 1520~1576)에 대한 묘갈명이다. 〈수재 권군 묘표명〔秀才權君墓表銘〕〉은 조희일의 사위이자 권확의 아들인 권게(權垍)에 대한 묘표명인데, 권게의 아들인 익형(翼逈)마저 요절한 사실도 비중을

78 《承政院日記 英祖 4年 5月 12日》

79 《죽음집》 제16권의 묘갈명 편차에 묘표명(墓表銘) 1편을 같이 산입한 것이다.

두어 기록하였다.

묘지는 2편이다. 〈증 통정대부 승정원 좌승지 김공 묘지명〔贈通政大夫承政院左承旨金公墓誌銘〕〉은 인목왕후(仁穆王后)의 부친 김제남(金悌男)의 장남 김내(金琜, 1576~1613)에 대한 묘지명으로, 계축옥사(癸丑獄事) 때 살아남은 김내의 장남 천석(天錫)의 부탁으로 지은 것인데, 서문의 말미에 언급한 바와 같이 김상헌이 지은 묘갈명을 많이 차용하였다. 〈증 대광보국숭록대부 의정부영의정……충숙공 서공 묘지명〔贈大匡輔國崇祿大夫議政府領議政……忠肅公徐公墓誌銘〕〉은 서성(徐渻, 1558~1631)에 대한 묘지명으로, 그 장남 서경우(徐景雨)의 부탁으로 지은 것이다. 앞의 김내 묘지명과 마찬가지로 김상헌이 지은 서성의 행장을 많이 차용하였다.

행장 1편은 〈고 통훈대부 행 선공감 첨정 윤기정 행장〔故通訓大夫行繕工監僉正尹起禎行狀〕〉으로, 윤기정(尹起禎, 1542~1617)에 대한 행장이다. 윤기정의 차남 윤완(尹琬)이 특별히 부탁하여 지어 준 것이다.

17) 부록

본 문집의 저자인 조희일에 대한 애도문 등을 모은 권(卷)으로, 송시열(宋時烈)이 지은 〈신도비명(神道碑銘)〉과 인조의 사제문(賜祭文) 및 명사들이 저자의 영전에 바친 다수의 제문과 만장(挽章)이 수록되어 있고, 마지막에는 증손 조정만이 쓴 후지(後識)가 있다.

사제문은 교리 윤강(尹絳)이 지은 것이고, 제문을 지은 인물은 신익성(申翊聖), 이경직(李景稷), 김대덕(金大德), 이경석(李景奭)으로 모두 4인이고, 만장을 지은 인물은 윤방(尹昉), 신익성, 심열(沈悅), 윤흔(尹昕), 윤신지(尹新之), 이경직(李景稷), 김대덕(金大德), 이경석(李景奭),

서경우(徐景雨), 윤휘(尹暉), 한명욱(韓明勖), 남이웅(南以雄), 조위한(趙緯韓), 이행원(李行遠), 저자의 동생인 조희진(趙希進)으로 모두 16인이다.

7. 맺음말

이상에서 임진왜란과 병자호란이라는 전에 없던 전란의 한복판을 살다 간 죽음 조희일이라는 사람과, 3편의 서문과 원집 16권 및 부록으로 이루어진 그의 문집에 대해 살펴보았다. 한국고전번역원 사업의 일환으로 그의 저술에 대한 번역 작업을 착수한 뒤 이제 그 전체 작품의 출간을 목전에 둔 시점에서, 그에 관한 연구나 논문은 전무하다시피하다. 이러한 사정으로, 앞에서는 간략한 형식의 해제를 작성하기보다는 오류의 가능성을 무릅쓰더라도 저자와 작품에 대해 되도록 많은 정보를 제공하려고 하였고, 여기서는 앞으로 있을, 저자와 그 작품의 연구와 관련하여 몇 가지 떠오르는 생각을 적어 두는 것으로 글의 마무리를 대신하고자 한다.

첫째, 《죽음집》의 초간본과 중간본의 간행 경위와 판본 등에 대한 연구가 필요하다. 초간본이 정확하게 언제, 어디에서 간행되었는지와 그 서문의 존재 여부가 복잡한 문제를 띠고 있음은 이미 이 해제의 본문에서 제기하였다. 또 서울대규장각에 유일하게 소장되어 있는 초간본이 낙질과 마모가 심하지만, 작품의 수록 체재를 완전히 달리하는 중간본과 대조하여 작품 개개가 어떻게 증감되어 실렸는지도 살필 만하다.

둘째, 《죽음집》의 핵심이라고 할 수 있는 부(賦)와 시(詩)에 대해 언급해 본다. 부를 제1권에 배치한 상징성과 그 실린 부의 풍부함은 주의를 환기시키기에 충분하며, 여러 가지 형식으로 지어진 1100여 수의 시는 문집 내의 다른 저작들을 압도한다. 그런데 수많은 시가 지은 연대순으로 편차되어 내용 이해에 약간의 도움이 되지만, 대부분의 작품이 저작 시기가 불분명한 데다가 연대순으로 편차하는 원칙을 벗어난 것도 간간이 있어 오히려 혼란을 초래하는 경우도 있다. 이런 까닭에 해제의 본문에서 시작(詩作)의 저술 시기를 되도록 밝히려고 하였는데, 이 부분도 앞으로 더 연구가 기대된다.

셋째, 나아가 조희일이라는 인물과 그 저술에 대한 심층 연구가 필요하다. 조희일의 생평(生平)과 대강의 행적은 《실록》이나 《승정원일기》에 나와 있지만, 조금만 들어가도 모호한 부분이 많다. 예를 들어 많은 작품을 남긴 시기인 해운 판관(海運判官) 시절의 구체적 행적이나, 유배에서 풀려난 뒤 인조반정 전까지의 덕산(德山) 우거 시절 등의 생활상은 본 문집만으로는 정확히 파악하기 어렵다. 또 만년에 강릉 부사 자리에서 왜 파직되었는지도 미궁이다.

그의 문명(文名)이 당대는 물론 사후에도 대단하였지만 점차 잊힌 감이 없지 않으며, 이는 오늘날 그에 관한 이해와 연구가 부실한 현실과 잇닿아 있다. 조희일이 당시의 대가들과 명성을 나란히 하였다는 말이 지어낸 것이 아니라고 한다면, 본 번역서가 세상에 나오는 이번의 계기로 죽음 조희일에 대한 진지한 연구가 많이 나오기를 희망한다.

부록. 〈죽음집에 등장하는 조희일의 교유 인물〉

성명	생몰년	본관	자	호	비고
姜絪	1555~1634	晉州	仁卿	是庵	挽詞 및 衛聖功臣 教書에 수록됨
姜翯	1602~1636	晉州	君白	浣岩	
姜弘重	1577~1642	晉州	任甫	道村	
高用厚	1577~?	長興	善行	晴沙	高敬命의 子, 次韻詩 다수
高弘達	1575~1644	濟州	高達夫	竹湖	
郭震卿	?~?				法名은 義嚴, 俗名은 郭彦秀
具仁基	1576~1643	綾城	伯鞏	竹隱	
權啓沃	1544~?	安東	時望		進士
權克亮	1584~1631	安東	士任	東山	
權濤	1575~1644	安東	靜浦	東溪	
權盼	1564~1631	安東	仲明	閉戶	
權晪	1574~1650		霽仲		
權鑊	1568~1638	安東	士重	石溪	사돈지간
權希慶		江華	應吉	村隱	四事堂 주인
金堪	1590~1662	安東	季任		
金光燦	1597~1668	安東	思晦	雲水	生父는 金尙寬, 養父 金尙憲
金光炫	1584~1647	安東	晦汝	水北	金尙容의 子
金克孝	1542~1618	安東	希閔	四味堂	金尙憲의 父
金起宗	1585~1635	江陵	仲胤	聽荷	
金南重	1596~1663	慶州	自珍	野塘	
金大德	1577~1639	光山	得之	蘇峰·易安堂	進士試에 같이 합격함, 저자에 대한 祭文과 挽章 수록
金瑬	1571~1648	順天	冠玉	北渚	
金尙	1586~1656	尙州	友古	仕隱	
金尙宓	1573~1652	安東	仲靜		金尙憲의 이복동생
金尙容	1561~1637	安東	景擇	仙源·楓溪·溪翁	
金尙憲	1570~1652	安東	叔度	清陰	交遊詩 및 次韻詩 최다수 수록
金世濂	1593~1646	善山	道源	東溟	
金壽昌	1599~1680	安東	天休	晩休堂	金尙容의 손자
金愼行					族姪. 挽詞 수록

성명	생몰년	본관	자	호	비고
金偉男	1563~1618	光山	子始	樂山	
金存敬	1569~1631	光山	守吾	竹溪	
金榛	1564~1636	海平	志遠	雲巖	挽詞 수록
金止男	1559~1631	光山	子定	龍溪	
金地粹	1585~1639	義城	去非	苔川	
金鎭	?~1711	羅州			
金緻	1577~1625	安東	士精	南峰	讀書堂 동기
金興國	1557~1623	順天	景仁	水北亭	
南銑	1582~1654		澤之		
南以雄	1575~1648	宜寧	敵萬	市北	
南以興	1540~1627	宜寧	士豪	城隱	祭文 등 수록
魯認	1566~1622	咸豐	公識	錦溪	日本에서 탈출해 중국을 거쳐 귀국한 사정을 辭로 지어 줌
睦大欽	1575~1638	泗川	湯卿	茶山·竹塢	讀書堂 동기
睦敍欽	1572~1652	泗川	舜卿	梅溪	
閔聖徽	1582~1647	驪興	士尙	拙堂·用拙	
閔仁伯	1552~1626	驪興	伯春	苔泉	
閔馨男	1564~1659	驪興	潤夫	芝崖	
朴東說	1564~1622	潘南	說之	南郭	挽詞 등 수록
朴苓	1570~?	竹山	應久		進士
朴燁	1570~1623	潘南	叔夜	葯窓	交遊詩 수록
朴弘美	1571~1642	月城	直哉·君彦	灌圃	
房元震	?~?	南陽			房應賢 손자로 沙溪精舍 중수
白振南	1564~1618	海美	善鳴	松湖	
卞獻	1570~1636	草溪	時哉	三一山人	승병 활동 후 환속, 進士
徐景雨	1573~1645	達城	施伯	晩沙	徐渻의 長子, 저자에 대한 만장 수록
徐景霌	1579~1643	達城	子順	松岡	徐渻의 季子, 達城尉에 봉해짐
徐渻	1558~1631	大丘	玄紀	藥峯	墓誌銘 수록
徐龍甲	1567~1620	扶餘	之淵	蘇湖	

성명	생몰년	본관	자	호	비고
宣時翰					上舍, 湖南人
蘇光震	1566~1611	晉州	子實	后泉	祭文과 挽詞 수록
宋圻	1553~1611	礪山	民止		
宋象仁	1569~1631	礪山	聖求	西郭	
宋英耇	1556~1620	鎭川	仁叟	暮歸	
申欽	1566~1628	平山	敬叔	玄翁·玄軒·象村·放翁	다수의 次韻詩, 祭文 및 挽詞 수록
辛喜孫	1578~1630	寧越	戒忝	牛巖	挽詞 수록
沈恪	1571~?	青松	子虔		姻叔
沈光世	1577~1624	青松	德顯	休翁	다수의 交遊詩와 次韻詩 수록
沈惀		青松			青平君, 挽章 수록
沈悅	1569~1646	青松	學而	南坡	趙希逸에 대한 만사 수록
安德鳳	1567~?	順興	文瑞		姻戚, 進士
安旭	1564~?	廣州	明遠	淸川	
梁慶遇	1568~1629	南原	子漸	霽湖·蓼汀	1606년 遠接使 柳根 종사관 때 동행, 다수의 交遊詩 수록
梁天運	1568~1637	濟州	士亨		瀟灑園 창건자인 梁山甫의 손자
吳翽	1592~1634	海州	肅羽	天坡	挽詞 수록
吳允諧	1562~?	海州	汝和	晩雲	挽詞 수록
吳添慶	1603~?	咸陽	善徵		盆梅를 받고 사례한 작품 수록
兪大佑	1575~?	杞溪	士吉		生員, 挽詞 수록
柳時會	1562~1635	晉州	仲嘉		世交가 있음, 挽詞 수록
惟政	1544~1610	豐川		泗溟堂·松雲	俗名은 任應奎, 임진왜란 후 渡日 때 贈詩 수록
柳春發	1536~1609	高興	仲華		
柳恒	1574~1647	全州	汝常	九峯	尙州牧使 역임, 贈別詩 수록
劉希慶	1545~1636	江華	應吉	村隱	賤人으로 朴淳·南彦經을 師事
尹根壽	1537~1616	海平	子固	月汀	挽詞와 祭文을 수록
尹趌	1567~1615	坡平	汝直	夢坡	
尹民逸	1564~1635	坡平	顯世	芝山	都正 역임, 挽詞 수록

성명	생몰년	본관	자	호	비고
尹昉	1563~1640	海平	可晦	稚川	尹斗壽 長男, 저자에 대한 만사 수록
尹安國	1569~1630	楊州	定卿	雪樵	冬至使 사행 중 溺死한 것에 대한 哀悼詩 수록
尹琬	?~?	坡平	仲圭		부친 尹起禎 행장 및 본인 만사 수록
尹履之	1579~1668	海平	仲素	秋峯	
尹暄	1573~1627	海平	次野	白沙	尹斗壽의 季子
尹暉	1571~1644	海平	靜春	長洲·川上	尹斗壽의 三男, 저자에 대한 挽詞 수록
尹昕	1564~1638	海平	時晦	陶齋·晴江	尹斗壽의 차남, 저자에 대한 만사 수록
李坰	1580~1670	碧珍	東野	聲叟	
李景奭	1595~1671	全州	尙輔	白軒	저자에 대한 祭文과 挽章 수록
李景嚴	1579~1652	延安	子陵	玄磯	
李敬輿	1585~1657	全州	直夫	白江·鳳巖	《죽음집》 서문을 쓴 李敏敍의 生父, 저자와 進士試에 같이 합격함
李景容	1580~1635	德水	汝復	杜谷	
李敬仁	1575~1642	全州	克夫	亭村	
李景稷	1577~1640	全州	尙古	石門	저자에 대한 祭文과 挽章 수록
李慶倬	1572~?	韓山	德餘	伴琴	李山甫의 子
李得胤	1553~1630	慶州	克欽	西溪	挽詞 수록
李命俊	1572~1630	全義	昌期	潛窩·退思齋	
李明漢	1595~1645	延安	天章	白洲	李廷龜의 長男
李棨	1572~1646	全州	文伯	松郊	
李培元	1575~1653	咸平	養伯	歸休堂	交遊詩 다수, 부친 李琰의 묘갈명 지어 줌
李尙吉	1556~1637	碧珍	士祐	東川	挽詞 수록
李尙信	1564~1610	驪興	而立	淸隱	
李惺伯	?~?	韓山			李景倬의 同族
李昭漢	1598~1645	延安	道章	玄洲	李廷龜의 次男
李植	1584~1647	德水	汝固	澤堂	

성명	생몰년	본관	자	호	비고
李安訥	1571~1637	德水	子敏	東岳	다수의 交遊詩, 次韻詩 수록
李彦華	?~1629	雪城	汝實	巨川	譯官
李如璧	1585~?	廣州	仲珍		李德馨의 次男
李榮元	1565~1623	咸平	子善	龍溪	다수의 交遊詩, 次韻詩 수록
李瑋	1551~1614	韓山			姻叔, 祭文 수록
李惟達	1579~1635	全州	兼善		
李惟一					都事 역임, 挽詞 수록
李廷龜	1564~1635	延安	聖徵	月沙	다수의 交遊詩와 次韻詩, 祭文 및 挽詞 수록
李埈	1560~1635	興陽	叔平	蒼石	〈兄弟急難圖〉에 적은 시 등 수록
李重繼	1566~1619	全州	述夫	松坡	墓碣銘 수록
李志完	1575~1617	驪州	養吾	斗峯	讀書堂 동기, 1606년 遠接使 柳根 종사관 때 동행
李春英	1563~1606	全州	實之	體素齋	
李春元	1571~1634	咸平	元吉	九畹	다수의 交遊詩, 挽詞 수록
李必榮	1573~?	廣州	而賓	晩悔	
李好閔	1553~1634	延安	孝彦	五峯·南郭·睡窩	
李忔	1568~1630	慶州	尙仲	雪汀·梧溪	1606년 遠接使 柳根 종사관 때 동행, 謝恩使 수행 중 사망
李洽	1549~1608	韓山	和甫	醉菴	姻叔, 祭文 수록
林慉	1570~1624	羅州	子愼	石村	부친 林復의 묘갈명과 본인에 대한 挽詞 수록
任叔英	1576~1623	豊川	茂叔	疎庵	
任錪	1560~1611	豊川	寬甫	鳴皐	
林檜	1562~1624	平澤	公直	觀海	祭文 수록
張晩	1566~1629	仁同	好古	洛西·梨湖主人	
張縉	?~?				挽詞 수록
鄭浤	1557~?	迎日	浩伯		生員, 挽詞 수록
鄭栴壽	?~?		子久	杏林·杏村	御醫
鄭斗源	1581~?	光州	丁叔	壺亭	進慰使로 나갈 때의 送序 등 수록

성명	생몰년	본관	자	호	비고
鄭頠	1598~1656	迎日	子儀	秋潭	
鄭維城	1596~1664	迎日	德基	陶村	
鄭忠信	1576~1636	河東	可行	晩雲	挽詞 등 수록
丁好恕	1572~1647	押海	士推		同榜及第
鄭弘澤	?~?	迎日			挽詞 수록
鄭欽	1557~1635	海州	欽哉	松泉	丈人
曺文秀	1590~1647	昌寧	子實	雪汀	
趙璞	1577~1650	豐壤	叔蘊	石谷	
趙緯韓	1567~1649	漢陽	持世	素翁·玄谷	다수의 次韻詩, 저자에 대한 挽章 수록
趙廷虎	1572~1647	白川	仁甫	南溪	
趙俊馨					族姪
趙纘韓	1572~1631	漢陽	善述	玄洲	交遊詩 다수
趙希孟	1574~?	林川	醇叔		進士
趙希正	?~1592	林川			저자의 伯兄
趙希哲	1566~1592	林川	晦叔		저자의 仲兄
車天輅	1556~1615	延安	復元	五山·橘室·淸妙居士	1606년 遠接使 柳根 종사관 때 동행, 다수의 次韻詩 수록
崔湜	1575~?				別坐
崔葕	1576~1651	朔寧	孺長	星灣·星淵	
崔有淵	1587~미상	海州	止叔	玄巖·玄石	
崔有海	1588~1641	海州	大容	嘿守堂	
崔天健	1568~1617	全州	汝以	汾陰	姻戚, 改葬 때의 挽詞 수록
崔惠吉	1591~1662	全州	子迪	柳下	
韓明勖	1567~1652	淸州	勖哉	栗軒	저자의 再從表兄 韓述의 子, 交遊詩와 저자에 대한 만사 수록
韓師得		淸州			저자의 妹夫이자 李行遠의 장인
韓師一					姻戚, 新昌縣監 역임, 挽詞 수록
韓述	1541~1616	淸州	子善	陶谷	再從表兄, 祭文과 挽章 수록
韓應南	1572~?	淸州	士明	松巖	

성명	생몰년	본관	자	호	비고
韓仁及	1583~1644	淸州	元之	玄石·瑞石	進士試에 같이 합격함
許恒	1568~?	陽川	仲久	孤山	
玄極	1554~1632	順天	汝仰		
洪命亨	1581~1636	南陽	季通	無適堂	
洪霶	1573~1638	豊山	景望	芝溪	讀書堂 동기, 洪履祥의 子
洪瑞鳳	1572~1645	南陽	輝世	鶴谷	
洪瑞翼	1572~1623	南陽	翼之	禾翁	
洪翼漢	1586~1637	南陽	伯升	花浦·雲翁	三學士 중 1인
洪仁傑	1541~1603	南陽	應時		改葬 때의 挽詞 수록
洪柱元	1606~1672	豐山	建中	無何堂·無何翁	永安都尉
洪遵	1557~1616	南陽	師古	槐陰	
洪千璟	1553~1632	豊山	群玉	盤恒堂	

참고문헌

1. 문집 및 원전자료 기타

趙希逸, 《竹陰集》, 《한국문집총간》, 83집, 민족문화추진회.

趙希逸, 《竹陰集》, 규장각한국학연구원, 청구기호 〔奎7815-v.1-5〕

林泳, 《滄溪集》, 《한국문집총간》, 159집, 민족문화추진회.

박헌순, 〈한국문집총간 죽음집 해제〉, 1990.

김남기, 〈조희일의 삶과 시세계〉, 《한국한시작가연구》 9권, 한국한시학회, 2005.

한의숭, 〈竹陰 趙希逸의 散文에 대한 연구〉, 《인문학연구》, 64집, 2022.

김기림, 〈죽음 조희일 시 세계에 대한 一考察〉, 《인문학연구》, 64집, 2022.

이민호, 〈조희일의 神光寺上樑文에 대하여〉, 《인문학연구》, 64집, 2022.

2. 웹 자료

국사편찬위원회 승정원일기, sjw.history.go.kr/

국사편찬위원회 조선왕조실록, sillok.history.go.kr/

한국고전종합DB, http://db.itkc.or.kr/

한국민족문화대백과사전, http://encykorea.aks.ac.kr/

한국역대인물종합정보시스템, http://people.aks.ac.kr/

죽음집

권수

《죽음집》 서 竹陰集序

송시열(宋時烈)

대개 듣기로, 사람을 논평하기는 쉬워도 시를 논평하기는 어렵다고 한다. 대체로 사람에게는 군자와 소인의 구분이 있는데 군자와 어울리는 사람은 선한 부류이고 소인이 좋아하는 사람은 불선한 부류라서 이 때문에 사람을 논평하기가 쉽다는 것이다. 시로 말하자면 그 율격의 높고 낮음과 음운의 맑고 탁함이 고르지 않기도 하고 정격(正格)과 변격(變格)의 다른 체제가 있다. 《시경》 이후로 소식(蘇軾)과 황정견(黃庭堅),[80] 이진(二陳)[81]에 이르기까지 그 변화가 끝이 없고 같은 사람이 지은 것이라도 전후의 차이가 있다. 그래서 회옹(晦翁 주희(朱熹))이 "두자(杜子 두보(杜甫))의 시는 기주(夔州) 시절 이후에 또 한 번 변했다."라고 하였으니, 시를 어찌 쉽게 논평할 수 있겠는가. 성인(聖人)만은 모르는 게 없으므로 시를 논평하려 하지 않아도 한번 품평을 거치기만 하면 백대의 정설이 되니, 요컨대 이는 지극히 공정하고 명확하기 때문이다.

옛날 선묘(宣廟) 때 문장의 성대함이 정원(貞元) 원화(元和) 연간[82]과

80 황정견(黃庭堅) : 1045~1105. 자는 노직(魯直), 호는 부옹(涪翁)·산곡도인(山谷道人)이다. 강서시파(江西詩派)의 시조로 일컬어진다.

81 이진(二陳) : 송대(宋代)의 문인 진사도(陳師道, 1053~1102)와 진여의(陳與義, 1090~1138)를 말한다.

비견될 만하였는데, 선묘께서는 유독 죽음(竹陰) 조공(趙公)의 작품들에 대해서 "한 덩어리의 원기(元氣)가 혼연(渾然)하다."라고 칭찬하셨으니, 마치 기주(冀州) 북쪽은 천하에서 말이 많이 생산되는 곳이지만[83] 그림자보다 빨리 달리는 능력을 가진 말은[84] 홀로 먼저 값이 정해진 것과 같다고 할 수 있다. 그런데 이후로는 벼슬자리의 높고 낮음이 일정하지 않았으며 영욕이 서로 교차되었다. 그러다가 인묘(仁廟)께서 등극하시자 재덕이 출중한 이들이 많이 등용되었는데, 공도 폐기되었다가 기용되어 의정부 사인(議政府舍人)을 거쳐 옥당(玉堂)의 전한(典翰)에 제수되었으니, 이는 극선으로 뽑는 자리였다. 또 김 청음(金淸陰 김상헌(金尙憲))과 정 수몽(鄭守夢)[85] 등 여러 군자들이 "타인의 비난에서 초탈하였다."라고 한 말이 있으니, 논평을 기다리지 않아도 공의 사람됨을 알 수 있다. 아아, 공은 이미 그 어려운 것으로 성조(聖祖)에

82 정원(貞元) 원화(元和) 연간 : 당(唐)나라 덕종(德宗)의 연호인 정원과 헌종(憲宗)의 연호인 원화까지를 말한다. 이 시기에 한유(韓愈), 유종원(柳宗元), 육지(陸贄) 등 대문장가들이 출현하였다.

83 기주(冀州)……곳이지만 : 인재가 많이 나옴을 비유한 말이다. 선조(宣祖) 때를 문학의 성숙기라고 하여 목릉성세(穆陵盛世)라고 하였다. 한유(韓愈)의 〈처사 온조를 전송하며 지은 서〔送溫造處士序〕〉에 "대저 기주 북쪽은 천하에서 말이 많이 생산되는 곳이다.〔夫冀北, 馬多於天下.〕"라고 하였다. 《古文眞寶後集 卷3》

84 그림자보다……말은 : 《한서(漢書)》 〈양웅전(揚雄傳)〉에 "푸른 깃으로 꾸민 봉황의 가마를 꾸미고, 그림자보다 빠른 말을 여섯 번 탔었다.〔撫翠鳳之駕, 六先景之乘.〕"라고 하였는데, 안사고(顔師古)의 주(注)에 "'선영(先景)'은 말이 매우 빨리 달려 항상 그림자보다 앞서 있다는 말이다."라는 내용이 보인다.

85 정 수몽(鄭守夢) : 정엽(鄭曄, 1563~1625)으로, 수몽은 그의 호이다. 본관은 초계(草溪), 자는 시회(時晦), 시호는 문숙(文肅)이다. 저서에 《수몽집(守夢集)》·《근사록석의(近思錄釋疑)》 등이 있다.

게 장려를 받았는데, 어찌 그 쉬운 것으로 신손(神孫 인조)의 지우를 입지 못하였겠는가. 그 때문에 죽음공에 대해 묻는 이가 있으면 나는 다만 "공의 문장을 알고 싶으면 선묘께서 화곤(華袞)의 포사(褒詞)[86]를 내리셨던 것을 보면 되고, 공의 인품을 알고 싶으면 인조께서 공을 선발하신 것만을 보면 된다."라고 말한다.

또 한 가지 말할 게 있다. 옛사람이 두기공(杜祁公)[87]이 재물 쓴 것을 좋아한 것에 대해 논하여 말하기를 "두기공이 재물을 쓴 것은 따라 할 수 있지만 마땅히 써야 할 곳에 쓴 것은 따라 하기 어렵다."라고 하였다. 나는 공이 재주를 쓴 것에서도 그러했다고 말할 수 있으니, 이는 공의 행장(行狀)을 보면 알 수 있다. 공이 돌아가신 지 거의 50년인데, 공의 손자인 조경망(趙景望)[88]이 조정만(趙正萬)[89] 등의 여러 아들과 공의 여러 저술을 수습하여 몇 권의 책으로 만들고는 세상에 간행하였다. 내가 생각하기에 공의 재주는 참으로 출중하였고 또한 다행스럽게도 성군의 시대를 만났다. 그렇지만 세상에서 형옥(荊玉)과 풍검(豐劍)[90]이 보배

86 화곤(華袞)의 포사(褒詞) : 지극히 영광스러운 칭찬이라는 말이다. 화곤은 고대 왕공(王公)과 귀족의 복장으로, 지극한 영예를 뜻하는 말인데, 《춘추곡량전(春秋穀梁傳)》 서문에 "《춘추》의 한 글자의 칭찬이 화곤을 받는 것보다도 영광스럽고, 한마디의 비판이 시장에서 맞는 회초리보다도 욕되다.〔一字之褒, 寵逾華袞之贈; 一言之貶, 辱過市朝之撻.〕"라고 하였다.

87 두기공(杜祁公) : 대본에는 '杜祈公'으로 되어 있는데, 《송사(宋史)》 〈두연열전(杜衍列傳)〉에 의거하여 '祈'를 '祁'로 바로잡아 번역하였다. 이하의 '두기'도 동일하다. 두기공은 기국공(祁國公)에 봉해진 두연(杜衍, 978~1057)을 말한다.

88 조경망(趙景望) : 1629~1694. 자는 운로(雲老), 호는 기와(奇窩)이다.

89 조정만(趙正萬) : 1656~1739. 자는 정이(定而), 호는 오재(寤齋)로, 조경망(趙景望)의 차남이다. 저서에 《오재집(寤齋集)》이 있다.

인 줄만 알고 그 공로를 화씨(和氏)나 뇌공(雷公)에게 돌리지 않는 자는 말을 제대로 아는 자가 아니다.

숭정 기원후 갑자년(1684, 숙종10) 8월 하순에 은진(恩津) 송시열(宋時烈)은 서문을 쓴다.

90 형옥(荊玉)과 풍검(豐劍) : 형옥은 형산(荊山)에서 나는 품질 좋은 옥으로, 화씨벽(和氏璧)을 말한다. 《韓非子 卷4 和氏》 풍검은 풍성(豐城)의 보검(寶劍)인 용천검(龍泉劍)과 태아검(太阿劍)을 가리킨다. 삼국 시대 때 북두성과 견우성 사이에 항상 보랏빛 기운이 감돌기에 천문(天文)에 통달했던 뇌환(雷煥)이 말하기를 "저 보랏빛 기운은 풍성에 있는 보검의 기운이다."라고 하자 장화(張華)가 이를 찾아내게 하였다. 《晉書 張華傳》

《죽음집》 서 竹陰集序

김수항(金壽恒)

예로부터 문장하는 선비 중에는 이름은 성대하지만 실상은 더러 부합하지 않고, 재주는 넉넉하지만 혹 다 쓰이지 못하는 경우도 있어 상론자(尙論者)[91]는 이 점에 대해 안타깝게 여기곤 한다. 그런데 명망과 실상을 모두 갖추었으나 그 재주를 펴지 못하고 쓰임을 다하지 못한 경우로 말하자면, 어찌 더욱 애석한 일이 아니겠는가. 근세를 살펴보면, 죽음(竹陰) 조공(趙公) 같은 분이 여기에 해당한다. 공은 약관의 나이 때부터 이미 문장으로 명성을 떨쳤다. 사마시(司馬試)에 장원하였는데,[92] 사부(辭賦)는 고인의 경지에 가까웠고 필법(筆法) 또한 매우 뛰어났다. 그리하여 고시관(考試官)들이 모두 감탄하며 사부는 미산(眉山)[93]이고 필법은 오흥(吳興)[94]이라고 칭찬했다. 선묘(宣廟)께서도

91 상론자(尙論者) : 옛사람의 일을 평가하는 사람을 말한다. 《맹자》 〈만장 하(萬章下)〉에 "천하의 좋은 선비들과 사귀는 것을 만족스러워 하지 않아 또 위로 올라가서 옛사람을 논한다.〔以友天下之善士爲未足, 又尙論古之人.〕"라고 하였다.

92 사마시(司馬試)에 장원하였는데 : 조희일(趙希逸)은 1601년(선조34) 사마시에 장원으로 뽑혔다. 《竹陰集 附錄 神道碑銘幷序》

93 미산(眉山) : 소식(蘇軾, 1036~1101)을 말한다. 그가 사천성(四川省) 미산 출신이기 때문에 이렇게 말한 것이다.

94 오흥(吳興) : 조맹부(趙孟頫, 1254~1322)를 말한다. 그가 절강성(浙江省) 오흥 출신이기 때문에 이렇게 말한 것이다.

보시고는 손수 비답을 내려 장려하시자 이에 나라 안의 사람들에게 회자되고 전송되었다.

벼슬에 나아간 지 얼마 되지 않았는데 무릇 문장과 관련된 일에 관여하였기에, 사람들은 공이 조정에 이른 것이 늦었다고 여겼다. 이윽고 재차 종사관에 임명되었고, 재차 문명을 떨쳤다. 이윽고 또 도산(道山)에서 말미를 받았으며[95] 난파(鑾坡)[96]에서 윤음 짓는 일을 맡았는데, 모두 당대의 가장 정예로운 선발이었으며 훗날의 쓰임을 위해 대비한 것이었다. 빛나는 화려한 명성은 크게 조정을 울려 문단(文壇)의 공들도 모두 칼날을 거두고 물러나서 공보다 앞서는 이가 없었으니, 공의 명성은 성대했다고 할 수 있다.

공은 천성적으로 빼어난 재주를 타고나 총명함이 남보다 뛰어났으며, 또한 여러 책을 폭넓게 보아서 그 힘을 크게 떨쳤다. 경사백가(經史百家)에서 문장의 정수를 머금고 씹어 주머니와 상자를 뒤져 물건을 꺼내듯 자기의 것으로 만들지 않음이 없었다. 드러내어 글을 지을 때는 길고 짧은 작품을 막론하고 붓을 대기만 하면 연달아 수십 편을 써내었는데, 물이 용솟음치고 바람이 휘몰아치는 듯하여 번번이 마치 귀신이 도와주는 것 같아 곁에서 보는 자가 절로 손을 놓게 만들었다.

의론의 높은 수준으로 말하자면 문은 서한(西漢) 이상이 아니면 말하

95 도산(道山)에서 말미를 받았으며 : 호당(湖堂)에서 사가독서(賜暇讀書) 하였음을 말한다. 도산은 본래 궁중에 있는 문고인 동관(東觀)을 가리키는데, 우리나라에서는 동호(東湖)에 있던 독서당을 지칭한다. 조희일(趙希逸)은 1608년(광해군 즉위년) 11월 사가독서의 인원에 선발되었다.《光海君日記 卽位年 11月 6日》

96 난파(鑾坡) : 당(唐)나라 때 한림원(翰林院)의 별칭으로, 우리나라에서는 예문관, 홍문관 등 문한을 다루는 관서를 지칭한다.

지 않았고, 시는 성당(盛唐) 이상이 아니면 전범으로 삼지 아니하였다. 품은 뜻의 뛰어남으로 말하자면 결함이 있을지언정 벽옥(璧玉)이었고 넘어질지언정 천리마(千里馬)였다. 그렇기 때문에 지은 길고 짧은 작품이 모두 굉장하고 뛰어나서 옛날 작자의 기개와 품격이 있었으니, 공의 재주는 넉넉하였다고 할 수 있다.

무릇 공의 명성과 재주는 화려함과 질박함이 서로 부합하였기 때문에 두루 쓰였더라면 평이하게 걸어 나아갔어도 우이(牛耳)를 잡아서 문단의 으뜸가는 자리에 오르는 것쯤은 쉬운 일이었을 것이다. 그러니 치세의 교화를 고취시키고 왕도를 보필하는 일에 또한 어찌 남에게 뒤졌겠는가. 그런데 시의(時議)에 곤액을 당하여[97] 초고를 작성하고 윤색하는 자리에서 한번도 포부를 펼치지 못하고 결국 재주를 품은 채 돌아가셨으니, 이는 실로 사림(詞林)에서 다 같이 애석하게 여기는 바이다. 그렇지만 이름이란 실상의 손님이다.[98] 따라서 만약 실상을 갖추었다면, 이름은 일컬어지지 않더라도 괜찮을 것이다. 하물며 다른 사람에게 달린 용사(用捨)가 어찌 공을 높이거나 낮출 수 있는 것이겠는가.

공이 돌아가시고 난 뒤 윤자(胤子)인 시직 공(侍直公)[99]이 손수 공의

97 시의(時議)에 곤액을 당하여 : 광해군(光海君) 때 대북(大北)의 정인홍(鄭仁弘), 이이첨(李爾瞻) 등이 촉발시킨 인목대비(仁穆大妃)의 폐모론(廢母論)에 반대 의견을 내었다가 평안도 이산(理山)에 유배된 것을 말한다. 《丈巖集 卷14 郡守林川趙公墓誌銘》

98 이름이란 실상의 손님이다 : 사람을 판단할 때는 이름보다 실상이 중요하다는 말이다. 《장자(莊子)》 〈소요유(逍遙遊)〉에 "이름이란 실상의 손님이라고 할 것인데, 나보고 장차 손님이 되라고 하는 말인가.〔名者, 實之賓也, 吾將爲賓乎?〕"라고 하였다.

99 시직 공(侍直公) : 조희일(趙希逸)의 장자인 조석형(趙錫馨, 1598~1656)을 말한다. 시직은 세자익위사의 8품 관직이다.

시문을 베껴 한 질의 책으로 엮고 나서 일찍이 북저(北渚) 김 상공(金相公)[100]과 백헌(白軒) 이 상공(李相公)[101]에게 가져가 산정(刪定) 해 줄 것을 청하였으나 일을 마치지 못한 채 두 공이 앞서거니 뒤서거니 하직하시고 시직 공 또한 돌아가셨다. 그리하여 공이 남긴 시문이 오랫동안 상자에 방치되었다. 시직 공의 윤자인 조경망(趙景望)이 이를 한탄하여 다시 두 공에게 요청했던 것을 가지고 나에게 선친의 뜻을 마무리해 줄 것을 요청하기에 내가 결국 사양하지 못하고 주제넘게 취사선택하고서 돌려보냈다. 그런데 조경망이 시산(詩山) 군수로 나가게 되어[102] 비로소 판각(板刻)을 맡길 적에 다시 나에게 권두(卷頭)의 글을 지어 달라 하였다. 그렇지만 나는 실로 우매하니, 어찌 한마디 말로 공의 시문을 가치 있게 만들 수 있겠는가. 그러나 나는 어릴 때 집안에서 어른을 모시고 자랐기에 보고 들은 바가 없지 않았다.

나의 조부이신 문정공(文正公 김상헌(金尙憲))께서 일찍이 스스로 문고(文稿)에 서문을 쓰실 때[103] 친구 분들과 서로 절차탁마한 실제 일

100 북저(北渚) 김 상공(金相公) : 김류(金瑬, 1571～1648)를 말한다. 본관은 순천(順天), 자는 관옥(冠玉), 호는 북저, 시호는 문충(文忠)이다. 저서에 《북저집(北渚集)》이 있다.

101 백헌(白軒) 이 상공(李相公) : 이경석(李景奭, 1595～1671)을 말한다. 본관은 전주(全州), 자는 상보(尙輔), 호는 백헌, 시호는 문충(文忠)이다. 저서에 《백헌집(白軒集)》이 있다.

102 조경망이……되어 : 시산(詩山)은 전라도 태인(泰仁)을 말한다. 조경망은 1680년(숙종6) 가을에 태인 현감으로 부임하였다. 《丈巖集 卷14 郡守林川趙公墓誌銘》

103 스스로……때 : 김상헌(金尙憲)은 67세 되던 1636년(인조14) 가을에 양주(楊州) 석실(石室)로 물러나 지낼 때 그때까지 지은 시문을 정리하고 〈청음초고자서(淸陰草稿自敍)〉를 작성하였다.

을 상세히 기록하셨는데, 공과 학곡(鶴谷) 홍공(洪公),[104] 동악(東岳) 이공(李公),[105] 계곡(谿谷) 장공(張公)이 그 글 속에 언급되어 있으니, 여기에서 이택(麗澤)[106]을 깊이 하였음을 알 수 있다. 조부께서 양자점(梁子漸)[107]의 시집에 서문을 쓰실 때 명(明)나라 사신을 접대하는 종사관으로 차출된 성사(盛事)를 논하면서 공을 문단의 거목이라고 하셨으니,[108] 여기에서 크게 칭탄하고 추켜올렸음을 알 수 있다. 조부께서 학곡을 대신하여 문형을 맡았을 때 고사를 활용하여 수창한 시의 내용에 "동쪽 이웃에도 용을 잡는 솜씨 지닌 이가 있도다."라고 하셨으니, 의미는 실로 공을 가리킨 것이다. 여기에서도 공을 추중하고 거는 기대가 컸음을 더욱 볼 수 있다. 대개 조부와 북저, 학곡 이 분들은 모두 함께

104 학곡(鶴谷) 홍공(洪公) : 홍서봉(洪瑞鳳, 1572~1645)을 말한다. 본관은 남양(南陽), 자는 휘세(輝世), 호는 학곡, 시호는 문정(文靖)이다. 저서에 《학곡집(鶴谷集)》이 있다.

105 동악(東岳) 이공(李公) : 이안눌(李安訥, 1571~1637)을 말한다. 본관은 덕수(德水), 자는 자민(子敏), 호는 동악, 시호는 문혜(文惠)이다. 저서에 《동악집(東岳集)》이 있다.

106 이택(麗澤) : 벗끼리 서로 도와 학문에 힘쓰는 것을 말한다. 《주역》 〈태괘(兌卦)〉에 "두 개의 연못이 이어져 있는 것이 태괘이니, 군자가 이를 보고서 친구 사이에 학문을 강습한다.〔麗澤兌, 君子以朋友講習.〕"라고 하였다.

107 양자점(梁子漸) : 양경우(梁慶遇, 1568~?)로, 자점은 그의 자이다. 본관 남원(南原), 호는 제호(霽湖)이다. 임진왜란 때 의병장으로도 활동하였다. 저서에 《제호집(霽湖集)》이 있다.

108 공을……하셨으니 : 〈제호집서(霽湖集序)〉에 "옛날 내가 서경(西坰) 유공(柳公)을 따라 용만(龍灣)에서 조사(詔使)를 맞이할 때, 죽음 조이숙(趙怡叔)과 오산(五山) 차복원(車復元)이 막중(幕中)에 함께 있었는데, 두 사람은 세상에서 문단의 거목이라고 일컬어지던 사람들이었다."라는 내용이 보인다.

같은 방에서 공부하던 어린 시절 벗이었고 모두 문단의 맹주로 있었으며 모두 재신(宰臣)의 지위에 오른 터라, 세상에서는 고금에 보기 드문 일로 전한다. 공은 조부보다 나이는 다소 어렸지만[109] 이웃하며 살고 사이좋게 잘 지내어 조부께서 여러 공들을 대하는 것과 차이가 없었다. 만년에는 공만 낙척하고 불우하여 조부께서 항상 탄식하시고 안타깝게 여기셨다. 그리하여 시어(詩語)에서 그렇게 말씀하셨던 것이니, 공의 명망과 실상이 부합하지 않는데 이런 평가를 받을 수 있었겠는가. 이를 보자면 공의 문장은 자연스레 천고토록 전해질 것이므로, 당대에 재주를 전부 쓰지 못했던 것은 공에게는 하등 문제될 게 없으리니, 이것을 후세에 묻고자 한다.

숭정 기원 을축년(1685, 숙종11) 10월에 대광보국숭록대부 의정부 영의정 겸 영경연홍문관예문관춘추관관상감사(大匡輔國崇祿大夫議政府領議政兼領經筵弘文館藝文館春秋館觀象監事) 김수항(金壽恒)은 삼가 서문을 쓴다.

109 공은……어렸지만 : 조희일(趙希逸)은 1575년(선조8)에 태어났고 김상헌(金尙憲)은 1570년(선조3)에 태어났다.

《죽음집》 서 竹陰集序

이민서(李敏敍)[110]

죽음(竹陰) 조공(趙公)은 나의 선군자와 같은 해에 진사시에 입격하였다.[111] 나는 어릴 때부터 때때로 선군자께서 한가롭게 계실 때 곁에서 모시면서 공에 관한 실마리가 되는 이야깃거리나 지론에 대해 나름 들었다. 그래서 근세 문단의 여러 공들이 공의 뛰어났던 능력을 칭탄하지 않는 이가 없었지만 나는 참으로 이미 묵묵히 알고 있었다. 그 후로 나이를 더 먹고 점점 학사들에게 전해지는 공의 사부(詞賦) 및 여러 작품들을 얻어 보고는 또 좋아할 줄 알고 사모하는 마음이 들었으나, 공의 작품 전체를 보지 못한 것이 여전히 유감이었다. 그러다 만년에 공의 손자인 현감 군(縣監君)[112]과 교유하였는데, 현감 군이 내가 선군자의 아들이라 하여 특별히 후하게 나를 대하였고 또한 공의 시문 약간 권을 보여 주면서 욕되게도 내게 한마디 말을 해달라고 부탁하므로 내가 다 읽어보게 되었다. 사모하여 보고 싶은 마음을 품은 지가 처음

110 이민서(李敏敍) : 1633~1688. 본관은 전주(全州), 자는 이중(彝仲), 호는 서하(西河), 시호는 문간(文簡)이다. 저서에 《서하집(西河集)》이 있다.

111 나의……입격하였다 : 이민서(李敏敍)의 부친은 이경여(李敬輿, 1585~1657)로 조희일(趙希逸)과 1601년(선조34) 진사시에 합격하였다.

112 현감 군(縣監君) : 조희일(趙希逸)의 손자인 조경망(趙景望)을 말한다. 조경망이 태인 현감(泰仁縣監)을 지냈기 때문에 이렇게 말한 것이다. 《丈巖集 卷14 郡守林川趙公墓誌銘》

부터 지금까지 수십 년인데 늙어가면서 보게 되었으니, 또한 다행이라 할 수 있다.

공은 재주는 넉넉하고 기개는 호방하여 화려한 문장이 밖으로 넘쳐 나서 웅혼하고 넉넉하며 품격 있고 유려함이 각각 정취를 다하였는데, 사부에서는 특히 천부적인 솜씨를 자랑하였다. 득의할 때 운필로 말할 것 같으면 마치 비바람이 휘몰아치고 강하를 터놓은 듯하였기 때문에 과거 시험장에서나 관각에서나 한 시대를 호령하여 명성이 매우 자자하였다. 만년에는 더욱 온자하고 아름다운 풍모를 지녀서 노성한 여러 거장들도 모두 경외하고 탄복하여 공보다 앞서는 자가 없었으니, 이렇게 되기는 어렵다고 할 수 있다.

아아, 금옥이나 진주조개 같은 공의 문장[113]으로 말하자면 참으로 귀중하여 세간에서는 내가 예전에 생각했던 것처럼 작품 전체를 보고 싶어 하는 사람이 또한 많았다. 그렇지만 상자와 함에 보관만 하고 꺼내서 보여주지 않은 지가 오래되었는데, 이제야 간행하여 세간에 유통시켜 사람들로 하여금 곡식 창고와 백관(百官)의 풍부함[114]을 볼

113 금옥이나……문장 : 상대방의 문장을 칭찬할 때 쓰는 말이다. 소식(蘇軾)의 〈유면에게 답하는 편지〔答劉沔書〕〉에 "해외에 있으면서 고적하여 무료할 때 과(過)가 이따금 글 한 편을 지어내서 즐겁게 해주면, 저는 며칠 동안 기뻐서 밥을 먹고 잠을 자는 데도 재미가 있었습니다. 이 때문에 문장은 금옥이나 진주조개 같아서 쉽사리 하찮게 여겨 버릴 수 없다는 것을 알았습니다.〔在海外, 孤寂無聊, 過時出一篇見娛, 則爲數日喜, 寢食有味. 以此知文章如金玉珠貝, 未易鄙棄也.〕"라고 하였다. 《宋大家蘇文忠公文抄 卷10 書》

114 곡식……풍부함 : 조희일(趙希逸)의 전해지는 글이 풍부하고 다채롭다는 뜻이다. 《맹자》〈만장 상(萬章上)〉에 "요 임금이 자식인 9남 2녀로 하여금 백관과 소·양과 곡식 창고를 갖추어 순을 밭두둑 가운데에서 섬기게 하였다.〔帝使其子九男二女, 百官牛羊倉廩, 備以事舜於畎畝之中.〕"라고 하였다.

수 있게 하였으니, 이 어찌 나 혼자만의 행운이겠는가. 그렇기는 하지만 내가 일찍이 고금 문인들의 성공과 실패를 살펴보면서 공에 대해 매우 안타까웠던 점이 있었다.

예부터 글을 논할 때 "궁해진 뒤에야 시가 훌륭해진다."[115]라고 하였으니, 세간에서는 사리를 아는 자의 말이라고 여겼다. 그런데 우리나라는 그렇지 않아서 추앙받거나 뛰어난 문장가들은 항상 부귀하고 형편이 넉넉한 집안에서 나오고 초췌하고 곤궁한 자들은 끼지 못하였다. 비록 옛사람이 했던 말과 다른 것처럼 보이지만 내가 보았을 때 문장의 성쇠는 기운의 치우침과 온전함에서 말미암는다. 따라서 청명하고 성대한 기운을 타고난 자만이 이를 드러내어서 문장의 거목이 되니, 그 사람이 그로 인해 부귀하고 현달하게 되는 것은 당연한 이치이다. 공의 헌걸차고 탁월한 자태로 말할 것 같으면 품부 받은 바가 또한 온전하였다. 이미 뛰어난 재주와 청아한 명망으로 높은 명성을 누리고 순탄하게 나아갔는데, 도리어 세사에 곤액을 치렀다. 만년에는 나라의 중흥기(中興期)[116]를 맞아 당시 동배 가운데 공경(公卿)이 된 자들이 많았는데, 공은 끝내 세상과 조화롭지 못하여 벼슬은 크게 현달하지 못하였다. 그리하여 옛사람이 했던 말을 도리어 우리나라에서 믿게 되었으니, 이는 어쩌면 조물주가 공을 가지고 장난을 한 것인가. 도무지 모르겠다. 내가 이에 거듭 감개가 들어 우선 서두에 열거

115 궁해진……훌륭해진다 : 곤궁하기에 시가 더 좋게 지어진다는 말이다. 구양수(歐陽脩)의 〈매성유시집서(梅聖兪詩集序)〉에 "세상 사람들이 시인은 대부분 궁하다고 하는데, 시가 사람을 궁하게 하는 것이 아니라, 사람이 자못 궁해진 뒤에야 시가 훌륭해진다.〔世謂詩人多窮, 非詩能窮人, 殆窮者而後工也.〕"라고 하였다.

116 나라의 중흥기(中興期) : 인조반정을 말한다.

해서 뒷날의 상론자(尙論者)로 하여금 따져 볼 수 있게 하는 바이다.

임술년(1682, 숙종8) 11월에 자헌대부 이조판서 겸 홍문관대제학 예문관대제학 지성균관사 동지경연사(資憲大夫吏曹判書兼弘文館大提學藝文館大提學知成均館事同知經筵事) 완산(完山) 이민서(李敏敍)는 삼가 서문을 쓴다.

죽음집

제 1 권

辭사 賦부

부 賦

청매자주논영웅부[117]

青梅煮酒論英雄賦

승상 관사 공무 중지하고	相舍屛務
술자리 갖추라 재촉하였네	賓筵催設
사군이 서둘러 나아가고자	使君就速
좋아하는 일 바삐 멈추었네[118]	好事忙撤
소반에는 매실이 있고 동이에는 술이 있으니	盤有梅兮尊有酒
이로써 오늘 밤을 즐겨보려네	式燕娛於今夕
사해의 인물을 손가락으로 꼽아보니	屈指四海
두 영웅만 있도다	兩箇英雄

117 청매자주논영웅부(青梅煮酒論英雄賦) : 푸른 매실로 안주 삼아 술을 데워 마시며 영웅을 논하는 것에 대해 읊은 부로, 나관중(羅貫中)의 《삼국연의(三國演義)》 제22회 〈조조가 술을 데워 마시며 영웅을 논하다〔曹操煮酒論英雄〕〉에서 조조(曹操)가 여포(呂布)에게 근거지를 잃고 자신한테 의탁해 있던 유비(劉備)의 기량을 시험해 보기 위해 조조가 술자리를 열었던 고사를 주제로 삼은 것이다.

118 좋아하는……멈추었네 : 유비(劉備)는 조조(曹操)가 자신을 해치려는 것을 방지하기 위해 직접 후원(後園)에 채소를 심고 가꾸며 자신의 재능을 숨기고 있었는데, 그 일을 멈추고 바삐 조조에게 갔다는 말이다.

접대하면서 영웅을 판단해 달라고 하니[119] 判英雄於主客
어찌 눈에 드는 영웅이 전혀 없었겠는가 一何目中無英雄
천리초를 이어서[120] 踵千里草
육척의 고아를 끼고 있었으니[121] 挾六尺孤
열매가 무성하면 가지가 꺾이고[122] 實有繁而枝披
신이 돌아오지 않으면 나무가 마른다네 神不歸而木枯
위복을 멋대로 행사하여 제 마음대로 하고 擅威福而自用
화이를 겁박해서 부렸네 懾華夷而驅使
손 안에 태아검을 거꾸로 쥐고[123] 倒手中之太阿

119 접대하면서……하니 : 조조(曹操)가 유비(劉備)에게 "현덕은 오랫동안 사방을 누볐으니, 반드시 당세의 영웅을 알 것이오. 그러니 하나하나 말해주었으면 하오.〔玄德久歷四方, 必知當世英雄. 請試指言之.〕"라고 하였다. 《三國演義 第22回》

120 천리초(千里草)를 이어서 : 천리초는 후한(後漢) 때 권신(權臣)인 동탁(董卓)을 지칭하는 말로, '동(董)'이란 글자를 파자(破字)해서 풀이하면 천리초가 된다. 동탁이 반역하였을 때 "천리의 풀이 어찌 푸르겠는가. 점치건대 열흘도 살 수 없으리라.〔千里草何青青? 十日卜不得生.〕"라는 동요가 불러졌다고 한다. 《後漢書 五行志》 여기서는 조조(曹操)가 동탁을 이어 전횡함을 말한 것이다.

121 육척(六尺)의……있었으니 : 동탁(董卓)이 황건적(黃巾賊)의 난이 일어난 때를 틈타 수도 낙양(洛陽)을 점령하고 헌제(獻帝)를 옹위하고 전횡을 일삼은 것을 말한다. 육척의 고아는 바로 나이 15세쯤 되는 어린 임금을 가리키는 말이다.

122 열매가……꺾이고 : 신하의 권력이 강하면 임금의 자리가 위태로워짐을 말한다. 《전국책(戰國策)》 〈진책(秦策)〉에 "나무에 열매가 무성하면 가지가 꺾이고, 가지가 꺾이면 뿌리가 상한다.〔木實繁者披其枝, 披其枝者傷其心.〕"라고 하였다.

123 손……쥐고 : 신하가 권력을 마음대로 부리는 것을 말한다. 《한서(漢書)》 〈매복전(梅福傳)〉에 "태아검을 거꾸로 쥐고 그 자루를 초나라에게 준 셈이다.〔倒持太阿, 授楚其柄.〕"라고 하였다. 태아검은 전설상 유명한 보검의 이름으로, 임금의 권한을 상징한다.

말 위에서 천하를 동여매었다네　括馬上之天地
공이 있는 자는 바로 그의 원수이니　有功者即其讎也
누가 지모와 힘을 겨루어　夫孰能鬪智角力
그를 뛰어넘고 같은 반열에 설 수 있었으리요　軼其駕而竝其軌
이때　于斯時也
세력 강한 호족은 좀처럼 차지하고　大豪蠹居
세력 약한 교활한 이는 바둑돌처럼 깔려 있었다네[124]　小猾棊置
요봉[125]은 갈기갈기 찢어지고　幅裂堯封
우전[126]은 분할되었네　瓜割禹甸
무장들을 날래게 훈련시켜　利其爪牙
나아가서는 옮겨 다니며 싸울 수 있었고　進可以轉戰
영토를 굳건히 하여　固其邦域
물러나서는 스스로를 믿을 수 있었다네　退可以自恃

124 세력……있었다네 : 황건적(黃巾賊)의 난리와 동탁(董卓)의 전횡으로 황실의 힘이 쇠약해지자 이 때를 틈타 세력 있는 이들이 지역을 각각 차지하는 이른바 군웅할거(群雄割據)시대를 맞이하였음을 말한다. 한유(韓愈)의 〈조주 자사로서 사은과 사죄의 뜻을 담아 올린 표문〔潮州刺史謝上表〕〉에 "천보 이후로 정치가 조금 해이해져서 사회에 질서와 화합이 깨지고 적을 제압할 무력이 강하지 못하자, 요망한 신하와 간악한 천인들이 좀처럼 차지하고 바둑돌처럼 깔려 있게 되었습니다.〔自天寶之後, 政治少懈, 文致未優, 武剋不剛, 孽臣姦隷, 蠹居棊處.〕"라고 하였다. 《唐大家韓文公文抄 卷1》

125 요봉(堯封) : 우순(虞舜)이 당요(唐堯)에게 천하를 물려받아 매 주(州)마다 산 하나씩 열두 산을 봉했다는 데서 온 말로, 중국 전토를 뜻한다. 《書經 舜典》

126 우전(禹甸) : 요봉(堯封)과 같은 뜻으로 중국 전토를 뜻한다. 《시경》 〈한혁(韓奕)〉에 "하늘 높이 솟은 양산을 우 임금이 다스렸었네. 그 넓고 큰 길로 나아가 한후가 명을 받았도다.〔奕奕梁山, 維禹甸之. 有倬其道, 韓侯受命.〕"라고 하였다.

그러나 이런 무리는 채찍으로 쳐서 부릴 만하니　然此輩可鞭箠役之

호시탐탐 기회 엿보는 참새나 쥐와 같을 뿐만이 아니라네　不啻等雀鼠於眈眈之虎視

큰 귀를 가진 탁군의 존귀한 황숙[127]으로 말하자면　至如涿郡大耳皇叔之尊

뛰어난 명성은 세상을 덮었고　英名蓋世

신의는 더욱 도타웠네　信義彌敦

그 뜻을 보면 작은데 있지 않았으니　觀其志不在小也

어찌 남의 밑에서 오래 있을 사람이던가　豈久於人下者哉

운우를 얻으면 그 변화가 신묘하리니　得雲雨神其變化兮

못 안에 있을 물건이 아닌 듯하네[128]　恐非池中之物

날개로 덮어 길러주기[129] 보다는　與其使翼而長之

어찌 알의 상태일 때 깨버리는 것만 하겠는가　盍若圖如卵之日

그러나 외환을 제거하지 못했기 때문에　然外患之未祛

127 큰……황숙(皇叔) : 유비(劉備)를 말한다. 유비는 하북(河北)의 탁군 탁현(涿縣) 출신이고, 자신의 귀를 스스로 볼 수 있을 정도로 귀가 컸다고 한다. 중산정왕(中山靖王) 유승(劉勝)의 후손이기 때문에 헌제(獻帝)가 유비를 황숙이라 하였다. 《三國志 蜀書 先主傳》《三國演義 第20回》

128 운우(雲雨)를……듯하네 : 하늘로 날지 못하고 못 속에 잠긴 용이라는 말로, 비범한 인물을 뜻한다. 오(吳)나라 주유(周瑜)가 유비(劉備)를 경계해야 한다면서 "교룡이 운우를 얻으면, 끝내 못 속의 물건이 아니게 될까 두렵다.〔恐蛟龍得雲雨, 終非池中物也.〕"라고 하였다. 《三國志 吳書 周瑜傳》

129 날개로 덮어 길러주기 : 보호하며 양육하는 것을 뜻한다. 초(楚)나라 영윤(令尹) 자서(子西)가 "백공 승(白公勝)은 새알과 같아서, 내가 날개로 덮어 기르고 있다.〔勝如卵, 余翼而長之.〕"라고 하였다. 《春秋左氏傳 哀公16年》

속마음 감추며 친하게 지냈다네　故隱忍而爲親
좋은 말로 황숙을 맞이하여　好辭以要之
얘기 나누며 그 사람됨을 시험해보고자 하였네　試與言而嘗其人
“동산에 매실이 있는데　維園有梅
그 열매가 주렁주렁 열렸습니다　其實之蕡
내게 맛있는 술이 있어　我有旨酒
반가운 손님의 마음을 편하게 할 수 있으니[130]　以燕樂嘉賓
여가에 한가로움을 즐기고　占餘閑於暇日
좋은 시기에 승경을 감상해 봅시다”　討勝賞於芳辰
질탕하게 취한 눈으로　婆娑醉眼
하늘 끝을 바라다보매　展眺天末
시야에 장관이 들어오니　入望壯觀
꿈틀거리는 것은 어떤 물건인고　夭矯何物
기이하도다 용이란 신물이여　異哉龍之爲物
참으로 바람과 구름 타고서 하늘을 오르내림을 헤아릴 수 없도다[131]
諒不測其乘風雲而上下天

130 내게……있으니 : 손님을 맞이하여 연회를 벌이는 것을 말한다. 《시경》 〈녹명(鹿鳴)〉에 “내게 맛있는 술이 있어, 반가운 손님의 마음을 편하게 할 수 있다네.〔我有旨酒, 以燕樂嘉賓之心.〕”라고 하였다.

131 바람과……없도다 : 신묘불측하여 헤아릴 수 없는 용의 움직임을 말하는데, 흔히 뛰어난 인물을 가리키는 말로 쓰인다. 공자(孔子)가 주(周)나라에 가서 노자(老子)를 만나 본 뒤에 제자에게 “용이 바람과 구름을 타고서 하늘을 오르내림을 내가 알지 못하였는데, 내가 오늘 노자를 만나 보니, 그는 바로 용과 같았다.〔至於龍, 吾不能知其乘風雲而上天, 吾今日見老子, 其猶龍邪.〕”라고 하였다. 《史記 老子韓非列傳》

사람 중에도 우주 아우르고 천지 삼킬 만한 자가 있나니[132] 人固有包藏宇宙吐吞天地者
비유하자면 그런 인물은 용과 같도다 譬之則其猶龍焉
당대의 남아를 헤아려 볼 때 料一世之男兒
누가 그런 인물과 가까울까 疇庶幾乎其人
남 깔보고 크게 거만하게 구는 것은 高視太慢
속이려는 것이지 응당 참모습 아니라네 佯應非眞
흉중에는 비기 간직하였고 胸中祕機
혀끝에는 대단한 변설 있었지 舌端弘辯
스스로의 기량이 어떤지 보려하였기에 要以觀自量之如何
평소의 깊은 식견을 드러내지 않았다네 故不露平日之深見
차례로 거론하면서 말할 때 歷指以供
비평하고 판단하는 것을 들었다네 聽其評斷
"집을 지키는 촉 땅의 개[133]나 守戶蜀犬
젖비린내 나는 손씨[134]는 黃口孫氏

132 사람……있나니 : 《삼국연의(三國演義)》 제22회 〈조조가 술을 데워 마시며 영웅을 논하다〔曹操煮酒論英雄〕〉에서 조조가 유비에게 "대저 영웅이란 가슴에는 커다란 뜻을 품고 뱃속에는 좋은 계책을 지녀서 우주를 아우를 만한 기국과 천지를 삼킬 만한 뜻을 지닌 자입니다.〔夫英雄者, 胸懷大志, 腹有良謀, 有包藏宇宙之機, 吞吐天地之志者也.〕"라고 하였다. 대본에는 '人固有包藏宇宙吐沖天地者'로 되어 있는데, 《삼국연의》에 의거하여 '沖'을 '吞'으로 바로잡아 번역하였다.

133 집을……개 : 조조(曹操)가 유비(劉備)에게 누구를 영웅으로 생각하느냐고 묻자 유비가 익주(益州)를 다스리는 유장(劉璋)을 거론하니, 조조가 "유장이 비록 종실이기는 하지만 집이나 지키는 개에 불과합니다.〔劉璋雖係宗室, 乃守戶之犬耳.〕"라고 하였다. 《三國演義 第20回》

옴 같은 존재라서 물을 것도 못 되고	疥不足以爲質
죽지 않았으나 뼈는 이미 말랐으니[135]	骨已枯於未死
세상에서 영웅은	世間英雄
나와 그대뿐입니다"[136]	惟我與爾
천하에 사람이 얼마나 많겠는가마는	天下幾人
자리의 두 사람만 있다고 하였네	座上有二
자신을 외롭게 보아주기만을 바랬는데	惟其見孤之是甘
자신을 끌어와 함께 견주리라고는 생각지 못하였네	不自意援之與比
위태로움 보호하는 검무 추지 못했고[137]	扶危之舞劍莫奏
어리석게 보이려 젓가락 스스로 떨어뜨렸네	晦已之匕筯自墜
두 영웅이 한 자리에서	兩雄一筵

134 젖비린내 나는 손씨(孫氏) : 강동(江東) 지역을 차지하고 있었던 소패왕(小覇王) 손책(孫策)을 말한다.

135 죽지……말랐으니 : 현재 강소성(江蘇省) 일대를 차지하고 있었던 원술(袁術)을 가리킨다. 유비(劉備)가 원술을 영웅으로 거론하자, 조조(曹操)가 "무덤 속의 마른 유골과 같으니, 내가 조만간 반드시 그를 사로잡을 것이요.〔塚中枯骨, 吾早晩必擒之.〕"라고 하였다. 《三國演義 第20回》

136 세상에서……그대뿐입니다 : 유비(劉備)가 조조(曹操)에게 누가 영웅에 해당하느냐고 묻자 조조가 "지금 천하에 영웅은, 사군과 이 조조만 있을 뿐입니다.〔今天下英雄, 惟使君與操耳.〕"라고 하였다. 《三國演義 第20回》

137 위태로움……못했고 : 관우(關羽)와 장비(張飛)는 유비(劉備)가 조조(曹操)에게 불려갔다는 소식을 듣고 검을 찬 채 두 사람이 있던 곳으로 들어갔다. 조조가 그 이유를 묻자 관우가 "'승상께서 형님과 술을 마신다고 하기에 검무를 추어 한번 웃음을 선사하려 특별히 온 것입니다.'라고 하니, 조조가 웃으며 '이 자리는 홍문연도 아닌데, 어찌 항장과 항백을 쓰겠는가.'〔聽知丞相和兄飮酒, 特來舞劍, 以助一笑. 操笑曰此非鴻門會, 安用項莊·項伯乎?〕"라고 하였다. 《三國演義 第20回》

손이 가는 대로 수작하는데	信手酬酢
술잔과 안주 놓고 가까이 있지만	密邇尊俎
속마음은 초나라와 월나라[138]라네	肝膽楚越
말과 얼굴빛 가다듬고 억지로 기뻐하며	矯言色而强懽
창졸간에 재앙 입을 위기에서 벗어났다네	脫禍機於倉卒
이야말로 크게 지혜로운 사람은 어리석은 이처럼 보인다[139]는 것이니	是固大智之如愚人也
그런 수준에 있으나 스스로는 깨닫지 못한다네	在容中而不自覺
남 도모하려는 뜻 지니면 남의 의심을 사니	有謀人之志而令人疑之
그러고서 그 몸을 제대로 보존하는 자 드물다네	鮮有能保其躬者
이처럼 임기응변으로 재능 잘 숨겨서	能若是臨機韜匿
조조의 의심 풀어 몸을 보존했지만	釋其疑保其躬
다른 사람은 알지 못했으니	而人不知之者
이것이 현덕이 영웅인 까닭이로다	此玄德之所以爲英雄
지혜가 있더라도 때를 기다리는 것만 못하기에[140]	有智慧不如待時

138 속마음은 초(楚)나라와 월(越)나라 : 유비(劉備)와 조조(曹操)가 서로 다른 생각을 갖고 있음을 말한다. 《장자(莊子)》 〈덕충부(德充符)〉에 "서로 다른 것을 따지면 다 같이 배 속에 있는 간과 쓸개도 초나라와 월나라처럼 멀다고 할 수 있다.〔自其異者視之, 肝膽楚越也.〕"라고 하였다.

139 크게……보인다 : 소식(蘇軾)의 글에 "크게 용맹한 사람은 겁쟁이인 듯하고 크게 지혜로운 사람은 어리석은 이처럼 보입니다.〔大勇若怯, 大智如愚.〕"라고 하였다. 《宋大家蘇文忠公文抄 卷8 賀歐陽少師致仕啓》

140 지혜가……못하기에 : 때를 기다려야 함을 말한다. 《맹자》 〈공손추 상(公孫丑上)〉에 "비록 지혜가 있다 하더라도 형세를 타는 것만 못하며, 비록 농기구가 있다 하더라도 때를 기다리는 것만 못하다.〔雖有知慧, 不如乘勢, 雖有鎡基, 不如待時.〕"라고 하였다.

당년에 이리저리 돌아다니며 곤궁하게 지냈다네 故當年棲遑困頓
기댈 만한 사람과 한 줌의 땅도 없었지만 無一人尺土之藉
천하삼분 할 형세 마련하였으니 而辨三分之形勢者
조조와 비교해보면 어렵고 쉬움의 차이 있었다네 較彼則難易之有分
아아 嗚呼
마음으로 헤아리고 판단해서 胸摩臆揣
사업과 공로 따져볼 때 料事度功
십중팔구 차지한 이는 조조이니 什八九中則操也
술수 써서 영웅 된 자라네 用術數而爲雄者也
도망간 이들 부르고 반도들 받아들여 招亡納叛
부리고 사주해서 指麾嗾使
적의 수급 베고 싸운 이는 조조이니 首敵而鬩則操也
못과 수풀로 모이듯 만들어[141] 영웅 된 자라네 萃淵藪而爲雄者也
천하 횡행하며 橫行天下
중국 전토 손아귀에 넣고 括撇神州
위력으로 제압하고 겁박하여 감히 빈항 못하게 한 이는 조조이니 威制力脅莫敢不聽則操也
만승천자의 권세 빌어 영웅 된 자라네 假萬乘之權而爲雄也
사람 속여 고아와 과부 만들고 여우처럼 간사하게 찬탈한[142] 것으로

141 못과……만들어 : 온갖 악인들을 끌어들여 그들의 주인노릇 하는 것을 말한다. 《서경》〈무성(武成)〉에 "이제 상나라 임금 수가 무도하여 하늘의 물건을 함부로 하여 없애 버리고 백성을 해치고 포학하게 하며 천하에 도망 다니는 자들의 주인이 되어 악인들이 물고기가 못에 모이고 짐승이 수풀에 모이듯 합니다.〔今商王受無道, 暴殄天物, 害虐烝民, 爲天下逋逃主, 萃淵藪.〕"라고 하였다.

말하면 至於欺人孤兒寡婦狐媚而簒奪者

이는 석갈[143]조차도 따라하는 것을 부끄러워하였으니 此石羯之所不效而恥焉

어찌 영웅 된 풍모가 있겠는가 烏在其英雄

아아 噫

조조로 하여금 영웅을 논하게 한다면 使操而論英雄

스스로도 영웅이라 하고 남들에게도 자신을 영웅이라 하겠지만 則宜乎其自謂曰英雄謂人曰英雄

후세 사람들로 하여금 영웅을 논하게 한다면 使後人而論英雄

대저 어찌 유비와 조조를 동등하다 하겠는가 則夫豈曰備與操同

사람 관찰하는 법은 觀人之法

사업에 있지 않고 不於其事業

마음가짐에 있다네 而於其心迹

그렇다면 유비와 조조에 대해 則備也操也

나는 어떻게 판단해야 할까 吾何所折衷

이어 탄식하며 말하노라 係而歎曰

현덕은 영웅이고 맹덕은 간웅이라고 玄德孟德奸雄英雄

142 사람……찬탈한 : 《통감절요(通鑑節要)》 〈한기(漢紀) 후황제 하(後皇帝下)〉에 "조조는 난세의 간웅으로 쇠약해진 한나라 황실을 틈타서 사람을 속여 고아와 과부로 만들고 여우처럼 간사하게 천하를 취하였으니, 그 실정을 따져 죄를 정한다면 단지 큰 도둑일 뿐이다.〔曹操以亂世之奸雄, 乘漢室之衰弱, 欺人孤兒寡婦, 狐媚以取天下, 原情定罪, 直巨盜耳.〕"라고 하였다.

143 석갈(石羯) : 오호십육국(五胡十六國) 시대 후조(後趙)의 고조(高祖)인 갈족(羯族) 석륵(石勒, 274 ~333)을 말한다. 석륵은 전조(前趙)에 반란을 일으켜 전복시킨 다음 후조를 세웠다.

척금부[144]

擲金賦

건안[145] 때 살았던	生際建安
관녕과 화흠	管也華也
저들은 어떤 사람이었나	彼何人斯
은거한 선비였다네	士之處者
의리만을 따라[146] 구차하지 않고	義莫苟於與比
이웃 있는 덕 지녔기에 외롭지 않았네[147]	德不孤於有隣
밖으로 현달하는 것 구하지 않고[148]	外聞達而不求
아름다운 옥 품고서[149] 스스로를 귀하게 여겼네[150]	懷瑾瑜而自珍

144 척금부(擲金賦) : 채마밭을 갈다가 발견한 금 조각을 보고서 관녕(管寧)은 호미를 휘둘러 기와조각이나 돌처럼 다루었지만 화흠(華歆)은 금 조각을 만져보고 던졌다는 고사가 《세실신어(世說新語)》 〈덕행(德行)〉에 실려 있다.

145 건안(建安) : 한(漢)나라 헌제(獻帝)의 연호로, 196년부터 220년까지 사용되었다.

146 의리만을 따라 : 어떤 상황에서도 의리에 입각해서 행동함을 말한다. 《논어》 〈이인(里仁)〉에 "군자는 천하의 일에 있어 오로지 주장하는 것도 없으며 부정하는 것도 없고 의리에 따라 행할 뿐이다.〔君子之於天下也, 無適也, 無莫也, 義之與比.〕"라고 하였다.

147 이웃……않았네 : 덕이 있는 사람은 반드시 그를 추종하는 사람이 있음을 말한다. 《논어》 〈이인(里仁)〉에 "덕이 있는 사람은 외롭지 않다. 반드시 이웃이 있기 때문이다.〔德不孤, 必有隣.〕"라고 하였다.

148 현달하는……않고 : 현달할 생각을 품고 세상으로 나가지 않는 것을 말한다. 제갈량(諸葛亮)의 〈출사표(出師表)〉에 "참으로 난세에 목숨이나 보존하려 하였지, 제후에게 알려지는 것을 구하지 않았습니다.〔苟全性命於亂世, 不求聞達於諸侯.〕"라고 하였다. 《古文眞寶後集 卷1》

쇠와 돌보다 절조 굳세었고　　礪貞操於金石
난초와 눈보다 맑은 흉금 지녔다네　　挹淸襟於蘭雪
아름다운 덕행을 만종[151]과 똑같이 보았고　　芬等視於萬鍾
하나의 물건도 전혀 취하지 않았다네　　毫莫取於一物
채마밭이 잡초로 덮여　　田園蕪沒
한가로운 곳에 할 일 있었지　　閑處有事
그대와 함께 돌아가서　　與子同歸兮
호미로 김을 매었네　　于以鋤理
무성한 잡초 베어내고　　芟猗猗之蕭艾
뭉친 흙덩이 으깨었네　　破濈濈之泥土
호미 쥔 손으로 건드리자 쟁그랑 소리 났으니　　觸之手錚然有聲
내가 이 좋은 금을 얻었다 하였네　　云余獲此良金
이미 평소 수양을 잘해서　　惟完養之旣素
외물이 마음 흔들지 못하였네　　物莫誘乎中心
안으로 자신의 뜻 전일하게 하여　　內自專而不貳
옥과 돌을 똑같이 보았다네　　視無別於玉石
그런데 그대는 어째서 가지고 놀다가　　之子胡爲乎捉翫兮

149 아름다운 옥 품고서 : 훌륭한 자질을 지니고 있음을 말한다. 《초사(楚辭)》 〈구장(九章) 회사(懷沙)〉에 "아름다운 옥 품고 손에 옥 지녔어도, 고달픈 처지라 보여줄 길 전혀 없네.〔懷瑾握瑜兮, 窮不知所示.〕"라고 하였다.

150 스스로를 귀하게 여겼네 : 은거하며 자중하는 것을 말한다. 가의(賈誼)의 〈굴원을 조상하며 지은 부〔弔屈原賦〕〉에 "깊은 못의 신룡이여, 깊이 숨어서 스스로를 보전하도다.〔襲九淵之神龍兮, 沕淵潛以自珍.〕"라고 하였다. 《古文眞寶後集 卷1》

151 만종(萬鍾) : 많은 녹봉을 말한다. 《孟子 告子上》

이읏고 또 던져 버린단 말인가　既又爲之棄擲
예전에는 쇠도 자를 만한 단단함으로[152]　夙昔之其利斷金
이 마음 지니기를 한결같이 했었는데　處斯心之如一
대저 어찌하여 갑작스레 얻은 금 조각으로　夫何倉卒之所遇
예전에는 흔들리지 않다가 이제는 흔들린단 말인가　或不動而或動
쓸모없는 자갈로 여겼다면　以爲尾礫也
그것을 가져다 어디에 쓰겠으며　則取之而焉用
이미 금이라는 것을 알았다면　既知其爲金也
또 어찌 구태여 던지고 나서 만족한단 말인가　則又何必擲之而後快也
뜻은 물욕에 이끌리는 데서 먼저 없어지고　志先喪於徇物兮
이끗은 선량한 마음 녹이므로 제어하기 어렵다네　利鑠義而難制
잠깐 사이에 열 손가락 갑자기 오므렸으나　十指遽屈於造次
슬며시 가리는 사이에도 사지는 크게 드러난다네[153]　四知孔昭於厭然
어찌 알았으리 팔 휘둘러 던지는 사이에　豈知揮臂之際

152 쇠도……단단함으로 : 《주역》〈계사전 상(繫辭傳上)〉에 "두 사람이 마음을 같이하니, 그 단단함이 쇠를 끊을 만하도다.〔二人同心, 其利斷金.〕"라고 하였다.

153 슬며시……드러난다네 : 슬며시 가린다는 것은 그릇된 행위를 하고 나서 부끄러움을 느껴 숨기려는 것을 말한다. 《대학장구》 전(傳) 6장에 "소인이 한가로이 거처할 때에 불선한 짓을 하되 하지 않는 짓이 없다가 군자를 본 뒤에 슬며시 그 불선함을 가리고 선함을 드러내려 한다.〔小人閒居, 爲不善, 無所不至, 見君子而后, 厭然揜其不善而著其善.〕"라고 하였다. '사지(四知)'는 비밀은 아무리 숨겨도 드러난다는 말이다. 양진(楊震)이 동래태수(東萊太守)로 부임하던 도중 창읍(昌邑)에 이르렀을 때, 양진이 천거하였던 왕밀(王密)이 양진을 찾아와 황금을 바쳤다. 양진이 사양하자, 왕밀이 "밤이라 아무도 알 수가 없습니다."라고 하였는데, 양진이 "하늘이 알고 귀신이 알고 내가 알고 자네가 아니, 어찌 아는 이가 없다고 하는가.〔天知神知我知子知, 何謂無知?〕"라고 하였다. 《後漢書 楊震列傳》

이미 사람의 우열이 경수와 위수처럼 나뉜다는 걸[154]	已涇渭於人焉
누가 생각했으리 벗에게 절교 당한 것이	誰謂見絶於其朋
이에 돗자리 가르던 날에 있게 될 줄[155]	乃在於割席之日
금 움켜지던 마음으로	攫金之心
예측할 수 있었다네[156]	可以占乎
도적 집에 아양 떨고 돈 많은 사내에게 몸 맡긴 것[157]을	媚賊舍躬金夫
종처럼 굽실거린 데서 미리 알 수 있다네	可前知於奴膝
아아	嗚呼
마음의 자취가 아무리 은미하더라도	心迹雖微
일이 발생하면 드러나고	遇事則著
잘못이 사소하더라도	所枉雖小
바름을 해치는 것은 크다네	害正爲巨

154 팔……걸 : 관녕(管寧)과 화흠(華歆)이 금 조각을 보았을 때 각기 취했던 행동이 마치 경수(涇水)와 위수(渭水)처럼 판연하게 나뉨을 말한다. 경수와 위수는 중국 섬서성(陝西省)에 있는 두 물 이름인데, 경수는 물이 탁하고 위수는 맑다. 이 때문에 보통 인물의 우열, 사물의 진위(眞僞), 사리의 시비(是非)를 가리키는 말로 쓰인다.

155 벗에게……줄 : 관녕(管寧)과 화흠(華歆)이 같은 돗자리에서 책을 읽고 있는데 대부의 수레를 타고 문을 지나는 자가 있었다. 관녕은 계속 책을 읽었지만 화흠은 책을 덮고 나가서 구경하자 관녕이 돗자리를 잘라 좌석을 나누고 "그대는 나의 벗이 아니다."라고 하였다. 《世說新語 德行》

156 금……있었다네 : 관녕(管寧)에게 화흠(華歆)이 절교당한 것을, 이미 채마밭에서 금을 움켜주던 순간에 점칠 수 있었다는 말이다.

157 돈……것 : 지조를 지키지 못하는 것을 말한다. 《주역》〈몽괘(蒙卦) 육삼(六三)〉에 "이런 여자는 아내로 맞아들이면 안 된다. 돈 많은 사내를 보고 몸을 지키지 못하니, 이로운 바가 없다.〔勿用取女. 見金夫, 不有躬, 无攸利.〕"라고 하였다.

저 멀리 세속 떠나 은거하면서 수치 잊고 치욕 참는 것이
惟彼遠引高蹈而忘羞忍辱

모두 오늘날의 한 생각에서 나왔다네 莫不由今日之一念

거듭 탄식하며 말하노라 重爲之歎曰

외물에 무심할 수 없는 자는 不能無心於物者

양심이 외물에 가리어지나 爲物之所掩

외물에 무심할 수 있는 자는 乃能無心於物者

항상 만물 위에 군림하여[158] 常伸於萬物之上

어떤 상황에서도 뜻대로 못하는 경우가 없다네[159] 而無入而不自得

유심과 무심에서 有心無心

천리와 인욕이 달라지니 理欲之別

일찍이 고인의 시 읊조려 嘗誦古人之詩

스스로 경계하기를 以自警曰

주옥을 물속에 던짐은[160] 주옥을 아낄 까 해서이고 沈珠是愛珠

옥벽을 주는 것은 옥벽을 탐할까 해서라네 授璧是憐璧

158 외물에……군림하여 : 자신을 잘 통제하여 외물에 휘둘리지 않는 것을 말한다. 《근사록집해(近思錄集解)》〈경계(警戒)〉에 "강(剛)과 욕(慾)은 정반대에 있다. 너끈히 물욕(物慾)을 이기는 것을 강(剛)이라 하니 이기기 때문에 항상 만물의 위에 군림하며, 물욕에 눈먼 것을 욕(慾)이라 하니 눈멀었기 때문에 항상 만물의 아래에서 굴종한다.〔剛與慾, 正相反. 能勝物之謂剛, 故常伸於萬物之上, 爲物掩之謂慾, 故常屈於萬物之下.〕"라고 하였다.

159 어떤……없다네 : 상황에 맞게 처신하여 평정심을 유지하는 것을 말한다. 《중용장구》 제14장에 "군자는 어떤 상황에서도 뜻대로 못하는 경우가 없다.〔君子無入而不自得焉.〕"라고 하였다.

160 주옥을 물속에 던짐은 : 물욕에 초연한 것을 말한다. 반고(班固)의 〈동도부(東都賦)〉에 "금을 산에 버리고, 주옥을 못에 던져버린다.〔捐金於山, 沈珠於淵.〕"라고 하였다. 《文選 卷1》

무혐지협부[161]

舞嫌地狹賦

관을 쓰고 방패를 잡으니 冕而摠干
예경에서 그 절도를 말하였고[162] 禮言其節
소매 긴 자가 춤을 잘 추니[163] 長袖者善
사서에서 그 적절함을 일컬었네 史稱其適
한 사람이 소매 돌리기에도 충분한데 非不容一人之回旋兮
왕은 어찌 땅이 좁다고 불평하였나 王詎嫌夫地狹
잠깐 소매를 펄럭이자 봉토가 더해졌으니 乍擧袖而益封兮
나는 알겠노라 왕의 춤이 전혀 서툴지 않았음을 吾知夫舞不全拙

161 무혐지협부(舞嫌地狹賦) : 춤을 출 때 땅이 비좁음을 불평했다는 전한(前漢) 경제(景帝)의 열 번째 아들인 장사정왕(長沙定王) 유발(劉發)의 고사를 원용한 부이다. 경제가 여러 왕들이 조회 왔을 적에 각각 앞에 나와서 축수(祝壽)하며 춤을 추도록 명하였는데, 유발이 소매를 조금만 돌리면서 손을 들어 춤을 추자 모두 웃었다. 경제가 이상하게 여겨 그 이유를 묻자, 유발이 "신은 나라가 작고 땅이 협소해서 소매를 돌릴 수가 없습니다.〔臣國小地狹, 不足回旋.〕"라고 대답하니, 황제가 무릉(武陵), 영릉(零陵), 계양(桂陽) 등 지역을 더해 주었다고 한다.《漢書 長沙定王劉發傳》

162 관을……말하였고 : 위의(威儀)를 갖춘 차림을 말한다.《예기》〈제의(祭義)〉에 "삼로와 오경을 태학에서 먹일 적에 천자가 웃옷을 벗고 희생을 가르며, 장을 잡고서 음식을 먹이며, 술잔을 잡고서 술로 입을 헹구며 관을 쓰고 방패를 잡으니, 이것은 제후에게 공손함을 가르치는 것이다.〔食三老五更於大學, 天子袒而割牲, 執醬而饋, 執爵而酳, 冕而摠干, 所以教諸侯之弟也.〕"라고 하였다.

163 소매……추니 :《한비자(韓非子)》〈오두(五蠹)〉에 "소매가 길면 춤을 잘 추게 되고, 돈이 많으면 장사도 잘 하게 된다.〔長袖善舞, 多錢善賈.〕"라고 하였다.

의란전[164]에서 술 취한 밤에　猗蘭醉夜
당아로 잘못 시종하게 했는데[165]　唐兒誤侍
창진의 상서가 있어　蒼震有祥
〈인지지〉를 노래하게 되었네[166]　詠麟之趾
이에 토지를 하사받아 변방으로 갔는데　爰錫土而之屛
천리나 떨어진 아득한 장사였다네[167]　邈長沙之千里
물고기와 소금이 나는 바다 귤과 유자의 동산[168]으로　魚鹽海兮橘柚園
제나라와 초나라는 부유함을 다투었고　齊楚鬪富
개와 말이 생산되는 땅 모직물과 갖옷 나는 고을[169]로

164 의란전(猗蘭殿) : 한(漢)나라의 궁궐 이름이다.

165 당아(唐兒)로……했는데 : 당아는 유발(劉發)의 모친인 당희(唐姬)를 말한다. 당희는 경제(景帝)의 후궁이었던 정희(程姬)의 시녀였는데, 경제가 정희를 불렀을 때 정희가 월경 중이어서 자신이 나아가지 못하고 시녀인 정희를 분장시켜 대신 들여보냈다. 경제가 술에 취해 있어 시녀가 정희인 줄 알고 관계를 맺었는데, 시녀가 임신을 한 후 정희가 아닌 것을 알게 되었다. 《史記 五宗世家》

166 창진(蒼震)의……되었네 : 창진의 상서는 당희(唐姬)가 유발(劉發)을 임신한 것을 말하고, 인지지(麟之趾)를 노래하게 되었다는 것은 당희가 유발을 낳은 것을 말한다. 《시경》〈인지지〉에 "기린의 발이여, 성실하고 인후한 공자들. 아 이들이 바로 기린이로다.〔麟之趾, 振振公子, 于嗟麟兮.〕"라고 하였다.

167 토지를……장사(長沙)였다네 : 유발(劉發)은 모친의 신분이 낮아서 총애를 받지 못했기 때문에 궁핍한 장사 땅에 봉해졌다. 《史記 五宗世家》

168 물고기와……동산 : 《사기(史記)》〈소진열전(蘇秦列傳)〉에 "제나라는 반드시 물고기와 소금이 나는 해변의 땅을 바치고, 초나라는 귤과 유자가 생산되는 동산의 땅을 바칠 것입니다.〔齊必致魚鹽之海, 楚必致橘柚之園.〕"라고 하였다.

169 개와……고을 : 《사기(史記)》〈소진열전(蘇秦列傳)〉에 "임금께서 신의 충고를 들으시면, 연나라는 반드시 모직물과 갖옷, 개와 말이 생산되는 지역을 바칠 것입니다.〔君誠能聽臣, 燕必致旃裘狗馬地.〕"라고 하였다.

狗馬地兮旃裘鄕

연나라 조나라는 두터운 이익을 독점했다네　燕趙擅厚

경내가 좁아 궁핍하지만　境蹙而貧

왕의 나라이며　維王攸國

땅이 습하여 물이 흥건하지만　地濕而洩

왕의 도읍이라네　維王攸邑

큰 땅 차지하여 풍족함 누리지 못해　莫據大而享豐兮

그 뜻에 만족스럽지 않았네　用不慊乎其志

작은 나라에 처하고 낮은 지위에 있어　惟處小而居卑兮

그 몸을 용납하기 어려운 듯하였네　若難容夫其己

스스로 제후의 반열에 낄 방법 없었지만　顧無路而自列兮

황제가 어머니 사랑하고 자식 포용하는 줄은 알았네　知愛母而抱子

왕이 조정에 빙문하니　王聘于朝

황제가 말하였네　帝曰

"이리오너라 그대 왕이여　格汝王

얼의 오른쪽으로 들어오라"[170]　入闑右

천자에게 숭호[171]를 막 마치고 나서　天子之所嵩呼初罷

170 얼(闑)의 오른쪽으로 들어오라 : 신하가 임금을 알현할 때의 법도를 말한다. 《논어집주(論語集註)》 〈향당(鄕黨)〉에 "대부와 사는 공문을 출입할 때 얼의 오른쪽으로 출입하고 문지방을 밟지 않는다.〔大夫士出入公門, 由闑右, 不踐閾.〕"라고 하였다. 얼은 문의 중앙에 세우는 단목(短木)을 말한다.

171 숭호(嵩呼) : 임금 앞에서 만세(萬歲)를 부른다는 말이다. 한 무제(漢武帝)가 숭산(嵩山)에 올라갔을 때, 어디선가 만세 소리가 세 번 들려왔다는 고사에서 비롯된 말이다. 《漢書 武帝紀》

축수하는 술잔을 올렸다네　壽爵斯擧
뜰에는 온갖 악기 매달려 있었고　百懸在庭
생황과 쇠북 축과 어도 있었네　笙鏞柷敔
황제가 왕에게 명하였네　帝命于王
“네 춤으로 나를 즐겁게 해다오”　舞汝娛予
왕이 공손히 절하고는　王言拜手
일무의 대열에 나아가서는 우두커니 서 있었네　就佾山立
중동[172]이 돌아보고 주목하여　眷重瞳兮注視
손 휘저어 재인들 모두 물리쳤다네　麾衆伎兮皆撤
왕의 춤은 어떠하였나　其舞如何
왕이 소매를 조금만 벌렸네　王袖小張
왕의 키는 훤칠하게 큰데[173]　維碩人之俁俁兮
도리어 숙였다 일어났다 하는 모습 형편없었다네　乃蹇拙於低昂
왼쪽으로도 오른쪽으로도 돌지 않으니　左不旋兮右不轉
무언가에 구속된 듯하였네　如有所拘
손도 휘두르지 않고 발도 구르지 않으니　手不揮兮足不蹈
돌지 못하는 듯하였네　如不能周
황제는 언짢아서　天顔不解
그 이유를 말하게 하였네　有命以詰

172 중동(重瞳) : 하나의 눈에 눈동자가 두 개씩 있는 것을 말하는데, 순(舜) 임금과 항우(項羽)가 중동이었다는 고사에서 유래하여, 제왕의 대명사로 쓰인다. 여기서는 경제(景帝)를 말한다.

173 왕의……큰데 : 《시경》 〈간혜(簡兮)〉에 “훤칠하게 큰 사나이 자기 재주 과시하며, 궁정에서 너울너울 춤을 추누나.〔碩人俁俁, 公庭萬舞.〕”라고 하였다.

"신의 몸을 담을 수 없노니 曰臣身之不容兮
분봉 받은 땅이 협소한 게 싫어서입니다" 嫌所封之地窄
천자가 말하길 "아 天子曰吁
그 원인은 내게 있었구나 其在朕哉
어찌 너에게 보태 줄 땅이 없겠는가 寧無地而益汝
너를 넓고 넓은 곳에 두리라" 置汝身於恢恢
유사에게 명해서 지도 살펴보게 하였으니 命有司而案圖
아무 지역부터 아무 지역까지였다네 從某地兮至某
무릉과 영릉을 떼어 주고 割武陵與零陵
계양까지 끌어와 붙여주었네 援桂陽兮以付
왕이 올 때는 王之來也
장사만을 다스렸지만 王長沙已
왕이 갈 때는 王之去也
세 군의 땅까지 소유하게 되었네 有三郡地
왕이 춤을 잘 추었다면 王舞巧也
내려주는 술만 받고 끝났겠지만 錫爵而罷
왕이 춤을 서투르게 추어 王舞不巧
강역이 이어지게 되었네 境宇連跨
아아 嗚呼
성왕은 어렸고 成王孺子
당숙은 동생이었으니 唐叔弟也
오동잎을 잘라 장난삼아 봉한 것[174]이 削桐戲封

174 오동잎을……것 : 주 성왕(周成王)이 장난으로 오동나무 잎을 오려서 규(珪)로

어찌 안 될 일이었겠나 何所不可
그렇지만 자후는 변을 지어 然子厚之作辨兮
태사 윤일까지 비난하였네[175] 幷史佚而譏之
생각건대 한 경제는 오랫동안 제위에 있었으니 惟漢帝臨莅多年
어찌 봉건하는 것이 중한 줄을 몰랐겠는가 豈不知封建之爲重
그런데 고황제[176]의 천하를 가벼이 쥐고 輕把高皇帝之宇縣
그 아들에게 사사로이 봉했다네 爲子之私
자식은 장난질로 아비를 희롱하고 子以戲而玩父
임금은 땅으로써 신하를 장려하였으니 君以地而奬臣
한나라가 바르고 당당한 기강 지녔다 뉘 말하리오 孰以漢正大綱云
그렇지만 雖然
백수진인[177]은 白水眞人

삼아 아우인 당숙우(唐叔虞)에게 주면서 말하기를, "이것으로 너에게 봉해주노라."라고 했다. 주공(周公)이 들어가서 하례하자 성왕이 "내가 아우와 장난을 한 것일 뿐이다."라고 하니, 주공이 "천자는 장난스런 말을 할 수가 없는 것입니다."라고 하였다. 《史記 晉世家》

175 자후(子厚)는……비난하였네 : 자후는 유종원(柳宗元)이다. 유종원은 〈오동잎으로 아우를 제후에 봉한 일을 따지다[桐葉封弟辯]〉에서 성인으로 불리는 주공(周公)이 성왕(成王)을 압박하여 자격을 못 갖춘 당숙우(唐叔虞)에게 땅과 백성을 주도록 하였다는 것은 있을 수 없는 일이라고 하면서, 태사(太史) 윤일(尹佚)이 한 것으로 보았다. 《古文眞寶後集 卷5》

176 고황제(高皇帝) : 전한(前漢)의 개국황제(開國皇帝)인 유방(劉邦)을 말한다.

177 백수진인(白水眞人) : 후한(後漢)의 개조(開祖)인 광무제(光武帝) 유수(劉秀)를 말한다. 백수는 중국 남양(南陽)의 백수현(白水縣)으로, 유수가 여기에서 거병하였기 때문에 백수진인으로 일컬어졌다. 《後漢書 光武帝紀》

붉은 옷을 입은 원손이라네[178]	絳衣元孫
왕은 백수진인의 조상이니	惟王是祖
한나라의 제사를 보존한 셈이었네	漢祀其存
그렇다면 저 세 군의 땅도	然則彼三郡之地
유발의 그릇을 채울 만한 곳은 못되었으니	亦不能容
천하를 주었더라도 부족한 것이었네	雖以天下不足
서투르게 춤추며 땅을 얻는 데 능했던 것이	拙於舞工於得地
왕자의 능사는 아니었지만	非王之能事
수백 년의 한나라 국맥을 이어지게 하였네	能壽漢家數百年國脈
아아	吁嗟乎
졸렬하지 않았는데 능히 졸렬할 줄 알았으니	不拙而能拙
또한 조상의 심법을 이었다고 하겠네	亦云乃祖之心法

178 붉은……원손이라네 : 광무제(光武帝)가 유발(劉發)의 직계 자손임을 말한다. 광무제는 천하를 평정할 때 붉은 옷에 큰 관을 썼다고 한다. 《後漢書 光武帝紀上》

원우부[179]

冤牛賦

정위는 염제 딸의 혼백으로 　 精衛女魄
만고토록 돌을 물어 나르고[180] 　 萬古銜石
자규는 망제의 혼백으로 　 子規帝魂
봄 내내 피를 토하며 우네[181] 　 一春啼血
여기에 한 동물이 있으니 　 爰有一物
털 달린 짐승에 속하네 　 族於毛群
어째서 너만 죽어서 환생하지 못하고 　 胡爲乎獨無所化
그저 원우로만 불린단 말인가 　 徒名曰冤
너의 원통함을 안타깝게 여기나니 　 悶爾冤矣

179 원우부(冤牛賦) : 원통하게 죽은 소에 대해 읊은 부로, 억울한 누명을 쓰고 죽어간 이들의 고사를 원용하고 있다. 고산(孤山) 윤선도(尹善道)가 1661년(현종2) 삼수(三水)에 유배되었을 때 지은 글에 쾌산원우(快山冤牛)라는 한 토막의 글이 실려 있는데, 조희일(趙希逸)의 〈원우부〉와 내용이 비슷하다. 《孤山遺稿 卷5 雜著》

180 정위(精衛)는……나르고 : 염제(炎帝)의 딸이 동해 바다에 놀러 갔다가 빠져 죽은 뒤에 정위라는 새로 변했는데, 그 원한을 갚으려고 늘 서산(西山)의 목석(木石)을 입에다 물고 동해에 빠뜨려서 바다를 메우려 했다는 고사가 전한다. 《山海經 北山經》

181 자규(子規)는……우네 : 자규는 두견새의 별칭으로, 망제혼(望帝魂), 불여귀(不如歸)라고도 한다. 촉(蜀)나라 망제(望帝) 두우(杜宇)가 재상인 별령(鱉令)에게 공사를 맡겨 멀리 보내고 그의 아내와 간통을 하다가 그에게 왕위를 빼앗기고 타향에서 죽었다. 그의 혼이 두견새가 되어 밤새 원통하게 피를 토하며 우는데, 그 소리가 마치 "촉도로 돌아가자, 돌아감만 못하다.〔歸蜀道, 不如歸.〕"라는 것처럼 들렸다는 고사가 전한다. 《太平御覽 卷166》

바다 메우거나 돌아갈 생각[182]하는 부류와는 다르구나

其諸異乎塡海思歸

예전에 너는	曩爾之生
산림이 아닌 곳에서 살았네	非林麓是依
사람들에게 자신의 힘을 제공하여 밥을 먹으니	食其力於斯人
이 때문에 농부에게 부림을 당하였네	于以役乎田夫
그 뿔이 굽으면[183]	有捄其角
봄에 문득 뿔을 오동나무로 간다네[184]	春忽磨梧
백성들은 흩어져 농토로 나가니	厥民云析
해는 춘분에 들었고 별자리는 조수라네[185]	日中星鳥
아침 일찍 멍에 얹은 채 돌아앉아 타고 가서	蹇夙駕而倒騎
이에 남쪽 이랑에서 농사일 시작하네[186]	乃俶載於南畝

182 바다……생각 : 바다를 메운다는 것은 염제(炎帝)의 딸 정위(精衛)의 고사를 말하고, 돌아갈 생각을 한다는 것은 촉(蜀)나라 망제(望帝) 두우(杜宇)의 고사를 말한다.

183 그 뿔이 굽으면 : 쟁기를 걸칠 만한 소가 되었음을 말한 것이다. 《시경》 〈양사(良耜)〉에 "누런 소 잡고 보니 그 뿔이 구부정하구나.〔殺時犉牡, 有捄其角.〕"라고 하였다.

184 오동나무로 간다네 : 오동나무는 부드러우면서도 강하므로 이것으로 소뿔을 끊었다. 《회남자(淮南子)》 〈설산훈(說山訓)〉에 "둘 다 견고한 것은 서로 화합하지 못하고, 둘 다 강한 것은 서로 굴복하지 않는다. 그러므로 오동나무로 뿔을 끊고 말 꼬리로 옥을 자르는 것이다.〔兩堅不能相和, 兩强不能相服. 故梧桐斷角, 馬氂截玉.〕"라고 하였다.

185 백성들은……조수(鳥宿)라네 : 봄 농사를 시작하는 것을 말한다. 《서경》 〈요전(堯典)〉에 "떠오르는 해를 공경히 맞이하여 봄 농사를 고르고 질서 있게 하니, 해는 춘분에 들었고 별자리는 조수(鳥宿)이다. 따스한 중춘이 되면 백성들은 흩어져 농토로 나가고 새와 짐승들은 새끼를 낳는다.〔寅賓出日, 平秩東作, 日中星鳥. 以殷仲春, 厥民析, 鳥獸孳尾.〕"라고 하였다. 대본에는 '星昴'로 되어 있는데, 《서경》 〈요전〉과 일반적인 용례에 의거하여 '昴'를 '鳥'로 바로잡아 번역하였다.

한번 쟁기질 할 정도 비 내릴 때[187]　趁一犁之新雨

무릎 반 정도 잠기는 봄 진흙 밭을 일군다네　墾半膝之春泥

야들야들한 가시나무 채찍으로 제어하며　制猗儺之棘鞭

멍에 매인 발자국을 수고롭게 하네　勞局促之花蹄

아낙이 들밥을 내오니[188]　有婦來饁

기장밥에 닭고기라네　伊黍伊鷄

쟁기 벗기고 꼴 먹이며　脫耒器而言秣

찬 도롱이 벗고서 밥 먹는다오　闋寒蓑而來飡

열심히 일하고 배불리 먹은 뒤　勤其作而得飽

내 편안히 잠시 한가롭게 누었네　偃余臥兮偸閑

잠깐 한 팔로 팔베개하니　一肱乍曲

장주의 나비가 앞에서 인도하네[189]　莊蝶先導

186 남쪽……시작하네 : 《시경》 〈대전(大田)〉에 "남쪽 이랑에서 농사일 시작하여, 백곡의 씨를 뿌리누나.〔俶載南畝, 播厥百穀.〕"라고 하였다.

187 한번……때 : 황정견(黃庭堅)의 〈장난삼아 새소리에 화답하다〔戲和答禽語〕〉에 "남촌과 북촌에 보습을 한번 쟁기질 할 정도 비 내리니, 신부는 시어머니께 밥 올리고 시아버지는 아이에게 밥 먹이누나.〔南村北村雨一犁, 新婦餉姑翁哺兒.〕"라고 하였다. 《古文眞寶前集 卷4》

188 아낙이 들밥을 내오니 : 농사철의 풍경을 묘사한 말이다. 《시경》 〈칠월(七月)〉에 "우리 아내 아들과 함께 어울려, 저 남쪽 이랑으로 들밥 내오면, 권농관이 이르러 기뻐한다네.〔同我婦子, 饁彼南畝, 田畯至喜.〕"라고 하였다.

189 장주(莊周)의……인도하네 : 꿈을 꾸는 것을 말한다. 장자(莊子)가 꿈에 나비가 되어 훨훨 나는 것이 분명 나비였으므로, 스스로 즐거워하며 자신이 장자인 줄을 몰랐다가, 이윽고 깨어 보니 분명히 장자였으므로, 장자가 꿈에 나비가 된 것인지, 나비가 꿈에 장자가 된 것인지를 알 수 없었다는 데서 유래하였다. 《莊子 齊物論》

코고는 소리가 우레처럼 막 들리니 　 鼾雷方鳴
옥산이 쿵하고 무너지는 듯하구나[190] 　 玉山牢倒
홀연 까치의 갑작스런 소리에 놀라니 　 忽驚鵲之疾呼
누런 띠풀 서걱이고 바람 세차게 분다네 　 黃茆颯颯兮風戰
먹잇감을 노리는 호랑이는 　 有虎耽耽
기상이 세차고 굳세도다 　 氣象豪健
톱 같은 어금니는 눈처럼 싸늘하고 　 鋸牙凜雪
금 같은 눈은 번개처럼 빛난다네 　 金眼爍電
주려서 한번 움직여 깨물면 　 飢吻一鼓
연약한 놈은 저민 고기가 되어 버린다네 　 弱肉將臠
주인은 남가의 지극한 즐거움[191] 누리는데 　 南柯至樂
소는 밭두둑에서 거친 숨을 몰아쉰다네 　 壟頭殘喘
표주박 하나도 천금처럼 귀중한데[192] 　 一壺千金

190 옥산(玉山)이……듯하구나 : 소의 주인이 술에 잔뜩 취해 자는 것과 비슷하다는 말이다. 삼국 시대 위(魏)나라 혜강(嵇康)이 "술에 취하기만 하면 한쪽으로 몸이 기울어지는 것이 마치 옥산이 무너지려는 것과 같다.〔其醉也, 傀俄若玉山之將崩.〕"라고 하였다. 《世說新語 容止》

191 남가(南柯)의 지극한 즐거움 : 깊은 잠에 빠진 것을 말한다. 남가는 남가일몽(南柯一夢)의 고사를 말한다. 순우분(淳于棼)이 술에 취하여 자기 집 남쪽에 있는 괴나무 밑에 누워서 잠이 들었는데, 꿈에 대괴안국(大槐安國)이란 나라로부터 초빙을 받고 가서 남가군 태수(南柯郡太守)가 되어 부귀영화를 실컷 누리다가 깨었다는 고사가 전한다. 《類說 卷28 南柯太守傳》

192 표주박……귀중한데 : 《갈관자(鶡冠子)》〈학문(學問)〉에 "강 한복판에서 배를 놓치면, 표주박 하나도 천금처럼 귀중한 것이다.〔中河失船, 一壺千金.〕"라고 한 데서 온 말로, 지극히 천한 물건도 천금처럼 귀중하다는 뜻이다.

누가 그 위태로움을 구제해 줄까 疇濟其危
숲속의 견율[193]이 惟林下之繭栗
한 가닥 양지[194]에 격발하여 激一端之良知
길러준 옛 은혜만을 생각하고 思豢養之舊恩
미미한 힘으로 버티기 어렵다는 것은 몰랐네 昧瑣力之難支
호랑이가 앞으로 돌진하자 突如其前
함께 겨루며 다리를 잡아끄네[195] 與之掎之
한바탕 크게 싸우니 一場戰酣
발톱이 있는 짐승과 뿔 달린 짐승이라네 爪者角者
소는 목이 억세어서 꺾이지 않으니 强項不頓
남은 용맹함은 팔만 하도다[196] 餘勇可賈
호랑이는 날카로운 무기 쓰지 못하고[197] 利兵莫施

193 견율(繭栗) : 송아지의 작은 뿔이 누에나 밤톨처럼 작기 때문에 이렇게 일컫는다. 《예기》〈왕제(王制)〉에 "하늘과 땅에 제사 지내면서 쓰는 소는 그 뿔이 누에나 밤톨만하다.〔祭天地之牛角繭栗.〕"라고 한 데서 온 말로, 여기서는 소를 말한다.

194 양지(良知) : 《맹자》〈진심 상(盡心上)〉에 "사람이 배우지 않고도 할 수 있는 것은 양능이요, 생각하지 않아도 아는 것은 양지이다.〔人之所不學而能者, 其良能也, 所不慮而知者, 其良知也.〕"라고 한 데서 온 말로, 여기서는 소가 지닌 본성을 말한다.

195 다리를 잡아끄네 : 소가 뿔로 호랑이의 다리를 잡아끌어 넘어뜨리는 모습을 형용한 것이다. 《춘추좌씨전》 양공(襄公) 14년 조에 "비유하사넌 사슴을 잡을 때 진(晉)나라 사람은 사슴의 뿔을 잡고, 모든 융(戎)족은 다리를 잡아끌어, 진나라 사람과 함께 사슴을 거꾸러뜨리는 것과 같다.〔譬如捕鹿, 晉人角之, 諸戎掎之, 與晉踣之.〕"라고 하였다.

196 남은……하도다 : 소의 용맹함을 말한다. 춘추 시대 제(齊)나라 고고(高固)가 진(晉)나라 군진(軍陣)으로 돌입하여 혼자서 휘젓고 돌아온 뒤에 자기 군사의 용기를 북돋워 주기 위하여 "용기가 필요하다면 나의 남은 용기를 팔겠노라.〔欲勇者, 賈余餘勇.〕"라고 하였다. 《春秋左氏傳 成公2年》

백보의 위엄[198] 꺾이었네	百步威挫
결국 그 해를 능히 제거하여	終厥害之克去
그 덕에 다 죽게 된 목숨 연명하게 되었다네	貸瀕死之餘命
잠 귀신이 갑자기 놀라 깨어나니	而睡魔之忽驚
저물녘 하늘의 바람과 안개 차가웠네	晩天風煙兮凄冷
내 몸 일으켜 들머리 바라보니	起余視乎原頭
아침에 왔을 때 반듯한 모양 더는 아니었네	非復朝來之井井
어찌하여 잘 갈아놓은 새 두둑인데	夫何綺分之新陌
눈에 낭자한 흔적만 가득한가	滿眼狼藉之痕跡
고요히 서서 가만히 들으니	靜立凝聽
청산은 적막하도다	靑山寂歷
곁엔 소가 있으니	有牛在傍
응당 네가 한 짓이렸다	應爾爲劇
축축하게 젖은 황토를 보니	試看濈濈之黃壤
너의 어지러운 자취가 닿지 않은 곳 없구나	無非爾之駭躅
아까 쟁기질 할 때	曰向者之于耜兮
사람과 가축이 끙끙대었는데	人與畜兮搰搰
어이하여 한 조각의 봄꿈에	何一片之春夢
반나절의 농사일 망치고 말았던가	誤半日之農功

197 호랑이는……못하고 : 호랑이가 어금니와 발톱을 제대로 쓰지 못함을 말한다.

198 백보(百步)의 위엄 : 호랑이의 위엄을 말한다. 한유(韓愈)의 〈맹호행(猛虎行)〉에 "한낮에는 골짜기에서 자지만, 눈에는 백 걸음 떨치는 위엄이 있다네.〔正晝當谷眠, 眼有百步威.〕"라고 하였다. 《五百家注昌黎文集 卷6》

가증스럽도다 너의 우둔함이여	憎哉蠢識
시작은 하였지만 마무리 짓지 못하다니	有始罔終
이에 죽는 곳으로 나아가게 되어	爰卽其刑
백정의 칼에 뼈가 발라졌네	有砉庖刀
충정 드러내지도 못하고 도리어 재앙 당했으니	不見忠而反殃
아아 너의 원통함을 누가 밝혀주리오	嗟爾冤之誰昭
그저 목을 늘인 채 슬프게 울 따름이니	徒引領而悲鳴
누가 우는 소리 알고 그 뜻을 헤아리리오	孰知音兮解意
우물 가운데 위태로운 목숨	井中之危命
구하고자 말이 고삐 드리운 것 본받았으며	期扶效馬垂轡
언덕 위의 취한 혼	原上之醉魂
깨우고자 개가 꼬리에 물 묻힌 것 따라했다네	其醒學狗澆尾
호랑이의 침입 막는데 전력 다하여	而禦侮不遺其力
죽을 뻔한 너를 살려놓았는데	俾爾肉骨而生死
노고에는 보답하지 않은 채	不酬勞
죽이기까지 하다니	又從而膏諸
진실로 밝히기 어려운 것은 천리런가	信難明者天理
무릇 원통하기로 누가 너와 같을까	凡爲冤者孰爾之似
아아	噫
제나라의 뜰에서 벌벌 떨자	觳觫齊庭
선왕은 흔고에 쓰이는 것 폐하였고[199]	宣王廢釁鼓之用

199 제(齊)나라의……폐하였고 : 《맹자》 〈양혜왕 상(梁惠王上)〉에 제나라 선왕(宣王)이 흔종(釁鍾)의 소를 놓아주게 하면서 "나는 그 소가 벌벌 떨면서 죄 없이 사지에 나아가

초나라의 땅을 밟고 지나가자　　蹊踵楚田

군자는 소를 빼앗는 것은 오히려 죄가 무겁다고 비난하였네[200]　　君子譏其奪之猶重

설사 네가 갈았던 밭이 엉망이 되었더라도　　縱使捌闑乎爾耕

이는 하룻밤 동안 힘을 쓰는 것에 불과한데[201]　　此不過一夕之用力

더욱이 죄가 의심스러울 땐 오히려 가볍게 처벌하는 데 있어서랴[202]　　矧乎罪疑猶輕

그런데 어찌하여 저 백성은 감정대로 하고 살피지 않았단 말인가　　何彼氓直情而不察

동물은 지각이 있어 주인을 따르는데　　物有知而循主

사람은 도리어 차마 도륙하는 짓을 하였으니　　人反忍其屠割

는 것을 차마 볼 수 없다.〔吾不忍其觳觫若無罪而就死地.〕"라고 한 내용이 보인다. 흔고(釁鼓)는 피를 북에 칠하는 것으로, 옛날에 북을 새로 만들면 짐승의 피를 발라서 틈을 메웠다고 한다.

200 초(楚)나라의……비난하였네 : 초나라 장왕(莊王)이 진(陳)나라에서 시해 사건이 발생하자 이를 바로잡는다며 진나라를 침공해 진나라를 초나라의 현(縣)으로 삼자 대부 신숙시(申叔時)가 장왕의 처사가 지나쳤다고 하며 말하기를 "소를 끌고 남의 토지 가운데로 지나다니면 땅의 주인은 그 소를 빼앗는다고 합니다. 소를 끌고 남의 땅을 지나다니는 자는 진실로 죄가 있습니다만, 그렇다고 그 소를 빼앗는 것은 벌이 너무 무겁습니다.〔牽牛以蹊人之田, 而奪之牛. 牽牛以蹊者, 信有罪矣, 而奪之牛, 罰已重矣.〕"라고 하였다.《春秋左氏傳 宣公11年》

201 하룻밤……불과한데 : 망가진 밭을 되돌리는 데는 시간이 얼마 걸리지 않는다는 말이다.

202 죄가……있어서랴 : 정상을 참작하여 되도록 가볍게 처벌하는 것을 말한다.《서경》〈대우모(大禹謨)〉에 "죄가 의심스러울 경우에는 가볍게 처벌하시고, 공이 의심스러울 경우에는 후하게 상을 내리소서.〔罪疑惟輕, 功疑惟重.〕"라고 하였다.

가장 영험한 것을 사람이라고 그 누가 말했는가[203] 誰謂最靈者人乎
금수만도 못하도다 禽獸不若
또 이어서 풀이하노라 又從而解之曰
임금한테 간언한 비간은 심장이 도려졌고[204] 逆鱗比干心剔
허황된 말로 이간질 당한 오자서는 눈이 뽑혔네[205] 簧言間胥眼抉
맑은 상수에 투신한 초나라 신하 굴평은 영 땅 그리워하였고[206]
清湘沈楚臣屈平懷郢
황대에서 오이 하나를 딴 건녕은 목이 매달렸네[207] 黃臺摘一瓜建寧雉經

203 가장……말했는가 : 주돈이(周敦頤)의 〈태극도설(太極圖說)〉에 "사람만이 빼어난 기운을 얻었기에 가장 영험한 존재이다.〔惟人也, 得其秀而最靈.〕"라고 하였다. 《古文眞寶後集 卷10》

204 임금한테……도려졌고 : 비간(比干)은 은(殷)나라 주왕(紂王)의 숙부였는데, 주왕의 음행을 극간하자 노한 주왕이 성인의 심장에는 7개의 구멍이 있다는데 확인해 보자며 심장을 도려내 죽였다고 한다. 《史記 殷本紀》 '비간'은 대본에는 '批干'으로 되어 있는데, 《사기》 〈은본기〉에 의거하여 '批'를 '比'로 바로잡아 번역하였다.

205 허황된……뽑혔네 : 초(楚)나라 오자서(伍子胥)는 부형(父兄)이 초나라 평왕(平王)에게 죽임을 당하자 오(吳)나라로 망명하여 오왕 부차(夫差)를 도와 초나라를 정벌하여 원수를 갚지만, 뒤에 태재(太宰) 비(嚭)의 참소로 촉루검(屬鏤劍)을 받고 자결하였다. 자결할 때 "나의 눈을 파서 오나라 동문 위에 걸어두어 월나라가 침입하여 오나라가 망하는 것을 보겠다."고 유언하였다. 이 말을 들은 오왕은 노하여 오자서의 시신을 말가죽 부대에 담아서 오강(吳江)에 던져 버렸다. 《史記 伍子胥列傳》

206 맑은……그리워하였고 : 굴평(屈平)은 전국 시대 초(楚)나라의 굴원(屈原)으로, 평은 그의 이름이고 원은 그의 자(字)이다. 굴원은 참소를 받고 쫓겨난 다음 나랏일을 근심하다가 상수(湘水)의 지류(支流)인 멱라수(汨羅水)에 몸을 던져 죽었다. 《史記 屈原賈生列傳》 영(郢)은 초나라의 도읍으로서 지금의 호북성(湖北省) 강릉현(江陵縣)의 북쪽 기남성(紀南城)에 있었다.

207 황대(黃臺)에서……매달렸네 : 당(唐)나라 측천무후(則天武后)가 장자는 독살하고

너희의 장성을 허문 단도제는 두건을 허망하게 던졌고[208]

毁汝長城檀幘虛擲

중원을 수복하지 못한 악비는 등에 공연히 글자 새겼네[209]

未復神州岳背空涅

이 사람들을 보니 相斯人矣

마음 가득 충정만을 지녔다네 滿腔忠赤

말은 스스로 열후가 되기에 충분했고 言足自列

지혜는 재앙을 물리칠 만했다네 智可攘禍

그러나 울분을 품은 채 풀지 못하였으니 然齎憤而莫泄

차자인 현(賢)을 태자로 삼았다. 이에 현 본인도 목숨을 부지하기 어렵다는 것을 알고 지은 〈황대과사(黃臺瓜辭)〉에 "황대 아래에 오이를 심었더니, 오이가 익어 열매가 주렁주렁하구나. 하나만 딸 땐 오이에게 좋았는데, 두 개를 따자 오이가 드물어지고, 세 개를 딸 땐 아직 희망이 있었는데, 네 개를 따니 빈 넝쿨뿐이로다.〔種瓜黃臺下, 瓜熟子離離. 一摘使瓜好, 再摘令瓜稀, 三摘猶尙可, 四摘抱蔓歸.〕"라고 하였다. 《舊唐書 肅宗代宗諸子列傳 承天皇帝倓》 '목이 매달렸네'는 대본에는 '雉頸'으로 되어 있는데, 일반적인 용례에 의거하여 '頸'을 '經'으로 바로잡아 번역하였다.

208 너희의……던졌고 : 단도제(檀道濟)는 남송(南宋) 때 명장으로 누차 공을 세워 위엄과 명성이 매우 두텁자 조정에서 그를 의심하고 두려워하였다. 그래서 단도제를 체포하였는데, 그때 단도제가 "두건을 땅에 벗어 던지면서 '너희가 너희의 만리장성을 허무는구나.'하였다.〔脫幘投地曰, 乃壞汝萬里長城.〕"라는 내용이 보인다. 《通鑑節要 南北朝 宋紀 太祖文帝》

209 악비(岳飛)는……새겼네 : 악비는 남송(南宋) 때 명장으로, 금(金)나라의 군대를 여러 차례 격파해 고종(高宗)에게 '정충악비(精忠岳飛)'라는 네 글자를 하사받았다. 그 뒤에 금나라 군대를 대파한 뒤 황하(黃河)를 건너 진격하려고 하였으나, 주화론(主和論)을 펴던 진회(秦檜)에 의해 갑자기 소환 명령이 내려져서 군사를 돌렸다가 무고를 받고 체포되어 옥사하였는데, 국문을 받을 때 악비의 옷을 찢어 보니 등에 '진충보국(盡忠報國)'이라는 네 글자가 새겨져 있었다고 한다. 《宋史 岳飛列傳》

무덤에서도 눈을 감지 못하리라	目不瞑於長夜
더구나 너는 짐승이니	矧爾畜生
울분을 풀지 못하는 것이 당연하도다	宜莫之伸
만약 혼이 있다면	苟能有魂
가서 이 사람들을 따르거라	其往從夫斯人

양태부[210]

養胎賦

《서경》에서 말하지 않았던가　　書不云乎
백성이 나라의 근본이라고[211]　　民惟邦本
어떻게 돌보아야 하는가　　保之云何
자식을 기를 때 걱정하는 것 같이 해야 한다네　　如育子之悶斯
너희가 태아 기른 걸 보니　　相爾養胎
태어나지 않은 상태에서도 길러주었구나　　遂其生於無生
이는 바로 남의 뱃속에 적심을 미루어 넣어준 것이니[212]
是乃推赤心於人腹兮
거짓이 아니고 정성에서 비롯되는 것이라네　　非假也由誠
오랑캐인 월나라는　　蠻夷維越
구민[213]과 인접한 곳에 나라 세웠다네　　控甌閩而樹國

210 양태부(養胎賦) : 월왕(越王) 구천(句踐)이 오왕(吳王) 부차(夫差)에게 패한 뒤 인구를 불리고 국력을 축적하여 설욕한 고사를 원용한 부이다. 《史記 越王句踐世家》

211 서경……근본이라고 : 《서경》〈오자지가(五子之歌)〉에 "백성이 바로 나라의 근본이니, 근본이 굳건해야 나라가 편안하다.〔民惟邦本, 本固邦寧.〕"라고 하였다.

212 남의……것이니 : 성심으로 남을 대하는 것을 말한다. 후한(後漢) 광무제(光武帝)가 동마(銅馬)와 싸울 때 항복한 자들이 불안해하여 직접 말을 타고 부대를 순시하자 항복한 자들이 서로 "소왕이 적심을 미루어 남의 뱃속에 넣어 주었으니, 어찌 목숨을 바치지 않을 수 있겠는가.〔蕭王推赤心置人腹中, 安得不投死乎?〕"라고 한 데서 온 말이다. 소왕(蕭王)은 광무제를 가리킨다. 《後漢書 光武帝紀》

213 구민(甌閩) : 구월(甌越)과 민월(閩越)로 지금의 강소성(浙江省) 온주(溫州)와 복

제나라와 노나라 같은 문교는 없었으나 靡齊魯之有教兮
삶을 풍족하게 하였다고 할 수 있네[214] 曰亦阜其生息
강한 오나라와 인접하여 與强吳隣
바람난 말이나 소도 미칠 수 있는 거리라네[215] 風馬牛之及
폐백으로 교유하는 일을 닦지 않고 交幣莫修
남쪽에 자리한 월나라를 도모하려는 마음만 먹었다네 銳志圖南
전쟁으로 서로 간에 힘을 소모하고 刃有相糜
우산을 멜 만한 인물이 없었네[216] 簦無可擔
주나라 경왕 이십육 년 年周敬之廿六
부차라는 임금이 厥維君曰夫差
땔나무를 거두고 일어났다네[217] 撤薪而作

건(福建) 일대를 이른다.

214 제(齊)나라와……있네 : 제나라와 노(魯)나라는 공자(孔子)와 맹자(孟子)가 활동한 지방으로서 문교(文敎)가 흥성하였다. 월(越)나라는 제나라와 노나라 같은 문교는 없었지만 백성들의 삶을 풍족하게 해 주었다는 말이다.

215 강한……거리라네 : 월(越)나라가 오(吳)나라와 매우 인접해 있다는 말이다. 바람난 말이나 소도 미칠 수 있는 거리라는 말은《춘추좌씨전》희공(僖公) 4년 조에, 제 환공(齊桓公)이 제후(諸侯)의 군대를 거느리고 초(楚)나라를 치자, 초나라에서 사신을 보내어 말하기를, "임금은 북해에 살고 과인은 남해에 살아 바람난 말이나 소도 서로 미칠 수 없는 먼 거리이니, 임금께서 우리 땅에 오실 줄은 생각하지도 못했습니다.〔君處北海, 寡人處南海, 唯是風馬牛不相及也, 不虞君之涉吾地也.〕"라는 구절을 변용한 것이다.

216 우산을……없었네 : 오(吳)나라와 월(越)나라의 분쟁을 외교적으로 해결할 만한 인물이 없었음을 말한다. 짚신을 신고 우산을 등에 멘 채로 사방을 주유하며 유세(遊說)하던 우경(虞卿)의 고사에서 유래하였다.《史記 平原君虞卿列傳》

217 주(周)나라……일어났다네 : 주나라 경왕(敬王) 26년은 오왕(吳王) 부차(夫差) 2년으로, 부차가 선왕 합려(闔閭)의 복수를 위해 군사를 일으켜 월(越)나라를 침공한 것을

그 형세는 어떠하였나 其埶伊何
백거의 회전 같은 원수지간이었네[218] 柏擧有讎
내가 원수를 갚겠다고 하면서 云予其復
북군에게 용기를 팔았다네[219] 北軍賈勇
침착한 기세를 유지하여 陰節斯挾
한 차례 싸워 월나라를 무너뜨렸네 一鼓而崩之
깃발은 쓰러지고 바퀴 자국은 어지러우니[220] 旗靡轍亂

말한다. 합려는 오나라 고소(姑蘇)에서 월왕 구천(句踐)에 대패하였는데, 합려는 이때 발가락에 상처를 입어 사망하였다.《史記 吳太伯世家》 부차는 선왕의 복수를 잊지 않기 위해 아침저녁으로 가시 많은 땔나무 위에 누워 자며 자신의 방을 드나드는 신하에게 "부차야. 너는 월나라 사람이 너의 아버지를 죽였다는 것을 잊었느냐.〔夫差! 而忘越人之殺而父邪!〕"라는 말을 외치게 했다고 한다.《史略 春秋 吳》

218 백거(柏擧)의……원수지간이었네 : 백거에서 오왕(吳王) 합려(闔閭)의 군대가 초소왕(楚昭王)의 군대를 크게 무찌른 일이 있었다. 처음에는 뽕나무로 인한 변경 고을의 두 여자 싸움이었는데 사태가 커져 나라간의 싸움으로 번졌다. 한참 뒤에 초나라에서 채(蔡)나라를 공격하여 포위하자, 오나라가 채나라를 구원하기 위하여 초나라 군사와 이곳에서 싸워 대승을 거두었다.《史記 吳太伯世家》《春秋左氏傳 定公4年》

219 북군(北軍)에게 용기를 팔았다네 : 북군은 월(越)나라 북쪽의 군대라는 말로 오(吳)나라 군대를 뜻한다. 용기를 팔았다는 것은 군사들을 독려한다는 뜻이다.《春秋左氏傳 成公2年》

220 깃발은……어지러우니 : 군대가 궤멸된 것을 말한다. 노(魯)나라 장공(莊公) 10년에 제(齊)나라가 침략하자 장공이 진을 치고 응전하려 할 때 조귀(曹劌)가 "아직은 때가 아닙니다."라고 하였다. 제나라가 군대 북을 세 차례 치자, 조귀가 "이제 때가 되었습니다."라고 하였다. 승전한 뒤에 장공이 조귀에게 이유를 물으니 "제가 그들의 전차 바퀴자국은 어지럽게 나 있고, 그들의 깃발은 아무렇게나 흔들리는 것을 보았기 때문에 추격하였던 것입니다.〔吾視其轍亂, 望其旗靡, 故逐之.〕"라고 한 데서 온 말이다.《春秋左氏傳 莊公10年》

만백성은 어육이 되었네	萬姓其肉
고래 시체를 유민들에게 보여주니	鯨鯢之觀孑
발톱과 어금니 같은 많은 무사들이었네[221]	爪牙之三千
칼날엔 죽은 자들의 피가 흥건하니	甃鋒鏑之餘血
회계의 한 구역 바라보았네[222]	瞻會稽之一區
또 은인자중하면서 꾹 참으며	且隱忍而跧伏
싸움에 지고 살아남은 사람을 모으고	收挫衄之遺燼
나라 잃은 외로운 종적을 기탁하였네	寄亡國之孤跡
저들에게 귀의해[223] 신첩 노릇을 하여	歸彼臣妾
말을 매우 공손히 하였으니	孔卑其辭
신명이 아니면 맹세하지 않는 것을 중시했다네	所重者非神無以盟爲
좋은 미끼로 원수들의 욕심 채워주었고	餟仇欲於芳餌
후한 예물로 적들의 마음 무디게 하였네	狃敵心於厚禮

221 고래……무사들이었네 : 오(吳)나라가 월(越)나라를 격파하고서 월나라 군사들의 시체를 볼거리로 삼았다는 뜻이다. 대본에는 '鯨蜺'로 되어 있는데, 일반적인 용례에 의거하여 '蜺'를 '鯢'로 바로잡아 번역하였다. 《춘추좌씨전》 선공(宣公) 12년 조에 "옛날에 밝은 임금이 불경스러운 자를 징벌한 뒤에, 그 고래와 같은 시체를 모아 높이 쌓아 놓고는 이것을 대륙이라고 하였으며, 이 광경을 모두 보게 함으로써 흉악한 행동을 징계토록 하였다.〔古者明王, 伐不敬, 取其鯨鯢而封之, 以爲大戮. 於是乎有京觀, 以徵淫慝.〕"라고 하였다.

222 회계(會稽)의……바라보았네 : 구천(句踐)이 부초산(夫椒山)에서 오(吳)나라 군대에 패배한 다음 남은 병사 오천을 이끌고 회계산(會稽山)으로 물러났다. 《史記 越王句踐世家》

223 저들에게 귀의해 : 구천(句踐)이 대부 문종(文種)을 보내 오(吳)나라에 강화를 청하였는데, 부차(夫差)가 이를 받아들였다. 《史記 越王句踐世家》

쓸개 맛보는 걸 괴롭게 여기지 않았던 것[224]은	嘗不苦於仰膽
기다렸다가 하려는 바가 있어서라네	有所爲於其待
“그대들이여	曰惟左右
내가 너희 보기에 부끄러웠도다	吾見爾有靦
내 스스로 힘을 헤아리지 않은 채	孤不自量力
일찍이 저들과 전쟁 벌여	嘗與彼戰
오왕 아비의 발가락에 상처 입혀[225]	傷若父指
재앙이 이로 말미암아 벌어졌도다	禍由斯逞
이것이 나에게 독을 남겨	茲與我毒
군병이 우리 경계에 진입하였다	兵涉吾境
언덕에는 햇볕에 드러난 해골이 있으니	原有暴顱
너희 고아의 아비인가	爾孤之父耶
들판에는 쓰러진 시체 있으니	野有僵屍
너희 과부의 짝인가	爾寡之偶耶
백성들은 나의 일에 죽었으니	死我之事
죄가 귀결되는 바가 나에게 있도다	罪有所歸
내 마음 두려우니	予心惕若
후회한들 무슨 소용이랴	雖悔曷追
그런데 다행히 쓰러진 나무에서 움이 나듯[226]	幸顚木之有蘗

224 쓸개……것 : 구천(句踐)은 부차(夫差)에게 패하여, 구천은 신하가 되고 처는 첩이 되겠다는 굴욕적인 조건으로 강화한 다음 섶에서 자고 쓸개를 핥으며 스스로 회계산(會稽山)의 치욕을 잊지 않으려 하였다. 《史記 越王句踐世家》

225 오왕(吳王)……입혀 : 135쪽 주 217) 참조.

거의 생육을 이루게 되었다	庶字育之得遂
내 백성 중에 늙은 자를 돌보니	養我民之老者
늙은이들이 절로 오게 되었고	其老之有自
내 백성 중에 어린 자를 돌보니	養我民之少者
그 장성함에 시작이 있게 되었다	其長也有始
그 시작을 따져보면	原厥有始
어미가 잉태한 데서 비롯되니	由母之胎
어찌 기르지 않겠는가	獨不可養乎
백성이여	其維民哉
너희 아낙을 보니	相爾婦兮
그 배가 불룩하구나	其腹彭亨
아이가 그 속에 있으나	有兒斯託
냄새도 없고 소리도 없다네	無臭無聲
어떤 방법으로 길러주고 있나	其養之也何方
여기에 있지 않고 저기에 있다네	不在此而在彼
춥지는 않을까 하여	得無寒乎
입힐 것을 생각하고	思所以衣
배고프지는 않을까 하여	得無飢乎
먹일 것을 생각하니	思所以粒
나이가 많고 적음에 따라	隨厥齒之壯弱
양식의 수량에 차이를 두었다	秩其餼之豐約

226 쓰러진……나듯 : 국력이 점점 회복됨을 말한다. 《서경》 〈반경 상(盤庚上)〉에 "천도는 마치 쓰러진 나무에서 움이 나는 것과 같다.〔若顚木之有由蘖.〕"라고 하였다.

뿌리가 병이 들면 잎이 시들지만　根有病則葉悴
꽃이 좀먹지 않으면 열매가 무성하다네　花不蠹則實繁
심은 것 견고하기를 구하는 자는 뿌리 북돋우어야 하고　植求固者培本
물줄기가 유장하기를 바라는 자는 근원 깊게 파야한다네　流欲長者濬源
몸이 이미 편안하고 고달프지 않아야　身旣安而不憊
달을 채워 세상에 나온다네　月云彌而斯擧
예전에 네가 잉태했을 때는 하나의 생명체일 뿐이었는데　曩汝之孕纔一介
네가 지금 젖을 먹고 있으니　汝今其乳矣
어미와 자식이구나　母也子也
자식이 손자 낳고 손자가 자식 낳으며　子而孫兮孫而子
여자와 남자가 좌우에서 끌어주고 잡아주네　女右挈兮男左
삼의 껍질 벗겨 길쌈하고 경작하여 수확하니　枲而織兮耕而穫
하지 못할 일이 없구나　無所爲而不可
스무 해 동안 양육되었으니　二十年之長育兮
우르르 바글바글하다네　蹇輷輷而殷殷
어찌 이처럼 많게 되었나　何若是其庶矣
아낙들이 부지런히 기르고 잉태했기 때문이라네　由養胎之勤斯
병장기를 수선하여　勑乃兵刃
그대들과 함께 나갔다네[227]　與子偕作

227 병장기를……나갔다네 : 《시경》 〈무의(無衣)〉에 "왕명으로 군대를 일으키거든,

끝내 목숨 던져 적진으로 돌진하여	終棄死而沖師兮
이 원수를 갚았도다"	而乃讎之乃復
저 월나라 병사들은 어찌 그리도 용맹했던고	何彼兵之勇矣
일찍이 배에 있을 때부터 길러진 이들이라네	曾在腹而養者
누가 이렇게 만들었나	孰爲此乎
왕이 자기 자식처럼 길렀다네	王其字我
훌륭하도다 왕이 근본을 아는 것이	善矣哉王其知本也
태아도 오히려 길러 주는데	胎尙養之
더욱이 낳지 않은 자식까지도 기른 경우에랴	況非其胎
하물며 태아가 아닌 경우에랴	非其胎
이 마음을 가지고 미루어 나갔으니	將此心而推之
백성들이 널리 혜택을 입었을 것임을 알겠도다	知所被之普哉
그 백성이 알아서 싸운 것이 당연하니	宜厥民之自戰
위협하지 않았으나 자식처럼 온 것이로다[228]	致不威而子來
지난날의 깊은 치욕 씻었으니	洒旣往之深恥
고소대에서 원수를 멱모 쓰고 죽게 하였네[229]	幎仇讎於蘇臺

우리 무기들을 수선하여 그대들과 함께 나가리라.〔王于興師, 修我矛戟, 與子偕作.〕"라는 구절을 변용한 것이다.

228 자식처럼 온 것이로다 : 월(越)나라 백성들이 자신의 일처럼 오(吳)나라와의 전쟁에 적극적으로 참여하였음을 말한다. 《시경》〈영대(靈臺)〉에 "여러 사람이 합심해서 일하여, 하루가 못 되어 완공하였도다. 일을 시작할 때 독촉하지 않았으나, 여러 사람이 자식처럼 왔도다.〔庶民攻之, 不日成之. 經始勿亟, 庶民子來.〕"라고 하였다.

229 고소대(姑蘇臺)에서……하였네 : 고소대는 오왕(吳王) 부차(夫差)가 고소산(姑蘇山) 위에 지은 대(臺)의 이름이다. 오자서(伍子胥)가 죽고 10여 년이 지나 월(越)나라가

내 알겠노라 성실하지 않으면 이룰 수 있는 일 없으니[230] 吾知不誠無物

마음을 다해야만 얻는 것이 있음을 能盡心而有獲

저 요순의 대도는 彼堯舜之大道兮

하늘과 땅이 낳고 길러주는 것과 같아서 類乾坤之發育

풀 한 포기 나무 한 그루도 길러주지 않음이 없으니 無一草一木之不遂兮

또한 어찌 이런 구구한 방법을 쓰겠는가 且焉用此區區

그렇지만 후대엔 원수 잊고 안일에 빠져 然後世忘讎狃安

백성을 학대한 것이 이어졌으니 虐其民之相踵兮

또 어찌 같은 수준에서 말할 수 있겠는가 又安得同日而論乎

이 사관이 칭찬하였으나[231] 茲史氏之攸褒兮

참으로 당우[232]와는 우열을 비교할 수 없다네 固不可絜長於唐虞

오나라를 쳐서 멸망시키니, 부차는 고소대에 올라가 "나는 오자서를 볼 낯이 없다."라고 하고는 멱모(幎冒)를 쓴 채 죽었다고 한다. 멱모는 죽은 자의 얼굴을 덮는 검은 천이다. 《史略 卷1 春秋戰國 吳》《史記 伍子胥列傳》

230 성실하지……없으니 : 《중용장구》 제25장에 "성실함은 일의 처음과 끝이니 성실하지 않으면 이룰 수 있는 일이 없다. 이 때문에 군자는 성실함을 귀하게 여긴다.〔誠者, 物之終始, 不誠無物. 是故君子誠之爲貴.〕"라고 하였다.

231 사관(史官)이 칭찬하였으나 : 사관은 사마천(司馬遷)을 말한다. 《사기(史記)》 〈월왕구천세가(越王句踐世家)〉 말미의 논평 부분에 "후손 구천에 이르러서는 혼신의 힘을 다해 노력한 끝에 결국 강대한 오나라를 멸망시키고 북쪽으로는 중원까지 위세를 떨치고는 이를 기반으로 주나라 왕실을 받들어 패자의 칭호를 얻게 되었다. 그러니 구천을 현명하지 않다고 할 수 있겠는가.〔及苗裔句踐, 苦身焦思, 終滅彊吳, 北觀兵中國, 以尊周室, 號稱霸王, 句踐可不謂賢哉?〕"라는 내용이 보인다.

아아 嗚呼
구천이 잉태한 이들을 기를 수는 있었지만 彼胎可養
이 마음은 끝까지 지키기 어려웠네 此心難操
참으로 현자를 기르는 방도 지녔다면 苟養賢之有道
역경을 두루 맛보아도 변치 않았을 것이라네 歷夷險而不殊
저 한 척의 배를 타고 다닌 치이는 彼一舸之鴟夷
어찌 구태여 갑자기 오호에서 홍 일었던가[233] 何必遽起興於五湖
하물며 높이 나는 새가 다 잡히면 좋은 활은 어느새 활집에 넣어지니[234]
矧乎高鳥旣盡良弓奄櫜
예전에는 뱃속의 적자를 잘 길렀는데 昔能養在腹之赤子
지금은 충성 다한 모신도 온전치 못하게 되었다네[235]

232 당우(唐虞) : 요(堯) 임금과 순(舜) 임금을 말한다. 요 임금은 도당씨(陶唐氏)였고 순 임금은 유우씨(有虞氏)였다.

233 한……일었던가 : 치이(鴟夷)는 구천(句踐)의 모신(謀臣)이었던 범려(范蠡)의 별칭인 치이자피(鴟夷子皮)의 준말이다. 범려는 구천을 보좌하여 오(吳)나라를 멸망시킨 다음 월(越)나라를 떠나 서시(西施)를 데리고 오호(五湖)에 배를 띄우고 돌아다니다가, 제(齊)나라에 들어가서 치이자피로 이름을 바꾸었다. 《史記 貨殖列傳》

234 높이……넣어지니 : 천하가 평정된 뒤에는 공신(功臣)은 버림을 받는다는 말이다. 범려(范蠡)가 월(越)나라를 떠난 뒤 월나라에 남아 있던 대부 문종(文種)에게 벼슬을 내놓고 초야로 물러나기를 권하는 편지에 "나는 새가 다 잡히면 좋은 활은 거두어지고, 교활한 토끼가 죽으면 달리던 사냥개는 삶아지는 법이라오. 월나라 왕은 생김새가 목은 길고 입은 새처럼 뾰족하니, 어려움은 함께할 수 있어도 즐거움은 같이 누릴 수 없다오. 그대는 어찌하여 월나라를 떠나지 않는 것이오?〔蜚鳥盡, 良弓藏; 狡兎死, 走狗烹. 越王爲人長頸鳥喙, 可與共患難, 不可與共樂. 子何不去?〕"라는 한 내용이 보인다.

235 충성……되었다네 : 구천(句踐)이 오(吳)나라를 멸망시킬 때 공이 높았던 대부 문종(文種)은 자진(自盡)의 명을 받고 자살하였다. 《史記 越王句踐世家》

今不全盡忠之謀臣

슬프도다 悲夫

오늘날 망하게 된 이유를 생각해보건대 念今日之傾覆兮

참으로 근본을 굳건히 하는 데 정신을 쏟았어야 했네 誠汲汲於固本

백성을 어루만지는 것은 은혜를 베푸는 데 있지만 撫民雖在於施惠

사장[236]은 반드시 신의를 먼저 펴야 한다네 死長必先乎敷信

이 두 가지를 행해야 다시 공적이 있게 되니[237] 行斯二而復績

삼가 재능 있는 이가 잘 보필하기를 바라노라 竊有望於良佐之補袞

236 사장(死長) : 윗사람을 위해 몸을 바치려는 마음을 말한다. 《맹자》 〈양혜왕 하(梁惠王下)〉에 "임금께서 어진 정치를 행하기만 한다면 이 백성들이 그 윗사람을 친근하게 여겨 어른을 위해서 자신의 목숨을 기꺼이 바칠 것입니다.〔君行仁政, 斯民親其上, 死其長矣.〕"라고 하였다.

237 두……되니 : 피폐해진 나라를 재건하기 위해서는 백성의 민생을 신경 써야 하고 신의(信義)에 기반한 정사를 해야 함을 말한다.

병골부[238]

病鶻賦

무술년 맹추 그믐에　戊戌之秋孟既晦
나는 수양[239]에 있었나네　余在首陽
매서운 추위가 만물을 죽이고　寒威肅物
세월 흘러 한 해도 저물어 가네[240]　急景凋光
두견새가 먼저 우는 것에 감개가 드니　感鶗鴂之先鳴
혜초 난초가 향기롭지 못할 까 걱정스러웠네[241]　恐蕙蘭之不芳
마른 등나무 지팡이 짚고 홀로 서서　策瘦藤而孤倚
멀리 바라보니 내 마음 수심겹네　目窅窅兮愁余
들판을 바라보매 서늘한 기운 들었으니　望郊原氣爽
초목에는 찬바람 불어대누나　草木吹涼

238 병골부(病鶻賦) : 조희일(趙希逸)이 과거에 급제하기 3년 전인 1598년(선조31)에 지은 것이다. 버드나무에 깃들어 있는 병든 매를 주제로 하여 현실의 어려움을 극복하려는 의지를 형상화 하였다.

239 수양(首陽) : 해주(海州)의 옛 이름이다.

240 세월……가네 : 포조(鮑照)의 〈무학부(舞鶴賦)〉에 "이에 궁음이 만물 죽이는 계절로, 한 해가 저물어가네.〔於是窮陰殺節, 急景凋年.〕"라고 하였다. 《文選 卷14》

241 두견새가……걱정스러웠네 : 굴원(屈原)의 〈이소경(離騷經)〉에 "제격이 먼저 울어 백초를 향기롭지 못하게 할까 두렵다.〔恐鵜鴂之先鳴兮, 使夫百草爲之不芳.〕"라고 하였다. 《古文眞寶後集 卷1》 제격은 곧 춘분일(春分日)에 우는 두견새의 별칭으로, 이 새가 춘분 전에 울면 백초의 꽃이 모두 꺾여 떨어져서 향기롭지 못하다 하여, 소인의 참소로 충직한 선비가 죄를 입게 되는 것에 비유하였다.

또한 몸을 쉬면서[242]	且乎止息
돌아보며 서성거렸다네	眷焉彷徨
여기에 한 동물이 있으니	爰有一物
쇠한 버드나무에 우뚝 서 있네	植立衰楊
닳아빠진 지친 깃을 정돈하고	刷苦羽之翛翛兮
다친 가냘픈 날개 감싸도다	掩短翮之凋傷
천지에 외로운 그림자를 부쳤고	寄孤影於天地
사방 씩씩하게 돌아보며 나네	騁雄顧於四方
기운내서 치려할 때면	作氣欲擊
높이 날지 못할 까 걱정하네	患不高翔
내가 이에 우두커니 서서 뚫어지게 살펴보니	余乃佇立而熟察兮
보통의 날짐승이 아님을 알겠노라	知其非羽族之尋常
올빼미는 필적할 것도 못되니	匪鴟鴞之匹儔兮
유독 제대로 강직한 품성을 타고났다네	獨能稟夫剛腸
웅장한 자태는 검은 수리의 무리에서도 특출나고	雄姿出皁鵰之群
골격은 푸른 매가 노니는 곳에서도 독보적이네	骨格擅蒼鷹之場
구부러진 부리는 쇠도 끊을 듯 하고	曲觜兮金利
갈고리 모양의 발톱은 칼날과 같다네	鉤爪兮劍鋩
큰 기러기와 고니를 하찮게 보고	隸視鴻鵠
여우와 노루를 먹잇감으로 본다네	肉看狐麞

242 또한 몸을 쉬면서 : 굴원(屈原)의 〈이소경(離騷經)〉에 "말 타고 난초 언덕으로 걸음 옮기고, 산초 언덕 내달려 몸을 쉬노라.〔步余馬於蘭皐兮, 馳椒丘且焉止息.〕"라고 하였다. 《古文眞寶後集 卷1》

팔극[243]을 휘젓고 다니며 橫絶八極
멀리 푸른 하늘에 닿기도 한다네 迥摩青蒼
그런데 어찌 자주색 끈 비단 토시에 묶여서 胡爲紫絛錦韝之纚紲兮
사람에게 부림당하여 개와 양처럼 길러진단 말인가 役於人而餌犬羊
이미 주살 맞을 재앙이 없으니 既無矰弋之爲災兮
어떤 짐승이 또 어찌 너를 해칠 수 있으랴 物又焉能爾戕
그런데 어찌 예전의 구름 속을 날아오르던 기상이 何昔日沖雲之氣象
절로 쇠약해져서 강건함을 잃었던고 自頓悴而靡剛
적벽 날던 꿈 사라졌고 赤壁夢斷
옛 둥지 이끼 끼고 황폐해졌다네 舊棲苔荒
그늘진 벼랑에서 자취 감춰 陰崖跡謝
오래된 측백나무에는 뱀이 숨어 있게 되었네 古柏蛇藏
이에 낮게 날면서 먹이 좇아 무작정 따라가니 羌卑飛而詭隨兮
쌍쌍이 나는 메추리와 까치 따르며 헛되이 무리 이루었구나[244] 謾同群於鶉奔鵲彊
그렇게 오래되다 보니 바람 치는 능력 잃어서 勢久失於搏風兮
나아갈 데 몰라 홀로 허둥대두나 靡所指而獨倀倀

243 팔극(八極) : 팔굉(八紘)으로도 쓴다. 여덟 방위의 멀고 너른 범위를 뜻하는 말로 온 세상을 이른다. 《장자(莊子)》 〈전자방(田子方)〉에 "대저 지인은 위로는 청천을 엿보고 아래로는 황천에 잠기며 팔극을 자유롭게 내달려도 신기가 바뀌지 않는다.〔夫至人者, 上闚青天, 下潛黃泉, 揮斥八極, 神氣不變.〕"라고 한 데서 온 말이다.

244 쌍쌍이……이루었구나 : 매가 사람에게 길들여져 메추라기나 까치 같은 잡새처럼 되었음을 말한다. 《시경》 〈순지분분(鶉之奔奔)〉에 "메추리는 쌍쌍이 날고 까치도 짝지어 노네.〔鶉之奔奔, 鵲之彊彊.〕"라고 하였다.

그러나 호쾌한 기상은 식지 않아서	然爽槩之未灰
때를 기다려 한번 날아보려 하는구나	擬有待兮一嘗
가을바람이 갑자기 불더니	商飆兮乍起
하얀 이슬이 서리로 변했네[245]	白露兮爲霜
시절의 경물이 거두어 모아지는[246] 것을 보고	覽時物之揫斂
쇠해진 뜻을 일으키어 힘껏 날아오르네	撥衰志而强揚
수호[247]의 눈으로 노려보니	目愁胡之睥睨
백리 안의 미세한 것도 살핀다네	察百里之毫芒
맑은 가을 해질 무렵	淸秋落日
힘은 달리지만 마음은 바쁘다네	力孤心忙
맹렬함은 남아 있어도	緊腦雖存
약해진 날개로 어찌 펼칠 수 있으리오	弱拳何張
엄장한 담력으로 비록 날아오르려 해도	危膽縱軒
병든 날개로는 날기가 어렵다네	病翮難颺
꿋꿋이 서서 하늘 노려보니	蹇玉立而覰天兮

245 하얀……변했네 : 《시경》 〈겸가(蒹葭)〉에 "갈대가 푸르게 우거진 이때에, 하얀 이슬이 서리로 변했네.〔蒹葭蒼蒼, 白露爲霜.〕"라고 하였다.

246 시절의……모아지는 : 가을에 만물이 조락(凋落)함을 말한 것이다. 《신자(愼子)》 〈외편(外篇)〉에 "거두어 모아 질(質)이 있는 기운은 음이고, 펴고 흩어서 기(氣)가 있는 기운은 양이다.〔夫氣之揫斂而有質者爲陰, 舒散而有氣者爲陽.〕"라고 하였다.

247 수호(愁胡) : 눈이 깊숙한 오랑캐를 말하는데, 매의 눈이 오랑캐의 눈과 비슷하다 하여 매의 눈을 뜻하는 말로 쓰인다. 두보(杜甫)의 〈화응(畫鷹)〉에 "솟구치는 몸은 교활한 토끼를 생각하고, 흘기어 보는 눈은 수심 짓는 오랑캐의 눈과 비슷하네.〔㧐身思狡兎, 側目似愁胡.〕"라고 하였다. 《補注杜詩 卷18》

지나는 기러기 돌아가는 갈까마귀 허둥대며 두려워하네[248] 過雁歸鴉之錯恇

아아 嗚呼

하늘이 큰 인재를 냄에 天生大才

재앙을 겪고 나서야 반드시 크게 되니[249] 厄而必昌

꺼진 재도 오히려 타오르고 死灰尙燃

약하게 심어진 것도 끝내 강하게 된다네 弱植終强

어찌 다만 맹렬한 기개와 영걸한 풍모를 지닌 이를 胡直使猛氣英風

항상 촌구석에서 좌절을 맛보게 하겠는가 恒見坐於汩沒之鄕

저 반룡이 구름을 타면 彼蟠龍之得雲兮

어렵지 않게 온 하늘을 돌아다니며 자유롭게 날으리라 不難夫窮玄間而茫洋

네가 단번에 천리를 감을 내 아노니 吾知爾一擧千里兮

어찌 뱁새와 함께 유나무 방나무에 부딪치는 존재겠는가[250]

248 지나는……두려워하네 : 두보(杜甫)의 〈아골행(呀鶻行)〉에 "맑은 가을 달 지자 이미 바짝 긴장하고, 기러기 까마귀 날아가며 고개 돌려 본다오.〔清秋落月已側身, 過鴈歸鴉錯回首.〕"라고 하였다. 《全唐詩 卷234》

249 하늘이……되니 : 시련을 견디며 발전하는 것을 비유하는 말이다. 《맹자》〈고자 하(告子下)〉에 "하늘이 큰 임무를 이 사람에게 내리려 할 때는 반드시 먼저 그 심지를 괴롭게 하며, 그 힘줄과 뼈를 수고롭게 하고, 그 육체와 살갗을 굶주리게 하며, 그 몸을 궁핍하게 하여 행함에 그가 하는 바를 잘못되고 뒤틀리게 한다. 이것은 마음을 분발시키고 성질을 참게 하여 능하지 못했던 일을 더욱 잘하게 하려는 것이다.〔故天將降大任於是人也, 必先苦其心志, 勞其筋骨, 餓其體膚, 空乏其身, 行拂亂其所爲, 所以動心忍性, 曾益其所不能.〕"라고 하였다.

250 뱁새와……존재겠는가 : 뱁새는 식견이 좁은 이를 뜻하는 말이다. 《장자(莊子)》

	夫豈與鷦鷯而搶榆枋
아아 교활한 토끼가	吁嗟狡兔兮
너희에게 재앙을 주겠는가	貽爾輩之殃乎

〈소요유(逍遙遊)〉에 "뱁새는 깊은 숲에 둥지를 틀어도, 의지하는 것은 나뭇가지 하나에 지나지 않는다.〔鷦鷯巢於深林, 不過一枝.〕"라고 하였으며, 같은 〈소요유〉에 매미와 비둘기〔蜩與鷽鳩〕가 대붕(大鵬)이 날아가는 것을 보고서 "나는 기껏 날아 봤자 유나무와 방나무에 부딪치는가 하면 어떤 때는 중도에 땅으로 떨어지기도 하는데, 너는 무엇 때문에 구만리까지 올라가서 남쪽으로 날아간단 말인가.〔我決起而飛, 搶榆枋, 時則不至而控於地而已矣. 奚以之九萬里而南爲?〕"라는 내용이 보인다.

일읍등주부[251]

一揖登舟賦

북문을 나서는데[252]	出自北門
걸음걸이 더디고 더디구나	行邁遲遲
오는 사람이 있으니	有人來思
나를 문 앞에서 전송하누나[253]	薄送我畿
헤어질 땐 한마디 말이라도 해야 하는 법인데	片言宜吐於敍別兮
한 번 읍하고 어찌 결국 배에 올라 떠났던가	一揖奚果於登舟行
억지로 꾸며서 그럴 수는 없는 것이니	不可矯而爲也
그만한 점이 있기 때문이라네	有是哉
악인을 원수처럼 미워하니	嫉惡如讎
나는 이런 사람 그리워했다네	我懷伊人

251 일읍등주부(一揖登舟賦) : 남송(南宋)의 명신인 조정(趙鼎)의 고사를 원용한 부이다. 조정이 떠나갈 때 진회(秦檜)를 무시하며 떠나가자 진회가 이 일로 인해 조정에게 더욱 좋지 않은 감정을 품게 되었다.《資治通鑑後編 卷121 宋高宗 紹興》

252 북문(北門)을 나서는데 : 조정에 출사(出仕)했는데 뜻을 이루지 못하고 빈곤함을 겪는 근심을 말한다.《시경》〈북문(北門)〉에 "북문을 나서는데 마음에 근심이 많기도 해라. 종내 궁하고 가난한데도 나의 어려움 알아주지 않는구나. 그만두자, 하늘이 실로 이렇게 한 것이니 말해 무엇 하랴.〔出自北門, 憂心殷殷. 終窶且貧, 莫知我艱. 已焉哉, 天實爲之, 謂之何哉.〕"라고 하였다.

253 나를……전송하누나 :《시경》〈곡풍(谷風)〉에 "걸음걸이 더디고 더딘 것은 마음이 편치 않기 때문이네. 멀리 나와 보지도 않고 나를 문 앞에서 전송하누나.〔行道遲遲, 中心有違. 不遠伊邇, 薄送我畿.〕"라고 하였다.

옛날의 유직은[254]	古之遺直
임금의 신임을 얻는 데 구차함 없어	得君無苟
몸가짐 깨끗이 하였네	行己以潔
당시 송나라가 남쪽으로 도읍을 옮긴 뒤에[255]	時皇宋之南渡
이 사람에게 천하의 관심 쏠리게 되었네[256]	任天下之注意
군영에 있다가 재상의 자리에 올라	躡靑帷而調序
난세를 바로잡겠다는 평소의 뜻 다하였다네	殫撥亂之素志
사특하고 그릇된 이를 전갈처럼 보아	蝎視邪枉
매가 까마귀와 참새 잡듯 하였네	鷹搏烏雀
얼음과 숯은 섞일 수 없고	氷炭不混
향기로운 풀과 구린내 나는 풀은 먼저 구별된다네[257]	薰蕕先別
진씨 놈[258]이 화를 만들어 내고자	而秦豎之搆釁兮

254 옛날의 유직(遺直)은 : 올곧은 도를 행하여 고인(古人)의 유풍(遺風)을 지닌 사람을 말한다. 공자(孔子)가 숙향(叔向)을 두고 "숙향은 옛날 곧은 신하의 유풍을 지녔다.〔叔向古之遺直也.〕"라고 하였다. 《春秋左氏傳 昭公14年》

255 송(宋)나라가……뒤에 : 송나라의 휘종(徽宗)과 흠종(欽宗)이 금(金)나라에 잡혀가고, 고종(高宗) 2년(1128) 변경(汴京)에서 장강(長江)을 건너 임안(臨安)으로 도읍을 옮긴 것을 말한다.

256 천하의……되었네 : 능력 있는 위정자에게 사람들의 이목이 집중됨을 말한다. 《사기(史記)》〈역생육가열전(酈生陸賈列傳)〉에 "천하가 평안하면 재상에게 관심을 기울이고, 천하가 위태로우면 장수에게 관심을 기울이게 마련이다.〔天下安, 注意相, 天下危, 注意將.〕"라고 하였다.

257 얼음과……구별된다네 : 군자와 소인은 공존할 수 없음을 비유한 말이다.

258 진씨 놈 : 남송(南宋)의 명장 악비(岳飛)를 죽이고 명상 장준(張浚)과 조정(趙鼎) 등을 귀양 보낸 다음 정권을 천단했던 진회(秦檜)를 말한다.

날카로운 칼을 가슴 속에 감추고 있었네	藏利刀於心腹
물여우처럼 은밀히 활시위 같은 것을 쏘고[259]	蜮弧暗張
살무사처럼 몰래 독을 뿜었다네	虺毒潛吹
똥을 싸는 쉬파리 같은 놈 발탁하고	拔青蠅之有矢
흠이 없는 하얀 옥 같은 사람 트집 잡았네	點白璧之無疵
갑자기 모수가 우물로 들어가고	俄毛遂之入井
문득 증자의 어미가 베틀에서 내려왔네[260]	奄曾母之下機
이미 함께 일할 수 없으니	旣莫足與爲事兮
내 수레에 기름칠 하는 것이 마땅하도다[261]	宜我車之載脂
궁궐을 막 떠나고	紫闕新辭
황비[262]에서 자취를 멀리하네	黃扉遠跡

259 물여우처럼……쏘고 : 물속에 사는 독충인데, 독기(毒氣)를 품고 모래를 머금었다가 물에 비치는 사람의 그림자에 뿜어대면 그 사람이 병에 걸린다고 한다. 그래서 남을 음해하는 자를 지칭하는 말로 쓰였다. 《搜神記》

260 모수(毛遂)가……내려왔네 : 허황된 참소가 통하는 것을 말한다. 전국 시대 조(趙)나라에는 평원군(平原君)의 식객(食客)으로 있는 모수와 야인(野人) 모수가 있었다. 야인 모수가 우물에 빠져 죽었는데, 식객 중에 한 사람이 이를 평원군에게 고하자, 평원군이 이 말을 듣고 "아, 하늘이 나를 버리셨도다."라며 탄식하였다. 《西京雜記 卷6》 증자(曾子)는 비(費) 땅에 살았는데, 그곳 사람 가운데 증삼(曾參)이란 자가 있어 증자와 이름이 같았다. 그 증삼이 살인을 하였는데, 사람들이 증자의 어머니에게 "증삼이 살인하였다."라고 말했으나 믿지 않다가 세 번 말하자 증자의 어머니는 두려워하면서 베틀의 북을 내던지고 달아났다. 《戰國策 秦策2》

261 수레에……마땅하도다 : 사직하고 고향으로 돌아가는 것을 말한다. 《시경》 〈천수(泉水)〉에 "기름 치고 걸쇠 걸어, 수레 돌려 돌아가려 하노라.〔載脂載舝, 還車言邁.〕"라고 하였다.

262 황비(黃扉) : 황각(黃閣)과 같은 말로 정승이 집무하는 청사를 가리키는데, 옛날에

공자는 물에 담가둔 쌀을 건져 급히 떠났지만[263]	孔淅雖接
맹자는 사흘 밤을 묵은 뒤에야 길을 나섰다네[264]	孟行三宿
뱃사공을 손짓하여 불러[265]	招招兮舟子
나루를 떠나려 할 때	言涉其津
술잔에 술을 가득 채우고	崇于觴兮
나무 소반에 고기를 올려놓으니[266]	載于俎來
멀리 전송하는 사람은 누구인가[267]	遠于者何人

승상(丞相)이나 삼공(三公) 등의 집무실에 황색으로 문을 칠한 데서 유래하였다.

263 공자(孔子)는……떠났지만 : 도를 실현할 수 없음을 알고 나라를 떠나는 공자의 모습을 두고 맹자(孟子)는 "공자가 제나라를 떠날 적에 밥을 지으려고 물에 담가 둔 쌀을 건져 급히 떠났다.〔孔子之去齊, 接淅而行.〕"라고 하였다. 《孟子 萬章下》

264 맹자(孟子)는……나섰다네 : 발걸음이 쉽게 떨어지지 않음을 말한다. 맹자가 제(齊)나라에서 왕과 뜻이 맞지 않아 도성을 떠나 근교인 주(晝) 땅에 사흘을 머물다 떠나갔다. 윤사(尹士)가 이를 비난하자 맹자가 "내가 사흘을 머문 뒤에 주 땅을 출발하였는데, 내 마음에는 오히려 빠르다고 여겼다. 나는 왕께서 행여 고치시기를 바라니, 왕께서 만일 고치신다면 반드시 나의 발길을 돌리게 하실 것이다.〔予三宿而出晝, 於予心猶以爲速. 王庶幾改之, 王如改諸則必反予.〕"라고 하였다. 《孟子 公孫丑下》

265 뱃사공을 손짓하여 불러 : 서둘러 길을 나섬을 말한다. 《시경》 〈포유고엽(匏有苦葉)〉에 "뱃사공이 손짓하여 부르는데, 남들은 건너도 나는 건너지 않노라. 남들은 건너도 나는 건너지 않음은, 나는 내 짝을 기다리기 때문이니라.〔招招舟子, 人涉卬否. 人涉卬否, 卬須我友.〕"라는 구절을 변용한 것이다.

266 술잔에……올려놓으니 : 유종원(柳宗元)의 〈설존의를 송별하며 지은 서〔送薛存義序〕〉 "하동 사람 설존의가 장차 떠나려 하자, 내가 나무 소반에 고기를 올려놓고 술잔에 술을 가득 채우고서 따라가 강가에서 보내며 이를 먹고 마시게 하였다.〔河東薛存義將行, 柳子載肉于俎, 崇酒于觴, 追而送之江之滸, 飮食之.〕"라는 내용이 보인다. 《古文眞寶後集 卷5》

267 멀리……누구인가 : 조정(趙鼎)을 전송하는 진회(秦檜)를 말한다. 《시경》 〈연연(燕燕)〉에 "저 사람이 돌아갈 때 멀리 나가 전송하네.〔之子于歸, 遠于將之.〕"라고 하였다.

저 망극한 짓을 하는 참적이구나[268]	彼讒賊之罔極兮
슬그머니 본인의 좋지 못한 행위를 감추니[269]	厭然掩其不善
교묘하게 말을 바꾸기를 생황처럼 하도다[270]	革巧言之如簧兮
정성스레 살뜰히 챙기는 자태를 드러내니	著懃懃之厚眷
이매[271]의 추한 모습을 거짓으로 꾸민 것이라네	矯魑魅之醜容兮
반갑게 좋은 얼굴빛을 지어보이며	作怡怡之令色
저 길을 따라와 나를 맞이하는구나	遵彼路而要之兮
내게 송별 자리에 머무르라 하건만	謂我止乎祖席
내가 그를 보기를	我視其己
폐부를 보듯하네	如見肺肝
바깥을 꾸몄으니	有外是飾
그 심보가 몹시 고약하도다[272]	其心孔艱

268 저……참적이구나 : 《시경》〈청승(靑蠅)〉에 "앵앵거리는 파리가 울타리에 앉았구나. 화락한 군자여, 참소를 믿지 말지어다. 앵앵거리는 파리가 가시나무에 앉았구나. 참소하는 사람 끝이 없어 온 나라를 교란하네.〔營營靑蠅, 止于樊. 豈弟君子, 無信讒言. 營營靑蠅, 止于棘. 讒人罔極, 交亂四國.〕"라고 하였다.

269 슬그머니……감추니 : 113쪽 주 153) 참조.

270 교묘하게……하도다 : 생황(笙簧)처럼 혀를 놀려 공교한 말로 다른 사람의 마음을 의혹(疑惑)시켜 모함하는 것을 말한다. 《시경》〈교언(巧言)〉에 "평온하고 태연한 훌륭한 말은 응당 입에서 나오거니와, 생황과 같이 공교로운 말은 얼굴이 두껍기 때문이니라.〔蛇蛇碩言, 出自口矣, 巧言如簧, 顔之厚矣.〕"라고 한 데서 온 말이다.

271 이매(魑魅) : 산택(山澤)에 살며 사람을 해치는 도깨비로, 다른 사람을 해치는 악인을 비유한다. 《春秋左氏傳 文公18年》

272 그……고약하도다 : 참소하는 사람에게 무함을 받아 해를 당하는 것을 말한다. 《시경》〈하인사(何人斯)〉에 "저 사람은 어떤 사람인가, 그 심보가 몹시 고약하도다. 어찌 내 어량에는 가면서, 내 집 문에는 들어오지 않는가.〔彼何人斯? 其心孔艱. 胡逝我梁,

통탄스럽네 내가 제대로 물리치지 못해 痛余未能迸流
네가 멋대로 흉악하고 간사한 짓 하게 만든 것이 俾爾逞夫兇奸
지난날 조정에서 함께 한 것도 치가 떨리는데 曩旣惡其同朝
지금 어찌 욕되게도 함께 자리하겠는가 今曷辱而共筵
내 일찍이 견지하는 것이 있으니 夙余有執
외물이 마음을 흔들지 못하였네[273] 物莫能遷
만약 내가 한번 굽힌다면 苟余一枉
본디 쌓아놓은 것을 전부 버리게 되네 素蓄全捐
이에 기운 차리기를 더욱 위엄 있게 하고 爰作氣兮太厲
이에 얼굴빛 가다듬길 더욱 엄하게 했네 蹇整容兮愈峭
나라 살리는 노련한 솜씨 거둔 채 斂活國之老手
간사한 모습을 한 도적놈에게 읍을 했다오 揖賊豎之憸貌
마치 장차 내 몸 더럽힐 것처럼 여겨 미련 없이 떠나가려[274] 若將浼兮望望
내 배에 올라 내 노를 저어가누나 登余舟兮進余棹
사람이 완연히 강물 가운데 있어[275] 人宛在兮水中央

不入我門?〕"라고 하였다.

273 외물이……못하였네 : 송(宋)나라 정호(程顥)의 시에 "마음이 만약에 절로 견고하다면, 바깥 사물이 어찌 흔들 수 있겠는가.〔中心如自固, 外物豈能遷?〕"라고 하였다. 《宋名臣言行錄 外集 卷2 酌貪泉詩》

274 마치……떠나가려 : 맹자(孟子)가 백이(伯夷)를 두고 이르기를 "악을 미워하는 마음을 미루어서 생각하기를 향인과 더불어 서 있을 때 그 관이 바르지 못하면 뒤도 안 보고 떠나가 마치 장차 자신의 몸을 더럽힐 듯이 여겼다.〔推惡惡之心, 思與鄕人立, 其冠不正, 望望然去之, 若將浼焉.〕"라고 하였다. 《孟子 公孫丑上》

바라보아도 보이지 않으니[276] 어이 할까나	瞻不及兮奈若何
새가 날개 치듯 빠르게 가버리니	翩翩然而倏逝
한결같이 성실한 마음만 지녔을 뿐 다른 재주는 없다네[277]	斷斷猗其無他
어진 사람만이 남을 미워할 줄 아는 법이니	唯仁者爲能惡人
강하도다 꿋꿋한 군자여[278]	强哉矯之君子
이 또한 개인을 위해서 떠나는 것도 아니고	斯亦非私
나라를 도외시 한 것도 아니라네	不外國耳
내 사람을 서늘케 한 위엄과 풍모 상상해보면	余想夫凜冽之威風
천년 뒤에도 눈 씻고 귀 기울이게 하네	聳千載之傾拭
아아	嗚呼
사람들은 간혹 말들 한다네	人或有言

275 사람이……있어 : 현자(賢者)를 갈구하는 심정을 말한다. 《시경》 〈겸가(蒹葭)〉에 "갈대가 푸르고 푸른데, 흰 이슬이 서리가 되었네. 이른바 저 분이 저 물가의 한쪽에 있도다. 물결을 거슬러 올라가 따르려 하나 길이 막히고 또 길며, 물결을 따라 내려가 따르려 하나 완연히 물의 중앙에 있도다.〔蒹葭蒼蒼, 白露爲霜. 所謂伊人, 在水一方. 遡洄從之, 道阻且長, 遡游從之, 宛在水中央.〕"라고 하였다.

276 바라보아도 보이지 않으니 : 《시경》 〈연연(燕燕)〉에 "저 사람이 돌아갈 때 멀리 나가 전송하네. 바라보아도 보이지 않으니, 우두커니 서서 눈물 흘린다오.〔之子于歸, 遠于將之. 瞻望弗及, 佇立以泣.〕"라고 하였다.

277 한결같이……없다네 : 《서경》 〈진서(秦誓)〉에 "어떤 한 신하가 있는데, 그는 한결같이 정성스럽기만 할 뿐 다른 특별한 재주는 없으나 그 마음이 널찍하게 커서 남을 포용하는 것처럼 보인다. 그리하여 남이 재능을 지니고 있으면 자기가 지닌 것처럼 기뻐하고, 남에게 훌륭한 점이 있으면 자기 마음속으로 좋아한다.〔如有一介臣, 斷斷猗無他技, 其心休休焉, 其如有容. 人之有技, 若己有之, 人之彦聖, 其心好之.〕"라고 하였다.

278 강하도다 꿋꿋한 군자여 : 《중용장구》 제10장에 "군자는 사람들과 화합하면서도 이에 휩쓸리지 않으니, 강하다, 꿋꿋함이여!〔君子和而不流, 强哉矯!〕"라고 하였다.

곧은 나무가 먼저 베어진다고[279] 直木先伐
나는 이러한 이치에는 어두우니 我昧是理
선한 사람에게 무얼 권면하리 善人何勸
아아 사람 가운데 우뚝 서고 홀로 행하여[280] 간사한 괴수에게 굽히지 않는 자는 嗟若人特立獨行而不撓奸魁者
악랄한 주먹질에 타격 받는 것을 면하지 못한다네 見擠毒拳之未免
그 누가 당시에 한 번 읍을 한 일로 夫孰知當時之一揖兮
뒷날 깊은 함정에 걸리라는 것을 알았으리오 賭後日之深陷
만 리 밖으로 가는 외로운 배 어디쯤 갔는가 萬里孤舟兮何許
머나먼 영해이니 충혼이 애처롭도다 嶺海迢遞兮忠魂慘
만약 다시 암랑[281]에서 쓰여진다면 苟復用於巖廊
상나라의 배와 노처럼 되어서[282] 作商家之舟楫
그놈에게 읍했던 방법으로 將揖渠之手端
악인을 주벌하는 부월 잡게 되었으리라 秉誅惡之鈇鉞
그렇다면 동창에서 모략[283]이 어찌 이루어졌겠나 計何遂於東窓

279 곧은……베어진다고 : 《장자(莊子)》 〈산목(山木)〉에 "곧은 나무가 먼저 베어지고, 단 우물이 먼저 마른다.〔直木先伐, 甘井先竭.〕"라고 하였다.

280 우뚝……행하여 : 뜻과 행실이 고결하여 시류(時流)에 휩쓸리지 않는다는 뜻이다. 《禮記 儒行》

281 암랑(巖廊) : 높은 낭무(廊廡)라는 의미로 조정을 말한다.

282 상(商)나라의……되어서 : 임금을 잘 보좌하여 세상을 구제하는 재상과 대신을 비유하는 말이다. 은 고종(殷高宗)이 부열(傅說)에게 이르기를 "내가 만일 큰 냇물을 건너려거든 그대를 사용하여 배와 노로 삼을 것이며, 만일 해가 큰 가뭄이 들거든 그대를 사용하여 장맛비로 삼을 것이다.〔若濟巨川, 用汝, 作舟楫, 若歲大旱, 用汝, 作霖雨.〕"라고 하였다. 《書經 說命上》

수레를 북막으로 돌릴 수 있었을 것이라네[284] 轅可回於北漠

하늘이 송나라를 중흥시키려 하지 않아서 天不欲宋業之重恢兮

이 사람 배에 올라 두 손으로 읍하게 했다네 俾斯人舟斯登而手斯揖

283 동창(東窓)에서 모략 : 진회(秦檜)가 악비(岳飛)를 살해하고자 동창 아래에서 처 왕씨(王氏)와 모의하였다고 한다. 《錢塘遺事》

284 수레를……것이라네 : 악비(岳飛)가 진회(秦檜)의 모략으로 축출되지 않았더라면 송(宋)나라 금(金)나라를 변방으로 내쫓았을 것이라는 말이다. 북막(北漠)은 중국 고비 사막 북쪽 일대를 가리키는 말로 여기서는 금나라 본토를 말한다.

증검부[285]

贈劍賦

강가에 사람이 있는데	江上有人
외로이 홀로 길을 가네[286]	其行踽踽
표주박 하나도 천금처럼 귀중하니[287]	一壺千金
누가 그 물을 건너게 해 주었나[288]	誰鬻其渡
오군[289]에 대해 백호로 현상금 걸었는데	購伍君于以百戶兮

285 증검부(贈劍賦) : 초(楚)나라 오자서(伍子胥)의 고사를 원용한 것이다. 오자서는 비무극(費無極)의 흉계로 부친 오사(伍奢)와 형 오상(伍尙)이 억울하게 처형되자 초나라를 탈출하여 정(鄭)나라로 달아났다. 정나라에서 정변(政變)에 연루되어 달아날 때 강가에 이르러 추격하는 병사들에게 체포당할 무렵 한 어부가 오자서의 위급한 상황을 알고 배에 태워 건너편으로 실어주었다. 오자서가 강을 건넌 뒤 칼을 풀어주며 고마움을 표하려 하자 어부는 포상을 탐하고 도와준 게 아니라며 거절하였다. 《史記 伍子胥列傳》

286 외로이……가네 : 의지할 데 없이 홀로 길을 가는 모습을 형용한 것이다. 《시경》 〈체두(杕杜)〉에 "외로이 홀로 길을 가니, 어찌 타인이 없으랴마는, 내 형제만 못하니라. 아 길 가는 사람들은, 어찌 도와주지 않는고.〔獨行踽踽, 豈無他人? 不如我同父. 嗟行之人, 胡不比焉?〕"라고 하였다.

287 표주박……귀중하니 : 《갈관자(鶡冠子)》 〈학문(學問)〉에 "강 가운데서 배를 놓치면 표주박 하나도 천금처럼 귀중한 것이다.〔中河失船, 一壺千金.〕"라고 한 데서 온 말로, 이는 곧 강 가운데서 배를 놓쳤을 경우, 표주박이 하찮은 물건이지만 그것을 허리에 차면 물을 건널 수 있어 생명을 구하는 도구가 되기 때문에 천금처럼 귀중하다고 한 것이다.

288 누가……주었나 : 《열자(列子)》 〈설부(說符)〉에 "배로 사람을 건너게 해주고 얻은 이익으로 백여 가구의 식구를 먹여 살렸다.〔操舟鬻渡, 利供百口.〕"라는 구절을 변용한 것이다.

그대는 어찌하여 달랑 검 하나를 주려 하는가 君胡贈乎一劍
맨몸으로 와서 보답할 만한 것이 없어 躶厥身無以爲資兮
위험 벗어나게 해주어 부족하게나마 사례한 것이라네 聊自謝夫脫險
예전에 초나라 왕 섬겼으니 昔爾事楚
그 아버지와 그 아들이었네 伊父伊子
반드시 명분을 바로잡아야 하니[290] 必也正名
의가 아닌 것은 따르지 않았네[291] 不從非義
어찌하여 참소하는 자가 죄를 씌워 何讒口之是搆兮
외로운 충신이 감옥에 갇혔단 말인가[292] 逮孤忠於牢犴
두 아들이 있으니 惟二子之其存兮
훗날 화가 될까 염려하였네[293] 恐後日之貽患

289 오군(伍君) : 오자서(伍子胥)를 말한다.

290 반드시……하니 : 위(衛)나라 정치를 위해서는 무엇부터 할 것이냐는 자로(子路)의 물음에 대해서, 공자(孔子)가 "반드시 명분을 바로잡겠다.〔必也正名乎.〕"라고 말하였다. 《論語 子路》

291 의가……않았네 : 초 평왕(楚平王)이 태자 건(建)의 비(妃)를 삼으려고 진(秦)나라에서 여자를 맞아 왔는데, 소부(少傅) 비무극(費無極)이 총애를 받기 위하여 평왕에게 그 여자를 취하도록 부추겼다. 태자가 즉위한 뒤에 자신을 죽일까 두려워서 다시 태자를 참소하였다. 이 때 오자서(伍子胥)의 부친 오사(伍奢)가 태자 건의 태부(太傅)로서 명분을 바로잡기 위해 극간(極諫)하다 평왕의 뜻을 거슬러 감옥에 갇히게 된 것을 말한다. 《史記 伍子胥列傳》

292 어찌하여……말인가 : 161쪽 주 291) 참조.

293 두……염려하였네 : 비무극(費無極)이 초 평왕(楚平王)에게 "오사(伍奢)에게 두 명의 아들이 있는데, 모두 현명합니다. 지금 제거하지 않으면 장차 초나라의 걱정거리가 될 것입니다. 그 아비를 볼모로 삼아 아들을 불러들이도록 하십시오. 그렇게 하지 않으면 후환을 남기게 될 것입니다."라고 하였다. 《史記 伍子胥列傳》

아비를 구실로 명령하며　矯嚴父而爲命兮

"너희가 오면 위급함이 해결될 것이다"[294]하였네　爾其來而濟難

그러자 자신의 몸을 백 번이라도 바쳐 대속하기 위해[295]　百其身而求贖兮

오상은 천리 때문에 나아가려 하고[296]　尙之赴也天理

오운은 치욕을 참고 도망가려 하였으니　惟員也之忍詬

형과 아우는 품은 뜻이 달랐다네　兄及弟兮異意

"저들은 우리 두 사람을 꺼려하여　曰彼有忌吾兩人耳

훗날 재앙 될까 염려해 아버지를 핑계로 오게 하려는 것입니다　嫁禍是慮囮父而致

그대로 있으면 길러준 은혜를 어겨　住則乖恩

294 너희가……것이다 : 초 평왕(楚平王)이 오사(伍奢)와 두 아들을 모조리 죽이기 위해 거짓으로 불러들이는 말을 하였다. "너희가 온다면 나는 너희 아비를 살려줄 것이다. 그런데 오지 않으면 지금 오사를 죽일 것이다.〔來, 吾生汝父. 不來, 今殺奢也.〕"라고 하였다. 《史記 伍子胥列傳》

295 자신의……위해 : 부친인 오사(伍奢)를 살릴 수 있다면 자신의 몸을 기꺼이 희생하겠다는 말이다. 《시경》〈황조(黃鳥)〉에 "저 푸른 하늘이여. 우리의 어지신 분을 죽이려는가. 만약 대속(代贖)할 수 있다면 백 사람이라도 대신 죽으련만.〔彼蒼者天, 殲我良人. 如可贖兮, 人百其身.〕"라고 한 데서 온 말이다.

296 오상(伍尙)은……하고 : 초 평왕(楚平王)의 거짓말을 간파한 오자서(伍子胥)가 형에게 "우리가 가면 부자가 모두 죽게 되니, 그것이 아버지의 죽음에 무슨 도움이 되겠습니까."라고 하며 다른 나라로 망명했다가 훗날 원수를 갚는 것이 낫다고 설득하자, 오상은 "나 역시 그곳으로 가더라도 부친의 목숨을 구할 수 없다는 것을 알고 있다. 그러나 부친이 살기 위해 나를 불렀는데 가지 않았다가 나중에 원수도 갚지 못한다면 결국 세인의 웃음거리가 될 뿐이다."라고 하며 체포하러 온 사자에게 순순히 나아갔다. 《史記 伍子胥列傳》

효자의 뜻을 해치지만	傷孝子志
그리로 가면 모두 사로잡혀서	去則幷擒
아무런 이득 없이 죽게 될 것입니다	死而無益
이미 함께 오라고 명령하였지만	命旣合於其同兮
원수에게 또한 복수하지 않을 수 없습니다	讎又不可不復
은혜와 의리를 헤아려보면	揆恩曁義
크고 작은 차이가 없고	罔小大別
할 수 있는 것과 할 수 없는 것만 있으니	顧有能與不能
힘을 헤아려 소임을 다함이 마땅합니다"	宜量力而盡職
위기의 상황에서 용감하게 행동하여	危機勇蹈
형은 후회 없이 죽었다네	兄死無悔
그래서 복수할 큰 책임을 떠맡아	丕責是尸
나는 살아서 때를 기다렸네	我生有待
훗날에 뜻을 펼치기를 기약하여	期展布於異時兮
오늘에 거취가 나누어졌다네	判去就於今日
독수리가 그물에서 벗어나니	鵰鶚脫網
만 리 밖에서 날개 치는 격이고	萬里霜翮
맹호가 함정에서 달아나니	猛虎逸穽
백보 밖에서도 웅위를 떨치는[297] 격이라네	百步雄威
오나라로 유성처럼 내달려	向吳天而星邁

297 백보(百步)……떨치는 : 한유(韓愈)의 〈맹호행(猛虎行)〉에 "한낮에는 골짜기에서 자지만 눈에는 백 걸음 떨치는 위엄이 있다.〔正晝當谷眠, 眼有百步威.〕"라고 하였다. 《五百家注昌黎文集 卷6》

내가 강가에 이르렀네　云余至乎江之湄
강물이 넘실거리는데　江之水兮滔滔
건너게 해주는 뱃사공이 없었네　欠舟子之言涉
내 뒤에 쫓아오는 사람 있는 듯한데　疑我後之有躡
달려갈 곳 없어 불안하고 위축되었네[298]　靡所騁兮蹙蹙
그때 홀연 어부가 배를 끌고 왔으니　忽漁父之挐船兮
배 한 척으로 위태로운 목숨을 구제해 주었네　濟危命於一棹
장부가 갈 길 못가는 것 딱하게 여겨서이니　哀丈夫之失路兮
어찌 보답 바라고 한 일이겠는가　夫豈望乎其報
그러나 두터운 후의를 모른 체할 순 없으니　然厚意之不曠
무엇으로 보답해야 걸맞겠는가　有何償兮能稱
보검이 허리에 있으므로　寶劍在腰
그대에게 주려는 것이라네　薄言贈之
"조금 전 내가 왔을 때　向我之來
강이 넓어 헤엄쳐 갈 수가 없었는데[299]　江之廣兮不可泳思
그대가 도와준 덕분에　賴子之賜
넓은 강을 작은 배로 건너게 되었다네[300]　河之廣兮一葦抗之

298 달려갈……위축되었네 : 궁박한 처지를 표현한 것이다. 《시경》 〈절남산(節南山)〉에 "네 마리 말이 끄는 수레를 타니, 네 마리 수말의 목이 굵도다. 내가 사방을 둘러보아도, 불안하고 위축될 뿐 달려갈 곳이 없도다.〔駕彼四牡, 四牡項領. 我瞻四方, 蹙蹙靡所騁.〕"라고 하였다.

299 강이……없었는데 : 《시경》 〈한광(漢廣)〉에 "한수가 넓어서 헤엄쳐 갈 수가 없으며, 강수가 길어 뗏목으로 갈 수가 없도다.〔漢之廣矣, 不可泳思, 江之永矣, 不可方思.〕"라고 하였다.

내가 건너지 못했다면	我其罔濟
유인[301]에게 잡혔을 것이라네	遺人之獲
지금 무사히 강을 건넜으니	今焉利涉
그대가 나의 재앙을 면하게 해주었네	子免我厄
저 삼척의 칼을 보건대	眄彼三尺
값어치가 백금에 해당된다네	百金其直
그 값이 아무리 비싸더라도	厥貨雖贏
그대의 은덕에 비하면 약소하다네	比德則約
나의 선물을 거절하지 말고	其不我辭
나의 정성을 받아들여주게나”	享我之款
새가 날개 치듯 빠르게 가면서	翩翩然而倏逝
서쪽 땅[302]을 노려보며 주먹을 불끈 쥐누나	睨西土而扼腕
결국 한마디의 유세가 받아들여져	終見說於一言兮
오나라 임금 보좌하여 국정을 좌지우지 하였네	翼吳君而擅用
적은 군사로 영 땅을 함락하고는	藉一旅而擧郢兮
무덤에 채찍질하여 울분을 쏟았다네[303]	泄壯憤於鞭冢

300 넓은……되었다네 : 《시경》〈하광(河廣)〉에 “누가 하수가 넓다고 말하는가. 한 갈대로도 건너갈 수 있다네.〔誰謂河廣? 一葦杭之.〕”라고 하였다.

301 유인(遺人) : 국경 수비대를 말한다.

302 서쪽 땅 : 초(楚)나라를 말한다.

303 무덤에……쏟았다네 : 오자서(伍子胥)는 오(吳)나라로 달아나 행인(行人) 벼슬을 하면서 오왕 합려(闔閭)를 도와 초(楚)나라를 쳐서 복수하였다. 초나라의 도읍인 영(郢)에 들어갔지만 이미 평왕(平王)이 죽은 뒤여서, 이에 평왕의 무덤을 파헤쳐 시체를 채찍질하며 분풀이를 하였다.《史記 伍子胥列傳》

백년의 미사[304]를 무너뜨려　夷百年之芈社
부형의 깊은 원한을 풀었다네　雪父兄之深怨
도리에 어긋난 짓 했다고 누가 탓할 수 있으리오　倒行逆施之誰罪
허무하게 죽는 것보다 훨씬 현명하였다네　有賢於徒死之萬萬
이처럼 꾹 참고 공명을 이루었으니　能若是隱忍取功
태사가 칭찬한 것이 당연하도다[305]　宜太史之攸贊
아아 선비가 성취함이 있는 것은　嗚呼士之有成
반드시 결단을 잘하기 때문이라네　必乎能斷
그래서 알았도다 맹분이 여우처럼 의심하는 것이　故知孟賁之狐疑
어린아이가 반드시 결행하는 것만 못하다는[306] 것을　不如童子之必至

304 미사(芈社) : 초(楚)나라의 사직을 말한다. 초나라의 선조는 황제(黃帝)의 손자인 전욱(顓頊) 고양씨(高陽氏)의 먼 후손인 계련(季連)인데, 그의 성(姓)이 미(芈)이기 때문에 한 말이다. 《史記 楚世家》 대본에는 '芊社'로 되어 있는데, 《사기(史記)》 〈초세가(楚世家)〉에 의거하여 '芊'을 '芈'로 바로잡아 번역하였다.

305 태사(太史)가……당연하도다 : 태사는 사마천(司馬遷)을 말한다. 사마천이 《사기(史記)》 〈오자서열전(伍子胥列傳)〉 논평 부분에 "일찍이 오자서가 부친 오사를 따라 함께 죽었다면 땅강아지나 개미와 무슨 차이가 있겠는가. 소소한 의를 버리고 큰 치욕을 씻어 명성을 후대에 전하였으니 비장하도다. 오자서가 강가에 이르러 위급한 상황에 처하고 길에서 걸식할 때도 어찌 초나라의 영 땅을 잠시라도 잊었겠는가. 이 때문에 참고 견디며 공명을 이루었으니, 강인한 장부가 아니라면 누가 이런 일을 이룰 수 있겠는가.〔向令伍子胥從奢俱死, 何異螻蟻? 棄小義雪大恥, 名垂於後世, 悲夫! 方子胥窘於江上, 道乞食, 志豈嘗須臾忘郢邪? 故隱忍就功名, 非烈丈夫孰能致此哉?〕"라고 하였다.

306 맹분(孟賁)이……못하다는 : 결단성 있는 과감한 행동이 중요하다는 말이다. 맹분 같은 용사라도 여우처럼 의심하며 머뭇거리기만 하면 어린아이가 결단성 있게 일을 처리하는 것만 못하다는 말이다. 《漢書 蒯通傳》 맹분은 전국 시대 제(齊)나라의 역사(力士)로, 매우 용맹하다는 명성이 있었다. 물속에서는 교룡(蛟龍)을 피하지 않았고 뭍에서

대처하기 어려운 고비에 직면했을 때	抵事機之難措
누가 오자서처럼 결단할 수 있겠는가	疇能割然之如此
만약 당시에 함께 가서 체포당했더라면	苟當日同與之就執兮
몸과 명예가 모두 욕을 당하지 않았겠는가	不幾乎身名之俱辱
만일 강인한 장부가 아니었다면	倘非烈烈之男子
어떻게 탁월한 위업을 세울 수 있었겠는가	安得樹立之卓犖
그러나 위험한 자리에 있으면서 요행을 바랬으니	然居險而徼幸兮
어찌 시종 만족함이 없었던고	詎終始之無慊
목숨 걸고 복수하여 황천의 부형에게 보답한 일로 말하자면	如捨命而下報兮
아마 천추 뒤에도 부끄러움은 없으리라	庶無愧於千稔
강가에서 이렇게 준 것을 우러러보니	瞻江上之斯贈兮
검을 준 일에 몹시 감개가 드누나	重有感於賜劍

는 호랑이를 피하지 않았다고 한다.《天中記 卷27》

우의조연영부[307]

羽衣朝延英賦

금호[308]가 시간을 재촉하여	金壺催箭
대궐문의 자물쇠 열리누나	玉戶放鑰
황제가 해처럼 임하니	一人日臨
백관이 학처럼 서 있도다[309]	千官雀立
구름은 용을 바람은 범 쫓듯[310] 서로 어울리는데	雲龍風虎之交回兮
우의[311]가 그 사이에서 무엇을 하겠는가	羽衣胡爲乎其間

307 우의조연영부(羽衣朝延英賦) : 화산(華山)에서 은거하며 수행하던 송(宋)나라 때 도인(道人) 진단(陳摶)이 송 태종(宋太宗) 조광의(趙匡義)를 만났던 고사를 주제로 읊은 부이다. 진단의 자는 도남(圖南), 호는 부요자(扶搖子)이며, 태종이 매우 존경하여 희이선생(希夷先生)이란 호를 하사하였다. 《주역》에 정통하여 사람의 뜻을 미리 알았고 생사를 예견했다고 한다. 《宋史 隱逸列傳 陳摶》

308 금호(金壺) : 동호(銅壺)의 미칭으로, 옛날의 물시계이다. 구리로 병을 만들어 물을 채운 다음 아래 구멍을 열어 놓으면 양쪽 병으로 물이 떨어지는데, 오른쪽 병은 밤에 해당하고 왼쪽 병은 낮에 해당한다. 《初學記 漏刻》

309 학처럼 서 있도다 : 작립(雀立)은 학립(鶴立) 같은 뜻으로, 몸을 곧추 세우고 서 있는 것을 말한다. 《전국책(戰國策)》 〈초책(楚策)〉에 "7일 만에 진나라 왕의 조정에 이르러, 학처럼 꼿꼿하게 서서 몸을 돌리지도 않은 채 밤낮으로 울었다.〔七日而薄秦王之朝, 雀立不轉, 晝吟宵哭.〕"라고 하였는데, 왕인지(王引之)가 "작(雀)은 응당 학(鶴)자의 오류로 보아야 한다.…… 학립은 몸을 곧추 세우고 서 있는 것이다.〔雀當爲鶴字之誤也.……鶴立, 謂竦身而立也.〕"라고 주해(註解)하였다.

310 구름은……쫓듯 : 임금과 신하가 의기투합하는 것을 말한다. 《주역》 〈건괘(乾卦) 문언(文言)〉의 "구름은 용을 따르고 바람은 범을 쫓는다.〔雲從龍風從虎.〕"라고 하였다.

311 우의(羽衣) : 도사나 신선이 입는 옷으로, 여기서는 산림에서 은거하던 진단(陳摶)

산야에 있을 때 모습 확 벗어던지니	脫落乎山野之態度兮
완연히 임금 얼굴 한번 펴졌다네	宛一解夫天顔
깨끗하게 세속을 벗어난	瀟洒拔俗
진희이가 있었다네	有陳希夷
조용히 태극을 살피고[312]	冥觀太極
그윽이 현묘한 이치를 엿보았네	洞覰玄機
연하에 웅대한 포부 감추었고	錮壯圖於煙霞兮
천석에 그윽한 자취 숨기었지	祕幽蹤於泉石
계수나무 무더기로 자란 산속[313]	桂樹叢生兮山之中
굽은 가지에서 편하게 머물렀다네	偃虬枝而棲息
그러나 겸제[314]에 대한 식지 않은 일념으로	然一念未灰於兼濟兮
내가 변경[315]에서 노닐고자 하였네	將余遊乎汴京

을 가리킨다.

312 조용히 태극(太極)을 살피고 : 태극은 역리(易理)를 말한다. 진단(陳摶)은 《주역》 읽기를 매우 좋아하였다고 한다. 《宋史 隱逸列傳 陳摶》

313 계수나무……산속 : 한(漢)나라 회남왕(淮南王) 유안(劉安)의 〈초은사(招隱士)〉에 "계수나무 무더기로 자라누나 산골 깊은 곳에, 꼿꼿하고 굽은 가지 서로 얽히었네.〔桂樹叢生兮山之幽, 偃蹇連卷兮枝相繚.〕"라고 한 데서 온 말로, 세속을 피해 산림에 숨어사는 은자(隱者)의 거처를 묘사한 말이다. 《文選 卷33》

314 겸제(兼濟) : 천하를 구제하는 것을 말한다. 《맹자》 〈진심 상(盡心上)〉에 "옛사람들은 뜻을 얻으면 은택이 백성에게 가해지고, 뜻을 얻지 못하면 몸을 닦아 세상에 드러나니, 궁(窮)하면 홀로 그 몸을 선하게 하고 영달(榮達)하면 천하를 함께 선하게 하는 것이다.〔古之人得志, 澤加於民, 不得志, 修身見於世, 窮則獨善其身, 達則兼善天下.〕"라고 하였다.

315 변경(汴京) : 북송(北宋)의 수도로 현재의 하남성(河南省) 개봉(開封)이다.

녹라의[316] 걸친 채	綠蘿衣下
어찌 삶을 마칠 수 있으랴	詎了生平
하얀 나귀의 등에 올랐으니[317]	白驢背上
어떠한 기개였나	何等氣宇
상서로운 해가 문득 동화[318]에서 빛나니	瑞日忽耀於東華
하늘도 금구[319]에 주인이 있음을 아는구나	天認金甌之有主
태양이 이미 떠올라서	太陽旣登
횃불이 이에 꺼졌고	爝火斯已
때에 맞는 비가 이미 내려서	時雨已降
물을 대는 수고로움 사라졌다네[320]	灌漑勞止

316 녹라의(綠蘿衣) : 은자(隱者)의 의복을 가리킨다.

317 하얀……올랐으니 : 진단(陳摶)이 화산(華山)에 은거하며 수도(修道)하다가 하얀 나귀를 타고 변경(汴京)에 들어와서 송 태조(宋太祖) 조광윤(趙匡胤)이 등극했다는 말을 듣고는 크게 웃으면서 "천하가 이제 태평해지겠구나.〔天下從此太平了.〕"라고 말한 고사가 전한다. 《東都事略 卷118》

318 동화(東華) : 송(宋)나라 궁성 동쪽 문의 이름으로, 백관들이 입조할 때 이 문을 이용했다고 한다. 《夢溪筆談 故事一》

319 금구(金甌) : 금으로 만든 사발로 흠이 없고 견고하다 하여 강토(疆土)를 비유한다. 양 무제(梁武帝)가 "나의 국토는 오히려 금구와 같아 하나의 상처도 흠도 없다."라고 하였다. 《梁書 朱異列傳》

320 태양이……사라졌다네 : 《장자(莊子)》 〈소요유(逍遙遊)〉에 요(堯) 임금이 천하를 허유(許由)에게 넘겨주려 할 때 "해와 달이 나왔는데 횃불이 꺼지지 않는다면 빛이 나기 어렵지 않겠습니까. 때에 맞는 비가 내리는데도 여전히 물 대는 일을 계속하는 것은 그 논밭을 윤택하게 함에 또한 공연히 수고롭기만 한 것이 아니겠습니까.〔日月出矣, 而爝火不息, 其於光也, 不亦難乎? 時雨降矣, 而猶浸灌, 其於澤也, 不亦勞乎?〕"라는 구절을 변용한 것이다. 여기서는 송 태종(宋太宗) 조광의(趙匡義)가 나라를 잘 다스려 진단(陳

푸른 소나무 그늘 속에서　　青松陰裏
옥산[321]처럼 누웠고　　玉山翻倒
푸른 노을 그림자 비추는 곳에서　　翠靄影邊
적적하게 한번 웃노라　　寥落一笑
화산에 연화봉[322]이 있어　　華之山兮蓮花峯
이에 내가 초복[323]의 상태로 돌아왔도다　　蹇余返乎初服
꿈도 꾸지 않고 푹 자니[324]　　長眠無夢
텅 빈 방에는 흰빛이 있도다[325]　　虛室有白
자하거[326]를 신묘하게 제조하고　　紫河神營
《황정경》[327]을 손에 쥐었네　　黃庭手握

搏)이 별로 도울 일이 없음을 말한다.

321 옥산(玉山) : 옥(玉)으로 된 산이란 뜻으로, 풍모가 고상하고 빼어난 사람을 비유하는 말이다. 126쪽 주 190) 참조. 여기서는 화산(華山)에서 은거하던 진단(陳搏)을 가리킨다.

322 화산(華山)에 연화봉(蓮花峯) : 진단(陳搏)이 은거하던 곳이다. 《宋史 隱逸列傳 陳搏》

323 초복(初服) : 벼슬하기 전에 입던 옷을 뜻하는데, 처음 은거하던 상황으로 돌아가는 것을 말한다. 굴원(屈原)의 〈이소경(離騷經)〉에 "나아갔으나 들어가지 못하고 허물만 입었으니, 물러나 다시 나의 처음 옷을 닦으리라.〔進不入以離尤兮, 退將復修吾初服.〕"라고 하였다. 《古文眞寶後集 卷1》

324 꿈도……자니 : 진단(陳搏)은 잠이 들면 백여 일을 자기도 했다고 한다. 《宋史 隱逸列傳 陳搏》

325 텅……있도다 : 《장자(莊子)》 〈인간세(人間世)〉에 "빈방 안에는 흰빛이 생기고 거기에는 좋은 징조가 깃든다.〔虛室生白, 吉祥止止.〕"라고 한 데서 온 말로, 마음이 청허(淸虛)하여 욕심이 없으면 도심(道心)이 절로 생겨나는 것을 의미한다.

326 자하거(紫河車) : 복용하면 장생불사하는 선약(仙藥)을 가리킨다. 이백(李白)의 〈고풍(古風)〉 제4수에 "나는 자하거를 만들어서, 천재에 풍진을 떨쳐 버렸네.〔吾營紫河車, 千載落風塵.〕"라고 하였다. 《李太白集分類補註 卷2》

호리병 속의 천지[328]를 특별히 여겼고	別壺中之天地兮
세상 밖의 해와 달을 임금처럼 여겼다네	君象外之日月
지초 밭[329] 한 이랑을 개간하자마자	芝田纔闢兮一畝
갑자기 명추[330]가 골짜기에 들어와 놀랬다네	忽驚鳴騶之入谷
잠시 혜초로 엮은 장막을 버려두고[331]	暫抛蕙帳
잠깐 봉래궁[332]에 의지하였네	薄儀蓬闕
옥황[333]이 자단[334]에 머물고 있으니	玉皇御乎紫壇

327 황정경(黃庭經) : 도가(道家) 경전(經典)의 하나로, 양생(養生)과 수련(修鍊)에 관한 방법을 다루고 있으며, 칠언시(七言詩)로 되어 있다.

328 호리병 속의 천지 : 선경(仙境)을 말한다. 후한(後漢)의 비장방(費長房)이 시장에서 약을 파는 어떤 노인을 따라 그의 호리병 속으로 들어갔더니, 그 안에 해와 달이 걸려 있고 별천지가 펼쳐져 있었다고 한다. 《後漢書 方術列傳 費長房》

329 지초 밭 : 신선들이 가꾼다는 밭이다. 《습유기(拾遺記)》 〈곤륜산(崑崙山)〉에 "제9층(層)은 산세가 점점 좁아지는데, 아래에는 지초 밭과 혜초 밭이 있다. 모두 수백 이랑인데 신선들이 심고 가꾼다.〔第九層, 山形漸小狹, 下有芝田蕙圃. 皆數百頃, 群仙種耨焉.〕"라고 하였다.

330 명추(鳴騶) : 귀인의 행차를 따르는 추종(騶從)을 말하는데, 여기서는 진단(陳摶)을 부르러 온 송 태종(宋太宗)이 보낸 사자를 가리킨다. 공치규(孔稚圭)의 〈북산이문(北山移文)〉에 "은자를 부르러 오는 사자의 행차가 골짜기로 들어오고, 징소의 조서가 밭두둑에 당도하자, 형체는 달려가고 넋은 산란해졌으며, 뜻이 변하고 정신이 동하였다.〔及其鳴騶入谷, 鶴書赴隴, 形馳魄散, 志變神動.〕"라고 하였다. 《古文眞寶後集 卷2》

331 잠시……버려두고 : 은둔하던 사람이 벼슬길로 나아감을 의미한다. 공치규(孔稚珪)의 〈북산이문(北山移文)〉에 "혜초 장막이 텅 비어 밤에 학이 원망하고, 산인이 떠나자 새벽 원숭이가 놀란다.〔蕙帳空兮夜鶴怨, 山人去兮曉猿驚.〕"라고 하였다. 《古文眞寶後集 卷2》

332 봉래궁(蓬萊宮) : 일반적으로 신선의 거처를 가리키나, 여기서는 제왕이 있는 궁궐을 뜻한다.

333 옥황(玉皇) : 송 태종(宋太宗) 조광의(趙匡義)를 비유한 것이다.

한 떨기 붉은 구름이 받들고 있도다[335]　捧紅雲之一朶
영공의 향기[336]는 피어오르고　冉冉令公之香
시중의 패옥은 쟁쟁 울리네　鏘鏘侍中之佩
그런데 어찌하여 우의를 펄럭거리며　夫何羽衣之翩躚
문폐[337]에 외로운 그림자를 부치었나　寄孤影於文陛
늘어선 만개의 죽순 속에 껴 있으니　介萬筍之簇列
특별히 임금이 예우하였네　別樣其禮
군락을 이룬 천 개의 꽃을 압도하며　壓千花之接蕚
느긋한 자세를 취하였네　偃然斯體
객성이 제좌성에 다가갔는데[338]　客星近帝座

334 자단(紫壇) : 일반적으로 도교(道敎)의 제단(祭壇)을 가리키나, 여기서는 어좌(御座)를 뜻한다.

335 한……있도다 : 소식(蘇軾)의 〈상원일에 황제를 모시고 누각 위에서 술을 마시고 시 세 수를 지어 동료 관원들에게 드리다〔上元侍飮樓上三首呈同列〕〉에 "시종신이 따오기처럼 줄지어 선 통명전, 한 떨기 붉은 구름이 옥황상제를 받들고 있도다.〔侍臣鵠立通明殿, 一朶紅雲捧玉皇.〕"라고 하였다. 《蘇東坡詩集 卷36》 여기서는 신하들이 송 태종(宋太宗)을 시위(侍衛)하고 있는 모습을 형용한 것이다.

336 영공(令公)의 향기 : 후한(後漢) 때 상서령(尙書令)을 지낸 순욱(荀彧)은 몸에 특이한 향이 있어서 그가 머물렀던 자리에는 3일 동안이나 여향이 가시지 않았다는 고사에서 나온 말이다. 《藝文類聚 卷70 襄陽記》 여기서는 송 태종(宋太宗)을 시위(侍衛)하고 있는 신하 가운데 순욱처럼 뛰어난 인재가 있음을 표현한 것이다.

337 문폐(文陛) : 임금이 있는 전(殿)의 계단으로, 임금이 정치를 하는 조정(朝廷)을 가리킨다.

338 객성(客星)이 제좌성(帝座星)에 다가갔는데 : 후한(後漢) 광무제(光武帝) 유수(劉秀)와 동문수학했던 엄광(嚴光)이 광무제의 부름을 받고 함께 잠을 자다가 잠결에 발을 광무제의 배 위에 올려놓았다. 다음날 천문(天文)을 보던 관리가 "어제 저녁 객성이

일월성신이 환히 빛을 내며 돌고 있네　　玄象昭回
들판의 학이 원추새의 대열[339]에 있으니　　野鶴處鵷行
형적을 시기하도다　　形跡相猜
임금을 곁에서 모시면서　　襯玉色而婆娑
조용히 옥가루 같은 말을 토해냈네　　吐瓊屑於從容
천 겹의 왕성한 기운이요　　千重旺氣
한 가닥의 선풍이로다[340]　　一條仙風
천자에게 하직 인사 올리고 한 번 읍을 하니　　謝萬乘而一揖兮
돌아가려 다짐한 마음 막기가 어렵도다　　劃歸心之難禦
백운처럼 높이 떠나니　　白雲高逝
제향은 어디쯤에 있나　　帝鄉何許
황곡이 한번 날아가니　　黃鵠一擧
푸른 하늘이 끝없이 펼쳐져 있구나[341]　　靑冥無極
두다 만 바둑판을 치우지 않아서　　殘棊不撤

제좌성을 범했으니, 이는 큰 변고입니다."라고 하자, 광무제가 웃으며 "내가 친구인 엄광과 함께 잤기 때문이다."라고 하였다. 《後漢書 嚴光列傳》 여기서는 진단(陳摶)이 조광의(趙匡義)가 있는 어좌(御座)로 나아간 것을 말한다.

339 원추새의 대열 : 조정 백관들의 대열을 가리키는 말이다.

340 천……선풍(仙風)이로다 : 조광의(趙匡義)와 진단(陳摶)이 친밀하게 지내는 모습을 형용한 것이다.

341 황곡(黃鵠)이……있구나 : 진단(陳摶)이 미련 없이 속세를 떠남을 형용한 것이다. 유종원(柳宗元)의 〈남쪽으로 가는 원십팔산인을 전송하며 지은 서〔送元十八山人南遊序〕〉에 "황곡이 한번 날아오르면 푸른 하늘이 끝없이 펼쳐져 있을 것이다.〔黃鵠一去, 靑冥無極.〕"라고 하였다. 《唐大家柳柳州文抄 卷5》 황곡은 노란 고니로, 흔히 속세를 벗어나 은거하는 높은 재주를 가진 현사를 비유한다.

돌로 만든 바둑판에 산가지가 축축하구나 石局籌濕

남은 불씨는 아직 꺼지지 않아 宿火未死

약을 달이는 화로에는 단약이 묻혀 있구나 藥鑪丹伏

세속의 한바탕 꿈 어슴푸레하고 恍恍紅塵之一夢

황량이 다 익었다는 꿈[342]을 꾼듯하네 恰恰黃粱之告熟

산의 창문을 깊이 닫아서[343] 深扃岫幌

진세의 발자취를 영구히 막아버리네 永杜塵蹤

좋은 붓[344]과 화려한 종이가 있더라도 月毫華牋

누가 종남산의 풍경을 그릴 수 있으랴 誰寫終南之景物

복사꽃 흐르는 물이여 桃花流水

무릉의 봄빛을 누설하지 말지어다[345] 莫洩武陵之春色

342 황량(黃粱)이……꿈 : 황량지몽(黃粱之夢)을 말한다. 노생(盧生)이 도사(道士) 여옹(呂翁)의 베개를 베고 잠을 자는 동안 한평생의 부귀영화를 한껏 누렸는데, 잠을 깨고 보니 아직도 메조〔黃粱〕밥이 지어지지 않았더라는 꿈 이야기로, 인간 세상의 영욕(榮辱)이 한바탕 꿈처럼 부질없는 것을 가리킨다.《枕中記》

343 산의……닫아서 : 공치규(孔稚圭)의 〈북산이문(北山移文)〉에 "의당 산의 창문을 닫고 구름의 문을 가리며, 가벼운 안개를 거두고 흐르는 여울물을 감추어서, 주옹의 수레 끌채를 골짝 어귀에서 차단하고, 망녕된 고삐를 교외 첫머리에서 막아야 한다.〔宜扃岫幌, 掩雲關, 斂輕霧, 藏鳴湍, 截來轅於谷口, 杜妄轡於郊端.〕"라고 하였다.《古文眞寶後集 卷2》

344 좋은 붓 : 한유(韓愈)의 〈늦가을 언성에서 밤에 모여 이어가며 짓다〔晩秋郾城夜會聯句〕〉에 "문장을 지을 때 달 속의 토끼털을 휘두르고, 검을 말할 때 서릿발 같은 칼날을 담금질하듯 하네.〔摛文揮月毫, 講劍淬霜鍔.〕"라고 하였다.《韓昌黎詩集編年箋注 卷10》

345 복사꽃……말지어다 : 세속과 절연한 채 산속에서 은거하고 싶은 심정을 형용한 것이다. 동진(東晉) 때 한 어부가 시내를 따라 올라가다가 갑자기 도화림(桃花林)이 찬란한 선경을 만나 그곳에 들어가니, 난리를 피해 처자를 거느리고 그곳에 들어와

얼핏 들으니 순금을 불에 달구어[346] 似聞夫金魄之就鍊
창공에 나는 자취를 맡겼다고 하네 託飛蹤於寥廓
아아 嗚呼
옛날에 남쪽을 도모하려는 장대한 뜻은[347] 昔年圖南之壯志
오늘날 하루아침에 북면하는 처지가 되었네 今日面北之一朝
남한테 신하노릇 하는 것은 부끄러운 일이지만 臣於人也足羞
선술을 자랑하며 스스로를 높였도다 眩其術而自高
한결같이 허탄한 일을 일삼았으니 事一涉於虛誕兮
절의를 숭상한 엄광[348]과는 달랐도다 異嚴光節義之相尙
그러나 맑은 의표와 시원스런 기개가 홀로 고상했으니 然淸標爽槩之不群兮
응당 남다른 책략을 지니고 있었으리라 應有異策之其仗

대대로 살고 있다는 사람들을 만났다. 그들로부터 극진한 대접을 받은 뒤 그곳을 떠나오면서 가는 길을 표시해 놓고 본군(本郡)의 태수에게 이 사실을 얘기하자, 태수가 사람을 보내서 가 보게 했으나, 도화림을 찾을 수 없었다고 한다. 《陶淵明集 卷6 桃花源記》

346 순금을 불에 달구어 : 선약(仙藥)을 만드는 것을 형용한 것이다.

347 남쪽을……뜻은 : 진단(陳摶)의 자가 도남(圖南)인 것과 《장자(莊子)》 〈소요유(逍遙遊)〉에 "그 이름이 붕새인데, 붕새는 등이 태산 같고 날개가 하늘에 드리운 구름 같아서, 회오리바람을 타고 구만 리를 올라가 구름을 벗어나고 푸른 하늘을 등에 진 다음에야 남쪽을 도모하여 남쪽으로 간다.〔其名爲鵬, 背若泰山, 翼若垂天之雲, 摶扶搖羊角而上者九萬里, 絶雲氣, 負靑天, 然後圖南, 且適南冥也.〕"라는 구절을 활용하여 진단이 처음에 가졌던 장대한 뜻을 형용한 것이다.

348 절의를 숭상한 엄광(嚴光) : 후한(後漢) 광무제(光武帝)와 어린 시절의 벗인데, 광무제가 즉위하여 간의대부(諫議大夫)에 제수했으나 사양하고 부춘산(富春山)에 은거하여 칠리탄(七里灘)에서 낚시질하면서 세상에 나오지 않았다고 한다. 《古文眞寶後集 卷6 嚴先生祠堂記》

대저 어느 누가 눌러서 낮추고 만류하여 머무르게 하면서

夫孰能抑而下而羈而留兮

만물을 이롭게 하고 시폐를 바로잡게 할 수 있단 말인가

使利物而匡時

나는 그가 떠나간 것을 애석하게 여겨 我惜其去

사를 지어 부르려 하노니 作詞招之

사의 내용은 다음과 같다 其詞曰

높은 산이 가파르니 山之高兮崒嵂

석실이 있는 곳은 높기만 하구나[349] 有石室兮嵯峨

그 사람 옥과 같으니[350] 其人兮如玉

벽려로 옷 해 입고 마름과 연잎으로 저고리 만들도다[351]

扈薜荔兮製芰荷

아침에는 사슴과 노닐고 朝鹿與遊兮

저녁에는 원숭이와 쉰다네 暮猿與棲

349 석실(石室)이……하구나 : 은자(隱者)의 거처를 형용한 것이다. 마존(馬存)의 〈호호가(浩浩歌)〉에 "옥당과 금마문 어느 곳에 있는가. 높이 솟은 곳에 구름 낀 석실이 있도다.〔玉堂金馬在何處, 雲山石室高嵯峨.〕"라고 하였다.《古文眞寶前集 卷8》 석실은 산에 있는 바위 동굴을 말한다.

350 그……같으니 :《시경》〈백구(白駒)〉에 "깨끗한 흰 망아지가 저 빈 골짜기에 있도다. 싱싱한 풀 한 다발을 주노니 그 사람 옥과 같구나.〔皎皎白駒, 在彼空谷. 生芻一束, 其人如玉.〕"라고 하였다.

351 벽려(薜荔)로……만들도다 : 산에 사는 은자(隱者)의 복장을 가리킨다.《초사(楚辭)》〈구가(九歌) 산귀(山鬼)〉에 "벽려로 옷을 해 입고 여라의 띠를 둘렀도다.〔被薜荔兮帶女蘿.〕"라고 하였으며,《초사》〈이소(離騷)〉에 "마름과 연잎으로 저고리를 만들고, 부용을 엮어 바지를 만들어 입는다.〔製芰荷以爲衣兮, 集芙蓉以爲裳.〕"라고 하였다.

바위 골짝은 고요하고 물줄기 거세니　巖洞闃寥兮水層波
옥 같은 사람 우의 입었도다　人如玉兮衣羽
잠시 가서 연영궁에서 배알하니　薄言往兮朝延英
임금이 "그대는 머물러 돌아가지 말고　帝曰爾留兮不歸
내가 내려준 갓끈 휘날리고 나의 조정에서 기량 떨치라"하였네
振我冠纓兮揚于我庭
그 사람 잠시도 머물지 않아 우리 마음 근심스러운데
人不少留兮我心憂
우의를 입고 산중으로 돌아갔네　衣羽衣兮歸山中
산속에서 오랫동안 머물러서는 안되니　山之中兮不可以久稽
한번 와서 우리의 마음을 풀어주길 바라네　願一來兮使我心降
우리를 이롭게 하고 우리에게 복을 주며　利我兮祿我
우리 임금 보좌해 태평성대 이루어주었으면 한다네　左右我皇兮鑄熙隆
그 사람 오지 않아 우리들 눈물 흘리는데[352]　人不來兮我涕滂
도리어 황학 타고 요경으로 올라갔다네[353]　却騎黃鶴兮上瑤京
허공 밟는 소리 끊어져 소식 들은 사람이 없으니　步虛聲斷兮無人聞
바람은 차갑고 달빛만 환하고 맑구나　風泠泠兮月華淸

352 우리들 눈물 흘리는데 : 소식(蘇軾)의 〈조주 한문공 묘비(潮州韓文公廟碑)〉에 "공께서 잠시도 머물지 않으시어 우리는 눈물 줄줄 흘리오니, 너풀너풀 머리 풀어헤치고 이 땅으로 내려오소서.〔公不少留我涕滂, 翩然被髮下大荒.〕"라고 하였다. 《古文眞寶後集 卷8》

353 황학(黃鶴)……올라갔다네 : 송(宋)나라 홍매(洪邁)의 〈채진인사(蔡眞人詞)〉에 "속세에는 이 곡조를 아는 사람이 없어, 문득 황곡을 타고 요경을 날아오르니, 바람은 차고 달빛은 깨끗하구나.〔塵世無人知此曲, 却騎黃鵠上瑤京, 風泠月華淸.〕"라고 하였다.

불탐위보부[354]

不貪爲寶賦

심지가 깨끗하면	有志皎如
옥도 그 밝음을 양보하고	玉讓其瑩
지조가 확고하면	有操確乎
금석도 그 단단함을 잃는다네	金失其勁
마음속에 기약한 바를 돌아보면	顧其中所期
물건을 보배로 삼지 않았다네	非物爲寶
이 같지 않음이 없어	莫此若也
지푸라기 하나도 도에 맞지 않으면 취하지 않네[355]	一芥無取於非道
이러한 이가 있노니	有是哉
송현[356]의 풍모와 기개라네	宋賢之風槩
내가 그 이름을 찾아보니	我求其名

354 불탐위보부(不貪爲寶賦) : 송(宋)나라 사람이 옥(玉)을 자한(子罕)에게 바치자, 자한이 받지 않으면서 "나는 탐내지 않는 것을 보배로 여기고 그대는 옥을 보배로 여깁니다. 그대가 이 옥을 나에게 준다면 두 사람 모두 보배를 잃는 것이 되니, 차라리 각자의 보배를 간직하는 것이 좋습니다.〔我以不貪爲寶, 爾以玉爲寶. 若以與我, 皆喪寶也, 不若人有其寶.〕"라고 말한 고사를 주제로 읊은 부이다. 《春秋左氏傳 襄公15年》

355 지푸라기……않네 : 《맹자》〈만장 상(萬章上)〉에 "의에 맞지 않고 도에 맞지 않으면 지푸라기 하나도 남에게 주지 않고, 지푸라기 하나도 남에게서 받지 않는다.〔非其義也, 非其道也, 一介不以與人, 一介不以取諸人.〕"라고 하였다.

356 송현(宋賢) : 자한(子罕)을 말한다. 송(宋)나라 대부(大夫)이기 때문에 이렇게 말한 것이다.

옛 사람 자한이로다　　古之人子罕者
빙벽[357]의 지조를 지녀서　　氷蘗之操
그 마음이 눈과 달 같았네　　雪月其心
오릉[358]의 높은 의표와 맞먹고　　抗於陵之高標
수양[359]의 맑은 기개를 추앙했다네　　挹首陽之淸襟
그 몸을 옥처럼 닦아서 스스로를 보배로 여겨　　玉其身而自寶
늘 절차탁마하면서 정밀함을 추구하였네　　亘求精於磋切
마음은 사혹[360]에 부림을 당하지 않고　　心莫役於四惑
지조는 삼월[361]에도 휘둘리지 않았다네　　守不撓於三刖
존양을 완벽하게 한 것은 평소 수양함이 있어서이니　　完養有素

357 빙벽(氷蘗) : 얼음과 소태나무로, 굳게 절조를 지키면서 청빈하게 사는 것을 말한다. 백거이(白居易)의 시에 "삼년 동안 자사로 있으면서, 맑은 얼음물을 마시고 쓰디쓴 소태를 씹었노라.〔三年爲刺史, 飮氷復食蘗.〕"라고 하였다. 《白樂天詩集 卷1 三年爲刺史》

358 오릉(於陵) : 제(齊)나라의 고사(高士)인 진중자(陳仲子)를 말한다. 형의 만종록(萬鍾祿)을 의롭지 않다고 여겨 형을 피해서 오릉에 거처하였다. 《孟子 滕文公下》

359 수양(首陽) : 백이(伯夷)와 숙제(叔齊)를 가리킨다. 주 무왕(周武王)이 은(殷)나라를 정벌하러 갈 때 무왕의 말고삐를 끌어당기며 신하로서 임금을 치는 부당함을 간언(諫言)하였고, 무왕이 끝내 은나라를 멸망시키고 천하를 차지한 뒤에는 의리상 주나라의 곡식을 먹을 수 없다 하여 수양산(首陽山)으로 들어가 고사리를 먹다가 마침내 굶어 죽었다. 《史記 伯夷列傳》

360 사혹(四惑) : 시(視), 청(聽), 언(言), 동(動)을 말한다. 안연(顔淵)이 극기복례(克己復禮)의 조목을 묻자, 공자(孔子)가 "예가 아니면 보지 말며, 예가 아니면 듣지 말며, 예가 아니면 말하지 말며, 예가 아니면 움직이지 말라."라고 하였다. 《論語 顔淵》

361 삼월(三刖) : 참혹한 형벌을 말한다. 중국 고대 형벌인 오형(五刑)의 일의(一劓), 이묵(二墨), 삼월(三刖), 사궁(四宮), 오대벽(五大辟)에서 온 말로, 세 번째 형벌인 월형(刖刑)이라는 뜻이다.

자신에게 있는 것이 견고하다네 在我者固
외물이 자신을 유혹할 수 없으니 物莫我誘
어찌 외물을 사모하겠는가 惡外之慕
저 사람은 어떤 사람인가 彼何人兮
무지몽매하여 나의 속마음을 헤아리지 못했다네 貿貿不諒余之中情
벽옥을 품고 내게 주면서 懷以璧而畀之
이에 간곡하게 경건히 고하였네 乃告虔之丁寧
내 귀를 기울이고 내 눈으로 보니 傾余耳兮賠余目
아아 사람들의 이목을 놀라게 할 만하도다 吁可駭夫瞻聆
서성[362]의 빛처럼 빛나고 耀瑞星之光芒
화씨 옥돌[363]의 정수를 쪼개 빼낸 듯하네 剖和石之精英
윤기 나는 모양은 잘라낸 비계라서[364] 姿潤截肪
그 값이 연성[365]보다 비싸다네 價踊連城
정성 이미 두텁고 물건 또한 좋으니 款已厚貨亦贏

362 서성(瑞星) : 태평성세에 나타난다는 상서로운 별이다. 덕성(德星), 대성(大星)이라고도 한다. 《史記 天官書》

363 화씨(和氏) 옥돌 : 초(楚)나라 변화(卞和)가 형산(荊山)에서 얻은 옥돌로 천하의 보배인 화씨벽(和氏璧)을 말한다. 《韓非子 和氏》

364 잘라낸 비계라서 : 희고 윤택한 옥을 비유한 것이다. 소비(曹丕)의 〈대리 벼슬에 있는 종요에게 주는 편지〔與鍾大理書〕〉에 "삼가 옥에 관련된 책을 보니 아름다운 옥을 일컫기를 '하얀 것은 비곗덩이를 잘라놓은 것 같다.'라고 하였습니다.〔竊見玉書稱美玉, 白如截肪.〕"라는 내용이 보인다. 《文選 卷42》

365 연성(連城) : 화씨벽(和氏璧)을 말한다. 전국 시대 조(趙)나라 혜문왕(惠文王)이 화씨벽을 얻자 진(秦)나라 소왕(昭王)이 혜문왕에게 편지를 보내어 성 15개를 그 옥벽과 바꾸자고 한 고사에서 유래하였다. 《史記 廉頗藺相如列傳》

어찌 받아두어 그대의 성의에 부합하고 싶지 않겠는가 盍欲留副爾誠
하지만 군자는 얻을 것을 보면 惟君子之見得
반드시 의로움 생각하는 것[366]을 귀하게 여긴다네 必思義之爲貴
던져 준 것이 이미 모과가 아닌데 投旣非以木瓜
보답을 아름다운 옥으로 한 것은 무슨 의도인가[367] 報何意於瓊玖
내가 누더기 걸치고 있지만 품은 것이 있으니[368] 我披褐而有懷
그대에게서 어찌 취하겠는가 其於爾乎奚取
결록과 현려[369]는 結綠懸黎
그대가 가져온 것이고 惟爾所挾
명예를 숭상하고 행동을 깨끗이 하는 것은 矜名潔行
이에 내가 견지하고 있는 바라네 乃余攸執
그대의 보배를 보니 相爾之寶
보배로 여기는 것이 물건이네 所寶維物
나의 보배로 말하자면 曰余之寶

366 얻을……것 : 《논어》 〈자장(子張)〉에 "선비가 위태로움을 보면 목숨을 바치며, 얻을 것을 보면 의로움을 생각한다.〔士見危致命, 見得思義.〕"라고 하였다.

367 던져……의도인가 : 《시경》 〈모과(木瓜)〉에 "나에게 모과를 던져 주기에, 아름다운 옥으로써 갚는다.〔投我以木瓜, 報之以瓊琚.〕"라는 구절을 변용한 것이다.

368 내가……있으니 : 자신만의 내면의 가치를 지니고 있음을 말한다. 《노자(老子)》 70장에 "나를 아는 자가 드물면 나에게 있는 것이 귀해진다. 그러므로 성인은 누더기 걸치고 있으나 보옥을 품고 있다.〔知我者希, 則我者貴. 是以聖人被褐懷玉.〕"라고 하였다.

369 결록(結綠)과 현려(懸黎) : 모두 보옥(寶玉)의 이름이다. 《전국책(戰國策)》 〈진책(秦策)〉에 "신이 듣기로 주(周)나라에는 지액(砥厄)이 있고, 송(宋)나라에는 결록이 있으며, 양(梁)나라에는 현려가 있고, 초(楚)나라에는 화벽(和璧)이 있다고 합니다.〔臣聞周有砥厄, 宋有結綠, 梁有懸黎, 楚有和璞.〕"라는 내용이 보인다.

나에게 있지 다른 데 있지 않다네 在己非他
그대가 가져온 것 내가 견지하는 것과 비교해보면 以爾挾較我攸執
사치스럽고 화려한 것과 꿋꿋하고 바른 차이 있다네 有奢華貞正之不科
만약 그대가 그것을 준다면 苟爾貺之
한번 보배를 받음에 둘 다 해치는 것이 아니겠는가 一受寶不瑕其俱賊
나의 청렴함을 더럽히게 되고 浼我廉
그대가 보관하고 있던 것을 잃게 된다네 孤爾櫝
그대는 지극한 보배를 없애게 되고 費至珍
나는 평소 쌓아둔 것을 무너뜨리게 된다네 虧素蓄
차라리 각자 소유하던 것을 보배로 삼아 寧各寶其所有
주고받아 서로를 더럽히지 말아야 하네 罔互市而相瀆
거절하고 물리쳐야 하니 謝而却諸
보배로 여긴 것은 탐하지 않는 데에 있다네 寶在不貪
이상하구나 異乎哉
이 사람이 보배로 여기는 것이여 乃人之爲寶
이는 진실로 우부가 알 수 있는 바가 아니리네 此固非愚夫之所諳
《좌씨전》에서 말하지 않았던가 傳不云乎
품고 있으면 죄를 받게 된다고[370] 懷之則罪
뜻은 완물하는 데서 잃게 되나니[371] 志喪於玩

370 품고……된다고 : 《춘추좌씨전》 환공(桓公) 10년 조에 필부가 아무 죄도 짓지 않았는데 구슬을 가지고 있자 이를 탐낸 사람이 구슬을 소지한 것을 죄로 삼았다는 내용이 있는데, 이를 두고 사람들이 "필부가 무슨 죄가 있으랴, 옥구슬을 품고 있는 것이 죄일 뿐이지.〔匹夫無罪, 懷璧其罪.〕"라고 하였다.

371 뜻은……되나니 : 쓸데없는 물건에 몰두하면 본심을 잃어버리는 것을 말한다. 《서

이는 자기를 밖으로 여긴 것이 아니랴　非己之外耶
구하지 않아도 족하니　不求而足
이것을 보물로 삼아 간직하리라　斯寶斯臧
몸에 있으면 여유롭게 되니　身在則裕
무엇을 이 보배와 견주겠는가　孰斯寶其方
저 들은 낭랑한 반짝거리는 구슬로　彼璠璵璀璨之琅琅
감히 그 값을 서로 높이려 드는구나　敢其價之相長
사서를 보고 이에 그 옥을 헤아려보면　閱靑簡爰算其儔
천지와 고금에 다하도록[372] 두셋도 안 된다네　窮天地亘今古而不二三
설령 사지에 관한 양백기[373]　縱有楊伯起之四知
오치에 관한 위하경[374]이 있다 한들　韋夏卿之五恥
어찌 똑같이 놓고 나란히 이야기 할 수 있겠는가[375]　豈可與同載而竝談

경》〈여오(旅獒)〉에 "사람 때문에 정신이 팔려서 노닐다 보면 자기의 덕을 상실하고, 물건 때문에 정신이 팔려서 노닐다 보면 본래의 뜻을 잃게 된다.〔玩人喪德, 玩物喪志.〕"라고 하였다.

372 천지와 고금에 다하도록 : 한유(韓愈)의 〈백이송(伯夷頌)〉에 "백이로 말할 것 같으면 빼어난 뜻을 지니고 홀로 탁월한 행동을 하여 천지와 만세에 다하도록 남의 시비를 돌아보지 않을 자이다.〔若伯夷者, 特立獨行, 窮天地亘萬世, 而不顧者也.〕"라는 구절을 변용한 것이다. 《古文眞寶後集 卷4》

373 사지(四知)에 관한 양백기(楊伯起) : 사지는 천지(天知), 신지(神知), 아지(我知), 자지(子知)를 가리킨다. 113쪽 주 153) 참조.

374 위하경(韋夏卿) : 당(唐)나라 위하경이 이부 시랑(吏部侍郞)이 되었을 때 친척 위집의(韋執誼)가 한림학사(翰林學士)로 있으면서 다른 사람에게서 황금을 받고 과거 합격을 부탁받았다. 위집의는 위하경의 소매에 황금을 넣어 주며 주선을 부탁하였는데, 위하경은 소매를 찢어버리고 몸을 일으켜 떠나갔다. 《古今事文類聚 前集 卷25 仕進部 懷金請囑》

375 어찌……있겠는가 : 청렴하기로 이름난 양백기(楊伯起)와 위하경(韋夏卿)도 자한

선을 행하는 것만을 보배로 삼아야 하니[376]	惟爲善以爲寶之
한마디 말도 의리와 관계된다네	一言義或相參
내가 또한 그 말을 보배로 여기리니	余小子亦寶
이 보배를 지닐 수 있다면	斯寶如可藏
내 배를 가르는 것도 감당하리라	堪剖我腹
아아	噫
동녘이 환하게 밝아 오니	東方作矣
쇠망치를 쥐고[377]	金椎握
백마를 내려서	白麻宣之
은갱을 구하도다	銀坑乞
금을 저자에서 찾을 때[378]	探金市上
손으로 쥐고 서로 다투네	攫手相拏
책 속에서 구슬을 구하여	丐珠書中
영예와 명성을 다투어 구한다네[379]	榮名競賣

(子罕)의 개결함과는 견줄 수 없다는 말이다.

376 선을……하니 : 《대학장구》 전(傳) 10장의 〈강고(康誥)〉 단락에 이어서 나오는 구절로, "초나라는 보배로 삼을 것이 없고 오직 선인(善人)을 보배로 삼는다.〔楚國無以爲寶, 惟善以爲寶.〕"라고 한 데서 온 말이다.

377 동녘이……쥐고 : 물질적인 재화를 탐하는 것을 말한다. 《장자(莊子)》 〈외물(外物)〉에 유자(儒者)가 남의 무덤을 도굴할 때 나오는 내용이다.

378 금을……때 : 제(齊)나라 사람이 금을 가지고 싶어서 아침 일찍 의관(衣冠)을 정제하고 저자에 가서 금을 파는 곳에 들러 그 금을 훔쳐가지고 가다가 시리(市吏)에게 붙잡혔다. 시리가 그에게 "사람이 다 보고 있는데, 그대가 남의 금을 훔친 것은 무슨 이유 때문인가?"라고 묻자 그가 대답하기를 "금을 훔칠 때 사람은 보지 못했고 금만 보였을 뿐입니다."라고 했다는 고사가 전한다. 《列子 說符》

지금 사람과 옛사람이 보배로 여겼던 것을 보면 覽今人古人之所寶
하나는 어찌 그리 변변찮고 하나는 어찌 그리 크던가 一何狹而一何大
어이하면 한 움큼의 맑은 빛을 떠서 安得挹一掬之淸光
천하를 밝혀 완악한 이는 청렴케 하고 나약한 이는 기운 북돋울까[380] 燭天下而廉頑激懦
나무는 곁이 곧으면 굽은 그림자는 있지 않으니[381] 樹直表未有曲影
힘쓸지어다 백성의 풍속을 살피는 자들이여[382] 勖哉觀人風者

379 책……구한다네 : 영예와 명성을 구하기 위해 학문을 도구화 하는 것을 말한다.

380 완악한……북돋울까 : 《맹자》 〈만장 하(萬章下)〉에 "백이(伯夷)의 풍도를 듣고 나면, 완악한 자들은 청렴해지고 나약한 자들은 지조를 세우게 된다.〔聞伯夷之風者, 頑夫廉懦夫有立志.〕"라고 하였다.

381 나무는……않으니 : 《서경》 〈중훼지고(仲虺之誥)〉에 "만방에 의표를 세워 백성을 바르게 한다.〔表正萬邦.〕"라고 하였는데, 채침(蔡沈)의 주(注)에 "의표가 여기에서 바로 잡혀 있으면 그림자가 저기에서 곧게 나타난다.〔表正於此, 而影直於彼也.〕"라고 하였다.

382 백성의……자들이여 : 유종원(柳宗元)의 〈포사자설(捕蛇者說)〉에 "아, 누가 가혹하게 징수하는 부세가 독사보다 무섭다는 것을 알겠는가. 그러므로 나는 이 한 편의 설을 지어 백성의 풍속을 살피는 자들이 이 일을 통해 얻는 점이 있기를 기다린다.〔嗚呼! 孰知賦斂之毒有甚是蛇者乎! 故爲之說, 以俟夫觀人風者得焉.〕"라고 하였다. 《古文眞寶後集 卷5》

포편부[383]

蒲鞭賦

임금이 채찍으로 관부의 형벌을 만들어[384] 帝作官刑鞭也

비로소 위엄을 사용하였다네 肇是用威

몽둥이 아니면 통제할 수 없었던 옛날처럼 하지 않았으니

不若惟古之自非梃則不可制之

누가 저 무성한 부들을 썼단 말인가 誰用彼茁者蒲

우리 백성들로 하여금 부끄러움도 알고 선에 이르게 하였으니[385]

民恥且格兮

그 뜻이 살갗 벗겨내는 것 좋아하지 않았네 其爲志不快於剝膚

이러한 사람을 乃如之人兮

한나라의 순리라고 하였네 曰漢循吏

봄의 난초[386] 같다는 칭송은 있었고 春蘭有頌

383 포편부(蒲鞭賦) : 후한(後漢) 때 유관(劉寬)은 매우 인자하여 관리나 백성이 죄를 지으면 벌줄 때 부들 채찍〔蒲鞭〕만을 써서 모욕만 줄 뿐 끝내 육체적 고통을 가하지 않았다는 고사를 주제로 읊은 부이다. 《後漢書 劉寬列傳》

384 채찍으로……만들어 : 《서경》 〈순전(舜典)〉에 "떳떳한 형벌로 보여 주되 유형(流刑)으로 오형을 용서해 주시며, 채찍은 관부의 형벌로 만들고 회초리는 학교의 형벌로 만든다.〔象以典刑, 流宥五刑, 鞭作官刑, 扑作教刑.〕"라고 하였다.

385 우리……하였으니 : 《논어》 〈위정(爲政)〉에 공자가 "백성들을 덕으로 인도하고, 예로 단속하면 백성들이 부끄러워할 줄도 알고 선에 이르게 될 것이다.〔道之以德, 齊之以禮, 有恥且格.〕"라고 하였다.

386 봄의 난초 : 봄에 피는 난초처럼 사람이 온화했다는 말이다.

한 말의 파 같다는 비난은 없었네[387] 斗葱無刺

아름다운 비단을 정교하게 재단하였으니[388] 惟美錦之巧裁

세 군에서 두루 시험하였다네[389] 乃三郡之歷試

정사는 반드시 서[390]를 행해야 하니 政則必於行恕

이 마음을 들어 저 백성에게 베풀었네 能擧斯而加彼

경전 가르침에서 갓난아이 보호하듯 한 것을 생각하고[391]

念若保於經訓

387 한……없었네 : 매운 파처럼 사람이 가혹하게 일을 처리했다는 비방이 없었다는 말이다. 수(隋)나라 때 관내 토포대사(關內討捕大使) 굴돌통(屈突通)은 매우 엄정하기로 이름이 높았는데, 그의 아우 굴돌개(屈突蓋) 또한 장안 영(長安令)이 되어 매우 엄정하였다. 그래서 당시 사람들의 말에 "차라리 서 말의 쑥을 먹을지언정 굴돌개는 보지 않았으면 하고, 차라리 서 말의 파를 먹을지언정, 굴돌통을 만나지 않았으면 한다네."라고 하였다는 고사가 전한다. 《舊唐書 屈突通傳》

388 아름다운……재단하였으니 : 유관(劉寬)이 고을 수령으로 어진 정사를 베풀었음을 말한다. 정(鄭)나라 자피(子皮)가 나이 어린 윤하(尹何)에게 큰 고을을 맡기려 하였다. 그러자 자산(子産)이 반대하면서 말하기를 "그대에게 아름다운 비단이 있을 경우 그것을 옷 만들 줄 모르는 사람에게 주어 옷 만드는 일을 배우게 하지는 않을 것이다. 큰 벼슬이나 큰 고을은 백성의 몸이 의탁하는 곳인데, 배우는 사람에게 시험 삼아 다스리게 한단 말인가. 큰 벼슬이나 큰 고을이야말로 그 아름다운 비단보다 훨씬 더 중요한 것이 아니겠는가."라고 하였다는 고사가 전하다. 《春秋左氏傳 襄公31年》

389 세……시험하였다네 : 《후한서(後漢書)》〈유관열전(劉寬列傳)〉에 "세 군을 차례로 맡아 다스릴 때 온화하고 인자하여 용서하는 일이 많았다. 그래서 아무리 갑작스러운 상황에 놓이더라도 일찍이 말을 빨리 하거나 얼굴색을 갑자기 바꾼 적이 없었다.〔典歷三郡, 溫仁多恕. 雖在倉卒, 未嘗疾言遽色.〕"라는 내용이 보인다.

390 서(恕) : 내 마음을 미루어 남의 마음을 헤아리는 것을 말한다. 《論語 衛靈公》

391 경전……생각하고 : 《서경》〈강고(康誥)〉에 "갓난아이 보호하듯이 하면 백성이 편안히 다스려지리라.〔若保赤子, 惟民其康乂.〕"라고 하였다.

성인이 다친 사람처럼 보듯 한 것을 체인하였네[392] 體如傷於聖人
삼엄하여 가혹한 법망을 민망히 여기고 悶森嚴之峻網
단련하듯 없는 죄를 들씌우는 것[393]을 개탄하였네 慨鍛鍊之深文
마치 불태워져 연못에 가득한 것과 같은 것[394]은 量乎如蕉者
칼로 한 것인가 다스림으로 한 것인가[395] 刃歟政歟
죽은 사람이 삼대처럼 쌓인 것[396]은 殺之如麻者

392 성인이……체인하였네 : 《맹자》 〈이루 하(離婁下)〉에 "문왕은 백성 보기를 다친 사람 보듯 여기셨다.〔文王視民如傷.〕"라고 하였다.

393 단련하듯……것 : 단련은 죄명을 얽어매어 사람을 죄에 빠트리는 것을 말한다. 《후한서(後漢書)》 〈위표전(韋彪傳)〉에 "법조문만 까다롭게 따지는 벼슬아치는 그 마음가짐이 박하다.〔鍛鍊之吏, 持心近薄.〕"라고 하였는데, 이에 대한 이현(李賢)의 주(注)에 "법조문만을 따지는 벼슬아치가 사람을 죄에 얽어매는 것은 마치 도공(陶工)과 대장장이가 단련하여 그로 하여금 익숙하게 하는 것과 같음을 말한 것이다.〔言深文之吏, 入人之罪, 猶工冶陶鑄鍛鍊, 使之成孰也.〕"라고 하였다. 《사기(史記)》 〈혹리열전(酷吏列傳)〉에 "장당(張湯)은 조우(趙禹)와 함께 여러 율령을 제정하였는데, 법률 조문을 매우 가혹하게 적용하는 데 힘써 직책을 맡은 관리들을 구속하였다.〔與趙禹共定諸律令, 務在深文, 拘守職之吏.〕"라는 내용도 보인다.

394 마치……것 : 《장자(莊子)》 〈인간세(人間世)〉에 "위나라 임금이 나이가 젊어 혈기 왕성하고 행동이 독단적이어서 나라를 가볍게 사용하고 자기의 잘못은 보지 못합니다. 백성들의 죽음을 가볍게 여겨 나라 안에 죽은 사람들이 연못에 넘칠 정도로 가득하여 학정(虐政)의 심함이 마치 못가 수풀을 불태워버린 것 같아서 백성들이 갈 곳이 없다고 합니다.〔衛君, 其年壯, 其行獨, 輕用其國, 而不見其過, 輕用民死. 死者以國, 量乎澤, 若蕉, 民其無如矣.〕"라는 내용이 보인다. 이때 '양(量)'은 '만(滿)'의 뜻이고, '초(蕉)'는 '초(焦)'의 뜻이다.

395 칼로……것인가 : 《맹자》 〈양혜왕 상(梁惠王上)〉에 "맹자가 '사람을 죽이는 데 몽둥이와 칼을 쓰는 것이 다릅니까?'라고 하자, 양혜왕이 '다르지 않습니다.'라고 대답하니, 맹자가 '칼과 정사로 사람을 죽이는 것이 차이가 있습니까?'라고 하였다.〔孟子對曰殺人以梃與刃, 有以異乎? 曰無以異也. 以刃與政有以異乎?〕"라는 내용이 보인다.

다스림으로 한 것인가 몽둥이로 한 것인가　政歟梃歟
새 새끼의 껍질도 깨서는 안 되는데　鷇殼不殈
더구나 사람이겠는가　矧伊人矣
구맹[397]도 죽여서는 안 되는데　句萌不殰
하물며 우리 백성이겠는가　況吾赤子
어리석은 사람을 보건대 요컨대 또한 백성이니　相愚夫要亦天氓
부역에서 그 힘을 쓰게 하네　役其力於征賦
그러니 장차 어루만져 돌보면서도　將撫摩而字之
그 어미에게 젖 못 먹을까 걱정해야 한다네　恐不乳於其母
참으로 애석히 여길 것은 백성들의 살갗이니[398]　信可惜者肌膚
백성을 기름에 어찌 사소한 것인들 소홀히 하랴　養孰忽於寸尺
백성들의 힘줄과 피가 나와 같음을 아니　知所同之筋血

396 죽은……것 : 《한서(漢書)》 〈천문지(天文志)〉에 "뒤에 진나라가 마침내 병사를 내어 안으로는 여섯 나라를 병합했고 밖으로는 사이를 물리쳐 죽은 사람이 마치 어지러운 삼대 같았다.〔後秦遂以兵內兼六國, 外攘四夷, 死人如亂麻.〕"라고 하였다. 여난마(如亂麻)는 죽은 시신들이 베어져 어지럽게 널려 있는 것이 삼대와 같다는 말이다.

397 구맹(句萌) : 초목(草木)이 처음 싹트는 것을 형용하는 말이다. 구(句)는 싹이 굽어 돋아나오는 것을 이르고, 맹(萌)은 싹이 곧게 돋아나오는 것을 이른다. 《예기》 〈월령(月令)〉에 "계춘의 달에는 생기가 성대하고 양기가 넘쳐나서 굽은 싹은 다 나오고, 곧은 싹은 모두 뻗어 나오니 실내에 들여서는 안 된다.〔是月也, 生氣方盛, 陽氣發泄, 句者畢出, 萌者盡達, 不可以內.〕"라고 하였다.

398 애석히……살갗이니 : 유종원(柳宗元)의 〈전가(田家)〉에 "관청은 백성들의 마음을 미루어 용서함이 적어, 채찍과 회초리로 멋대로 때린다네. 부디 노력하여 조세(租稅)를 마련하라, 살갗은 참으로 아까운 것이라네.〔公門少推恕, 鞭扑恣狼藉. 努力慎經營, 肌膚眞可惜.〕"라고 하였다. 《古文眞寶前集 卷3》

채찍으로 때리는데[399] 아픔에 무슨 차이가 있겠는가　痛何間於敲撲
또한 사람의 본성은 그다지 서로 멀지 않으니[400]　且人性不甚相遠
대저 어찌 변화시키기 어려우리오　夫詎難乎於變
오직 형벌은 마지못해 써야 하는 것이니　惟刑也用不得已
어찌 때려서 선하게 되기를 구할 수 있겠는가[401]　何可撻而求善
더군다나 백성의 덕이란　況小人其德也
풀 위에 바람이 불면 반드시 쓰러진다네[402]　草尙之風而必偃
그대들이 나의 교화에 복종하지 않더라도　爾梗我化兮
나는 그대들을 사납게 대하지 않을 것이요　我罔爾虐
그대들이 나의 법을 무너뜨리더라도　爾蔑我法兮
나는 잔혹함을 쓰지 않을 것이네　我無用酷
산에 있는 나무를 그대들은 깎지 말며　山有木兮爾無以削

399 채찍으로 때리는데 : 고박(敲撲)은 고복(敲扑)과 같은 말로, 형구(刑具)이다. 가의(賈誼)의 〈과진론(過秦論)〉에 "지존의 자리에 올라 천하를 제어하여, 채찍을 잡고서 천하를 종아리 치고 볼기 친다.〔履至尊而制六合, 執敲扑以鞭笞天下.〕"라고 하였다.《古文眞寶後集 卷1》

400 사람의……않으니 :《논어》〈양화(陽貨)〉에 "타고난 성품은 서로 비슷하나 습관으로 인해 서로 멀어진다.〔性相近也, 習相遠也.〕"라고 하였다.

401 때려서……있겠는가 : 위정자가 강제적으로 다스리면 백성들이 따르지 않는다는 말이다.《맹자》〈등문공 하(滕文公下)〉에 "제나라 사람 한 명이 가르치고 많은 초나라 사람이 떠들어 대면 매일 매를 때리면서 제나라 말을 습득하게 하더라도 될 수 없을 것이다.〔一齊人傅之, 衆楚人咻之, 雖日撻而求其齊也, 不可得矣.〕"라는 구절을 변용한 것이다.

402 백성의……쓰러진다네 :《논어》〈안연(顔淵)〉에 "군자의 덕은 바람과 같고, 백성의 덕은 풀과 같다. 풀 위에 바람이 불어오면 풀은 반드시 쓰러지게 마련이다.〔君子之德風, 小人之德草. 草上之風, 必偃.〕"라고 하였다.

동산에 있는 복숭아나무를 그대들은 베지 말라　園有桃兮爾無以伐
못가의 둑에　澤之陂
어쩌면 저리도 무성한가　何彼茂矣
살랑살랑 거리는 부들 있으니　有菰蒲之獵獵
야들야들한 올라온 꽃대가 보이네　見猗儺之抽榮
곧은 바탕과 강직한 자질이 아니어서　匪貞榦與勁質
때로 우리 백성들이 그냥 지나친다네　時我民之或過
임시로 매질하는 데 쓸 만하니　可假用於搒掠
첫 서리가 내리기 전에 벤다네　未新霜而去刈
한 줌의 푸르디푸른 부들을 묶어　束一把之青青
굽고 곧은 것[403] 대신하여 채찍으로 삼도다　代曲直而爲鞭
관가의 뜰에 부들이 가득하였으므로　任狼藉於公庭
거꾸로 뒤집어 줄기를 무르게 한다네　翩其反而有脆其莖
하여 때려도　薄言加之
채찍에 피가 묻지 않네　不血其箠
당상에 봄바람이 불고　春風堂上
자욱한 화기가 끼네　霼霴和氣
아득한 태고의 방도를　邈矣太古
어찌하여 백리[404]에 썼는가　胡爲乎百里

403 굽고 곧은 것 : 《서경》 〈홍범(洪範)〉 "나무는 굽기도 하고 곧게도 하는 성질이 있다.〔木曰曲直.〕"라고 하였는데, 여기서는 나무로 만든 몽둥이를 의미한다.

404 백리(百里) : 고대에는 대략 백 리를 한 현(縣)의 구역으로 정하였기 때문에 한 고을의 수령이 다스리는 지역을 말한다.

예전에 시행하던 형벌은	曩刑之施
위엄이 사랑을 이겼지만[405]	威克厥愛
아 지금의 형벌은	吁今之刑
위엄을 펴지 않고 은혜롭게 했다네[406]	不威而惠
예전 몽둥이는	曩爾杖矣
내 몸을 아프게 했지만	痛在余體
지금 채찍은	今其鞭矣
내 마음을 부끄럽게 한다네	恥在余心
몸을 고통스럽게 하면 아플 따름이지만	苦其外則徒疾
마음을 일깨우면 깊이 뉘우친다네	警於內則悔深
깊이 뉘우치면 속히 고치고	深其悔而改速
아침에 벌주면 저녁에 금하게 할 수 있다네	可朝罰而夕禁
너의 무리와 너희 부류가 힘쓰면	勖而黨與而類
앞다퉈 따르고 복종하며 공경한다네	爭率服而式欽
아아	嗚呼
신불해와 상앙은 법을 엄격하게 적용하여[407]	申商法密
말세에서 형벌을 남용하였네	淑季刑淫

405 위엄이 사랑을 이겼지만 : 《서경》 〈윤정(胤征)〉에 "위엄이 사랑을 이기면 진실로 성공할 것이요, 사랑이 위엄을 이기면 진실로 공이 없을 것이다.〔威克厥愛, 允濟. 愛克厥威, 允罔功.〕"라고 하였다.

406 위엄을……했다네 : 유관(劉寬)이 처벌할 때 몽둥이로 형신(刑訊)을 쓰지 않으면서도 백성을 감화시켜 잘 다스렸다는 말이다.

407 신불해(申不害)와……적용하여 : 신불해와 상앙(商鞅)은 전국 시대의 법가(法家)로서 법치주의(法治主義)를 주장하여 엄격하게 법을 시행할 것을 강조하였다.

값이 폭등하듯 올라[408]	踴價其騰
죄수들이 반이나 되었네	赭衣相半
사형을 많이 집행한 자는 양리가 되었고	殺人多者爲良
심하게 법문을 멋대로 적용한[409] 자도 한리는 아니었지	舞文深者非悍
유독 주당한 이는	其獨奏當之
한나라에는 장석지만이 있을 따름이었네[410]	便漢有一釋之而已
하지만 듣지 못했네 부들로 채찍 만들어	未聞夫蒲其鞭
그 백성의 태만함 다스렸다는 것을	而率其民之怠倦
아무리 모탕과 도끼로 다스려도[411]	雖以砧斧令之

408 값이 폭등하듯 올라 : 현상금을 내걸어 잘못을 저지른 사람을 고발하게 함으로써 체포하는 것을 말한다.

409 법문을 멋대로 적용한 : 무문(舞文)은 무문농법(舞文弄法)의 준말로, 무문완법(舞文玩法)이라고 하는데, 법문을 제멋대로 해석하여 법률을 곡해하는 것을 말한다. 《사기(史記)》 〈화식열전(貨殖列傳)〉에 "벼슬아치가 글을 교묘하게 꾸며 법을 농간하고, 도장과 문서를 위조하여 자신들에게 내려질 형벌마저 피하지 않는 것은 뇌물을 탐닉하기 때문이다.〔吏士舞文弄法, 刻章僞書, 不避刀鋸之誅者, 沒於賂遺也.〕"라고 하였다.

410 주당(奏當)한……따름이었네 : 한(漢)나라 때 장석지(張釋之)만이 주당을 공평하게 했다는 말이다. 장석지는 한 문제(漢文帝) 때의 문신(文臣)으로, 법은 천자(天子)나 만민이 공평하게 지켜야 한다고 주장하였다. 정위(廷尉)였을 때 문제의 거둥을 범한 사람이 있어 문제가 죽이려 하자 장석지는 그 죄가 벌금형에 해당한다고 하였다. 고조(高祖)의 묘(廟)에서 옥환(玉環)을 도둑질한 자가 있어 문제가 멸족(滅族)에 처하려 하자 장석지는 그 죄가 기시(棄市)에 해당한다고 하였다. 《史記 張釋之列傳》 주당은 옥사의 심리를 완료하고 나서 임금에게 처결에 대한 의견을 아뢰는 일을 말한다.

411 모탕과 도끼로 다스려도 : 백성들을 엄하게 다스리는 것을 말한다. 소순(蘇洵)의 〈익주자사 장공의 화상에 대한 기문〔張益州畫像記〕〉에 "이리하여 도둑을 대하는 뜻으로 백성들을 대하고 도둑을 단속하는 법으로 백성들을 단속하여 발이 걸리고 숨도 제대로 못 쉬는 백성들을 모탕과 도끼로 명령하였다.〔於是, 待之以待盜賊之意, 而繩之以繩盜賊之

여전히 교화를 따르지 않는 자는 而尙未從化者
또한 굳이 부들로 채찍질을 해도 亦未必鞭於蒲
스스로 권면할 줄 모를 것이네 而自知勸勉
나는 백성의 마음이 일정치가 않아서 吾知夫民心之不常
오직 윗사람의 가르치는 바에 달려 있음을 알고 있도다 一唯其上之所敎
그런 만큼 그 백성을 제나라와 노나라의 백성처럼 대하면[412] 然則齊魯其民
백성도 제나라와 노나라의 군주처럼 대하고 而民亦齊魯之
그 백성을 도적처럼 대한다면 盜賊其民
백성도 도적처럼 대한다네 民亦盜賊之
절로 그렇지 않은 경우가 없으니 莫非自然
관대하거나 포악함으로써 효과를 보는 것과는 다르도다 而異其寬與暴之效也
채찍 빌리고 목소리 높이며 성난 기색 드러내지 않는데도 其所以假其鞭箠不動聲氣
능히 한 곳을 다스려 교화를 이룩하는 것이 而能臻一方之治化者
관대함에서 나온 것인지 포악함에서 나온 것이지 나는 모르겠네 吾未知寬耶暴耶

法, 重足屛息之民, 而以碪斧令.〕"라는 내용이 보인다. 《古文眞寶後集 卷7》

412 백성을……대하면 : 위정자가 백성을 문교(文敎)로써 대하면 그 백성들도 그에 따라 변화하게 됨을 말한다. 《논어》 〈옹야(雍也)〉에 "제나라가 한번 변화하면 노나라의 경지에 이르고, 노나라가 한번 변화하면 선왕의 도에 이를 것이다.〔齊一變, 至於魯, 魯一變, 至於道.〕"라고 하였다.

아아　嗚呼
어디엔들 부들이 없겠는가　焉不有蒲
또한 벨 수도 있다네　亦可以刈
사람들 모두 부들로 채찍을 만들 수는 있겠지만　人皆可以作鞭
백성 중 누가 이것으로 자신을 다스릴[413] 수 있으랴　民孰能使自艾
참으로 군자가 노하지 않아도 백성들이 부월보다 두려워하는[414] 경우가
아니라면　苟非君子不怒而民威於鈇鉞
아무리 부들마저 없앴다 하더라도[415]　雖幷其蒲而去之
나는 백성을 능히 감복시키는 자는 보지 못했다네　我未見能服其衆
미덥도다 유공이여　允矣劉公
공이 이런 것을 쓰지 않는다면 그 누가 쓰겠는가　非公用此其誰用
다음과 같이 명을 짓노라　銘曰
짜서 자리를 만들어　織而席
앉거나 눕는다네　坐而臥
부들을 휘어 바퀴 감싸서　揉而輪

413 자신을 다스릴 : 《맹자》 〈만장 상(萬章上)〉에 "이윤이 태갑을 3년 동안 동으로 추방하니, 태갑이 과오를 뉘우쳐 자신을 원망하고 자신을 다스려 동에서 3년 동안 인에 처하고 의에 옮겨서, 이윤이 자기를 훈계한 것을 따라 다시 박읍으로 돌아왔다.〔伊尹放之於桐三年, 太甲悔過, 自怨自艾, 於桐處仁遷義三年, 以聽伊尹之訓己也, 復歸于亳.〕"라고 하였다.

414 군자가……두려워하는 : 《중용장구》 제33장에 "군자는 상을 주지 않아도 백성들이 권면하며 노하지 않아도 백성들이 부월보다도 더 두려워한다.〔君子不賞而民勸, 不怒而民威於鈇鉞.〕"라고 하였다.

415 부들마저 없앴다 하더라도 : 백성을 처벌하는 모든 형벌을 없앤다는 말이다.

현자를 부른다네[416]	聘賢者
만들어 채찍질하면	製而鞭之
백성 또한 부릴 수 있다네	民亦可使
참으로 그대만이	良惟爾獨
이에 부드러움으로 강함을 이겼다네[417]	於是乎柔能勝剛

416 부들을……부른다네 : 한 무제(漢武帝)가 석학(碩學) 신공(申公)을 초빙할 때 수레바퀴를 부들 풀로 싸서 편안하게 탈 수 있는 수레를 만들어 불렀다고 한다.《漢書 儒林列傳》

417 부드러움으로 강함을 이겼다네 : 황석공(黃石公)의 〈포상기(包桑記)〉에 "부드러움이 강함을 이기고, 약함이 강함을 이긴다.〔柔能勝剛, 弱能勝强.〕"라고 하였다.

죽림사부[418]

竹林祠賦

인적 없는 뜰에 나무는 부러졌으며	空庭木缺
층계는 끊어지고 계단은 무너졌다네	斷陛級夷
뱀은 그림 벽에 구멍을 내고	蛇穿畫壁
박수는 거미줄 쳐진 곳에서 취하였네[419]	覡醉蛛絲
누가 백성들을 뽑아	誰擇其民
제사를 지냈는가	乃俎豆之
내가 알기로 내공[420]에게 제사를 지내는 곳인데	我知夫萊公所享
예전에 죽림사가 있었다고 하네	古有竹林祠云
그 사람이 덕을 세운 게 불어났으니[421]	惟其人樹德滋矣

418 죽림사부(竹林祠賦) : 북송(北宋)의 명신인 구준(寇準)을 주제로 읊은 부이다. 구준이 뇌주(雷州)에서 사망한 뒤 고을 사람들이 제사를 지내면서 대나무를 꺾어 땅에 심은 다음 지전(紙錢)을 걸어놓았다. 한 달 뒤에 살펴보니 마른 대나무에 전부 죽순이 돋아나 사람들이 이로 인하여 사당을 세웠다고 한다. 《宋史 寇準列傳》

419 뱀은……취하였네 : 두보(杜甫)의 〈제갈묘(諸葛廟)〉에 "벌레와 뱀은 그림이 그려진 벽에 구멍을 내고, 무당과 박수는 거미줄 쳐진 곳에서 취해 있도다.〔蟲蛇穿畫壁, 巫覡醉蛛絲.〕"라고 하였다. 《全唐詩 卷229》

420 내공(萊公) : 북송(北宋) 때 거란(契丹)을 물리친 공로로 내국공(萊國公)에 봉해진 구준(寇準)을 가리킨다.

421 사람이……불어났으니 : 구준(寇準)이 뇌주(雷州)의 백성들에게 선정(善政)을 베풀었음을 말한다. 《서경》 〈태서 하(泰誓下)〉에 "덕을 세울 때는 불어나게 하는 것을 힘써야 하고, 악을 제거할 때는 근본을 힘써야 한다.〔樹德務滋, 除惡務本.〕"라고 하였다.

식물 또한 심지도 않았는데 무성해졌다네 夫物亦茂於不植
공은 나라의 상서였으니 公惟國瑞
화씨 옥돌 쪼개어 얻은 벽옥이라네 玉剖和石
보통의 산은 공과 기상을 나란히 할 수 없고 山無與齊氣像
일찍이 화악[422]과 비교되었다네 曾比於華岳
코를 골며 잘 때는 소리가 컸으나[423] 鼾睡聲高
적을 맞이하는 신묘한 계책은 진작 마련하였네 神算已辦於臨敵
임금이 말하기를 帝曰
"내 무엇을 걱정 하겠는가 吾何憂乎
그대가 짐의 균형을 잡고 있는데"[424] 惟爾秉朕鈞衡
한 사람한테 권한을 온통 부여하니 一人偏於付畀
천하가 의지하고 존중하였네 天下倚而重輕
어째서 수염 털어주던 간악한 도적이 何拂鬚之憸賊
털을 부는 간악한 짓을 자행했단 말인가[425] 逞吹毛之奸圖

422 화악(華岳) : 중국의 오악(五嶽) 중 하나인 화산(華山)을 말한다. 구준(寇準)의 장대한 기상을 화산에 비유한 것이다.

423 코를……컸으나 : 송(宋)나라를 침입한 거란(契丹)과 전연(澶淵)에서 대치하고 있을 때 구준(寇準)이 매일 밤 양억(楊億)과 술 마시고 바둑을 두었으며 노래 부르고 농담을 하면서 밤을 새기도 하였다. 그러다 잠이 들면 코고는 소리가 천둥이 치는 소리와 같았다고 한다. 친정(親征)을 나섰던 진종(眞宗)이 사람을 시켜 구준의 이런 모습을 보고 나서 "구준이 이렇게 하고 있으니, 내 더 이상 무엇을 걱정하랴.〔準如此, 吾復何憂?〕"라고 하였다. 《宋史 寇準列傳》《宋名臣言行錄》

424 그대가……있는데 : 구준(寇準)이 재상의 직임을 맡고 있음을 말한다.

425 수염……말인가 : 구준(寇準)의 제자인 정위(丁謂)는 벼슬이 참정에 이르렀는데, 구준을 섬기는 것이 매우 정성스러웠다. 중서성에서 함께 식사할 때 국물이 구준의

붕정에서 돌아오자마자	鵬程乍達
웅식을 곧바로 몰았네[426]	熊軾旋驅
나라 살리는 노련한 솜씨를 거둔 채	斂活國之老手
피폐해진 백성을 어루만지었네	撫抱瘼之疲民
공이 말하기를	公曰
"이 어찌 정사를 행하기에 부족하겠는가	此豈不足以爲政
나는 그 백성들을 비루하게 여기지 않으리라"[427]	我莫鄙夷其人
알뜰살뜰 보살피며 소생시켜	吹而煦而鼓之
한 사물이라도 봄을 누리지 못함을 병통으로 여겼다네	病一物之不春
사랑하고 길러주어 생장시켜서	字而育而遂之
필부가 은덕을 입지 못할까 염려하였네	恐匹夫之孤恩

수염에 튀자 정위가 수염을 닦아 주니, 구준이 "참정은 나라의 대신인데, 관장을 위해 수염을 털어 주는가?〔參政國之大臣, 乃爲官長拂鬚邪?〕"라고 말하자 정위가 몹시 부끄러워하였다. 정위가 이를 계기로 모해(謀害)를 날로 심하게 하여 구준이 폄적(貶謫)되었다. 《宋史 寇準列傳》 털을 분다는 것은 남의 사소한 잘못도 들추는 것을 말한다. 《한비자(韓非子)》 〈대체(大體)〉에 "옛적에 대체를 온전히 하는 자는……털을 불어가며 작은 허물을 찾아내지 않는다.〔古之全大體者……不吹毛而求小疵.〕"라고 하였다.

426 붕정(鵬程)에서……몰았네 : 구준(寇準)이 변경(邊境)에서 돌아온 뒤에 곧바로 지방관으로 좌천되었음을 말한다. 붕정은 붕정구만리(鵬程九萬里)의 준말로 《장자(莊子)》 〈소요유(逍遙遊)〉에 보인다. 웅식(熊軾)은 곰이 웅크린 모양을 한 수레의 횡목(橫木)이 있는 수레로, 지방관이 타는 수레의 미칭(美稱)이다. 전하여 지방관이 되는 것을 뜻하는 말로 쓰인다. 《후한서(後漢書)》 〈여복지 상(輿服志上)〉에 "삼공(三公)과 열후(列侯)는 녹각(鹿較), 웅식에 검은 깃발을 단 수레를 탄다."라고 하였다.

427 나는……않으리라 : 한유(韓愈)의 〈유주 나지에 있는 유씨 원님의 묘비〔柳州羅池廟碑〕〉에 "유후가 유주 자사가 되어 그곳 백성들을 비루하게 여기지 않았다네.〔柳侯爲州, 不鄙夷其民.〕"라고 하였다. 《古文眞寶後集 卷3》

위로하고 오게 해서[428]	勞之徠之
가르치고 어루만져 주었다네	以訓以循
사람들이 공에 대해 일컫기를	人謂公曰
"우리는 소두[429]와 같은 사람을 부모로 여기니	吾父母召杜
한나라 조정에 전적으로 기대지 않는다네"[430]	非專於漢朝
봄의 난초 같다는 칭송을 하고	春蘭有頌
복성[431] 같다는 노래 부르누나	福星興謠
뜰에 춤추는 봉황이 보이자	庭瞻舞鳳
강역에 울어대는 올빼미가 사라졌네	境絶鳴梟

428 위로하고 오게 해서 : 《맹자》〈등문공 상(滕文公上)〉에 "방훈(放勳)이 말씀하기를 '위로하고 오게 하며, 바로잡아 주고 펴주며, 도와주고 도와주어 스스로 본성(本性)을 얻게 하고, 또 따라서 진작시켜 은혜를 베풀어 주라.'하였으니, 성인(聖人)이 백성을 걱정함이 이와 같다."라는 내용이 보인다.

429 소두(召杜) : 소신신(召信臣)과 두시(杜詩)로, 모두 한(漢)나라 때 남양 태수(南陽太守)로 있으면서 선정을 베풀었다. 백성들이 이들을 칭송하여 "앞에는 소부(召父)가 있었는데 뒤에는 두모(杜母)가 있었다."라고 하였다. 《漢書 循吏傳 召信臣》《後漢書 杜詩列傳》

430 한(漢)나라……않는다네 : 백성들이 중앙의 조정보다 자신을 직접적으로 다스리는 지방관에게 더 의지한다는 말이다.

431 복성(福星) : 목성(木星)이 세성(歲星)으로 복을 주관한다고 하여 목성의 대칭(代稱)으로 쓰였는데, 뒤에는 한 지역에 행복과 희망을 가져다주는 훌륭한 지방관이란 뜻으로 전용되었다. 송(宋)나라 철종(哲宗) 때 선우신(鮮于侁)이 경동 전운사(京東轉運司)가 되어 부임할 적에 사마광(司馬光)이 말하기를 "지금 동쪽 지방의 폐해를 구하려면 자준이 아니면 안되니, 이 사람이 바로 한 지방의 복성이다. 모든 전운사의 모범이 될 수 있을 것이다.〔今欲救東土之敝, 非子駿不可. 此一路福星也, 可以爲諸路轉運模範矣.〕"라고 하였다. 《山堂肆考 卷68》

항상 우리 공께서 돌아가심을 두려워하였는데 常恐以我公歸兮

도리어 남쪽 변방으로 옮겨가게 되었으니[432] 乃反遷於南徼

수레바퀴 아래 누었지만[433] 만류하지 못하였네 臥轍下而莫留

아득한 영해[434]요 嶺海迢迢兮

머나먼 구름 낀 산이로다 雲嶠渺渺

장차 실행해 보려는 데 부석[435]을 문득 던져버리시고 鳬舃奄抛於將擧

임금이 부르기도 전에 복부[436]를 어느새 완성하셨다네 鵩賦俄成於未召

432 우리……되었으니 : 구준(寇準)이 조정으로 돌아가게 될까 백성들이 걱정하였는데, 도리어 더 남쪽으로 옮겨가게 된 것을 말한다.

433 수레바퀴 아래 누었지만 : 어진 수령이 떠날 때 백성들이 간절히 만류하는 것을 뜻한다. 후한(後漢)의 후패(侯霸)가 임회 태수(臨淮太守)가 되어 선정을 펼쳤는데, 후패를 불러들이러 간 조정의 사자가 경내에 들어가자, 백성들이 수레 아래에 누워 수레바퀴를 잡고서 후패를 1년 동안 더 유임시켜 주기를 청했다는 고사가 전한다.《後漢書 侯霸列傳》

434 영해(嶺海) : 중국의 오령(五嶺) 밖으로부터 남해(南海)를 굽어보는 지역을 말한 것으로, 변방의 유배지를 가리킨다. 한유(韓愈)의 〈조주 자사로서 사례하여 올리는 표문〔潮州刺史謝上表〕〉에 "비록 만 리 밖의 영해(嶺海) 구석에 있더라도 기전(畿甸)이나 도성에 사는 백성과 똑같이 대우합니다.〔雖在萬里之外, 嶺海之陬, 待之一如畿甸之間輦轂之下.〕"라고 하였다.《東雅堂昌黎集註 卷39》

435 부석(鳬舃) : 지방 수령을 말한다. 후한(後漢) 때 왕교(王喬)가 섭현(葉縣)의 수령으로 있으면서 도성에 드나들었는데, 그가 도성에 올 때 수레나 말이 전혀 보이지 않고 오직 두 마리의 오리만 날아오자, 사람들이 이상하게 여겨 그물로 오리를 잡아보니 그물 속에 왕교가 섭현의 수령으로 부임할 때 조정에서 하사한 신발 한 짝만 있었다는 고사가 전한다.《後漢書 王喬列傳》

436 복부(鵩賦) : 올빼미에 대한 노래를 말한다. 가의(賈誼)가 장사왕 태부(長沙王太傅)가 된 지 3년 만에 올빼미가 날아와서 가의의 곁에 앉았는데, 올빼미는 불길한 조짐의 새였다. 이에 가의는 자신이 오래 살지 못할 것이라고 여겨 슬퍼하면서 〈복조부(鵩鳥賦)〉를 지었다. 이로 인해 문인(文人)이 불행한 일을 당한다는 의미로 쓰였다.《史記

우림[437]의 재능을 지닌 이가 아 잘못되었고	用霖雨之嗟違
제천[438]의 재주 지닌 이가 먼저 요절하였다네	才濟川之先夭
고향을 바라보니 어디쯤에 있나	瞻故國兮何許
붉은 깃발을 펄럭거리며 돌아가누나[439]	返翩然之丹旐
동향[440]의 옛 지역에 머무르고	次桐鄉之舊界
그 들판에서 적거[441]의 멍에를 푼다네	稅翟車於其野
절하고서 우는 자는	膜拜而啼者曰
공께서 우리를 교화시켰다고 말하며	公我化
길을 막고 통곡하는 자는	攔途而號者曰
공께서 우리를 편안하게 해주셨다고 말하네	公惠我
예전에 공이 가셨을 때는	向公之去
공은 말이 다섯 필이었고[442]	公五其馬

屈原賈生列傳》

437 우림(霖雨) : 장맛비라는 말로, 경세제민(經世濟民) 할 수 있는 능력을 지니고 임금을 잘 보좌하는 재상을 비유한다. 158쪽 주 282) 참조.

438 제천(濟川) : 시내를 건넌다는 말로, 훌륭한 재상이 국가의 어려움을 타개해 나가는 것을 뜻한다. 158쪽 주 282) 참조.

439 붉은……돌아가누나 : 붉은 깃발은 상여가 나갈 때 드는 붉은 명정(銘旌)이다. 유해를 모신 상여가 돌아감을 말한다.

440 동향(桐鄉) : 전임 수령의 은혜로운 정사를 잊지 못하는 고을을 뜻한다. 한(漢)나라 주읍(朱邑)이 동향의 색부(嗇夫)가 되어 공평하고 은혜롭게 다스리자, 고을 사람들이 공경하고 사랑하였다. 주읍이 죽은 뒤 유언에 따라 그곳에 장사 지냈는데, 고을 사람들이 사당을 짓고 해마다 장사를 지냈다는 고사가 전한다. 《漢書 循吏傳 朱邑》

441 적거(翟車) : 부인의 수레는 꿩의 깃으로 꾸미기 때문이며, 보통 왕비나 귀족 여인이 타는 수레를 말한다. 《詩經 碩人》 여기서는 구준(寇準)의 유해를 실은 상여(喪輿)를 말한다.

지금 돌아오실 때는	今其返矣
공은 상여에 계시는구나	公在喪輀
어떤 물건을 올려야하나	將何物而奠之
길 제사 지내며 길 가운데서 전송한다네	祖而送兮中逵
세워진 것은 쭉 뻗은 긴 대나무요	揭篧篧之脩竿
걸어놓은 것은 흔들거리는 조각 진 흰깁이라네[443]	挂搖搖之片素
어찌 베어진 남은 줄기가	夫何芟夷之餘榦
자라던 땅이 아닌 곳에 의탁하고 있나[444]	託其土之非故
시들지 않고 무성하여	不悴而榮
마치 누군가 심은 듯하고	如或栽之
뽑히지 않고 세워져 있어	不拔而植
마치 누군가 북돋운 듯하네	如或培之
우리 공께서 우리 백성들 밝게 돌보셨음을	惟我公昭報我民
분명하여 속일 수 없다네	耿耿哉其不可誣
그러니 어찌 사당 만들어 제사를 지내	寧無宇而祀之
우리에게 깊은 사랑을 남기신 은덕 표하지 않으리오	表深愛之遺吾
키 작은 숲에 의지하여 사당을 세웠으니	倚短林而開祠
이에 정성껏 영령을 모시리라	爰揭虔而妥靈

442 말이 다섯 필이었고 : 한(漢)나라 때 태수의 수레를 다섯 필의 말이 끌었던 데에서 유래하여 지방 수령을 뜻한다.

443 세워진……흰깁이라네 : 고을 사람들이 구준(寇準)의 제사를 지내면서 대나무를 꺾어 땅에 심은 다음 지전(紙錢)을 걸어놓은 풍광을 묘사한 것이다.

444 베어진……있나 : 고을 사람들이 구준(寇準)의 제사를 지내면서 꺾어 심은 대나무가 죽지 않고 자라고 있음을 말한다.

예전에 공께서 돌아감을 통곡하였으나 昔哭公歸
공은 우리에게 머무르지 않으셨네 公莫我停
지금은 오히려 뵙게 되었으니 今猶獲接
공께선 사당에 계신다네 公在于堂
공께서 사람에게 은덕을 베푸셨으니 公恩在人
제사를 지낸다네 於薦蒸嘗
공의 덕화가 사물에게도 미쳤으니[445] 公化及物
초목이 무성하도다[446] 有蕡草木
세한의 정조는[447] 惟歲寒之貞操
의당 공과 영원히 짝하리라 合配公於不絶
심고 길러서 영구히 지켜갈 것이니 蒔若字而永保
감당에 견주어서 베지 말지어다[448] 比甘棠而勿伐

445 덕화(德化)가 사물에게도 미쳤으니 : 《주역》〈건괘(乾卦) 전(傳)〉에 "지상에 보이니, 이는 덕화가 사물에게도 미쳐서 이미 넓게 베풀었기 때문이다.〔見於地上, 德化及物, 其施已普也.〕"라고 하였다.

446 초목이 무성하도다 : 구준(寇準)의 덕화(德化)로 인해 제사를 지내면서 꺾어 심어 놓은 대나무가 죽지 않고 자란 것을 말한다.

447 세한(歲寒)의 정조는 : 제사를 지내면서 꺾어 심어 놓은 대나무가 푸르게 자란 것을 비유한 말이다. 《논어》〈자한(子罕)〉에 "날씨가 추워진 뒤에야 소나무와 잣나무가 늦게 시듦을 안다.〔歲寒然後, 知松柏之後彫也.〕"라고 하였다.

448 감당(甘棠)에……말지어다 : 주(周)나라 때 소공(召公)이 남국(南國)을 순행(巡行)하면서 선정을 베풀었는데, 소공이 떠난 뒤 남국의 백성들이 그의 덕을 그리워하여 소공이 머물고 쉬었던 감당나무를 소중히 여겨서 "무성한 감당나무를 자르지도 말고 베지도 말라. 소백이 초막으로 삼으셨던 곳이니라.〔蔽芾甘棠, 勿翦勿伐! 召伯所茇.〕"라고 하였다. 《詩經 召南 甘棠》

객이 천추 후에 찾아와	客來訪於千秋
외로운 떨기 어루만지며 눈물을 뿌리리라	撫孤叢而霑洒
삼엄한 꿋꿋한 절조는	森森苦節
아홉 번 죽더라도 후회하지 않는 것을 본받았고[449]	學九死而未悔
늠름한 맑은 풍조는	凜凜淸風
완연히 고인의 면모를 닮았다네	宛古人之面目
쓸쓸한 찬 가지는	寒梢冷落
삼생을 지나온 풍골 벗지 않았고	未蛻三生之骨
너울거리는 푸른 그림자는	翠影婆娑
천년의 혼백을 깨우도다	喚醒千年之魄
아아	嗚呼
정성 쏟지 않았는데 감동했다는 것을	不誠而動
내 들어보지 못하였네	吾未之聞
정성 쏟았는데 감동하지 않았다는 것을	誠而不動
어찌 이치라고 할 수 있겠는가	豈理之云
공의 정성은	公之誠
저 어리석은 백성들은 감동시켰지만	感彼愚民
당시 임금을 깨닫게 하진 못하였네	不能悟乎時君
사물에게도 미쳤지만	能入乎物

449 아홉……본받았고 : 굴원(屈原)의 〈이소경(離騷經)〉에 "임금님이 나를 내치면서 혜초 띠를 주시고, 또 향초인 채초를 가려 뽑아 거듭 주셨네. 이 또한 내 마음에 달갑게 여기는 바이니, 아홉 번 죽더라도 후회하지 않으리라.〔旣替余以蕙纕兮, 又申之以攬茝. 亦余心之所善兮, 雖九死其猶未悔.〕"라고 하였다. 《古文眞寶後集 卷1》

참소하는 사람의 망극한 짓[450] 바로잡지 못하였네　不能格讒人之罔極
큰 은혜가 한 지역에 국한돼 모든 백성이 누리지 못해　俾大惠專而不咸
한 곳의 사당 제사를 흠향할 뿐이라네　享一方之廟食
이는 아마도 조물주의 장난일테니　此殆造物者戲劇
어찌 사람의 지모로 헤아릴 수 있겠는가　豈人謀之可及
그리하여 다음과 같이 노래를 짓노라　因作歌曰
대나무가 사당 때문에 있는 것은 아니만　竹不爲祠兮
대나무와 사당이 서로 필요로 하는 듯하네　如相須些
사당이 대나무 때문에 있는 것은 아니지만　祠不以竹兮
대나무에 의지해서 외롭지 않다네　賴不孤些
푸른 대나무가 아름답고 무성하니[451]　綠竹猗猗兮
저 사당 곁에 있도다　彼祠之傍些
문채 나는 우리 님이여　有斐君子兮
끝내 잊을 수 없다네　終不可忘些

450 참소하는……짓 : 155쪽 주 268) 참조.

451 푸른……무성하니 : 《시경》〈기욱(淇奧)〉에 "저 기수 가 언덕을 보니, 푸른 대나무가 아름답고 무성하도다. 문채 빛나는 우리 님이여, 뼈를 자르고 간 듯하며, 옥석을 쪼고 간 듯하도다.〔瞻彼淇奧, 綠竹猗猗. 有斐君子, 如切如磋, 如琢如磨.〕"라고 하였다.

호남팔부[452]

呼南八賦

사람들이 항상 말하는 기남자는	人有恒言曰奇男子
누구를 두고 하는 말인가	其誰云乎
죽을 만한 상황에 죽어야 하기에	可死而死
이 때문에 불러서 고한 것이라네	乃以是呼而告之
그렇게 부른 것은 의도가 반드시 있으니	其呼也意非徒爾
어찌 자신은 힘쓰지 않고 남을 권면하겠는가	夫豈不勉而勉人
진실로 이미 자신부터 힘을 쏟았도다	諒已辦於其己
열렬한 장부여[453]	烈烈丈夫
어려운 시대를 만났도다	逢時之虞
날마다 말을 몰며 고비를 잡았는데	日馭摝轡
승냥이와 이리가 도성에 있었도다	豺狼在都
진주 백성 절반은 귀신이 되었고[454]	民異物於半秦

452 호남팔부(呼南八賦) : 이 작품은 한유(韓愈)의 〈장중승전의 후서〔張中丞傳後序〕〉를 기반으로 쓰여진 듯하다. 안녹산(安祿山)의 난 때 수양성(睢陽城)을 지키다가 순절한 장순(張巡)과 그의 부장(部將)인 남제운(南霽雲)의 고사를 주제로 읊은 부이다. 남팔(南八)은 남제운으로, 남씨 집안의 형제 중 여덟 번째여서 이렇게 말한 것이다. 《韓昌黎文集 卷13》

453 열렬한 장부여 : 《통감절요(通鑑節要)》 〈당기(唐紀) 숙종(肅宗)〉에 "장순과 허원은 열렬한 장부라고 할 만하다.〔張巡許遠, 可謂烈丈夫矣.〕"라는 평(評)이 실려 있다.

454 진주(秦州)……되었고 : 두보(杜甫)의 〈북정(北征)〉에 "마침내 진주(秦州) 백성 절반을, 처참하게 해쳐 귀신으로 만들었구나.〔遂令半秦民, 殘害爲異物.〕"라고 하였다.

뼈는 동관에서 높게 산을 이루었네[455]	骨高山於潼關
천하에 열군이 얼마이던가	天下列郡幾何
평원과 상산만이 남게 되었도다[456]	獨有平原常山
사황이 필마로서 북쪽으로 내달림 보았노니	睨嗣皇匹馬北驅
삭방에서 왕의 기운이 소생하였네[457]	朔方之王氣乃蘇
오늘날의 형세를 한번 보면	試觀今日之勢矣
의당 동오[458]에서 적을 견제하는 것이 가장 낫도다	宜莫若綴賊於東吳
거의 왕의 토벌이 시행되어	庶王討之得行
훗날을 도모할 수 있는 효과를 거두었네	用收效於後圖

《杜詩詳注 卷5》

455 뼈는……이루었네 : 두보(杜甫)의 〈북정(北征)〉에 "한밤중에 전장터 지나는 데 차가운 달이 백골을 비추네. 동관을 지키던 백만의 군사 지난번 패퇴하여 흩어짐이 어찌 그리도 빨랐던가.〔夜深經戰場, 寒月照白骨. 潼關百萬師, 往者散何卒?〕"라는 구절을 변용한 것이다.《杜詩詳注 卷5》

456 평원(平原)과……되었도다 : 평원 태수(平原太守) 안진경(顔眞卿)과 상산 태수(常山太守) 안고경(顔杲卿)이 안녹산(安祿山)의 반군을 맞아 잘 사수하였음을 말한다. 안녹산의 반란 초기에 황하 북쪽인 하북(河北) 지방의 군현이 모두 반군에게 함락되었다. 이때 상산 태수로 있던 안고경은 안녹산의 양자인 이흠주(李欽湊)를 죽이고 부하인 고막(高邈) 등을 체포하여 처형하였으며, 안진경은 평원 태수로서 그 지역을 온전히 지켰고, 의병을 모집하여 토벌하면서 하삭(河朔) 제군(諸郡)의 맹주(盟主)로 추대되었다.《新唐書 顔杲卿列傳》《舊唐書 顔眞卿列傳》

457 사황(嗣皇)이……소생하였네 : 사황은 현종(玄宗)의 셋째 아들로 태자로 있던 이형(李亨)을 말한다. 현종이 촉(蜀) 땅으로 가는 마외(馬嵬)에서 후에 숙종(肅宗)이 되는 이형과 분조(分朝)하였다. 그런데 이형이 행선지를 정하지 않아 갈피를 못 잡자 건녕왕(建寧王) 이담(李倓)이 삭방도(朔方道)로 갈 것을 건의하여 그쪽으로 가서 결국 숙종은 부흥의 기틀을 마련하게 되었다.

458 동오(東吳) : 강동(江東) 오중(吳中) 지역으로, 여기서는 강회(江淮) 지역을 말한다.

이에 생각건대 신묘한 책략을 가진 공은　肆惟公之神算
보루인 강회를 맡기로 결정하였네[459]　決任江淮之保障
구름처럼 모여든 무리들　雲其徒也
의리를 함께 부르짖었네　義乃同唱
사당에 곡하자 삼군이 피눈물을 흘리며 바라보고　哭廟而三軍血視
치마를 찢자 천 명이 그림자처럼 따랐다네[460]　裂裳而千人影從
저 수양을 바라보니　眷彼睢陽
적이 쳐들어오는 요충지라네　敵來之衝
공이 그 무리에게 "다른 데로 가지 말라"했지만　公謂其徒毋用他適
거센 물결처럼 어지럽게 밀려드는데　狂瀾橫潰
어찌 막을 수 있으랴　可於焉遏
구더기가 갉아먹듯 점점 침식하니　蛆食浸淫
이를 어찌 그치게 할 수 있으랴　此可用戢

459 강회(江淮)를 맡기로 결정하였네 : 수양성(睢陽城)은 지원군이 단절되었는데, 적병이 물밀듯이 쳐들어오자, 수양성을 지키던 군중이 모두 동쪽으로 달아날 것을 의논하였다. 이때 진원 영(眞源令) 장순(張巡)이 수양 태수(睢陽太守) 허원(許遠)과 함께 "수양성은 강회 지역의 보루이니, 이곳을 버리고 떠난다면 적이 승승장구하여 남쪽으로 내려갈 것이고, 그렇게 되면 강회 지역은 반드시 망하게 될 것이다.〔睢陽江淮保障也, 若棄之, 賊乘勝鼓而南, 江淮必亡.〕"라 하며 사수(死守)하기로 결정하였다. 《新唐書 忠義列傳》

460 사당에……따랐다네 : 초군 태수(譙郡太守) 양만석(楊萬石)이 안녹산(安祿山)의 반군에 항복하고 장순(張巡)을 압박하여 장사(長史)로 삼아 서쪽에서 반란군을 맞이하도록 하자, 장순이 현원황제(玄元皇帝)의 사당에서 통곡을 하고서 기병(起兵)하니 따르는 사람이 천여 명이었다. 《新唐書 張巡列傳》 현원황제는 노자(老子)를 말한다. 당(唐)나라의 국성(國姓)이 노자와 같은 이씨(李氏)이므로 건국 초기에 노자를 시조로 받들고 태상현원황제(太上玄元皇帝)라며 추존하였다.

묵적의 띠를 풀 수 있으니[461] 墨帶可解
우리가 사수할 근거지라네 吾守有據
새매 내려앉는 성벽에서 싸울 수 있으니 隼墉可嬰
우리가 싸우다 죽을 곳이라네 吾死有所
밥 짓기 위해 해골이라도 부술 수 있지만[462] 爨可折骸
달아나서 배반할 수 없고 遁不可逆
먹기 위해 자식이라도 바꿀 수 있는 있지만 食可易子
양을 끌 수는 없다네[463] 羊不可牽
합심하여 힘 합쳐 心旣齊而力協
허약한 사내도 오히려 주먹을 휘둘렀으며 弱夫其猶張拳
오합지졸 수천을 지휘하여 董數千之烏合
고슴도치처럼 모인 십만의 적군에 항거하였네 抗十萬之蝟集
위태로운 성을 지키면서 강한 적과 대적하고 保危巢而敵强

461 묵적(墨翟)의……있으니 : 적군의 공격에 방어를 잘 하는 것을 말한다. 초(楚)나라 공수반(公輸般)이 운제(雲梯)를 만들어 송(宋)나라를 치려하자, 묵적이 상 위에다 허리띠를 풀어 성 모양으로 만들고 조그만 막대기로 방어 무기로 삼아 공수반에게 공격해 보라고 하였는데, 공수반이 여러 가지 방법으로 아홉 번이나 성을 공격했지만 번번이 묵적에게 막혔다는 고사가 전한다. 《墨子 公輸》

462 밥……있지만 : 적에게 포위되어 매우 곤궁한 형편에 놓인 상황을 뜻한다. 초 장왕(楚莊王)이 송(宋)나라 성을 포위하였을 때 초나라의 사마자반(司馬子反)이 송나라 쪽의 상황을 묻자, 화원(華元)이 "자식을 바꾸어 잡아먹고, 해골을 쪼개어 밥 짓는 땔나무로 쓴다.〔易子而食, 析骸以爨.〕"라고 하였다. 《春秋左氏傳 宣公15年》

463 양을……없다네 : 상대방에게 항복함을 뜻하는 말이다. 정(鄭)나라 군주가 초(楚)나라 왕에게 항복하였는데, 그때의 광경을 "정나라 군주가 웃옷을 벗고 양을 끌고서 영접하였다.〔鄭伯肉袒, 牽羊以逆.〕"라고 표현하였다. 《春秋左氏傳 宣公12年》

피로한 병사 독려하면서 강포한 적과 맞섰다네	策疲兵而當劇
상황에 따라 응전을 잘 했고	善臨機而應會
귀신같은 솜씨로 적과 싸웠다네	捷神施而鬼設
한 자의 성가퀴는 산악 같았고	尺堞山岳
한 조각 마음은 쇠붙이와 같았다네	寸心金鐵
흉적의 예봉이 불리하게 되어	兇鋒不利
선뜻 앞으로 나오지 못하였네	頓莫能前
이에 용맹스런 기세 더욱 배가 되어	勇氣益倍
만전의 공을 이룰 수도 있었네	功可萬全
통탄스럽구나 금수의 마음은 만족함이 없고	痛獸腸之無厭
흉악함은 뉘우치지 않는 것이	而狼戾之罔悛
성은 외롭고 기세는 미약한데	城孤氣寡
원군도 끊어졌다네	蟻援斯絶
장사들이 무엇을 먹으리오	壯士何啖
사랑하던 이를 고기로 내주었네[464]	所愛者肉
포위를 뚫고 근처에 가서 호소했는데	披圍叫隣
한 손가락의 피에 놀랐다네[465]	一指驚血

464 사랑하던……내주었네 : 반란군에게 포위된 상태에서 곡식이 다 떨어져 많은 병사들이 굶어 죽자 장순(張巡)은 자신의 애첩을 죽여 군사들에게 먹였고, 허원(許遠)은 종을 죽여서 군사들을 먹였다. 《新唐書 張巡列傳》

465 포위를……놀랐다네 : 남제운(南霽雲)이 포위망을 뚫고 가서 임회(臨淮)에 주둔하고 있던 하란진명(賀蘭進明)에게 구원을 요청하였으나 구원병을 보내 주지 않고 잔치를 베풀어 남제운을 자기편에 머물게 하려 했다. 이에 남제운이 수양을 지키는 사람들은 아무 것도 먹지 못하고 있어 그렇게 할 수 없다고 하며 "차고 있는 칼을 꺼내어 손가락

잡아당기면 끊어지는 부분이 있게 되니[466] 引繩有絶
위태로운 상황[467] 의지할 곳 없었네 三板無賴
충량한 이들이 줄 하나에 묶였으니 束忠良於一索
수십 명의 그 무리들 애처로웠네[468] 哀數十兮其輩
이보다 앞서 정한 것이 있는데 先於是而有定
어찌 공의 마음이 행여 변하겠는가 詎公心之或改
흰 칼날로 위협하여 항복시키려 하였고 威白刃而降之
남제운에게도 그러했는데 응하지 않았다네[469] 次於雲而未應
대체로 그 뜻이 장차 큰일을 하려 했으니[470] 蓋其志將欲有爲

하나를 잘라 피가 낭자한 것을 하란지명에게 보여주자, 그 자리에 있던 사람들이 크게 놀랐다.〔因拔所佩刀, 斷一指, 血淋漓, 以示賀蘭, 一座大驚.〕"라는 내용이 한유(韓愈)의 〈장중승전의 후서〔張中丞傳後序〕〉에 보인다. 《韓昌黎文集 卷13》

466 잡아당기면……되니 : 한유(韓愈)의 〈장중승전의 후서〔張中丞傳後序〕〉에 "줄을 당기면 끊어지는 것은 끊어지는 곳이 반드시 있기 때문이다.〔引繩而絶之, 其絶必有處.〕"라고 하였다. 《韓昌黎文集 卷13》

467 위태로운 상황 : 판은 길이의 단위이다. 진(晉)나라 지백(智伯)이 한(韓)·위(魏)와 합세하여 조(趙)를 공격할 때 진양성(晉陽城)을 포위하고 성안으로 물을 끌어대었는데, "그 성이 물에 잠기지 않은 것이 삼판이었다.〔城下不沉者三板.〕"라는 내용이 보인다.《戰國策 趙策1》

468 충량한……애처로웠네 : 수양성(睢陽城)이 함락되어 장순(張巡), 요은(姚誾), 남제운(南霽雲), 허원(許遠)이 모두 생포되었다. 한유(韓愈)의 〈장중승전의 후서〔張中丞傳後序〕〉에 "성이 함락되고 적들은 장순 등 수십여 명을 결박해 앉혀두고 장차 죽이고자 했다.〔及城陷, 賊縛巡等數十人坐, 且將戮.〕"라고 하였다. 《韓昌黎文集 卷13》

469 흰……않았다네 : 《구당서(舊唐書)》 〈장순열전(張巡列傳)〉에 "이에 칼날로 항복하라고 위협하였으나 장순이 굴복하지 않았고, 남제운도 항복시키려 하였으나 응하지 않았다.〔乃以刃脅降, 巡不屈, 又降霽雲, 未應.〕"라는 내용이 보인다.

470 그……했으니 : 적군에 사로잡히고 항복을 요구받을 때 남제운(南霽雲)이 아무런

감히 그 목숨이 아깝다고 말하겠는가	敢云惜其身命
그러나 구차하게 하지 않고	然不可苟
한결같이 정도로서 하였네	一若以正
오랑캐를 꾸짖고 난 다음 목소릴 돋우어	厲罵虜之餘聲
남팔을 돌아보며 다급하게 부르기를	顧南八而頫呼
“장부가 이런 상황에 놓이면	男兒到此
이미 그 목숨을 내놓는 것이다	已置其軀
어찌해 볼 수 없을 때는	無可爲者
죽음만이 있을 뿐이야”하니	有死而已
남제운이 이에 말하기를	雲乃有言
“큰일을 하려는 생각이 있었지만	意有所以
공께서 명하시니	公其有命
감히 이렇게 하지 않겠습니까”하였네	敢不乃爾
안색이 어지럽지 않고 태연자약하였으며[471]	色不亂其陽陽
완연히 화락하게 응대하였다네	宛酬酢之雍容
이에 따르고 거스름이 없어	蹇順乎其莫逆
죽음 보기를 집에 돌아가듯 하며 그 말을 따랐네	視如歸而言從

반응이 없자 장순(張巡)이 “남팔아. 장부는 죽을 따름이니 의롭지 못하게 굴복해서는 안 된다.”라고 하니 남제운이 웃으면서 “장차 큰일을 하려고 하였으나, 공께서 저를 알아주시니, 어찌 감히 죽지 않겠습니까.〔欲將有爲也, 公知我者, 敢不死!〕”라고 말하며 끝내 항복하지 않았다. 《舊唐書 張巡列傳》

471 안색이……태연자약하였으며 : 한유(韓愈)의 〈장중승전의 후서〔張中丞傳後序〕〉에 “장순은 죽을 때 안색이 어지럽지 않고 평상시처럼 태연자약하였다.〔巡就戮時, 顏色不亂, 陽陽如平常.〕”라는 내용이 보인다. 《韓昌黎文集 卷13》

그 목을 빼고 有延其頸

함께 칼날을 나란히 받았다네 共一刃齒

그 이름이 혁혁하여 有奕其名

만고토록 모두들 칭송한다네 同萬古美

앞에서 이렇게 하자 뒤에서 이렇게 하니 前於斯而後於斯

고금에 걸쳐 부끄러울 게 없도다 亘今古而無媿

아아 噫

공이 부르지 않았다면 公不呼也

남제운은 죽음을 늦추어 살아서 공적을 세웠을 것이니 雲可緩死生而效矣

어찌 죽는 것과 같았겠는가 孰如死者

공이 부르자 公其呼矣

남제운은 과감하게 죽었지만 보탬이 못 되었으니 雲死之果死而無益

어찌 굳이 이렇게 했단 말인가 何必乃然

공적은 이토록 이루기가 어려우나 惟事功難成者若是

사리로서 닥치기 전에 헤아릴 수 있다네 理可究於來前

하물며 이미 나의 직분을 다했으니 況已盡乎吾職

목숨을 바치지 않고 다시 무엇을 구하리오 不致命其復何求

나는 공이 부른 뜻을 알았으니 吾知夫公之呼也

말은 어찌 그리 다급하고 뜻은 어찌 그리 주밀했던가 辭何促而意一何周

아아 嗚呼

입이 마르도록 불러도 口燥而呼

신하는 군부에게 달려가지 않더니 臣不赴乎君父

역적이 쪽지를 보내 부르자　折簡而呼

원수 같은 오랑캐에게 다투어 무릎 꿇었네　膝爭屈於讎虜

그리하여 목숨 보전하고 녹봉 지위 유지한 이들　而乃全軀命而保祿位

한둘로 헤아릴 수 없었다네[472]　不可以一二數也

의리를 위하여 죽는 것으로　其能以死義

서로 권면하고 부르자　相勉而呼

오히려 미치지 못할까 두려워하여　猶恐不及

그것에 응함을 어려워하지 않았다네　應之而無難

그런데 하늘은 어찌 이에 선악의 보답을 거꾸로 시행했단 말인가　天胡於是乎逆施其善惡之報焉

나는 그런 이치를 모르니　我昧其理

하늘에 외치고자 하네　欲呼之天

472 목숨……없었다네 : 한유(韓愈)의 〈장중승전의 후서〔張中丞傳後序〕〉에 "당시 성을 버리고 살아남기를 도모한 자들을 한둘로 헤아릴 수 없었다.〔當是時, 棄城而圖存者, 不可一二數.〕"라고 하였다. 《韓昌黎文集 卷13》

백령관채부[473]

百翎貫寨賦

병가에는 법도가 있으니	兵家有法
적군이 지치면 그 틈을 탄다네	勞則乘之
군대를 궤멸시키고 장수를 사로잡는 것은	覆軍擒將
항상 이 방법에 있었다네	恒於斯
깃 꽂은 일백 기병으로 목책을 관통하였으니	百其翎于以貫寨
책략이 좋았고 군사들이 용맹하였기 때문이네	謀之臧兮士之勇
이처럼 적은 병력으로 많은 무리를 대적하였으니	若是乎用小敵衆
이롭게 운용하였다고 누가 말하지 않겠는가	誰不曰以利用也
범처럼 용맹한 자가 있었으니	有猛如虎
감자[474]라는 이었네	曰惟甘子
팔뚝 걷어붙이고 무리 불러 모았으니	奮臂嘯聚
건안[475] 시기의 천하였네	建安天地

473 백령관채부(百翎貫寨賦) : 유수(濡須)에서 백 명의 기병으로 야습(夜襲)하여 조조(曹操)의 대군을 유린한 오(吳)나라의 무장 감녕(甘寧)의 고사를 주제로 읊은 부이다. 《삼국연의(三國演義)》〈감녕이 백 명의 기병으로 위나라 영채를 습격하다〔甘寧百騎刦魏營〕〉에 "시끄러운 북소리 지축을 흔드니, 오나라 군병 닿는 곳 마다 귀신되어 슬퍼하누나. 깃 꽂은 백 명의 기병 조군의 영채 거침없이 뚫고 가니, 감녕은 범 같은 장수라고 모두들 얘기하누나.〔鼙鼓聲喧震地來, 吳師到處鬼神哀. 百翎直貫曹軍寨, 盡說甘寧虎將才.〕"라는 내용이 보인다.

474 감자(甘子) : 감녕(甘寧)을 말한다.

475 건안(建安) : 후한 헌제(後漢獻帝)의 연호로, 196~220년 사이이다.

힘은 능히 몽둥이도 휘게 하였으니 力能撓椎
한 사람 뿐이지 열 명이 아니었네[476] 一夫兮非十
위세는 능히 적군을 떨게 하였으니 威能懾敵
가볍게 발을 내딛었네[477] 輕重兮搖足
어느 궁문에서 옷자락 끌었나[478] 何門曳裾
위나라가 아니고 오나라였다네 不魏而吳
비단으로 돛을 만들어 타던[479] 예전의 거친 면 확 바꾸고
革錦帆之舊猘
적사[480]의 큰 계획을 도왔다네 贊赤社之鴻圖
화살은 돌도 꿰뚫어 깃털까지 박히고[481] 箭入石而羽歃

476 힘은……아니었네 : 감녕(甘寧)의 용력이 출중한 것을 말한다. 《전국책(戰國策)》 〈진책(秦策)〉에 "열 사람의 힘이면 방망이도 구부러지게 할 수 있다."라는 구절을 변용한 것이다.

477 위세는……내딛었네 : 감녕(甘寧)이 움직이기만 하여도 적이 두려워하는 것을 형용한 것이다.

478 어느……끌었나 : 출사하는 것을 말한다. 한(漢)나라 추양(鄒陽)이 오왕(吳王)에게 보낸 글 가운데 "내가 고루한 나의 마음을 꾸미려고만 들었다면, 어떤 왕의 궁문인들 나의 긴 옷자락을 끌고 다닐 수가 없었겠는가.〔飾固陋之心, 則何王之門, 不可曳長裾乎?〕"라고 하였다. 《漢書 鄒陽傳》

479 비단으로……타던 : 감녕(甘寧)이 손권(孫權)에게 출사하기 전에 장강(長江) 일대에서 수적(水賊) 노릇 하던 때를 형용한 것이다. 여몽(呂蒙)이 손권에게 감녕을 소개할 때 "일찍이 도망친 자들을 불러 모아 강호를 휘젓고 다녔습니다.……또 일찍이 서천 비단으로 돛을 만들어 그때 사람들이 모두 금범적이라 하였습니다.〔嘗招合亡命, 縱橫於江湖之中.……又嘗以西川錦作帆幔, 時人皆稱爲錦帆賊.〕"라고 하였다. 《三國演義 第38回》

480 적사(赤社) : 남방의 사직이라는 뜻으로, 손권(孫權)이 통치하던 오(五)나라를 말한다. 적(赤)은 남방을 상징하는 색깔이다. 《史記 三王世家》

검은 산을 쳐서 샘물을 솟게 하였네 劍擊山而泉湧

군대 끌고 종횡무진하며 提兵從邁

북쪽을 향해 싸웠다네 北面而鬩

관문을 어찌 합비로 삼으랴[482] 門焉合淝

삼판은 안중에도 없도다[483] 眼空三板

정나라의 군주가 양을 끌고 오게 하였으며[484] 將牽鄭子之羊

장료가 웃옷을 벗게 만들었네[485] 佇肉張遼之袒

많은 무리가 서쪽에서 오니 大衆自西

승상이 와서 제압하려 하였네[486] 丞相來按

수레가 들판을 울리니 玉軸雷野

481 깃털까지 박히고 : 《여씨춘추(呂氏春秋)》 〈정통(精通)〉에 "양유기가 외뿔소를 쏘았는데 바위에 맞아서 화살이 깃털까지 박혔다.〔養由基射兕中石, 矢乃飮羽.〕"라고 하였는데, 고유(高誘)의 주석에 "음우는 화살이 박혀서 깃털까지 이른 것이다.〔飮羽, 飮矢至羽.〕"라고 하였다.

482 관문을……삼으랴 : 합비(合淝)는 위(魏)나라와 오(吳)나라의 접경지역으로, 두 나라는 요충지인 이곳을 차지하기 위해 치열한 공방전을 벌였다.

483 삼판(三板)은 안중에도 없도다 : 감녕(甘寧)이 적에 대해서 두려움을 느끼지 않았다는 말이다. 삼판은 213쪽 주 467) 참조.

484 정(鄭)나라의……하였으며 : 조조(曹操)가 항복할 정도로 막대한 타격을 주었다는 말이다. 양을 끈다는 것은 상대방에게 항복함을 뜻하는 말이다. 211쪽 주 463) 참조.

485 장료(張遼)가……만들었네 : 장료는 조조(曹操)의 장수로, 오(吳)나라와 국경을 맞대고 있는 합비(合淝) 일대를 방어하던 총사령관이다. 감녕(甘寧)의 활약으로 조조군이 대패함으로써 장료가 사죄를 하게 만들었다는 말이다.

486 많은……하였네 : 당시 승상이던 조조(曹操)는 한중(漢中)의 장로(張魯)를 평정한 후 동쪽에서 손권(孫權)과 공방전을 벌이고 있는 아군을 구하기 위해 직접 대군을 이끌고 왔다. 《三國演義 第67回》

동천[487]을 유린한 수레를 돌렸다네 蹂東川之回軫
금창이 해처럼 반짝거리니 金槍爍日
장노의 피를 묻힌 칼날이 남았다네 血張魯之餘刃
승리를 석권하며 옮겨 다니면서 싸우니 席勝轉鬭
예봉을 막을 수 없도다 鋒不可遏
손권과 견주어 힘을 헤아려보면 比權量力
열 배나 된다네 其倍也什
우격[488]을 밤에 전하자 羽檄夜傳
모신들이 모두 흙빛이 되었네 謀臣皆墨
손후가 말하기를 "아아 孫侯曰吁
무릇 우리 장사들이여 凡我將士
전쟁은 군사가 많은데 달려 있지 않으니 兵不在多
기미를 살필 따름이다 審機而已
피폐한 군사를 독려하여 멀리까지 와서 싸우니 策疲師而遠涉
그들은 실로 군사를 쓰기가 어려울 것이다 其實難用
위세에 겁을 먹어 억지로 복종하면 怯於威而强服
그 군심이 쉽게 동요되리라 其心易動
이른바 계책으로 격파할 수 있으니 是所謂可以計破
예리한 기세를 쌓아두었다가 몰래 공격하는 게 가장 좋도다

487 동천(東川) : 군벌(軍閥) 장로(張魯)가 통치하던 한중(漢中)을 말한다.

488 우격(羽檄) : 새의 깃털을 꽂은 격문(檄文)이라는 뜻으로, 군사상의 문서는 신속하게 전달할 필요가 있기 때문에 나는 새처럼 빨리 전달하라는 의미에서 새의 깃털을 꽂았다고 한다.

宜莫如蓄銳潛發

송나라 사람처럼 하지 말아야 하니　無若宋人然

진용 갖추기 전 공격해야 한다는 말 듣지 않았도다[489]　不聽乎未陣而擊

누가 진나라 신하처럼　孰如晉臣者

반쯤 건넜을 때에 공격하는[490] 것을 능히 강구하리오　能講乎半涉而薄

교전할 때는 비록 정공법으로 하더라도　合雖以正

능히 승리할 수 있는 것은 기책에 있다네　能勝在奇

중군을 돌파하여 씩씩하게 돌입해야 하니　惟其突中堅而雄入

어떻게 하면 힘 있는 무부로서　安得武夫之力

머리카락 곤두서고 눈꼬리 찢어진[491] 이를 얻을 까나"하였네

489 송(宋)나라……않았도다 : 실전에서 벗어난 전술 운용으로 대패했던 송나라 양공(襄公)처럼 군사를 부리지 않겠다는 말이다. 양공은 홍수(泓水) 부근에서 초(楚)나라와 패권을 다툴 때, 초나라 군대가 강을 건너기 전에 공격해야 한다는 공자(公子) 목이(目夷)의 말에 "군자는 남의 어려움을 보고 괴롭히지 않고, 진영이 갖추어지지 않으면 싸우지 않는다.〔君子不困人於阨, 不鼓不成列.〕"라고 하며, 초나라 군대가 전열을 정비한 뒤에 교전하였다가 결국 완패하였다. 《史略 卷1 春秋戰國 宋》

490 진(晉)나라……공격하는 : 진나라와 초(楚)나라 군대가 물가에서 대치하고 있을 때 진나라 장수 양처보(陽處父)가 초나라 장수 자상(子上)에게 "당신이 싸우고자 한다면, 내가 30리를 물릴 것이니 당신은 건너와서 진을 치시오."라고 하였다. 자상이 이를 수용하려 하자, 참모인 대손백(大孫伯)이 "진나라 사람은 신의가 없으니 우리가 반쯤 건넜을 때에 우리를 공격한다면, 패전을 후회한들 어찌 미칠 수 있겠습니까."라고 하며 만류한 고사에서 온 말이다. 《春秋左氏傳 僖公33年》

491 머리카락……찢어진 : 용맹한 장사의 모습을 형용한 것이다. 항우(項羽)와 한 고조(漢高祖)가 일찍이 홍문연(鴻門宴)에서 회합(會合)했을 때, 항우 측에서 고조를 죽이려 하였다. 고조의 무장인 번쾌(樊噲)가 검을 차고 방패를 앞세워 위병을 쓰러뜨린 후 장막을 젖히고 서쪽을 향해 눈을 부릅뜨고 서서는 항우를 노려보는데, "머리카락은 하늘로 곤두서

而髮竪而眥裂

막하에는 어떤 사람 있나　幕下何人
열 근의 창을 쥐고　搦十斤戟
팔 척의 몸을 일으켰다네　挺八尺身
"신이 투구를 벗은 채[492] 적에게 돌입하여　臣願效免胄入敵
우리 공의 명에 부응하고자 합니다"하였네　副我公命
수레에 기댄 채 바라보니　憑軾而寓目
훌륭하도다 이 청이여　夸哉斯請
아침에 접견할 때　詰朝而將見
"신이 기밀을 누설하지 않고　臣不漏機
짐을 꾸려 수레에 싣고 무기를 갈고서[493]　束載厲兵
한밤중에 출병하겠습니다"하였네　中夜爲期
아궁이에서 불을 꺼내고　火出於竈
말의 혓바닥을 붙들어 매었다네[494]　馬縶其舌

고 눈꼬리는 찢어질 것 같았다.〔頭髮上指, 目眥盡裂.〕"라고 하였다.《史記 項羽本紀》

492 투구를 벗은 채 : 용맹한 모습을 형용한 것이다.《춘추좌씨전》 희공(僖公) 33년 조에 "진나라 군사가 주나라의 북문을 지나가는데, 좌우에서 투구를 벗고 내렸다가 곧장 다시 수레에 뛰어 올라탄 자가 삼백 승이었다.〔秦師過周北門, 左右免胄而下, 超乘者三百乘.〕"라고 하였다.

493 짐을……갈고서 : 출진 준비를 말한다.《춘추좌씨전》 희공(僖公) 33년 조에 "정나라 목공이 사람을 보내어 기자 등이 머무는 객관을 살피게 하였더니, 짐을 꾸려 수레에 싣고 무기를 갈고 말에 먹이를 먹이고 있었다.〔鄭穆公使視客館, 則束載厲兵秣馬矣.〕"라고 하였다.

494 아궁이에서……매었다네 : 오왕(吳王) 부차(夫差)가 진(晉)나라와 싸우기 전에 출진 준비를 갖출 때 "말의 혓바닥을 붙들어 매고 아궁이의 불을 밖으로 꺼내었다.〔係馬

북군[495]은 갑옷만 입은 채 대기하고 있었으며 北軍坐甲

남인은 방울을 품에 안았으니[496] 南人擁鐸

사람마다 깃 꽂아서 표지로 삼았는데[497] 결사대가 백 명이라네 人一翎而爲號敢死者百

강 건널 때 붉은 새의 깃을 단 화살로 강물 빛이 뒤덮여 渡江之朱熘掩色

엄숙하여 시끄러움이 없는 웅비[498]라네 肅無譁之熊羆

저기 목책이 세워져 있는데 彼樹者寨

군사들이 숲을 이루고 있다네 如林其師

호랑이 굴에 들어가지 않으면 不入虎穴

호랑이 새끼를 얻지 못하니 不得虎子

舌, 出火竈.〕"라고 하였다. 《國語 吳語》

495 북군(北軍) : 조조(曹操)의 군대를 말한다. 《삼국지(三國志)》 〈감녕전(甘寧傳)〉에 "보루를 넘어 진영으로 들어가 수십 급을 베자 북군이 놀라고 북을 치면서 시끄러웠다.〔踰壘入營, 斬得數十級, 北軍驚駭鼓譟.〕"라고 하였다.

496 남인(南人)은……안았으니 : 오(吳)나라 군대가 소리를 내지 않고 은밀히 진격하는 모습을 형용한 것이다. 《국어(國語)》 〈오어(吳語)〉에 "행을 통솔하는 지휘관은 모두 관사로서 방울을 품에 안고 군사의 명부를 손에 잡았다.〔行頭, 皆官師擁鐸拱稽.〕"라고 하였다.

497 사람마다……삼았는데 : 《삼국연의(三國演義)》 〈감녕이 백 명의 기병으로 위나라 영채를 습격하다〔甘寧百騎劫魏營〕〉에 "이경 쯤 되었을 때 흰 거위 깃 백 개를 가져다가 투구에 꽂아서 표지로 삼았다.〔約至二更時候, 取白鵝翎一百根, 插於盔上爲號.〕"라고 하였다.

498 웅비(熊羆) : 용감한 군사를 의미한다. 《서경》 〈목서(牧誓)〉에 "부디 굳세고 굳세어 범과 같고 비휴와 같으며 곰과 같고 큰곰과 같이 상나라 교외에서 싸워 도망하는 자들을 맞아 공격하여 서토 사람들을 노역하게 하지 말라.〔尙桓桓如虎如貔, 如熊如羆于商郊, 弗迓克奔, 以役西土.〕"라고 하였다.

어찌 적진 앞까지만 갔다가 돌아올[499] 수 있겠는가　夫豈云摩壘而旋

이에 말하기를　乃曰

“내 말 머리가 향하는 곳을 보라　余馬首是瞻

나는 내 머리만 달고[500] 곧장 전진하겠다”하였네　吾戴吾頭而直前

삐죽 솟은 게 머리에 있으니　翹翹者在頂

한번 북을 치는 순간 관통하였네　一鼓而貫

장사가 종횡으로 엿보며 빠르게 돌파하니　壯士橫狙而驟突

삼군이 물결처럼 갈라지고 구름처럼 흩어지누나[501]　三軍浪坼而雲散

떠들썩한 소리는 사극의 중심까지 흔들고　讙聲撼四極之樞

맹렬한 기세는 구택[502]의 보까지 터트릴 정도였네　猛勢決九澤之堰

바람과 구름 천둥과 번개가 몰아치듯 뒤엉키고 번쩍거리니[503]

驅風雲雷電之轇轕熠爍兮

499 적진……돌아올 : 《춘추좌씨전》 선공(宣公) 12년 조에 “도전하는 자는 깃발이 쓰러질 정도로 빨리 달려 적진 앞까지 육박했다가 돌아오는 것이다.〔致師者, 御靡旌, 摩壘而還.〕”라고 하였다.

500 나는……달고 : 유종원(柳宗元)의 〈단태위의 드러나지 않은 일을 적은 행장〔段太尉逸事狀〕〉에 보인다. 단수실(段秀實)이 곽희(郭晞)의 사졸들이 불법을 자행하자 이를 엄단하고 곽희에게 이를 바로잡아 줄 것을 요청하기 위해 직접 곽희의 군영으로 들어갈 때 무장하지 않고 늙고 다리를 저는 사병 하나를 골라 말을 끌게 하고 곽희 군문에 도착했다. 무장한 사병이 뛰어나오자, “늙은 군졸 하나 죽이는 데 무슨 갑옷을 다 입었느냐. 내가 내 머리를 이고 왔다.〔殺一老卒, 何甲也? 吾戴吾頭來矣.〕”라고 하였다.

501 삼군(三軍)이……흩어지누나 : 감녕(甘寧)이 이끄는 결사대의 야습으로 조조(曹操)의 군대가 무너짐을 형용한 것이다.

502 구택(九澤) : 중국 구주(九州) 호수(湖水)의 총칭이다. 《書經 禹貢》

503 바람과……번쩍거리니 : 감녕(甘寧)이 이끄는 결사대가 조조(曹操)의 대군을 유린하는 모습을 형용한 것이다.

신령스런 위엄으로 임하여 유린하였네 蒞威神而憑陵

아홉 번을 오르내리며 모조리 쳐 죽였으니[504] 擊盡殪九上九下

용이 뛰고 범이 날뛰어 산악이 무너지는 듯하였네 龍跳虎躩兮山岳崩

중국 전토를 손아귀에 넣고 括撇神州

천하를 횡행할 때 橫行天下

그에게 부림을 당한 장부가 얼마인가 爲其所驅使者凡幾男兒兮

그런데 지금 일개 무사 손에 모조리 죽임을 당했도다

今直鏖糟薤粉乎一介士手下

세류영[505]에서 細柳營中

어이하면 주아부처럼 꼼짝 않고 누워 있는 사람[506]을 얻을 까나

安得堅亞夫之臥

504 아홉……죽였으니 : 용맹하게 적군과 싸우는 모습을 형용한 것이다. 기원전 493년 벌어진 철(鐵) 땅의 전투에서 위(衛)나라 장공(莊公)이 자신의 공로를 자랑한 말에 "내가 수레에서 아홉 번을 오르내리며 모여드는 적들을 모두 쳐서 죽였으니, 오늘 싸움에서 나보다 더한 사람이 없다.〔衛莊公爲右, 曰吾九上九下, 擊人盡殪, 今日之事, 莫我加也.〕"라고 하였다. 《國語 晉語》

505 세류영(細柳營) : 흉노가 침범하자 이를 물리치기 위하여 세류(細柳)에 설치한 주아부(周亞夫)의 군영을 말한다. 한 문제(漢文帝)가 시찰을 왔을 때 군령(軍令)이 없었다 하여 황제의 출입을 제지할 정도로 군율(軍律)이 엄격하였으므로, 이후 군율이 엄격한 군영의 의미로 쓰였다. 《史記 絳侯周勃世家 周亞夫》

506 주아부(周亞夫)처럼……사람 : 침착하게 작전을 수행하는 장수를 말한다. 한 경제(漢景帝) 때 오(吳)나라와 초(楚)나라가 반란을 일으키니 주아부가 출전하지 않고 날랜 군사를 파견하여 은밀히 적의 식량 보급로를 차단하자 오초는 식량이 떨어져 철수하려고 도발하였으나 끝내 출전하지 않았다. 어느 날 밤중에 군중(軍中)이 놀라 요란하게 서로 공격하며 장막의 부근에까지 이르렀으나 주아부가 꼼짝도 하지 않고 누워 있자 다시 진정되었다고 한다. 《漢書 周亞夫傳》

적벽대전 이후에 赤壁之後
운 좋아 다시 터럭 빠지게 달아난 신세가 되었도다[507] 幸復爲禿鬜而走
민첩했도다 이 공격이여 捷哉斯伐
밤을 택하고 卜其夜
낮을 택하지 않았다네[508] 未卜其晝
그대의 머리에 삐죽이 솟은 것을 보니 相爾弁矣
흰 깃이 희도다 白羽之白兮
그 무리를 보니 閱其徒矣
인원수가 백에 부족하지 않았네 數不欠百
펄럭거리며 거침없이 휘저었으니 翩其反而沛乎
순풍을 만난 것과 같았던가[509] 如遇順風者耶
물수리처럼 노려보고 매처럼 하늘로 날아올랐으니 鶚視兮鷹揚
저 쑥대처럼 쫓겨 달아나는 자를 두렵게 하였던가 惴彼逐走蓬者耶
그렇지 않다면 어찌 더없이 가벼운 것을 꽂은 군사가
不然則其安得戴莫輕者

507 운이……되었도다 : 조조(曹操)가 구사일생으로 목숨을 건진 것을 말한다.

508 밤을……않았다네 : 진경중(陳敬仲)이 제 환공(齊桓公)에게 주연을 베풀어 주었는데, 환공이 몹시 기뻐 불을 밝히고 계속 마시자고 하자, 진경중은 사양하며 "신은 낮 잔치만 준비하고 밤 잔치는 준비하지 않았으니, 감히 명을 받들 수 없습니다〔臣卜其晝, 未卜其夜, 不敢.〕"라는 구절을 변용한 것이다. 《春秋左氏傳 莊公22年》

509 거침없이……같았던가 : 왕포(王褒)의 〈성군이 현신을 얻었음을 찬양하다〔聖主得賢臣頌〕〉에 "마치 기러기 털이 순풍을 만나서 나는 듯하고 거대한 물고기가 큰물에서 거침없이 휘젓는 듯하도다.〔翼乎如鴻毛遇順風, 沛乎若巨魚縱大壑.〕"라고 하였다. 《古文眞寶後集 卷1》

물새처럼 물러나지 않은 채 새매처럼 공격할 수 있었겠는가[510]
不爲鶂退而爲能鷐擊

저 말을 빼앗아 탄 비장　惟彼奪騎之飛將

공을 어찌 하루에 논할 수 있겠는가　功詎論於一日

이처럼 뒤도 안 보고 용맹하게 나아갔으니　能若是勇往不顧

두려워하지 않았다고[511] 할 수 있을 것이라네　可謂能無懼已

비록 그렇지만　雖然

위협하며 휘젓는 일은　劫掠之擧

부득이한 상황에서 해야 한다네　出非得已

범을 맨손으로 잡고 하수를 맨몸으로 건너려 하는 것은　暴虎憑河

성인께서도 취하지 않으셨다네[512]　聖人不取

만약 형세를 세심히 살펴서　苟非察其勢審其形

510 물새처럼……있었겠는가 : 여섯 개의 아름다운 깃털을 가진 물새가 폭풍에 밀려났다는 고사를 원용하여 감녕(甘寧)의 결사대가 물러나지 않은 채 죽기를 각오하고 새매처럼 싸운 것을 형용하였다. 《春秋左氏傳 僖公16年》

511 두려워하지 않았다고 : 《맹자》 〈공손추 상(公孫丑上)〉에 "맹시사(孟施舍)가 용기를 기른 방법은 '나는 이길 수 없는 상대를 보고도 이길 것처럼 생각한다. 적을 헤아린 뒤에 전진하고 승패를 가늠한 뒤에 교전한다면 이것은 적의 삼군을 두려워하는 자이다. 내 어찌 반드시 이길 수 있겠는가마는 두려워하지 않았을 뿐이다.'라는 것이다.〔孟施舍之所養勇也曰視不勝, 猶勝也. 量敵而後進, 慮勝而後會, 是畏三軍者也, 舍豈能爲必勝哉? 能無懼而已矣.〕"라고 하였다.

512 범을……않으셨다네 : 무모한 용기를 말한다. 자로(子路)가 "부자께서 삼군을 인솔하고 전장에 나가시게 된다면 누구와 함께 가시겠습니까?〔子行三軍則誰與?〕"하고 물으니, 공자(孔子)가 "범을 맨손으로 잡으려 하고 하수를 맨몸으로 건너다가 죽어도 후회하지 않는 자와는 나는 함께하지 않을 것이다.〔暴虎憑河, 死而無悔者, 吾不與也.〕"라고 하였다. 《論語 述而》

적절한 때가 된 뒤에 쓰지 않는다면	時然後用之
부추김 받아 무턱대고 행군하는 자들은	其爲被嗾而冥行者
적에게 아군을 넘겨주는 것에 가깝다네	不幾乎遺人獲也
중모[513]가 찬탄한 것이 당연하거니	當如仲謀之歎
이 때문에 그러했던 것도 당연하도다	宜哉爲是而發
결사적으로 싸우는 사람을 얻을 수 있었으니	惟能得人之死力
은혜에 보답한 것이 적지 않았다네	不淺淺其所報效
이것으로 사방을 경영하였으니[514]	以此而經營四方
적이 얼마나 강하든 간에 끊어버리지 못하였겠는가	敵何强而不勦
다만 애석한 것은 지혜는 환문[515]에 부족하고	獨惜乎智歉桓文
의리는 존주[516]에 어두웠다네	義昧尊周
무릇 이렇게 지모 다투고 용맹함 뽐내었으니	凡玆鬪智而逞勇
요컨대 자기 위한 모책에 불과할 따름이었네	要不過爲己之謀
장강과 한수를 해자로 삼고	夫以江漢爲池
백만의 갑병을 지녔는데도	帶甲百萬

513 중모(仲謀) : 손권(孫權)의 자(字)이다.

514 사방(四方)을 경영하였으니 : 위세를 떨치는 것을 말한다. 《시경》 〈북산(北山)〉에 "네 마리 말 쉬지 않고 달리니, 나랏일 많기도 하다네. 다행히도 이 몸 아직 늙지 않아 지금 한창 때라 사방을 경영할 수 있다고 여기도다.〔四牡彭彭, 王事傍傍. 嘉我未老, 鮮我方將, 旅力方剛, 經營四方.〕"라고 하였다.

515 환문(桓文) : 춘추 시대 오패(五霸) 중 제 환공(齊桓公)과 진 문공(晉文公)을 아울러 일컫는 말이다. 이들은 오패의 우두머리로서 제후를 잘 제어(制御)하고 주(周)나라 왕실을 높였다.

516 존주(尊周) : 《춘추(春秋)》의 대의인 주나라 왕실을 높이고 오랑캐를 배격하는 존주양이(尊周攘夷)의 의리를 말한다.

한나라의 종실이 망하는 것을 좌시하여 而坐視漢宗之覆亡

조만[517]을 토벌하자는 말 한마디 하려 하지 않았고 不肯出一辭以討曹瞞者

또한 못과 숲에 모이듯 도망자들의 주인 노릇[518] 함을 면치 못하였네 抑不免爲逋逃主萃淵藪

적임자를 많이 얻을 뿐만이 아니어서 非特得人之多

감녕 같은 자는 수레에 싣고 말로 헤아렸으며 如甘寧者車載斗量

이 밖에 총명하여 특별히 뛰어난 자가 팔구십 명[519]이라도 雖復聰明特達者八九十

어찌 헤아릴 게 있으리오 其焉足數

누가 자줏빛 수염의 노인[520]더러 기개가 강인하다고 했는가 誰謂紫髥翁烈烈其氣

517 조만(曹瞞) : 조조(曹操)를 말한다. 어릴 때 그의 자(字)가 아만(阿瞞)이었기 때문에 이렇게 말한 것이다.

518 못과……노릇 : 《서경》 〈무성(武成)〉에 "이제 상나라 임금 수는 무도해 하늘의 물건을 함부로 하여 없애 버리고 백성을 해치고 포학하게 하며 못과 숲에 모이듯 천하 도망자들의 주인이 되었네.〔今商王受無道, 暴殄天物, 害虐烝民, 爲天下逋逃主, 萃淵藪.〕"라고 하였다.

519 총명하여……명 : 《통감절요(通鑑節要)》 〈한기(漢紀)〉에 "조비가 말하기를 '오나라에 대부와 같은 자는 몇 사람이나 되는가?' 하니, 대답하기를 '총명하여 특별히 통달한 자가 팔구십 명이요, 신과 같은 무리는 수레로 싣고 말로 헤아릴 정도로 매우 많습니다.'〔丕曰吳如大夫者幾人? 對曰聰明特達者八九十人, 如臣之比, 車載斗量, 不可勝數.〕"라고 하였다.

520 자줏빛 수염의 노인 : 손권(孫權)을 말한다. 손권은 푸른 눈과 자줏빛 수염을 가지고 있었다고 한다.

업하의 황구에게 무릎을 꿇은 것을 치욕으로 여기지 않았는데[521]
曾不恥屈其膝於鄴下黃口

깃털과 짐승의 털 상아와 가죽[522]으로 羽毛兮齒革

동방 제후로서의 법도를 신중히 해야 했다네[523] 謹東方之侯度

그런데 훗날 전쟁을 벌였으니 異日之金革從事

응당 후회한들 무슨 소용이었겠는가 應有悔而不可追

무릇 백 명의 깃을 단 이로 목책을 관통할 수 있음을 알고서도
夫然後知其百翎而貫寨

요컨대 공명에게 휘둘림을 당하였구나 要亦孔明使之

521 업하(鄴下)의……않았는데 : 업군(鄴郡)으로 위(魏)나라가 도읍으로 삼았던 곳이다. 손권(孫權)은 유수(濡須)에서 조조(曹操)와 대치 상태가 길어지자 참모 장소(張昭)와 고옹(顧雍)의 건의를 받아들여 조조에게 세공(歲貢)을 바치는 조건으로 화친하기를 청하였다.《三國演義 第68回》

522 깃털과……가죽 : 오(吳)나라의 특산품을 말한다.《서경》〈우공(禹貢)〉의 형주(荊州)에 해당하는 부분에 "그 공물은 깃털과 짐승의 털 상아와 가죽 금, 은, 동 세 가지 금속이다.〔厥貢, 羽毛齒革, 惟金三品.〕"라는 내용이 보인다. 형주는 오나라가 통치하던 지역이다.

523 동방(東方)……했다네 :《시경》〈억(抑)〉에 "네 백성을 안정시키며 너의 제후로서의 법도를 조심하여 뜻밖의 변고를 경계하라.〔質爾人民, 謹爾侯度, 用戒不虞.〕"라고 하였다.

목요부[524]

木妖賦

크도다 나무에 깃든 뜻이여	大哉木之爲義也
덕으로서 왕이 되어[525]	德以王
그 인을 행한다네	行其仁
한 해를 시작하게 하니	歲以紀
때는 봄에 해당한다네[526]	時維春
작은 것은 땅에 무늬를 내고 흙에 옷을 입히기도 하며	小可以文乎地而衣乎土
큰 것은 하늘로 치솟고 골짝에 우뚝 솟을 수 있다네	大可以昂諸霄而聳諸壑
법도에 맞게 다듬으면	削以繩墨
들보와 서까래로 쓴 것이 빛난다네	梁桷有奭
이것을 베어 거문고와 비파로 만들면[527]	爰伐琴瑟

524 목요부(木妖賦) : 목요는 목재로 인해 나타나는 이상한 현상이라는 뜻으로, 건물을 극도로 사치스럽게 짓는 것을 비난하는 말이다. 당 현종(唐玄宗) 때 안녹산(安祿山)의 난리를 치른 뒤에 국법이 해이해져 신하들이 지난날 왕족과 공신들이 했던 것처럼 있는 재력(財力)을 다 들여가며 앞다퉈 정자와 저택을 짓는 풍조가 만연하였는데, 이를 두고 당시에 목요라고 불렀다 한다. 이 고사를 주제로 읊은 부이다. 《舊唐書 馬璘列傳》

525 덕(德)으로서 왕이 되어 : 목덕(木德)은 오행(五行)에서 왕자(王者)의 덕을 상징한다.

526 때는 봄에 해당한다네 : 봄은 오행(五行)에서 목(木)에 해당한다.

527 이것을……만들면 : 《시경》〈정지방중(定之方中)〉에 “개암나무와 밤나무, 의나무와 오동나무, 가래나무와 옻나무를 심으니, 이것을 베어 거문고와 비파를 만들도다.〔樹

신령과 사람이 모두 기뻐한다네　神人胥悅
그 공을 말해보자면　語其功
육부[528] 가운데 하나이고　六府之一
그 차서를 매겨보자면　敍其次
세 번째[529]에 들어가네　範乎三
가지가 멀리 뻗어서 튼튼하고 무성한 것으로 말하자면
曰其遠揚條達撑拄而暢茂者
백성의 생업에 도움을 주고 백성의 재산을 늘리게 할 뿐이 아니라네
不特乎資民産而阜民蓄
썩은 그루터기와 짧은 나뭇등걸이라도　雖朽株與短橛
저자로 가져가면 산보다 가치 있다오[530]　亦足如市而加於山耳
나무가 좋으면 쓰임이 넓다 하는데　旣曰林之美兮用之廣
어찌 재앙이라고 한단 말인가　奚妖之謂
지나치면 인정에 편안치 않으니　勝則不安於人
이른바 사물을 사치스럽게 쓰면 상서롭지 못하다는 것이라네

之榛栗椅桐梓漆, 爰伐琴瑟.〕"라는 내용이 보인다.

528 육부(六府) : 재용(財用)이 나오는 바탕이 되는 수(水), 화(火), 목(木), 금(金), 토(土), 곡(穀)을 가리킨다. 《書經 大禹謨》

529 차서를……번째 : 목(木)이 오행(五行)에서 세 번째에 해당되므로 이렇게 말한 것이다.

530 저자로……있다오 : 《안자춘추(晏子春秋)》에 "산에 있는 나무가 저자에 가더라도 산에 있을 때보다 값이 더해지지 않고 어염(魚鹽)과 신합(蜃蛤)이 바다에 있을 때보다 값이 더해지지 않자 백성은 재력(財力)을 셋으로 나누어 둘을 나라에 바치고 한 몫으로 생활한다.〔山木如市, 不加於山, 魚鹽蜃蛤, 不加於海, 民參其力, 二入於公, 而衣食其一.〕"라고 하였다.

	所謂物蕩而爲不祥
극도로 흥성하다 무너진 일이	崇極而圮
예전 당나라에 있었다네[531]	在古之唐
강한 번진이 누차 발호하였으니	强藩屢猘
습격하고 도적질하여 미쳐 날뛰었다네[532]	襲盜而狂
사람들이 사치스러운 습속을 그치지 않아서	人未艾乎侈習
어지럽게 기강을 서로 넘게 되었네	亂相踰其紀綱
도망가는 것 실컷 겪었음을 걱정하면서도	患備嘗於逋播
헌데 지금에 와서는 즐겁게 놀아보겠다고 하며	謂盤樂之及今
종전에 벽에 기댄 것을 생각하면서도	思倚壁於異日
그 마음에는 극도로 사치를 부리려 하였다네	擬窮奢於其心
수신과 환관	帥臣兮中貴
간신과 외척이	佞倖兮外戚
새로 높은 공훈에 책록되거나	或新策兮高勳
거듭 은전을 받았다네	或申承兮寵錫
금 실은 가마에 어깨가 붉어지고	金輦赬肩

531 극도로……있었다네 : 한유(韓愈)의 〈회서 평정한 것을 기념하는 비문〔平淮西碑〕〉에 “지난날 현종 황제 시절에는 극도로 흥성하다 무너졌다네.〔往在玄宗, 崇極而圮.〕”라는 구절을 변용한 것이다. 《古文眞寶後集 卷3》

532 습격하고……날뛰었다네 : 한유(韓愈)의 〈회서 평정한 것을 기념하는 비문〔平淮西碑〕〉에 “당나라가 하늘의 명을 받들어 결국 온 천하를 신하로 삼았건만 누가 가까운 땅에 있으면서 습격과 도둑질로 미쳐 날뛴단 말인가.〔唐承天命, 遂臣萬方, 孰居近土, 襲盜以狂?〕”라는 내용이 보인다. 《古文眞寶後集 卷3》 대본에는 ‘讋’으로 되어 있는데, 《고문진보후집》 〈회서 평정한 것을 기념하는 비문〉에 의거하여 ‘讋’을 ‘襲’으로 바로잡아 번역하였다.

옥 실은 수레는 바퀴 부딪쳤다네	璧車磨轂
귀문[533]은 주름처럼 쌓여있고	龜文襞積
비단은 구름처럼 쌓여있었다네	綺縠雲疊
호의호식하여	靡衣兮媮食
하고 싶은 대로 해도 만족할 줄 몰랐다네	憑不厭其所欲
수레와 말 가무와 여색도	輿馬兮聲色
일찍이 그 뜻을 채우지는 못했다오	曾未悏夫其志
이리하여 공주의 원림을 빼앗고[534]	於是奪公主之園
고공의 땅을 청하였다네[535]	請考工之地
규얼[536]을 설치하여	陳圭置臬
경계를 나누고 구획하였다네	乃疆乃理
경산의 꼭대기가 민둥산이 된 것은	兀景山之巓
저 쭉쭉 뻗은 잣나무를 도끼로 베어서라네[537]	斧彼丸丸之柏

533 귀문(龜文) : 돈을 말한다.《漢書 食貨志》

534 공주(公主)의 원림을 빼앗고 : 후한(後漢)의 두헌(竇憲)은 누이가 황후가 되자 벼슬이 시중(侍中)에 이르렀는데, 갖은 전횡을 지질러도 아무도 그 위세를 제어하지 못했다. 심지어 심수 공주(沁水公主)의 정원을 헐값에 강탈했는데, 공주도 그 위세가 두려워 아무런 저항도 하지 못했다. 후에 장제(章帝)에게 발각되었으나 장제 또한 가벼운 견책을 내릴 뿐이었다고 한다.《後漢書 竇憲列傳》

535 고공(考工)의 땅을 청하였다네 : 전한(前漢)의 전분(田蚡)은 경제(景帝)의 황후 친동생으로 무제(武帝) 때 무안후(武安侯)에 봉해지고 승상에 올라 권력을 남용하였으며 매우 교만하고 방자하였다. 저택을 넓히기 위하여 국가의 공물(工物) 제작소인 고공(考工)의 부지(敷地)를 하사해 줄 것을 청하다가 거절당하고 권좌에서 물러났다.《漢書 田蚡傳》

536 규얼(圭臬) : 해 그림자와 토지의 넓이를 재는 기구이다.

진롱[538]의 땅이 벌거숭이산이 된 것은　童秦隴之土
가지가 축축 늘어진 큰 나무를 배로 실어와서라네　船來落落之木
소나무 녹나무 편나무 은행나무 같은　松枏楩杏
사방의 기이한 나무를 그물질 하듯 취했다네　網四方之奇植
의나무 오동나무 가래나무 옻나무 같은　椅桐梓漆
천하의 특별한 재목을 쓸어 담았다네　籠天下之異材
길고 짧고 크고 가는 재목은　長者短者巨者細者
모조리 대목수의 법도에서 발휘되었고　盡效大匠之模楷
곧고 굽고 넓고 좁은 재목은　直者曲者廣者狹者
모두 마음속의 완벽한 집으로 바뀌었다네　一幻胸中之全屋
단청한 처마의 두공은 서루 겨루는 것 같고　爾其繡栱交鬪
붉은 용마루는 멀리 튀어나와 있었네　朱甍逈啄
붉은 기둥은 무지개가 걸린 듯 하고　丹楹虹植
아로새긴 창은 별을 박아 놓은 것 같았다네　綺疏星綴
굽은 들보는 빙 둘러서 펼쳐져 있고　曲枅環拘而攢羅
회첨[539]은 솟구쳐 모여 있어라　回簷騰湊而戢香
벌집 같은 방이 어지럽게 얽혀 있으며　蜂房雜沓而糾繆

537 경산(景山)의……베어서라네 : 《시경》〈은무(殷武)〉에 "저 경산에 오르니, 소나무 잣나무 쭉쭉 뻗었도다. 큰 나무 베어다 옮겨서 자르고 깎았다네.〔陟彼景山, 松柏丸丸. 是斷是遷, 方斲是虔.〕"라고 하였다.

538 진롱(秦隴) : 진령(秦嶺)과 농산(隴山)을 합칭한 말로, 재목될 나무가 그 산에 많은 까닭으로 일반적으로 나무가 많은 산을 뜻한다.

539 회첨(回簷) : 처마 서까래의 끝에 덧얹는 네모지고 짧은 서까래로, 처마 끝을 위로 들어 올려 모양이 나게 한다. 며느리서까래 또는 며느리처마 라고도 한다.

소용돌이 같은 집이 다닥다닥 거듭 모여 있었네[540]　　水渦襯複而重注

옥현[541]이 뛰어 붙잡고 들보를 오르고　　玉贙躩拏而騰梁

붉은 규룡이 구불구불 처마에 서려 있었네　　朱蚪蜿蟺而盤楣

난간에 지초를 새기고 대들보에 수초를 새기며 두공에 계수나무를 쓰고 서까래에 목련을 쓰니　　芝櫳藻棁桂栭蘭榱

아로새긴 모양은　　彫鏤剞刻之形

모두 아름답고 화려한 모습이었다네　　盡㛹姸靡麗之態

단청으로 꾸민 장식은　　粉繪丹雘之飾

크게 빛나고 찬란하여　　浩汗燦爛

넋이 나가고 눈이 부시어 바라볼 수 없었다네　　魂悸眼奪而不可覩也

전당[542]에는 종과 북소리 울리었고　　前堂鍾鼓

후방[543]에선 웃음소리 들려 왔다네　　後房笑語

다투듯 밤낮으로 흥겹게 즐기면서　　競懽娛於晝夜

이곳에서 한평생 보내려 하였다네　　擬百年焉玆處

하룻저녁에 내 것이 아니게 될 줄 그 누가 알았으리　　誰知一夕不爲吾有

540 벌집……있었네 : 건물이 꽉 들어찬 모습을 형용한 것이다. 두목(杜牧)의 〈아방궁부(阿房宮賦)〉에 "벌집처럼 소용돌이처럼, 빼곡하여 몇천만 채인지 모르겠구나.〔蜂房水渦, 矗不知乎幾千萬落.〕"라고 하였다. 《古文眞寶後集 卷5》

541 옥현(玉贙) : 옥으로 만든 솥귀를 말하는데, 여기에서는 처마 끝에 매달아 놓은 장식으로 보인다. 왕발(王勃)의 〈익주부자묘비(益州夫子廟碑)〉에 "높은 하늘의 가을 9월에 옥현(玉贙)은 당구(唐丘)에서 떨치고, 가없는 천 년 동안 선규(璿虯)는 대저(大渚)에서 뛰었네.〔高秋九月, 振玉贙於唐丘, 寶算千齡, 躍璿虯於大渚.〕"라고 하였다.

542 전당(前堂) : 동헌(東軒)이나 서헌(西軒)과 같이 빈객을 접대하는 곳으로, 옛날에는 정침이 앞에 있었기 때문에 전당이라고 하였다.

543 후방(後房) : 첩실(妾室)이 거처하는 방을 이른다.

갑자기 다른 사람이 집에 들어가니　奄他人之入室
아아 주인은 예전 사람이 아니라네　嗟主者之非舊
죽이지 않으면 유배 보냈고　匪死而徙
형벌을 시행하지 않으면 속전 내게 했다네　匪刑則贖
금 술잔 같은 집터가 아무리 좋더라도　金盞雖完
더 이상 왕악의 옛 건물이 아니고　不復王鍔之古築
옥 술잔 같은 집터는 한번 깨지고 나니　玉杯一缺
공연히 들리누나 봉성으로 새로 불림을[544]　空聞鳳城之新號
백 년도 못되어 호사스러움이 옛 자취가 되었으니　不百年豪奢陳迹
흡사 한바탕 봄날 새벽의 꿈과 같았도다　恰恰然一夢春曉
나는 어째서 그렇게 된 것인지 모르겠다만　我未知何爲其然也
마치 토목이 재앙을 만드는 듯하였네　若將土木之爲妖
군자가 편안히 있을 곳[545]이라 했으나　旣曰君子攸寧兮
어째서 이렇게 복은 못 받고 재앙을 만났던가　胡直此不祿而殃
성쇠는 서로 이어지니　盛衰相乘兮

544 금……불림을 : 금 술잔은 깨져도 다시 만들 수 있으므로 길한 집터를, 옥 술잔은 한번 깨지면 다시는 온전한 술잔이 되지 못하므로 흉한 집터를 비유하는 말이다. 당(唐)나라 때 승려 홍사(泓師)가 장안(長安) 영녕방(永寧坊)의 동남쪽은 금 술잔 같은 땅이고 안읍리(安邑里)의 서쪽은 옥 술잔 같은 땅이라고 하였는데, 나중에 두 집 모두 관아의 소유가 되었다가 전자는 원굉(袁宏)·사헌성(史憲誠) 등에게 내려져 계속 집터로 쓰였으나, 후자는 집이 헐리고 봉성원(鳳城園)이 되었다고 한다. 《古今事文類聚 續集 卷6 相宅吉凶》

545 군자가……곳 : 《시경》 〈사간(斯干)〉에 "반듯하고 평평한 그 뜰이며 높고 곧은 그 기둥이며 밝고 환한 그 대청이며 은은히 아늑한 곳이니, 군자가 편안히 있을 곳이로다.〔殖殖其庭, 有覺其楹, 噲噲其正, 噦噦其冥, 君子攸寧.〕"라는 내용이 보인다.

한 번 오면 한 번 가서 변하지 않을 수 없는 것인가 一往來而不可常者耶

고명함에 따른 재앙은 高明之災兮

귀신이 집을 엿보아서인가[546] 鬼瞰室者耶

불가의 설처럼 浮屠之說兮

기운이 사그라져서인가[547] 氣蕭索者耶

마룻대가 꺾여 서까래가 무너지면 棟折榱崩

공손교도 장차 압사당하는 것인가[548] 僑將壓者耶

어찌 굽고 곧은[549] 무지한 것이 何曲直之無知兮

감히 가장 영묘한 존재에게 재앙을 끼칠 수 있겠는가 敢作孼於最靈

아아 嗚呼

도는 검소할 것을 귀하게 여기고 道貴乎儉

사물은 크게 차는 것을 꺼린다네 物忌太盈

546 고명함에……엿보아서인가 : 부귀를 누리던 집안에 흉조가 든다는 뜻이다. 한(漢)나라 양웅(揚雄)의 〈해조(解嘲)〉에 "고명한 사람의 집안은 귀신이 그 집을 엿본다.〔高明之家, 鬼瞰其室.〕"라고 하였다. 《文選 卷45》

547 불가의……사그라져서인가 : 불가에서는 재앙이, 기운이 사그라지는 것으로 인해 발생한다고 보기 때문에 이렇게 말한 듯하다.

548 마룻대가……것인가 : 《춘추좌씨전》 양공(襄公) 31년 조에 "마룻대가 꺾여 서까래가 무너지면 나도 장차 압사할 것이니 어찌 감히 할 말을 다하지 않을 수 있겠습니까.〔棟折榱崩, 僑將厭焉, 敢不盡言?〕"라는 내용이 보인다. 대본에는 '喬'로 되어 있는데, 《춘추좌씨전》 양공 31년 조에 의거하여 '喬'를 '僑'로 바로잡아 번역하였다. 교(僑)는 춘추 시대 정(鄭)나라의 대부 공손교(公孫僑), 즉 정자산(鄭子産)을 말한다.

549 굽고 곧은 : 나무를 말한다. 《서경》 〈홍범(洪範)〉에 "나무는 굽기도 하고 곧게도 하는 성질이 있다.〔木曰曲直.〕"라는 내용이 보인다.

날개를 준 동물에게 뿔을 주지 않으니[550] 與之翼者去之角

하늘 또한 형체를 부여하는 것에 인색하다네 天亦嗇乎賦形

그래서 군자가 사물을 취함은 故君子之取物

예에 맞게 행동하여 넘치게 하지 않는다네 動以禮而不濫

집에는 정해진 법도가 있으니 旣室屋之有制

귀천에 따라 등급이 다르다네 貴與賤其殊品

신명은 참월한 짓 하는 사람을 도와주지 않으니 神明不佑於僭越

사람의 도리에 있어 어찌 교만하고 방자한 짓을 오래한단 말인가 人道詎久於驕泰

초목은 험준한 언덕에서 자라지 않으니[551] 草不生於峻原

화려한 집은 지혜로운 자에게 해가 된다네 美室爲智子之害

집은 사람이 거쳐가는 여관과 같으니 若傳舍之閱人

검소한 덕 지녀야 한다고 한 갑관요의 말[552]에 드러나 있다네

550 날개를……않으니 : 양립하는 것을 얻을 수 없다는 말이다. 《한서(漢書)》〈동중서전(董仲舒傳)〉에 "하늘은 역시 고루 공평하게 나누어 주었으니, 강한 이빨을 준 동물에게는 뿔을 주지 않고 날개를 달아준 새에게는 두 다리만을 주었으니, 그 큰 것을 받은 동물은 다시 작은 것을 가질 수 없는 법이다.〔夫天亦有所分予, 予之齒者去其角, 傅其翼者兩其足, 是所受大者, 不得取小也.〕"라고 하였다.

551 초목은……않으니 : 모두 좋을 수 없다는 말이다. 춘추 시대 진(晉)나라의 지백(知伯)이 매우 화려하게 집을 짓자 가신(家臣) 사줄(士茁)이 이를 경계시키는 말에 "높은 산과 험준한 언덕에서는 초목이 자라지 않고, 소나무와 잣나무가 서 있는 땅은 비옥하지 않는다고 했습니다.〔高山峻原, 不生草木, 松柏之地, 其土不肥.〕"라고 하였다. 《國語 晉語》

552 집은……말 : 평은후(平恩侯) 허백(許伯)이 새집을 짓고 베푼 술자리에서 단장경(檀長卿)이 일어나 우스꽝스러운 춤을 추자 좌중이 웃었으나, 갑관요(蓋寬饒)만은 위를 쳐다보며 "아름답구나! 그러나 부귀는 무상한 것이어서 갑자기 주인이 바뀌어 버리니,

儉德表寬饒之言

그런 나음에 나는 재앙은 스스로 생기지 않고　然後吾知大妖不自作

화와 복은 들어오는 문이 있음을[553] 알겠노라　禍福有門

단속하여 스스로 깊고 넓은 집을 유지하는 자는　約而自守渠渠者

아무리 비바람이 쳐도 막을 수[554] 있지만　任風雨攸除

담장이 낮아서 넓은 집을 넘나들게 하는 자는　短垣其越潭潭者

자신의 거처에서 지내지 못한다네　不容余爰居

나무가 본래 재앙 되는 것 아니고　木非自妖

사람이 그렇게 만드는 것이라네　人也使之

재앙은 나무에 있지 않고　妖不在木

사람의 사치스러움에 달려 있다네　在人之靡

만약 그 도리로써 한다면　苟以其道

사람은 절로 사람답게 행동하고 나무는 절로 나무의 기능을 한다네

則人自人而木自木

이에 조상에게 물려받아[555] 후손에 전하여　可以續妣祖傳之後

집은 여관이나 같은 것이다. 이런 경우를 내가 많이 보았다. 오직 삼가고 또 삼가야만 오랫동안 유지할 수 있는데, 어찌하여 이를 경계할 줄 모른단 말인가."라고 탄식하고는 일어나서 나갔다고 한다.《漢書 蓋寬饒傳》《古今事文類聚 續集 卷6 居處部 館驛 第如傳舍, 卷15 燕飮部 酣飮 次公酒狂》

553 재앙은……있음을 :《춘추좌씨전》 양공(襄公) 23년 조에 "화와 복은 들어오는 문이 따로 있는 것이 아니라 사람이 부르는 대로 온다.〔禍福無門, 惟人所召.〕"라는 구절을 변용한 것이다.

554 비바람이……수 : 《시경》〈사간(斯干)〉에 "비바람이 쳐도 막고, 새나 쥐가 없어진 집, 바로 군자의 거처로다.〔風雨攸除, 鳥鼠攸去, 君子攸芋.〕"라는 내용이 보인다.

555 조상에게 물려받아 :《시경》〈사간(斯干)〉에 "조상에게 물려받아 큰집 짓고 긴

여기에서 음악도 연주하고 여기에서 곡읍도 하게 된다네[556] 而歌於斯哭於斯

이는 이른바 재앙이 덕을 이기지 못한다는[557] 것이니 此所謂妖不勝德

맹헌자는 아름다운 명성을 실추함이 없었다네[558] 孟獻之令聞無隳

아아 噫

여색이 도끼는 아니지만 色非斧兮

지나치게 즐기면 본성을 해친다네[559] 荒之則伐性

담 쌓았네.〔似續妣祖, 築室百堵.〕"라고 하였다.

556 음악도……된다네 : 집을 잘 유지하는 것을 말한다. 진(晉)나라 헌문자(憲文子)가 저택을 신축하여 준공하자 이때 장로(張老)가 "규모가 크고 화려하여 아름답도다. 여기에서 음악도 연주하며, 여기에서 곡읍도 하고, 연회 때에도 여기에서 국빈과 종족을 모아 즐기리로다.〔美哉輪焉! 美哉奐焉! 歌於斯, 哭於斯, 聚國族於斯.〕"라고 하였다. 《禮記 檀弓下》

557 재앙이……못한다는 : 은(殷)나라 태무(太戊) 때 요괴스러운 뽕나무와 곡식이 조정 뜰에 함께 나서 하룻저녁 사이에 한 아름이나 자라났다. 이에 태무가 두려워하며 이척(伊陟)에게 묻자, 이척이 "신이 듣건대 재앙은 덕을 이기지 못한다고 합니다. 임금님의 정치에 결점이 있을지도 모르니, 임금님은 덕을 닦으십시오.〔臣聞妖不勝德. 帝之政其有闕與, 帝其修德.〕"라고 하였는데, 태무가 그 말을 듣고 덕을 닦으니 뽕나무와 곡식이 말라죽었다는 고사가 전한다. 《史記 殷本紀》

558 맹헌자(孟獻子)는……없었다네 : 자신이 가진 소유물에 만족하고, 이를 의미 있게 썼다는 말이다. 노(魯)나라 맹헌자가 진(晉)나라 범선자(范宣子)의 초청을 받았을 때 재력을 과시하는 범선자에게 맹헌자가 "저의 집안은 매우 가난하지만, 오직 안회와 자무령 같은 두 선비가 있어서 우리나라와 집안을 평안하게 하여 백성들이 인화하고 협력합니다. 오직 이 두 사람이 있을 뿐이어서 저는 이들을 위해 모든 것을 다 바칩니다.〔獻子曰 吾家甚貧, 惟有二士曰顏回茲無靈者, 使吾邦家安平, 百姓和協. 惟此二者耳, 吾盡於此矣.〕"라는 내용이 보인다. 《新序》

559 여색이……해친다네 : 한(漢)나라 매승(枚乘)의 〈칠발(七發)〉에, 초(楚)나라 태자

안락하게 지내는 것이 짐독은 아니지만[560] 宴安非鴆
빠져들면 성명을 해친다네 溺之則害命
토목이 재앙은 아니지만 土木非妖
사치스럽게 하면 재액이 된다네 侈之則凶
고대광실을 짓고 담장을 아로새기면 峻宇雕墻
우 임금은 반드시 망한다고 하였다네[561] 禹稱必亡
망함을 경계삼아 보존하기를 도모한다면 苟能戒其亡而圖其存兮
재앙을 바꾸어 상서롭게 할 수 있다네 可反妖而爲祥
거듭 탄식하며 말하노라 重爲之歎曰
고대광실에 이 몸을 맡기는 것은 寄斯身於廣廈
여행을 하며 여관에 머무는 셈이라네 逆旅中之逆旅
한 이랑 정도의 터가 一畝之宮
유자의 거처이니[562] 儒者之處

가 병에 걸리자 오객(吳客)이 찾아가서 “아름다운 여인은 본성을 해치는 도끼요, 맛 좋은 주효(酒肴)는 위장을 썩게 하는 약물이다.〔晧齒蛾眉, 命曰伐性之斧, 甘脆肥膿, 命曰腐腸之藥.〕”라고 하였다. 《文選 卷19》

560 안락하게……아니지만 : 《춘추좌씨전》 민공(閔公) 1년 조에 “중국의 여러 나라와는 가까이 지내며 버리지 말아야 하고, 안락하게 지내는 것은 짐독과 같으니 좋아해서는 안 된다.〔諸夏親昵, 不可棄也, 宴安酖毒, 不可懷也.〕”라고 하였다.

561 고대광실을……하였다네 : 우(禹) 임금이 자손들에게 훈계하기를 “안으로 여색에 빠지거나, 밖으로 사냥만 좋아하거나, 술과 풍악에 탐닉하거나, 고대광실을 짓고 담장을 아로새기거나, 이 중에 한 가지 일만 있어도 요행히 망하지 않는 경우는 없다.〔內作色荒, 外作禽荒, 甘酒嗜音, 峻宇彫墻, 有一於此, 未或不亡.〕”라는 내용이 보인다. 《書經 五子之歌》

562 한……거처이니 : 《예기》 〈유행(儒行)〉에 “유자는 한 이랑 정도의 터에 벽만 두른

배처럼 몸시 좁더라도	如舟太隘
벽을 두를 정도면 된다네	環堵則可
부귀를 길이 변치 않고 지켜가려면	苟富貴永矢不諼
그대의 나무가 자신에게 재앙을 주지 않게 하라	毋俾爾木之妖我

집에서 산다.〔儒者有一畝之宮, 環堵之室.〕"라는 내용이 보인다.

투무부[563]

投巫賦

도열을 잡는 직임은 《예기》에 실려 있고[564]	職桃茢於禮載之
상제의 꿈을 관장함은 초나라 신하의 글에 있네[565]	掌帝夢楚臣有詞
비록 그 기술은 천하지만 말은 크고	雖其術賤而言厖兮
또한 사람의 삶을 이롭게 여기는 자라 하네[566]	亦云利人之生者

563 투무부(投巫賦) : 무당을 강물에 던진 것에 대해 읊은 부로, 서문표(西門豹)의 고사를 원용하였다. 서문표는 전국시대 위(魏)나라 사람이다. 당시 업현(鄴縣)의 무당들이 하백(河伯)에게 부인을 바친다고 하면서 처녀를 황하에 수장하였는데, 고을의 삼로(三老)와 아전들이 그 비용을 마련하기 위해 백성들에게 세금을 부과하고 있었다. 서문표가 업현의 현령으로 부임하여 백성들이 그러한 악습으로 고통스러워하여 고을을 떠난다는 사실을 알고 그 무당과 제자, 그리고 삼로를 하수에 던져서 그 폐단을 그치게 하였다. 《史記 滑稽列傳》

564 도열(桃茢)을……있고 : 도열은 복숭아나무와 갈대로 만든 빗자루로, 악기(惡氣)를 물리치고 더러운 기운을 제거하는 것이다. 《예기》〈단궁 하(檀弓下)〉에 "임금이 신하의 초상에 임할 때에는 무(巫)가 도(桃)를 잡고 축(祝)이 열(茢)을 잡고 소신(小臣)이 창을 잡는 것은 흉한 기운을 싫어하기 때문이다.〔君臨臣喪, 以巫祝桃茢執戈, 惡之也.〕"라고 하였다.

565 상제의……있네 : 초(楚)나라 송옥(宋玉)이 지은 〈초혼(招魂)〉에, 상제가 굴원(屈原)의 넋이 흩어져 버릴까 염려하여 신무(神巫)인 무양(巫陽)을 시켜 인간 세상에 내려보내 굴원(屈原)의 넋을 불러 주게 하자, 무양이 대답하기를 "혼을 부르는 것은 꿈을 관장하는 관원이 맡고 있으니, 상제의 그 명은 따르기 어렵습니다.〔掌夢, 上帝其命難從.〕"라고 하였다. 《楚辭 卷7》

566 사람의……하네 : 《맹자》〈공손추 상(公孫丑上)〉에 "화살 만드는 사람이 어찌 갑옷 만드는 사람보다 어질지 못하겠는가마는, 화살 만드는 사람은 행여 사람을 상하게 하지

끌어대는 말을 믿지 못하겠는데 어찌하여 우리 백성들 꾄단 말인가

莫信其可援之則那誘我民

예측할 수 없는 곤액에 빠뜨리니 의당 너와 함께 구렁텅이에 빠지리라[567]

厄之於不測兮宜爾載胥及溺

옛날 서문군이 업 땅을 다스릴 적에 昔者西門君之守鄴也

아는 자가 누구기에 그를 기용하였나 誰知者起也

발탁된 사람은 강직하고 근엄하니 所拔剛以嚴

위나라의 양신(良臣)이라 魏國之良

백성과 사물에 해가 되는 것은 내가 없애며 爲民物害者我其戕

습속을 파괴하는 것은 내가 제거하리라 與習俗蠱者我宜去

저 하수를 보니 瞻彼河矣

그 물결 끝이 없네 其流無渚

그 신령은 하백(河伯)이요 厥靈維伯

신명의 자손이라 神明之胄

태음[568]에 거처하는데 其處太陰兮

못할까 두려워하고, 갑옷 만드는 사람은 행여 사람을 상할까 두려워한다. 무당이나 관을 만드는 목수도 마찬가지이다. 그러므로 직업을 고를 때 삼가지 않으면 안 된다.〔孟子曰 矢人豈不仁於函人哉? 矢人惟恐不傷人, 函人惟恐傷人. 巫匠亦然. 故術不可不愼也.〕"라고 하였는데, 그 주에 "무당은 사람을 위해서 기원하므로 사람의 삶을 이롭게 여기고, 관을 만드는 목수는 관곽(棺槨)을 만들므로 사람의 죽음을 이롭게 여긴다.〔巫者, 爲人祈祝, 利人之生. 匠者, 作爲棺槨, 利人之死.〕"라고 하였다. 《孟子集註》

567 너와……빠지리라 : 무당이 지금처럼 백성들을 속인다면 곧바로 서로 혼란과 멸망에 빠질 뿐이라는 말이다. 《시경》 〈상유(桑柔)〉에 "그 어찌 잘될 수 있겠는가, 서로 구렁텅이에 빠지리라.〔其何能淑, 載胥及溺.〕"라고 하였다.

568 태음(太陰) : 양기(陽氣)는 전혀 없고 음기(陰氣)뿐인 상태이다. 여기에서는 물을

어찌하여 부인을 찾는가	胡爲乎求婦
무당이 매개가 되어	有巫氏之爲媒
하백의 말이라 하며 백성들 속였네	託其說而誑衆
"너희들이 내 말에 수긍하지 않으면	爾不我肯
신이 너희들에게 큰 재앙을 내리리라	神禍爾重
거처는 물에 떠다니게 하고	居可使漂而流兮
농사도 황폐하여 흉년 들게 하리라"	穡亦可使夫荒而凶
강한 자는 보호하여 안고서 경내를 떠나고	强者保抱而出境
나약한 자는 친애의 정 끊고서 참고 따르네	懦者割愛而忍從
방탕한 무당은	子之蕩兮
해마다 하수가에서 노닐고	年年河上乎翺翔
풍채 좋은 무당은	子之丰兮
아 참으로 방자하구나	吁嗟乎湯湯
해마다 이를 상례로 삼았으니	歲率以爲常
그 유래가 오래되었네	其來蓋久
처음 용을 만든 자는	始作俑者
오히려 후손이 없을 것이리라[569]	猶無後乎
하물며 우리 부인 아름답게 꾸며서	況我婦飾以粧兮
물에 띄어 보내 어룡의 먹잇감만 되게 하는데	流之徒餌諸魚龍之口

가리킨다.

569 처음……것이리라 : 좋지 못한 일을 만들어내어 그것이 나쁜 선례가 되었다는 말이다. 용(俑)은 장사(葬事)에 쓰이는 나무로 만든 허수아비를 말하는데, 이것이 후세에 순장(殉葬)하는 동기가 되었다고 하여, 공자(孔子)가 "처음 용(俑)을 만든 자는 후손이 없을 것이다.〔始作俑者, 其無後乎.〕"라고 하였다. 《孟子 梁惠王上》

그대로 두고 바로잡지 않는다면	坐而不捄
백성의 부모 된 점이 어디에 있겠는가[570]	烏在爲民父母
죄는 돌아갈 곳이 있으니	罪有所歸
내 어찌 머리 떨구고 두려워하랴	余焉能低首伈伈
법은 시행할 곳이 있으니	法有所施
형구(刑具)에 맡길 바 아니라네	匪刀鋸是任
길한 날을 잡아	日涓其吉
아전이 부인 바칠 시각을 알려왔네	吏以時告之
그대는 돌아가서	子于歸兮
말을 전달하라	可言將之
고을의 현령이 가니	邑君子兮其邁
따르는 사람들 구름 같았네	從者兮如雲
엄숙하게 붉은 휘장 높이 설치하니	儼絳帳之高排
난향과 사향이 물씬 풍겨왔네	蘭麝郁其氤氳
누가 그 가운데 있는가	孰處其中
하백의 부인이 될 사람이라	河伯之所
정결하고 예쁜 모습에 빼어난 자태와	要淨姱容兮脩態

570 그대로……있겠는가 : 백성들의 어려운 상황을 구제해 주지 않는다면 백성의 부모로서의 구실을 제대로 하지 못한 것이라는 말이다. 《맹자》〈등문공 상(滕文公上)〉에 "백성의 부모가 되어서 백성으로 하여금 한스럽게 보면서 일 년 내내 부지런히 노동하느라 그 부모를 봉양할 수 없고 또 빚을 내어 보태어서 세금을 내게 하여, 늙은이와 어린아이로 하여금 구학(溝壑)에서 전전하게 한다면, 백성의 부모 된 점이 어디에 있겠는가. 〔爲民父母, 使民盻盻然, 將終歲勤動, 不得以養其父母, 又稱貸而益之, 使老稚轉乎溝壑, 惡在其爲民父母也.〕"라고 한 데서 온 말이다.

부드럽고 아리따운 얼굴에 가는 허리	綽靡顔兮纖腰
의복 화려하고 패옥 정결하니	衣之華兮佩之潔
예쁘고 아름다운 여인 재계하누나	婉兮戀兮有齋
향주머니 채워 주고[571] 예복 입히니	結之褵兮加之衶
맑은 물가에 임하여 감히 울지 못하네	臨清流兮不敢啼
이에 부르자 장막을 나와	爰呼之而出帷
어여쁜 소녀가 가는구나	思戀季女逝兮
“이 부인은 아름답지 않으니	曰玆婦之靡好
신령이 달갑게 여기지 않을까 두렵다	怕尊靈之不屑
의당 하백을 맞이해 와서	宜河伯之是邀
미추(美醜)를 스스로 택하게 하겠다	俾姸醜之自擇
번거롭겠지만 큰 무당은 잠시 수고하여	煩太巫而暫勞
깊은 못에 가서 내 정성을 전달하라”	赴深淵而致款
갑자기 큰 물결에 공이를 내 던지듯 던지니	忽杵投乎層波
함께 보는 사민들 놀랐네	駭士民之駢看
두려워 몸 굽힌 채 숨죽이고	蹇鞠躬而屛息
돌아오기를 공손히 기다리듯 하였네	若恭俟乎其返
얼마나 오래 되었나	何其久也
제자들이 따라 갔으나 돌아오지 않았네	弟子斯踵去而不復

571 향주머니 채워 주고 : 딸이 시집갈 때 어머니가 딸에게 경계의 말을 하며 하는 행위이다. 《시경》 〈동산(東山)〉에 “아가씨 시집가니, 누런 말과 얼룩말 타고 가도다. 어머니가 향주머니 채워 주니, 그 위의 성대하도다.〔之子于歸, 皇駁其馬. 親結其縭, 九十其儀.〕”라고 한 데서 온 말이다.

장차 또 누구를 보낼까 將又誰送

삼로에게 명하여 계속하게 하였네 命三老而繼之

그러자 애절하게 머리 조아리고 뉘우치니 哀扣頭而悔悟

거의 죽게 될 위태로운 목숨을 건졌네 援危命於濱死

고질이 된 폐습을 떨쳐 없애고 振弊習於旣痼

세상 속이는 요망한 말도 끊었네 殄妖說之誣俗

적자가 우물에 빠지는 것을 면하게 하였으니[572] 免赤子之入井

사람들이 모두 말하였네 "우 임금이 아니었다면 물고기 신세가 되었을 것인데[573] 人皆曰微禹其魚

끝까지 사랑하고 길러 목숨을 온전히 지켜주었네" 遂字育而全性命

아 噫

사람이 요망과 재앙을 일으키니 夫人興妖作孽

이는 옛날부터 그러하였네 自古昔然

귀신에게 가탁하기도 하고 或假托於神怪

산천의 신을 빙자하기도 하였네 或憑藉於山川

화와 복을 두려워하여 禍福而怵之

가까이서 선창하면 멀리서 화답하였으니 近唱而遠和

572 적자(赤子)가……하였으니 : 무지한 백성을 죽음의 위험에서 구제함을 비유한 말이다.

573 우(禹)……것인데 : 우 임금이 치수(治水) 사업을 해서 백성을 구제해 준 것처럼 서문표가 악습(惡習)을 제거하여 백성들을 구제해 주었다는 말이다. 춘추 시대 유 정공(劉定公)이 천자(天子)의 명을 받아 낙수(洛水) 가에서 조맹(趙孟)을 접대할 적에 유 정공이 말하기를 "아름답다, 우 임금의 공이여. 밝은 덕이 원대하도다. 우 임금이 아니었다면 우리는 물고기 신세가 되었을 것이다.〔美哉禹功, 明德遠矣. 微禹吾其魚乎.〕"라고 하였다.《春秋左氏傳 昭公 1年》

그 기세 어찌 고을 하나만 더럽히리오 其勢豈一鄕瀆也
또한 장차 천하에 파급되리라 亦將波及天下
오래되면 바꾸기 어려운 법 久而難變
누가 그 억울함 밝히고 그 의혹 풀 수 있으랴
夫孰能卞其誣而開其惑
일부러 또 깊은 산의 나무와 큰 못의 뱀 故且使窮山之木大澤之蛇
언덕과 진펄 따위의 신령으로 하여금 丘壟墳衍之屬
모두 위엄과 복을 주고 멋대로 행하게 하였으니[574]
皆得以作威福行胸臆
어찌 사물이 스스로 요망한 짓을 하겠는가 夫豈物自妖也
받들어 따르는 것도 사람이고 奉順者人
아첨하는 것도 사람이라 諂媚者人
진실로 고명정대하여 우뚝하게 시속에 동요되지 않는 자가 아니라면
苟非高明正大卓乎不爲流俗之所撓
하루아침에 그 근원을 막고 끊기 어려우리 難一朝遏絶其根
참으로 이 사람은 允矣伊人
잘 살폈도다 能審乎
이승과 저승의 구별 幽明之別
사람과 귀신의 구분을 人鬼之分

574 위엄과……하였으니 : 세상 사람들이 산천(山川)의 귀신에게 제멋대로 화복(禍福)을 내리는 권한을 주었다는 말이다. 한유(韓愈)의 〈여맹간상서서(與孟簡尙書書)〉에, 석가모니의 귀신을 비판하면서 "또 하늘이 그 귀신으로 하여금 천지 사이에서 마음대로 행하고 위엄과 복을 주도록 하겠습니까.〔又肯令其鬼行胸臆, 作威福於其間哉?〕"라고 한 말을 응용한 것이다. 《昌黎先生集 卷18》

무당을 빠뜨린 일도 공로 아니고 沈巫匪功
도랑을 판 일도 근면함 아니라네[575] 鑿渠匪勤
능히 한 덩이 바른 기운을 고취시키고 能乎鼓一團之正氣
누대토록 이어져온 나쁜 풍습을 고쳐 革累世之邪習
천하 후세로 하여금 使天下後世
백성들이 그 은택을 입게 하였으니 民獲其賜者
어떤 공로가 이와 같겠으며 何功如之
어떤 근면함이 이와 같겠는가 何勤如之
귀신의 간담을 서늘하게 한 이군 破鬼膽之李君
요망한 뱀을 쳐 죽인 공공[576] 擊妖蛇之孔公
나는 이 사람들이 어디에서 이러한 덕을 취했는지 알겠네 我知夫斯焉取斯
아아 嗚呼
하신(河神)이 무당을 현혹시켰는가 神惑巫耶
무당이 하신에 현혹되었는가 巫惑於神耶
사람이 무당에게 홀렸는가 人迷於巫耶

575 무당을……아니라네 : 서문표가 업현(鄴縣)의 현령으로 있으면서 무당을 빠뜨린 것 외에, 12개의 수로를 파서 강물을 끌어들여 곡물 생산을 증대시켜 백성들을 풍족하게 하였는데, 이러한 것보다 누대토록 이어져온 악습(惡習)을 제거하고 정기(正氣)를 고취시킨 것이 훨씬 큰 공적이라는 말이다. 《史記 滑稽列傳》

576 요망한……공공(孔公) : 공공은 북송(北宋) 인종(仁宗) 때의 명신인 공도보(孔道輔)를 가리킨다. 영주(寧州) 천경관(天慶觀)에 큰 뱀이 나타나 사람들이 영물(靈物)이라고 하여 가서 전배(奠拜)를 드렸는데, 공도보가 요물(妖物)이라 하여 홀(笏)로 쳐서 죽였다. 《古文眞寶後集 卷6 擊蛇笏銘》

무당이 사람을 홀렸는가	巫迷人耶
하수에 하백이 있기는 한가	河有伯乎
하백은 과연 장가들 수 있는가	伯果能娶乎
부인을 던진 자는 무당인가	投婦者巫乎
무당을 던진 자는 부인인가	投巫者婦乎
무당은 한 사람일 뿐인데	巫一而已
사람을 살리기도 죽이기도 하네	或生人兮或殺
아아	吁嗟乎
무당이여	於巫之中
또한 그 기술을 삼가지 않아서는 안 되리	亦不可不愼其術

견사제벽계부[577]

遣使祭碧鷄賦

한 효선제가 제위에 오른 뒤로	有漢孝宣自宅帝位
정성을 다해 정치에 힘써	勵精圖治
밝은 정치로 혼란함 대신하고	代昏以明
신하들을 거느리고 일을 일으켰네	率作興事
공업이 널리 이루어지고	功成業廣
행동하는 대로 크게 호응하였네[578]	丕應惟動
지영을 조금이라도 소홀히 할까 지극히 경계하면서도	至戒俄忽於持盈
추한 생각이 씨를 뿌린 뒤에 점차 싹텄네[579]	莠念漸萌於投種

577 견사제벽계부(遣使祭碧鷄賦) : 사람을 보내 벽계(碧溪)의 신에게 제사를 지낸 것에 대해 읊은 부로, 한 선제(漢宣帝)와 간의대부(諫議大夫) 왕포(王褒)의 고사를 원용한 것이다. 촉(蜀) 땅 익주(益州)에 금마(金馬)와 벽계의 신이 있어 초제(醮祭)를 지내면 불러올 수 있다는 방사(方士)의 말을 듣고, 한 선제가 간의대부 왕포를 보내 부절(符節)을 가지고 가서 찾게 하였다. 《漢書 王褒傳, 郊祀志》

578 행동하는……호응하였네 : 임금이 무슨 일을 하든 간에 신하들이 임금의 명을 따른다는 말이다.《서경》〈익직(益稷)〉에 "보필하는 신하가 정직하면 행동하는 대로 크게 호응하여 임금의 뜻을 기다릴 것입니다.〔其弼直, 惟動, 丕應徯志.〕"라고 한 데서 온 말이다.

579 지영(持盈)을……싹텄네 : 한 선제(漢宣帝)가 지극히 경계하여 대업을 잘 보전하는 동시에 신선술에 점차 빠졌다는 말이다. 지영은 성취한 대업을 잘 보전하며 지키는 것을 뜻하는 말로, 《도덕경(道德經)》 9장에 "손에 쥐고 가득 차서 흘러넘치게 하기보다는 아예 손에 쥐지 않는 것이 낫다.〔持而盈之, 不如其已.〕"라고 한 데서 온 말이다. 추한 생각이 싹 튼다는 말은 다음의 고사에서 유래한다. 측천무후(則天武后)가 당 태종(唐太

이에 말하였네 "무너진 기강이 진작되지 못하자	乃謂頹綱不振
짐이 이미 얼른 세웠고	朕旣頓植
백성들이 병들고 피폐하자	下民殄瘁
짐이 이미 폐해를 바로잡았다	朕旣爬櫛
강포한 자가 교화를 어지럽히면	强禦之亂化
덕으로 복종시켰고	可以德服
외이가 복종하지 않으면	外夷之不賓
위엄으로 굴복시켰다	可以威屈
나라가 천하 사방으로 뻗어나가니	國以之天下四方
누가 짐의 뜻을 감히 어기겠는가마는	孰朕志之敢越
오직 밤낮으로 가는 세월이 이와 같아	惟晝夜逝者如斯
늙어감을 억제할 방법이 없도다	制餘齡之無術
간간이 일어나는 재해도 알기 어려운데	抑疵癘間作之難知
무슨 방법으로 그 재앙을 물리치랴	禳厥災以何方
천지도 오히려 오래가지 못하는데	天地尙不能久
하물며 내 삶이 음양의 변화에 따름에랴	況吾生隨化於陰陽
복록을 길이 보전할 수 없으니	福祿不可以永保
아 운명이 무상하도다	吁命途之靡常
짐이 어찌 궤도 따르고 전철 고수하며	朕安能遵軌而守轍

宗)에게 사랑을 받을 때 태종의 아들 고종(高宗)이 간음하려는 뜻이 있었는데, 고종이 즉위하자 측천무후를 탐하려는 마음이 점차 자라났다. 이 일에 대해 윤기신(尹起莘)은 "불선(不善)한 생각이 마치 땅에 씨를 뿌려 놓았을 적에 기다리면 싹이 나오는 것과 같아 끝내 고칠 수 없다.〔蓋其不善之念, 猶投種于地, 有待而發, 而終不能改也.〕"라고 하였다.《資治通鑑綱目 卷40》

저 하늘에 내 운명을 내맡기고 살아가랴" 任倒橫直豎於彼蒼
이에 고사를 상고해 보니 於是若稽故事
선조 무제(武帝) 때에 있었네[580] 于乃祖武皇
감천에 옥벽을 묻고서 瘞璧甘泉
제사를 엄숙히 받들고 我祀肅將
태치[581]에서 봉선(封禪)을 행하니 行封泰畤
상서로운 빛이 발하였었지 用攄景光
예문(禮文)에 없는 것까지 모두 차례대로 咸秩無文
명산과 대천에 두루 제사 지내고 빌었네 遍祀禱於名山大川
운집한 방사들이 有方士之坌集
수차례 번갈아 와서 신선에 대해 말하였네 多更來言神仙曰
"서쪽 지방 익주(益州)라는 곳에 西之方其地維益
벽계의 신이 있는데 神有碧鷄
매우 영험하고 신통합니다 旣靈且力
만약 가서 제사 지내면 苟往以祀
명복을 빌 수 있을 것입니다" 可資冥福
황제가 이미 왼쪽 배에 들이고[582] 荃衷旣入於左腹

580 선조(先朝)……있었네 : 한 무제(漢武帝) 원정(元鼎) 4년에 분음(汾陰)에서 정(鼎)이 발견되어, 감천궁(甘泉宮)에 보관하고 그곳에 후토사(后土祠)를 세우고는 무제가 직접 가서 지신(地神)을 제사를 지냈다. 《漢書 武帝紀》

581 태치(泰畤) : 고대에 제왕이 천신(天神)에게 제사 지내던 곳이다.

582 황제가……들이고 : 간사한 소인(小人)이 부정한 방법으로 임금의 신임을 얻는 폐단을 가리킨다. 《주역》 〈명이괘(明夷卦) 육사(六四)〉에 "왼쪽 배로 들어가서 밝음을 해칠 마음을 얻어 문으로 나온다.〔入于左腹, 獲明夷之心, 于出門庭.〕"라고 하였다.

그 말을 가상히 여겨 깊이 받아들이고 말하였네 嘉乃言而深納曰
“너 왕포야 汝王褒
너의 직임은 간언하는 것이고 乃職維諫
너는 중신이라 汝惟重臣
짐의 일을 네가 맡아 하라 朕事汝幹
나의 말을 공경히 받들고 너는 가서 欽予言其汝往
마음을 하나로 모아 재계하고서 一乃心而齋禡
신의 도움을 구하되 求神之佑
나에게 복과 수명을 내려달라고 빌라” 福我兮壽我
왕포가 왕명에 절하고 가서 褒拜命而于邁
촉 땅의 산에 행차를 멈추었네 弭玉節於蜀之山
산 속에 사당이 있는데 山之中兮有祠
명궁이 높다랗게 솟았네 架明宮兮巑岏
이에 길일을 택해 정결히 제수 갖추고 爰吉蠲而爲饎
좋은 때를 가려 제사지낼 제 撫令辰而卽事
제기를 가지런히 놓고 籩豆有踐
백곡을 준비하였네 百嘉備止
조용하게 청사[583]를 아뢰고 靑詞奏兮不譁
예에 맞게 엄숙히 오르내렸네 儼升降之中禮
“천자 모가 삼가 모를 보내 曰天子某謹遣某
성대히 제사 지내게 하였으니 祭紛洋洋

583 청사(靑詞) : 도사(道士)가 제사를 지내면서 천신(天神)에게 고하는 글인데, 주필(朱筆)로 청등지(靑藤紙)에 쓰기 때문에 청사라고 한다.

신께서 강림하시어	其格思
저의 정성을 흠향하소서”	庶我虔之
흠향한 영분[584]이 보호하여 선도하니	居歆靈氛翳以先導
신께서 멀리서 와서 임하셨네	神縹緲而來臨
신께서 이에 강릉 같은 수명[585]을 내리시니	神乃錫予壽如岡陵
아 만년토록 이지러지지도 무너지지도 않으리라[586]	於萬年斯不騫不崩
황제에게 복명하니	用復于皇
황제가 이에 겸허히 받아들이고	皇乃虛受
“신명이 묵묵히 도와	謂神明之默佑
많은 복이 여기에 모여 들었네” 하였네	多祉於焉輻輳
초연하게 홀로 존재하려 하고	擬超然而獨存
고금을 걸쳐 장수하려 하지만	閱今古而長年
조화의 화로[587]는 어떻게 할 수 없어	造化鑪之無奈

584 영분(靈氛) : 고대에 점을 잘 친 사람이다. 굴원(屈原)의 〈이소경(離騷經)〉에 “영분에게 명하여 나를 위해 점을 치게 했다.〔命靈氛爲余占之.〕”라고 하였다. 《古文眞寶後集 卷1》

585 강릉(岡陵) 같은 수명 : 장수를 축원하는 말이다. 《시경》 〈녹명(鹿鳴)〉에 “하늘이 그대를 보호하여 정했으니 흥성하지 않음이 없으리라. 산과 같고 언덕과 같으며 산마루와 같고 구릉과 같도다.〔天保定爾, 以莫不興. 如山如阜, 如岡如陵.〕”라고 하였다.

586 이지러지지도……않으리라 : 장구하게 변치 않는 것을 비유한 말이다. 《시경》 〈천보(天保)〉에 “남산의 장수함과 같아 이지러지지도 않고 무너지지도 않는다.〔如南山之壽, 不騫不崩.〕”라고 하였다.

587 조화의 화로 : 천지의 조화를 비유하는 말이다. 《장자》 〈대종사(大宗師)〉에 “이제 한번 하늘과 땅을 커다란 화로라 생각하고 조물주를 큰 대장장이라고 생각한다면 어디로 간들 불가하겠는가.〔今一以天地爲大鑪, 以造化爲大冶, 惡乎往而不可哉.〕”라고 한 말에

속절없이 흐르는 세월에	急景凋光兮
쓸쓸히 흰머리만 천지에 가득하리라	華鬢蕭然彌天
결국 나무 하나에 넋을 거둘 텐데	竟戢於一木
신이 너에게 무슨 은덕으로 보답하겠는가	神報爾以何德
옛날 신을 신봉하여 아첨한 자들은	疇昔之信奉而求媚者
오늘날 그 허탄함을 징험할 수 있네	驗其誕於今日
아아	嗚呼
옛날의 성군은	古者聖君
몸가짐에 법도가 있어	行己有法
몸은 법도가 되고 소리는 음률이 되며[588]	身爲度而聲爲律
귀신에게 질정하여도 의심이 없었네[589]	質諸神而無疑
그러므로 장수하고 부유하고 강녕하였으니	故壽富而康寧
모두 자신이 불러들인 것이라네	皆自我而致之
복을 구함이 간사하지 않다는 말	求福不回
주시에 보이고[590]	見於周詩

서 유래하였다.

588 몸은……되며 : 행동거지가 법도에 맞는다는 말이다. 《사기》 〈하본기(夏本紀)〉에, 우(禹) 임금의 사람됨을 평가하면서 "소리를 내면 음률이 되고 몸을 움직이면 법도가 되었다.〔聲爲律, 身爲度.〕"라고 하였다.

589 귀신에게……없었네 : 분명하여 의혹이 없다는 말이다. 《중용장구(中庸章句)》 29장에 군자의 도에 대해 설명하면서 "귀신에게 물어보아도 의심이 없고, 백세토록 성인을 기다려도 의혹이 없다.〔質諸鬼神而無疑, 百世以俟聖人而不惑.〕"라고 하였다.

590 복을……보이고 : 복을 구하기를 정도(正道)로써 한다는 말이다. 주시(周詩)는 《시경(詩經)》을 말한다. 이 구절은 《시경》 〈한록(旱麓)〉에 보인다.

구가 기도한 지 오래되었다고 하였으니 丘之禱久

중니를 스승으로 삼을 만하네[591] 可師仲尼

어찌하여 한 선제는 생각하지 않고 何漢帝之罔念

선조 무제의 흉한 자취를 따랐단 말인가 率乃祖之凶德

알지 못했던가 윤대의 한 조서[592]가 아니었다면 曾不知微輪臺一詔

망한 진나라의 뒤를 따를 뻔했음을 幾未免亡秦之續

언덕, 진펄, 사당, 서낭당으로 말하자면 至於丘陵墳衍櫟社叢祠

신이 영험한 것이 아니라 사람이 영험하게 만든 것이니 非神自靈人自靈之

진실로 멀리하되 공경한다면 苟遠之而不瀆兮

누가 위엄과 복을 주고 멋대로 행할 수 있겠는가 夫孰能作威福而行胸臆

게다가 천지신명이 밝게 포진하고 삼엄하게 벌려 있으니 況神祇昭布森列

591 구(丘)가……만하네 : 기도한 지 오래되었다는 말은 신에게 의지하지 않고 자신의 마음을 수양하여 바르게 살아가는 유학의 도리를 말하는 것으로, 《논어》〈술이(述而)〉에 보인다. 한유(韓愈)의 〈여맹간상서서(與孟簡尙書書)〉에 "공자가 말하기를 '내가 기도한 지 오래되었다.'라고 하셨으니, 무릇 군자가 자신을 수행하고 몸을 바르게 세움에 자연히 법도가 있고 성현의 사업이 모두 방책에 실려 있으니 이를 본받고 스승으로 삼을 만하다.〔孔子云, 丘之禱久矣, 凡君子行己立身, 自有法度, 聖賢事業, 具在方冊, 可效可師.〕"라고 하였다. 《昌黎先生集 卷18》

592 윤대(輪臺)의 한 조서 : 한 무제(漢武帝)가 일생 동안 서역(西域)을 개척하면서 국력을 탕진하였다가, 만년에 이르러 이를 깊이 뉘우쳐 마침내 서역의 윤대국(輪臺國) 땅을 포기하면서 신민들에게 용서를 구하고 자신을 자책하며 내린 조서를 말한다. 《漢書 西域傳贊》

요망과 재앙을 일으키도록 두겠는가	肯任使興妖作孽
어찌하여 황제의 영명함으로도	夫何以帝之英明
허탄한 말을 즐기고 바른 도리를 해쳤단 말인가	樂其誕而害其正
아아	嗚呼
사해의 땅을 소유하였으니	有四海地
만승의 천자보다 부유한 이는 없으며	富莫盛於萬乘
억조의 백성들 위에 군림하였으니	位億兆上
천자보다 존귀한 이는 없도다	貴莫尙乎天子
그 귀신이 아닌데 제사 지냄은 아첨하는 것인데[593]	非其鬼而是諂
원하고 바라는 바가 무슨 일이란 말인가	所願欲者何事
게다가 시작이 있으면 반드시 끝이 있게 마련이니	矧有始必有其終
신이 보답하려 하는데 홀로 무엇을 한단 말인가	神欲報兮獨何爲
덕이 떳떳하지 않으면 구주(九州)가 망하는데[594]	德靡常九有以亡
또 어찌 신력의 도움을 받을 수 있겠는가	又豈容神力之扶持
간관(諫官)을 보내 재계하고 제사 지내게 하였으니	至遣諫臣而齋祀
더더욱 올바르지 못한 처사였네	尤不得事之宜也

593 그……것인데 : 제사를 지내야 할 대상이 아닌 귀신에게 제사를 지내는 것은 아첨하는 것이라는 말로, 《논어》 〈위정(爲政)〉에 "그 귀신이 아닌데 제사 지내는 것은 아첨하는 것이다.〔非其鬼而祭之, 諂也.〕"라는 내용이 보인다.

594 덕이……망하는데 : 덕이 상도(常道)와 일치하면 천자의 자리를 보전하지만 그렇지 않으면 천자의 자리를 잃는다는 말이다. 《서경》 〈함유일덕(咸有一德)〉에 이윤(伊尹)이 태갑(太甲)에게 훈계하기를 "하늘을 믿기 어려움은 천명(天命)이 떳떳하지 않기 때문이니, 덕을 떳떳이 하면 그 지위를 보존하고 덕이 떳떳하지 않으면 구주(九州)가 망할 것입니다.〔天難諶, 命靡常. 常厥德, 保厥位, 厥德靡常, 九有以亡.〕"라고 한 데서 온 말이다.

저 황제의 잘못과 오류를 바로잡지 못하고　彼不能繩愆糾謬
기꺼이 사신으로 간 자가　而甘心喫使者
또 어찌 임금이 신에게 아첨하였다고 책망할 수 있겠는가[595]　又安足責君媚於神
신하가 임금의 욕심을 따랐으니　臣從君慾
성주가 현신을 얻었다지만　聖主得賢臣
너희 군신에게 어떤 사업을 바라겠는가　而圖何等事業於爾君臣乎
이에 엄중히 꾸짖어　聿嚴其貶
만고를 미혹시킨 죄를 징계하노라　懲萬古之昏惑

595 저……있겠는가 : 왕포(王褒)가 한 선제(漢宣帝)의 명을 받고 〈성주득현신송(聖主得賢臣頌)〉을 지어 성군(聖君)이 현신(賢臣)이 만나면 태평시대를 이룬다고 하였고, 마지막에는 신선술에 빠진 선제를 꾸짖었으나, 결국 신선을 찾아오라는 선제의 명을 따랐기 때문에 이렇게 말한 것이다. 《古文眞寶後集 卷1》

초불사영어동풍부[596]

草不謝榮於東風賦

원기가 홍균을 돌리고[597]	洪鈞轉氣
큰 화기가 만물을 생장시키네	大和蒸物
내가 들판에 가보니	我行其野
싹트지 않은 식물이 없었네	靡植不茁
박에서 복이 되니[598]	剝而復之
공로가 돌아갈 바가 있는데	功有所歸
봄바람에 감사할 줄 모르니	不解謝於東風兮
어찌 그리 그대는 무지한가	何子之無知

596 초불사영어동풍부(草不謝榮於東風賦) : 풀은 무성해졌다고 해서 봄바람에 감사하지 않는다는 것에 대해 읊은 부로, 이백(李白)의 〈일출입행(日出入行)〉에 나오는 구절을 원용한 것이다. 거기에 "풀은 무성해졌다고 해서 봄바람에 감사하지 않고, 나무는 잎이 졌다고 해서 가을 하늘을 원망하지 않는다.〔草不謝榮於春風, 木不怨落於秋天.〕"라고 하였다. 이 말은 봄에 풀이 무성하고 가을에 잎이 지는 것은 자연의 당연한 이치이기 때문에 풀과 나무가 감사하거나 원망하지 않는다는 뜻이다. 《李太白文集 卷2》

597 원기(元氣)가 홍균(洪鈞)을 돌리고 : 조물주가 원기(元氣)를 조화시켜 만물을 생성한다는 말이다. 홍균은 도자기를 만들 때 돌리는 큰 물레라는 뜻으로, 조물주를 말한다. 두보(杜甫)의 〈상위좌상(上韋左相)〉에 "사방팔방에 인수(仁壽)의 세계가 열리니, 하나의 원기가 홍균을 돌렸다.〔八荒開壽域, 一氣轉洪鈞.〕"라고 하였다. 《杜少陵詩集 卷3》

598 박(剝)에서 복(復)이 되니 : 박과 복은 모두 괘(卦) 이름이다. 박괘는 음(陰)이 성하여 양(陽)이 쇠한 것이고, 복괘는 음이 극에 이르러 다시 양이 회복한 것으로, 천도(天道)의 성쇠(盛衰)와 소장(消長)을 의미하는데, 여기에서는 천도가 순환하여 봄이 되었음을 말한 것이다.

나는 알겠네 조물주의 자취 은미하여 吾知夫眞宰之迹微兮
한 치 풀이 보답할 길이 없음을[599] 寸草之報答無路
전에는 천지의 기운이 꽉 막혀 往者天地否塞
혹한의 계절이었네 律候嚴沍
구수의 양이 이미 엎드리고 陽旣伏於九數
이의의 기운이 통하지 않아[600] 氣不交於二儀
된서리가 숙살(肅殺)을 주관하고 玄霜主殺
세찬 눈이 맹위를 떨쳤네 虐雪揚威
이때 于斯時也
모든 풀은 시들고 百卉萎絶
온갖 나무는 죽은 듯 서 있으며 萬木殭立
앙상한 가지는 추위에 울부짖고 苦杪號寒
성긴 숲은 본래 색을 잃었네 疏林斂色
흰 꽃은 아직 희지 않고 붉은 꽃은 아직 붉지 않으니[601] 白者未白紅者未紅

599 조물주의……없음을 : 순환하는 자연의 이치가 은미하여 보답할 수 없다는 말이다. 맹교(孟郊)의 〈유자음(游子吟)〉에 "한 치의 풀과 같은 마음을 가지고서, 봄볕 같은 어머님 사랑 보답하기 어려워라.〔難將寸草心, 報得三春暉.〕"라고 한 데서 온 말이다. 《古文眞寶前集 卷1》

600 구수(九數)의……않아 : 극한의 추위를 표현한 말이다. 구수는 《주역》에서 양(陽)의 성수(成數)를 말하고, 이의(二儀)는 음양을 말한다.

601 흰……않으니 : 엄동설한의 때이므로 꽃들이 제 모습을 갖추지 못했다는 말이다. 송(宋)나라 당경(唐庚)의 〈이월견매(二月見梅)〉에 "그동안 매화 필 때는 엄동설한을 당하였으니, 흰 꽃은 아직 희지 않았고, 붉은 꽃은 아직 붉지 않았네.〔向來開處當嚴冬, 白者未白紅未紅.〕"라고 한 데서 온 말이다. 《古文眞寶前集 卷4》

추위가 기세 떨치는 날에 모두 꺾이고 시들었고

莫不摧殘凋敗於贔屭之口

사방 들판 돌아보매 황폐하고 적막하니 顧四野荒荒焉泯泯焉

마치 온 대지가 불모지가 되려는 듯하였네 若將擧大地爲不毛之域

그러다 우뢰가 잠든 벌레 깨우고 及夫雷公起蟄

청제가 깃발을 들어 행차하자[602] 青帝按節

육음이 감추어 움츠리고 六陰藏縮

삼양이 온기를 내보냈네[603] 三陽噓煦

추위 물리쳐 살려는 뜻 고취하고 鼓生意於排凍

언 땅에 잠복해 있던 싹을 틔어 發潛芽而角土

따뜻한 햇살로 온기를 주고 煖日以熨之

온화한 바람으로 불어주니 和風以煽之

하나의 원기가 어진 덕화를 베풀어 施一元之仁化

변화 속에 삼라만상을 감싸주었네 囿萬象於於變

이에 은자의 집과 부귀한 집 於是閑門要地

굽은 못과 꽃동산 曲池芳園

황폐한 성과 옛 길 荒城古陌

602 청제(青帝)가……행차하자 : 청제는 봄을 주관하는 신으로, 봄이 왔다는 말이다. 한유(韓愈)의 〈풍릉행(豐陵行)〉에 "가을 신이 깃발을 들고 행차하자, 더위가 물러가네. 〔金神按節炎氣除.〕"라고 하였다. 《東雅堂昌黎集註 卷4》

603 육음(六陰)이……내보냈네 : 성한 음의 기운이 물러가고 따뜻한 양의 기운이 도래하였다는 말이다. 육음은 곤괘(坤卦)로 10월의 절기에 해당하는데 음의 기운이 극성함을 상징하고, 삼양(三陽)은 태괘(泰卦)로 1월의 절기에 해당하는데 양의 기운이 두루 펼쳐짐을 상징한다.

먼 포구와 들 한가운데에 極浦中原
싸여 있는 것은 펴지고 苞者舒
껍질이 있는 것은 터지며 甲者坼
굽은 것은 펴지고 句者伸
싹이 있는 것은 뻗었네 蘖者達
마른 것은 펴져 꽃피고 枯者敷而華
시든 것은 펴져 무성하며 悴者暢而茂
묵은 가지 바뀌어 여린 가지 나오고 柔條以換衰
썩은 잎을 대신해 어린잎이 나왔네 嫩葉以代朽
숲에는 가지마다 그늘지고 林何枝而不蔭
들에는 떨기마다 무성하니 野何叢而不翳
모두 천지의 은총을 받고 莫不荷乾坤之寵光
우로의 은택에 목욕한 것이라 沐雨露之霑洒
아름다움과 화려함을 뽐내 誇芳鬪靡
푸른색과 초록색으로 장식하니 絢翠粧綠
들불 흔적 사라져 푸릇푸릇하고 沒野燒而萋菲
맑은 안개와 어울려 윤택하였네 和晴煙而沃若
생기 넘쳐 꽃피려 하고 忻忻向榮
그윽하게 윤기 간직하여 沕沕含澤
너도나도 제때에 뜻을 얻으니 競得意於及時
어찌 한 물건이라도 길러지지 않으랴 何一物之失養
이미 입김 불어준 도움 입었고 旣憑力於吹噓
또 생장하게 해준 은혜 받았네 又承惠於滋長
그 은덕에 감사하려고 하니 欲謝之德

하늘처럼 끝이 없다오 昊天罔極
어찌 이리도 아름답고 이여쁜가 夫何楚楚與夭夭
그런데도 무정하여 스스로 깨닫지 못하네 乃無情而不自覺
훤초(萱草)의 성질은 근심을 잊게 하니[604] 萱性忘憂
기뻐할 줄만 알며 只解怡悅
해바라기의 정성은 해만 향하니[605] 葵忱向日
끝내 속마음을 드러내지 않는다오 竟不能曝
구십일의 봄빛에 韶華九十
여린 나무는 부끄럽기만 하고[606] 棘心徒慙
삼춘의 비바람에 風雨三春
혜초는 그저 입을 다문다오 蕙思空緘
저 밝게 소생하는 만물이여 彼昭蘇之萬種兮

604 훤초(萱草)의……하니 : 훤초는 원추리로, 이것을 먹으면 근심을 잊을 수 있기 때문에 망우초(忘憂草)라 부르기도 한다. 《신농본초(神農本草)》에 "중약은 성정을 기르는 것이므로, 합환초는 분노를 덜어주고, 훤초는 근심을 잊게 한다.〔中藥養性. 故合歡蠲忿, 萱草忘憂.〕"라고 하였다.

605 해바라기의……향하니 : 해바라기 꽃은 늘 태양을 향하므로, 보통 신하가 임금을 위하는 충정에 비유한다. 《춘추좌씨전(春秋左氏傳)》 성공(成公) 17년에, 공자(孔子)가 "포장자의 지식은 해바라기만도 못하다. 해바라기는 오히려 자신의 발을 보호할 줄 안다.〔鮑莊子之知不如葵, 葵猶能衛其足.〕"라고 하였는데, 그에 대한 두예(杜預)의 주석에 "해바라기가 잎을 기울여 해를 향해서 햇빛이 제 뿌리에 닿지 않게 가린다.〔葵傾葉向日, 以蔽其根.〕"라고 하였다.

606 구십일의……하고 : 여린 초목이 봄빛의 은혜를 갚지 못해 부끄럽다는 말이다. 《시경》 〈개풍(凱風)〉에 "온화한 바람이 남쪽으로부터 저 어린 나무에 불어오도다.〔凱風自南, 吹彼棘心.〕"라고 한 말을 응용한 것이다.

하나의 원기가 빚어낸 것을 누가 알겠는가　夫孰知一氣之陶甄
분분하게 스스로 얻고 스스로 소유하며　紛自得而自有
부질없이 어린 자태로 다투어 새싹 돋구나　謾幼態而爭新
이제 알겠어라 신의 공덕은 널리 운행하고　然後知神功廣運
대자연은 작위함이 없어서　大造無爲
수많은 형체들에 대해　其於衆形
일일이 새겨 조각한 것이 아님을　非物物刻而彫之
음양과 천지의 오묘한 이치를 지녀　操舒慘闔闢之妙機
사시가 운행하고 만물이 생장하는 뚜렷한 자취가 있으니
而有四時行百物生之顯跡
조화를 이루는 주체는 하늘이요　成化者天
조화가 드러나는 대상은 사물이라　顯化者物
하늘이 의도가 있지 않은데　天非有意
사물 또한 어찌 감사할 것이 있으랴　物亦何謝
하늘이 이미 사물을 사사롭게 대하지 않았는데　天旣不私於物
사물 또한 어찌 하늘을 사사롭게 대하겠는가　物亦何私於天也
잎이 떨어져도 원망하지 않는데　落而不怨
풀이 무성하다고 어찌 감사하랴　榮而何謝
만약 감사해 한다면　如可謝也
아래로는 조화에 순응하는 도리를 거스르고　下焉而逆體順之道
위로는 작위함이 없는 덕화에 누가 되리라　上焉而累無爲之化
하늘이 무슨 말을 하겠는가　天何言哉
사물이 감사해 하지 않는 이유라　物所以不謝
이 때문에 태평성대의 백성들은　是故聖世之民

초목이 봄을 만난 것과 같았네	如草木之逢春
삶을 즐길 뿐이니	樂生而已
어찌 생성시켜주는 지극한 인덕을 알겠으며	豈知生成之至仁
스스로 생육할 뿐이니	自育而已
어찌 발육시켜주는 신묘한 조화를 알겠는가	寧知發育之神化
실컷 먹고 배 두드림은	含哺鼓腹
진실로 자신에게 달려 있고[607]	固在於我
우물 파서 마시고 밭 갈아 먹으니	鑿飮耕食
임금의 힘이 나와 무슨 상관이랴[608]	帝力何有
아아	嗚呼
지덕의 일은	至德之載
소리도 냄새도 없으므로[609]	無聲無臭
천하가 잘 다스려져도	天下治歟

607 실컷……있고 : 태평성대에 백성들이 풍족한 생활을 영위하는 것을 표현한 말이다. 《장자》 〈마제(馬蹄)〉에 "옛날 혁서씨(赫胥氏) 시대에는, 백성들이 집에 있을 때에는 무슨 일을 해야 할지를 따지지 않았고 길을 갈 때에는 어디로 가야 할지를 요량하지 않았다. 실컷 먹고 즐거워하였으며 배를 두드리며 놀았다.〔含哺而熙, 鼓腹而遊.〕"라고 한 데서 온 말이다.

608 우물……상관이랴 : 백성들이 태평하게 지낸다는 말이다. 요(堯) 임금 때에 어떤 노인이 배를 두드리며 노래하기를 "해가 뜨면 일하고, 해가 지면 쉬며, 밭 갈아서 먹고, 우물 파서 물 마시니, 임금의 힘이 나에게 무슨 상관이랴.〔日出而作, 日入而息, 耕田而食, 鑿井而飮, 帝力何有于我哉?〕"라고 한 데서 온 말이다. 《十八史略》

609 지덕의……없으므로 : 형이상(形而上)의 천도(天道)를 표현한 말이다. 《중용장구》 33장에 "상천(上天)의 일은 소리도 없고 냄새도 없다는 표현이어야 지극하다 할 것이다.〔上天之載, 無聲無臭, 至矣.〕"라고 한 말을 응용한 것이다.

백성은 교화된 줄 모르며	民不知化
만물이 잘 길러져도	萬物育歟
풀은 감사할 줄 모른다오	草不知謝
가까이는 성인이	邇則聖
멀게는 하늘이 길러주니	遠則天
성인의 교화와 하늘의 이치를	聖化天道
내가 흠잡을 것이 없도다	吾無間然

매륜부[610]

埋輪賦

오대에서 직무를 맡아[611]	烏臺分職
대궐에서 부절을 받았네	鳳闕受節
수레가 교외에서 멈추니	車次于郊
왕명을 받고 떠난 저녁이라	拜命之夕
수레바퀴 완벽하게 갖추어야 가기 편한데	完其輪始可利行兮
저 아름다운 사람은 어찌하여 바퀴를 묻고서	彼姝子胡爲乎埋
도리어 가던 길 멈추고	却畫其途
이에 원흉을 탄핵하였나	爰彈元兇
이 사람은 옛사람의 곧은 풍도를 지닌[612]	斯人也古之遺直

610 매륜부(埋輪賦) : 수레바퀴를 땅에 묻은 것에 대해 읊은 부로, 장강(張綱)의 고사를 원용한 것이다. 후한(後漢) 순제(順帝) 때 양황후(梁皇后)의 오빠 양기(梁冀)가 대장군이 되고 그 아우 양불의(梁不疑)가 하남윤(河南尹)이 되어 어사 8인을 뽑아 주군(州郡)을 순행토록 하였는데, 유독 장강만이 낙양(洛陽)의 도정(都亭)에 수레바퀴를 땅에 묻고 떠나지 않고서 "시랑(豺狼) 같은 외척이 길을 막고 있는데, 어찌 호리(狐狸) 같은 지방관을 문책하겠는가?"라고 하며 양기와 양불의의 죄상 15조목을 들어 탄핵하였다. 《後漢書 張綱列傳》

611 오대(烏臺)에서 직무를 맡아 : 어사(御史)에 발탁되었다는 말이다. 오대는 어사대의 별칭이다.

612 옛사람의……지닌 : 옛사람의 풍도가 남아 있는 곧은 사람이라는 뜻이다. 숙향(叔向)을 두고 공자가 "숙향은 옛사람의 곧은 풍도를 지녔다.〔叔向古之遺直也.〕"라고 하였다. 《春秋左氏傳 昭公 14年》

동경에서 벼슬하고 있는 장어사라	官東京者曰張御史
하락의 물결을 윤택하게 하고	潤河洛波
광악의 정기를 독차지하였네[613]	專光岳氣
부정한 자를 전갈처럼 보고	蝎視邪枉
새매가 참새를 잡듯하여[614]	鷹搏鳥雀
귀신의 간담 서늘하게 하는 곧은 말과	破鬼膽之危言
조정을 엄숙하게 하는 기개와 정신으로	肅朝端之風力
항상 강직하고 옳은 말을 실행하였고	恒謇諤而以之
직임 감당하지 못함을 치욕으로 여겼네	不勝任而爲辱
통탄스럽네 양기(梁冀)가 악을 쌓아	痛冀也之稔惡兮
위엄과 복을 주고 방자하게 굶이여	作威福而縱恣
신하가 높아지면 임금은 낮아지고	臣尊兮主卑
열매가 많으면 가지가 꺾인다네[615]	實繁枝披

613 하락(河洛)의……독차지하였네 : 하락은 하수(河水)와 낙수(洛水)의 준말로 낙양(洛陽)을 가리키고, 광악(光岳)은 삼광(三光)과 오악(五嶽)의 준말이다. 장강이 조정을 윤택하게 하고 또 삼광오악의 정기를 지녔다는 말이다.

614 새매가 참새를 잡듯하여 : 악한 사람을 강력하게 처벌한다는 말이다. 《춘추좌씨전(春秋左氏傳)》 문공(文公) 18년에 "자기 임금에게 무례하게 구는 자를 보거든 새매가 참새를 모는 것처럼 처벌해야 한다.〔見無禮於其君者, 誅之如鷹鸇之逐鳥雀也.〕"라고 한 데서 온 말이다.

615 신하가……꺾인다네 : 신하의 권력이 강해지면 임금의 권위가 낮아지는 것을 나무에 빗대어 표현한 말이다. 《사기(史記)》 〈범수열전(范雎列傳)〉에 "나무에 열매가 많으면 가지가 꺾이고, 가지가 꺾이면 목심(木心)이 상한다. 마찬가지로 봉토(封土)를 받은 자가 커지면 나라가 위험해지고, 신하를 높이면 임금이 낮아진다.〔木實繁者披其枝，披其枝者傷其心. 大其都者危其國，尊其臣者卑其主.〕"라고 하였다.

한나라의 표주박 하나를　漢家一瓢
드는 자가 열 명이라[616]　輿者之十
참마검(斬馬劍)은 있으나　斬馬有刃兮
누가 한 사람 주륙하기를 청하였나[617]　誰請誅一
내면에 충분이 가득 차서　積忠憤兮弸中
자신의 목숨 돌아볼 생각 하지 않았네　計將出於不顧
어찌 조사하고 문책하라는 황제의 명이　夫何按問之帝命
문득 홀로 이 주와 부에 미쳤단 말인가　奄獨及此州府
큰 길을 바라보고 생각이 있어　瞻周道兮有懷
동쪽 낙양으로 수레를 몰았네　匪車不東
생각건대 임금의 측근들 부정(不正)하니　念君側之未淸
내가 그 누구를 주군으로 삼아 따를까　吾誰適從
병이 복심에 있는데　病在腹心
어찌 수족을 신경 쓰랴　何及乎手足
소에 붙은 등에를 잡아야지　搏牛之蝱蝨
이를 잡아서는 안 된다오[618]　不可以破蝨

616 한(漢)나라의……명이라 : 한나라의 권력을 수많은 사람들이 장악하고 있어 위태롭다는 말이다. 《전국책(戰國策)》〈진책(秦策) 2〉에 "일백 명이 표주박을 들고 뛰는 것은 혼자서 들고 뛰는 것보다 빠르지 못합니다. 일백 명이 진실로 표주박을 들고 뛴다면 표주박은 틀림없이 깨질 것입니다.〔百人輿瓢而趨, 不如一人持而走疾. 百人誠輿瓢, 瓢必裂.〕"라고 한 데서 온 말이다.

617 참마검(斬馬劍)은……청하였나 : 간신을 베려는 사람이 아무도 없었다는 말이다. 참마검은 예리하여 말을 벨 수는 있는 칼이다. 한(漢)나라 성제(成帝) 때에 주운(朱雲)이 임금에게 "상방(尙方)의 참마검을 신에게 빌려 주면 간신 한 사람의 머리를 베어 버리겠습니다."라고 한 고사에서 온 말이다. 《漢書 朱雲傳》

저 길을 막고 있는 시랑을 신경 쓸 뿐	眷彼當途之豺狼
또한 어찌 죄 지은 호리를 문책하리오	亦何問狐貍之作孼
내가 돌아가면 그 악행을 탄핵하겠지만	我其旋兮彈厥惡
내가 돌아가지 않으면 그 직임 수행 못하니	我不旋兮瘝厥職
돌아가고 돌아가지 않는 것 사이에	旋不旋間
양쪽 다 득과 실이 있노다	兩者得失
백 번 생각해보니	百爾思之
내가 가는 것이 낫겠다	莫如我所之
하지만 어디로 갈거나	所之維何
내 걸음 멈추리라[619]	止吾止
이미 멈추겠다고 말하였으니	旣云止之
어찌 수레바퀴를 상관하랴	何事於輪
수레바퀴는 도는 역할을 하지만	輪職乎轉
나는 네가 굴러가기를 바라지 않는다	我不要爾之轔轔

618 소에……안 된다오 : 정권을 장악하고 있는 권신(權臣)을 죽이는 것이 가장 시급한 일이라는 말이다. 진(秦)나라 군사가 조(趙)나라를 포위하자 항우(項羽)가 "속히 군사를 이끌고 하수(河水)를 건너가서 초(楚)나라 군사는 밖에서 공격하고 조나라 군사는 안에서 호응하면 진나라 군사를 반드시 격파할 수 있을 것입니다." 하였다. 그러자 송의(宋義)가 "소에 붙은 등에를 잡아야지 이를 잡아서는 안 된다.〔搏牛之蝱, 不可以破虱.〕"라고 하였다. 《史記 項羽本紀》

619 내 걸음 멈추리라 : 멈추는 것도 나의 의지대로 멈춘다는 뜻이다. 《맹자》 〈양혜왕 하(梁惠王下)〉에 장창(臧倉)이 노 평공(魯平公)에게 참소하여 맹자를 못 만나도록 저지하자, 맹자가 "감은 누가 혹 시켜서이며 멈춤은 혹 저지해서이다. 그러나 가고 멈춤은 사람이 능히 시킬 수 있는 바가 아니다.〔行或使之, 止或尼之, 行止非人所能也.〕"라고 한 데서 온 말이다.

어찌 수레 돌려 빨리 가려고 하지 않겠는가마는 豈不欲旋車遄邁
바퀴를 뺀 것은 그 용단을 보이기 위함이라 去輪所以示其斷也
이에 수레바퀴 묻었네 于以埋之
도정[620] 왼쪽에다 都亭之左
작은 땅에 구덩이 파고 묻자마자 片土纔坎
간신의 간담이 먼저 찢어지고 奸膽先裂
어사의 옷을 벗지도 않은 채 繡衣未脫
청포[621]에 돌아와 엎드렸네 青蒲還伏
부월(斧鉞)을 쥔 남은 위엄을 믿고 挾持斧之餘威
악을 미워하는 강직한 마음을 펴서[622] 攄嫉惡之剛腸
구중의 대궐에서 부르짖으며 叫九重之閶闔
추상같이 매서운 상소를 올렸네 抗一封之秋霜
양기의 전횡을 폭로하고 曝梁冀之專擅
그 아들의 횡포까지 언급하였네[623] 暨厥子之驕橫
신하가 임금을 업신여겼으니 臣也無君

620 도정(都亭) : 도읍 안의 전사(傳舍)로, 군현(郡縣)의 치소(治所)에 두었다.

621 청포(青蒲) : 청색(青色)의 부들자리이다. 옛날 임금의 내정(內庭)에만 이것을 깔던 것으로, 간(諫)할 일이 있는 신하가 그 자리 위에 엎드려 간언(諫言)을 올렸다.

622 부월(斧鉞)을……펴서 : 황제의 권력을 이양 받아 강직한 성품으로 간신(奸臣)을 처벌한다는 말이다. 한 무제(漢武帝) 때 수의 어사(繡衣御史) 폭승지(暴勝之)가 황제가 내린 부월을 쥐고서 군국(郡國)의 도적 떼를 일망타진한 고사가 있고, 두보(杜甫)의 〈장유(壯遊)〉에 "성정이 호탕하여 술을 좋아하고, 악을 미워하여 강직한 마음을 품었다.〔性豪業嗜酒, 嫉惡懷剛腸.〕"라고 한 말이 있다.《漢書 王訢傳》《杜甫全詩集 卷7》

623 그……언급하였네 : 양불의(梁不疑)는 양기(梁冀)의 아우인데, 조희일이 양기의 아들로 착각한 듯하다.

그 죄는 바로잡아야 하리라　厥罪宜正
아무개의 잘못과 아무개의 죄는　某失某犯
법에 따라 처벌해야 하니　於法當誅
한 가지 일 두 가지 일　一事二事
그 조목이 열두 개였네[624]　十二其條
충언은 원흉에게 관대하지 않는 법이라　忠言不饒乎大憝
천자가 그 때문에 정색하였네　天子爲之動色
조정의 신하들은 우러러 보고　廷臣聳觀
길가는 사람들은 발꿈치를 들고 보았네　道路翹足
옛날 네가 떠날 때는　昔爾之去
수레에 바퀴가 있었는데　車有輪
이제 네가 여기에 오니　今爾來斯
나라에 인재가 있게 되었네　國有人
수레의 바퀴는　車有輪焉
도로를 다닐 뿐이나　任道路已
나라의 인재는　國有人兮
불순한 자들을 징계할 수 있네　庶懲不軌
수레바퀴 묻는 것은 어려운 일 아니나　埋輪匪難
거취를 용단하는 것이 쉽지 않은 일이고　能勇決去就之不易
수레바퀴 묻는 것은 중요한 일 아니나　匪重乎埋輪
간악한 괴수에게 동요되지 않는 것이 가상한 일이네

624 그……개였네 : 《후한서(後漢書)》〈장강열전(張綱列傳)〉에는 양기(梁冀)와 양불의(梁不疑)가 임금을 업신여긴 15가지의 일을 조목조목 나열하였다고 하였다.

	能不撓奸魁之是尙
아아	嗚呼
권세가 있는 곳은	權之所在
사람이 거스르기 어려운 법이라	人所難忤
기꺼이 몸을 굽히고 원구[625]가 되려 하지	甘爲局促之轅駒
누가 기꺼이 저들의 노여움을 사려 할까	孰肯樂逢彼之怒
이런 면이 있구나	若是乎
몸을 돌보지 않고 떨쳐 일어나	奮不顧身
자신의 뜻을 통쾌하게 행하였네	快行其志
강하도다 굳셈이여	强哉矯也
진실로 평소 수양이 완벽하지 않았다면	苟非素養之不完
어찌 이처럼 탁월한 굳센 지조를 지녔겠나	詎能有此卓犖之勁操
세상은 이미 명리를 사모하여 행하는데	世旣慕顧以爲行
그대만 뜻이 드높구나[626]	子獨揭揭如也
곧은 신하 있는 줄 알면서도 쓰지 못했으니[627]	有直臣知之不用

625 원구(轅駒) : 멍에를 메고 수레를 끄는 데 익숙하지 않은 망아지를 말하는데, 여기에서는 남의 지시에 저항하지 않고 순종하는 사람을 가리킨다.

626 세상은……드높구나 : 행동이 고결하여 세속을 따라 부침하는 세상 사람들과 다르다는 말이다. 한유(韓愈)의 글에 "세상은 명리를 사모하여 행하는데 그대는 뜻이 드높았고, 세상은 입을 다물고 살아가는데 그대는 홀로 이런 습속을 끊었네.〔世慕顧以行, 子揭揭也, 噎喑以爲生, 子獨割也.〕"라고 하였다. 《東雅堂昌黎集註 卷34 故幽州節度判官贈給事中淸河張君墓誌銘》

627 곧은……못했으니 : 장강(張綱)이 양기(梁冀) 등을 탄핵하는 상소를 올렸으나, 조정에 양씨의 친족들이 가득하여 순제(順帝)는 그의 말이 바른 줄 알면서도 쓰지 못하였다. 《後漢書 張綱列傳》

어찌 그 당시의 일에 개탄하지 않을 수 있으랴	安得不慨然於當日
아아	嗚呼
단거와 편언에는	單車片言
강포한 자들도 오히려 기뻐 복종하였으나[628]	强禦猶能悅服
수레바퀴 묻은 한 가지 일에는	埋輪一擧
간사한 도적이 분노와 포악함을 멋대로 부렸네[629]	憸賊彌肆忿毒
어찌 성심에 차이가 있겠는가	豈誠心之有間
참으로 시운과 운명이 고르지 않아서라네	諒時命之不齊
끝내 평소 마음먹은 것을 이루지 못하고	終不遂其素圖
도리어 스스로 손이 묶인 채 넘어지고 말았네	反自取手顚擠
세상 이치는 이미 악인에게 화 내리는 데 어둡고[630]	理旣昧於禍淫
신은 화락한 사람을 위로하지 않는구나[631]	神不勞於愷悌

628 단거(單車)와……복종하였으나 : 후한(後漢) 순제(順帝) 때 장영(張嬰)이 반란을 일으키자 조정에서는 장강(張綱)을 광릉 태수(廣陵太守)로 삼아 반란을 진압하게 하였는데, 장강이 단거(單車)를 타고 적진 속에 들어가 6가지 성패(成敗)의 기미에 대해서 이야기하니, 장영이 감복하여 회개하고 투항하였다. 《後漢書 張綱列傳》

629 수레바퀴……부렸네 : 장강(張綱)이 양기(梁冀) 등을 탄핵하는 상소를 올리자, 양기는 장강을 해하려고 반군 장영(張嬰)이 근거지로 삼고 있는 광릉(廣陵)에 태수로 보냈다. 《後漢書 張綱列傳》

630 세상……어둡고 : 이치로 볼 때 악한 사람에게 화를 내리는 것이 마땅한데 그러하지 않았기 때문에 이렇게 말한 것이다. 《서경》 〈탕고(湯誥)〉에 "하늘의 도는 선인에게 복을 내리고 악인에게 화를 내린다.〔天道, 福善禍淫.〕"라고 하였다.

631 신(神)은……않는구나 : 신은 군자를 위로하는 것이 마땅한데 그러하지 않았기 때문에 이렇게 말한 것이다. 《시경》 〈한록(旱麓)〉에 "화락한 군자는 신이 위로하는 바이다.〔豈弟君子, 神所勞矣.〕"라고 하였다. 원문의 '개제(愷悌)'는 《시경》의 '개제(豈弟)'와 뜻이 같다.

어이하면 이미 묻은 수레바퀴 두 개를 가져다	安得取旣埋之雙輪
천년토록 나라 바로잡을 지남[632]으로 삼아	指南乎千載之司直
바른 길을 활짝 열어	俾闢輾於正路
사람들이 자취를 따르고 전철을 밟게 할까	使夫人循跡而襲轍
권문에 어지러운 바퀴자국을 보게나	試看錯轂於權門兮
아 큰 수레에 멍에막이가 없다오[633]	吁嗟夫大車無軏

632 지남(指南) : 지남거(指南車)의 약칭으로, 방향을 지시해 주는 물건을 비유한다.

633 권문(權門)에……없다오 : 권문세가에 아첨하느라 신의를 저버린다는 말이다. 《논어》〈위정(爲政)〉에 "사람으로서 신의가 없으면 가한지 모르겠다. 큰 수레에 수레채마구리가 없고 작은 수레에 멍에막이가 없으면, 어떻게 갈 수 있겠는가.〔人而無信, 不知其可也. 大車無輗, 小車無軏, 其何以行之哉?〕"라고 한 데서 온 말이다. 예(輗)와 월(軏)은 호문(互文)이다.

사상림자부[634]

賜商霖字賦

옛날 상제가 훌륭한 보필을 주어	古有帝賚之良弼
가물 때 장맛비로 삼았네	作霖雨於歲旱
원기를 조화시킴이 깊고 오묘하니[635]	調一氣兮沕穆
환한[636]의 융성한 은택 내려 주셨네	酌隆澤兮渙汗
송나라 조정의 재상은 누구인가	相宋朝者何人
바로 수천 년 동안 아름다운 명성 드날린 자라	乃騈美於千億

634 사상림자부(賜商霖字賦) : '상림(商霖)'이라는 글자를 하사한 데 대해 읊은 부로, 장상영(張商英)의 고사를 원용한 것이다. 송(宋)나라 휘종(徽宗) 때에 큰 가뭄이 들었는데 장상영을 재상에 임명하던 다음 날에 단비가 쏟아지자 휘종이 매우 기뻐하여 그에게 '상림'이라는 글씨를 크게 써서 하사하였다. 이 내용은 송(宋)나라 당경(唐庚)이 지은 〈내전행(內前行)〉의 서문에도 보인다. 《宋史 張商英列傳》《古文眞寶前集 卷11》 상림은 은(殷)나라 고종(高宗)이 꿈에 부열(傅說)을 보고는 그 모습을 그려서 수소문하여 찾아낸 뒤 재상으로 삼고 "큰 내를 건널 때에는 너를 배와 노로 삼고, 큰 가뭄이 들 때에는 너를 장맛비로 삼으리라.〔若濟巨川, 用汝作舟楫, 若歲大旱, 用汝作霖雨.〕"라고 한 데서 유래한 것으로, 훌륭한 재상을 뜻한다.《書經 說命上》

635 원기(元氣)를……오묘하니 : 음양(陰陽)의 원기를 조화시키는 솜씨가 탁월하다는 말로, 국가의 대정(大政)을 수관하는 정승의 경륜이 훌륭함을 말한다. 당경(唐庚)의 〈내전행(內前行)〉에 "이튿날 아침에 변하여 단비가 내리니, 관가는 원기를 조화시키는 솜씨를 얻음을 기뻐한다오.〔明朝化作甘雨來, 官家喜得調元手.〕"라고 하였다. 《古文眞寶前集 卷11》

636 환한(渙汗) : 임금의 명령이나 조칙을 뜻하는 말인데, 여기에서는 임금의 은혜의 뜻으로 쓰였다. 《주역》 〈환괘(渙卦) 구오(九五)〉에 "흩음에 있어 큰 호령을 내되 땀이 나듯 한다.〔渙汗其大號.〕"라고 하였다.

두 글자에 총애와 영광 넘쳐흘러	寵光洋溢於二字
“너는 지금 시대의 부열이다.” 하였네	曰爾今之傳說
황제가 붓을 잡아 특별히 쓰니	攬宸翰而特書
보필을 얻어 재앙을 크게 물리치려 해서였네	侈禳災於得輔
이때	于斯時也
불볕더위가 기승을 부려	驕陽煽威
화염이 맹렬하고 땅이 타들어갔네	烈燄焦土
언덕에는 상양이 없고	岸無商羊
물에는 숨은 흑려(黑蜧)가 있네[637]	水有藏蜧
칼로는 거위의 목에 피만 낼 뿐[638]	刃徒血於鵝頸
전답은 메말라 거북의 등처럼 갈라졌네	田不潤於龜背
골짜기의 젖은 풀도 마른 것을 탄식하고[639]	歎中谷之暵濕

637 언덕에는……있네 : 비가 내릴 조짐이 없다는 말이다. 상양(商羊)은 큰 비가 올 무렵이면 한쪽 다리를 구부리고 춤을 춘다는 전설의 새 이름이고, 흑려(黑蜧)는 전설 속의 신령스러운 뱀 이름으로, 못 속에 잠겨서 구름과 비를 잘 일으킨다고 한다. 《孔子家語 辯政》《淮南子 齊俗訓》 진(晉)나라 장협(張協)의 〈잡시(雜詩)〉 중 열 번째 시에 “흑려가 깊은 못에서 뛰어나오고, 상양이 들판의 뜰에서 춤춘다.〔黑蜧躍重淵, 商羊舞野庭.〕”라고 하였다. 《竹莊詩話 卷3 張景陽雜詩》

638 칼로는……뿐 : 희생을 올려 기우제(祈雨祭)를 지냈으나 아무 소용이 없다는 말이다. 《택당집(澤堂集)》 속집(續集) 권4 〈저도기우이절구(楮島祈雨二絶句)〉의 주(注)에, 저도(楮島)에서 기우제를 지낼 때, 거위의 목을 잘라 그 피를 올리고 축문(祝文)과 폐백(幣帛)을 모두 강 속에 던져 넣는 풍습이 있었다고 한다.

639 골짜기의……탄식하고 : 가뭄이 아주 심하게 들었다는 말이다. 《시경》 〈중곡유퇴(中谷有蓷)〉에 “골짜기 속에 익모초가 있는데 습지에 있는 것도 말랐도다.〔中谷有蓷, 暵其濕矣.〕”라고 한 데서 온 말이다.

농사도 끝내 망친 것을 애통해하였네 哀稼穡之卒痒
한 분이 노립하니[640] 一人露立
백성들이 무지개를 바라듯 하였네[641] 萬姓霓望
옥식을 늦게 드시고 玉食旰御
어좌(御座)에서 진념하셨네 丹扆念軫
천자가 말하였네 "아 天子曰吁
신께서는 어찌 차마 이렇게 한단 말인가 神胡于忍
규벽(圭璧)을 다 올렸는데도 靡璧不卒
내 호소를 더욱 듣지 않으시고[642] 聽我愈邈
박덕한 이를 베었는데도 涼德有斬
하늘의 마음을 되돌릴 힘이 없구나 回天無力
짐의 어진 보좌를 뽑아 卜朕良佐
하늘의 엄한 견책에 답하리라 嚴譴是答
훌륭한 신하가 조정에 있으니 碩臣在廷
다른 데서 물색할 것 없다" 無煩物色

640 한 분이 노립(露立)하니 : 임금이 가뭄에 대한 걱정으로 일산 같은 것을 쓰지 않고 서 있다는 말이다.

641 백성들이……하였네 : 가뭄에 비가 내리기를 바라듯 성군(聖君)을 고대한다는 말이다. 《맹자》 〈양혜왕 하(梁惠王下)〉에 "백성들이 탕왕(湯王)이 오기를 바라기를 큰 가뭄에 구름과 무지개를 바라듯 하였다.〔民望之, 若大旱之望雲霓也〕"라고 한 데서 나온 말이다.

642 규벽(圭璧)을……않으시고 : 흉년이 들어 신(神)에게 바치는 제물을 아끼지 않았는데도 비가 내리지 않았다는 말이다. 《시경》 〈운한(雲漢)〉에 "하늘이 환란을 내려, 기근이 거듭 닥치기에, 신에게 제사를 드리지 않음이 없고, 희생도 아끼지 않아, 규벽을 이미 다 바쳤거늘, 어찌하여 나의 호소를 들어주지 않으시나.〔天降喪亂, 饑饉薦臻. 靡神不擧, 靡愛斯牲, 圭璧旣卒, 寧莫我聽.〕"라고 한 데서 온 말이다.

마음 재계하고 공손히 침묵하며　齋心恭默
몽복을 대신하였네[643]　以代夢卜
금구를 바치고서 열어보니[644]　納金甌而啓之
과연 이 사람을 얻었도다　果斯人之爰得
“너 상영아　曰爾商英
너에게 균축[645]을 맡기니　付爾勻軸
음양을 다스리고 절서를 따라　理陰陽而順序
동식물을 윤택하게 하여 다 번성하게 하라”　澤蠢植而咸遂
조서를 막 선포하니　鴉墨初宣
기쁜 소식이 별안간 이르렀네　鵲報俄至
바람이 서쪽에서 쌩쌩 불고[646]　風搜兌而淅淅
천둥 번개가 광광 치더니　雷渀震而闐闐
극심한 가뭄이 꺾이고　夷亢陽之蘊隆

643 몽복(夢卜)을 대신하였네 : 몽복은 은(殷)나라 고종(高宗)이 꿈을 꾸어 부열(傅說)을 만나고, 주(周)나라 문왕(文王)이 점을 쳐서 여상(呂尙)을 얻은 것을 말하는 것으로, 부열이나 여상 같은 아주 훌륭한 재상을 얻은 것을 말한다. 《書經 秦誓》

644 금구(金甌)를 바치고서 열어보니 : 새로 재상을 임명한다는 말이다. 금구는 금으로 만든 그릇이다. 당(唐)나라 현종(玄宗)이 재상을 임명할 때마다 먼저 어필(御筆)로 대상자의 이름을 써서는 금 그릇으로 덮어 놓고 세자에게 맞추어 보게 한 데에서 유래되었다. 《新唐書 崔琳列傳》

645 균축(勻軸) : 균(勻)은 균(鈞)으로 도자기를 만드는 물레이고, 축(軸)은 수레바퀴를 지탱하는 굴대로, 정승의 자리를 가리킨다.

646 바람이……불고 : 비가 내리려 할 때의 기후를 묘사한 말이다. 한유(韓愈)와 맹교(孟郊)의 〈추우 연구(秋雨連句〉에 “양기 깎여 해가 깊숙한 곳에 잠기고, 9월이라 서쪽에서 바람 부누나.〔侵陽日沈玄, 剝節風搜兌.〕”라고 한 데서 온 말이다. 《昌黎先生集 卷8》

단비 쏟아져 대지 씻으니　霈甘澍而滌澇
남쪽 이랑의 서직이 기름지고　膏南畝之黍麥
북쪽 대궐의 낙숫물 소리 시끄러웠네　鬧北闕之簷溜
천자가 말하였네 "아　天子曰吁
바라고 바라던 비가　其雨其雨
너보다 먼저도 아니고　不自爾先
너보다 뒤도 아니도다[647]　不自爾後
오늘 저녁은 어떤 저녁인가　今夕何夕
너를 재상으로 임명하는 날이라　命爾之日
하늘이 아마도 기다렸을 텐데　天其有待
짐은 알지 못하였다　朕則罔覺
옛날 상나라에 고종이 있었고　古有商高宗
부열(傅說)이라는 신하가 있었다　有臣惟說
이때 큰 가뭄에 장맛비가 내려　霖于大旱
만물을 생성하게 했었다　成理萬物
너를 재상으로 삼자 비가 내렸으니　相爾而雨
너는 부열 같은 사람이다　爾則其人
너의 아름다움을 표창하자니　旌爾之美
무슨 말로 칭찬할 것이며　可稱者何言

647 너보다……아니도다 : 장상영이 재상이 되기 이전도 아니고 재상을 마친 뒤도 아닌 바로 재상이 된 이 시기에 비가 내렸다는 말이다. 이 구절은 《시경》 〈정월(正月)〉에 "부모가 나를 낳으심이여, 어찌하여 나를 병들게 하였는가? 나보다 먼저도 아니고 나보다 뒤도 아니도다.〔父母生我, 胡俾我瘉? 不自我先, 不自我後.〕"라고 한 구절을 변형한 것이다.

너의 공로를 포상하자니 褒爾之功
무슨 하사품이 걸맞을까 可副者何錫
너를 상림이라고 한다면 謂爾商霖
너의 덕에 진실로 합하리라” 於爾允協
봉관[648]을 적셔 휘두르고 揮鳳管之濡染
옥 같은 손가락을 굽혀 썼으니 屈玉指而點綴
천고의 훌륭한 이야기를 따르고 襲千古之盛談
당대의 아름다운 고사를 드날린 것이네 揚一世之美事
작은 종이에 은혜와 영광이 찬란하고 爛恩光於尺牘
성대한 하사품에 신묘한 필적 퍼졌네 播神跡於侈賜
태사에게 맡겨 크게 기리게 하니 付太史而張大
천하의 눈과 귀를 번쩍 뜨이게 하였네 聳天下之耳目
공이 재상이 되기 전에는 公之未相
해만 쨍쨍 내리 쬐더니 杲杲其日
공이 재상이 되자 公其相矣
단비가 주룩주룩 내렸네 興雨祁祁
공을 재상으로 임명하기 전에는 公之未卜
용안이 기쁘지 않았는데 玉色不怡
공을 재상으로 임명하고 나자 公旣于卜
온 천하가 모두 화평해졌네 四海皆春
죽음의 운명이 가까이 다가오니[649] 大命近止

648 봉관(鳳管) : 본래 생소(笙簫) 등 악기의 미칭(美稱)인데, 여기서는 붓의 의미로 쓰였다.

우리 백성들 가엾게 여겼는데　哀我下民
공이 은택을 베푸니　公其澤之
농가의 아낙이 들밥을 내왔도다[650]　田婦饁彼
사람들이 모두 말하였네　人皆曰
"우리 공을 기다렸는데　徯我公
공이 오니 우리 소생하게 되었네"　公來蘇矣
훌륭한 이름 붙여주는 게 마땅하니　宜鴻號之是加
옛 사람보다 자취 높아 뛰어나기 때문이라　軼高躅於旣往
아아　嗚呼
임금이 현명하지 않았다면　非君之明
어떻게 이 재상을 등용했겠으며　焉用是相
재상이 적임자가 아니었다면　相非其人
어떻게 사악한 기운을 없앨 수 있었으랴　曷能致乖氣之消
하늘을 뒤흔든 비가 내린 것은 현신 때문이 아니라　盪天之雨非爲其臣
현신이 명군을 만났기 때문이요　爲其臣得遇於其君
현신이 명군을 얻었기 때문일 뿐만 아니라　非獨爲其臣之得君
명군이 현신을 얻었기 때문이라　爲其君能得其臣

649 죽음의……나가오니 : 가뭄이 극심하여 백성들이 다 죽게 되었다는 말이다. 《시경》 〈운한(雲漢)〉에 "죽음의 운명이 가까이 다가온지라, 우러러볼 곳 없고 돌아볼 곳 없노라.〔大命近止, 靡瞻靡顧.〕"라고 하였다.

650 농가의……내왔도다 : 농사철 농가의 풍경을 묘사한 말로, 여기에서는 비가 와서 농사를 지을 수 있다는 말이다. 《시경》 〈칠월(七月)〉에 "우리 처자들과 함께, 저 남쪽 이랑으로 들밥 내오면, 권농관이 이르러 기뻐한다네.〔同我婦子, 饁彼南畝, 田畯至喜.〕"라고 한 데서 온 말이다.

임금과 신하가 君兮臣兮
정신을 하나로 모으고 합하면 聚精兮會神
음양이 조화롭고 陰陽兮交泰
절후가 순조로운 법이니 暘雨兮順軌
앞 곱사를 태우는 것[651]은 이치에 맞지 않고 焚尫非理
옥사를 처결하는 것[652]은 여사라네 斷獄餘事
하늘과 사람 사이는 관계가 아주 긴밀하여 天人際間不容髮
서로 응하는 것이 경각보다 빠르다네 應斯捷於俄頃
어찌 공로를 하늘에만 돌리겠는가 豈是功專歸於天也
임금과 재상이 운명을 만든다는 말[653]을 믿겠네 信君相之造命
그렇지만 雖然
덕이 몸에 충만하면 德周於身
널리 윤택하게 하니 其澤也普
저 상나라를 보필한 자가 彼輔商者

651 앞……것 : 춘추시대에 가뭄이 크게 들자 노 희공(魯僖公)이 무당과 앞 곱사를 죽이려 하였는데, 장문중(臧文仲)이 이는 재해를 막는 방법이 아니라고 하면서 반대하자 그만두었다.《春秋左氏傳 僖公 21年》

652 옥사(獄事)를 처결하는 것 : 후한(後漢) 명제(明帝) 때에 초왕(楚王) 유영(劉英)의 역모 사건으로 오래도록 옥사(獄事)가 처결되지 않았고 큰 가뭄까지 들었는데, 원안(袁安)이 초군 태수(楚郡太守)로 부임하여 10일 동안에 1천 명을 처결하여 내보내자 단비가 내려 크게 풍년이 들었다고 한다.《後漢書 袁安列傳》

653 임금과……말 : 당(唐)나라 이필(李泌)이 예정론(豫定論)을 부정하면서, 덕종(德宗)에게 "대저 운명이라는 것은 이미 그렇게 되어 있다는 말입니다. 임금과 재상이 운명을 만드니, 운명이라고 말해서는 안 됩니다.〔夫命者, 已然之言. 主相造命, 不當言命.〕"라고 간한 고사가 있다.《新唐書 李泌列傳》

어찌 비만 내리게 했으랴　奚獨於雨

쇠를 다룰 때는 숫돌로 삼고　金而爲礪

술을 빚을 때는 누룩과 엿기름으로 삼으며　酒而麴蘖

국에 간을 맞출 때는 소금과 매실로 삼고　若和羹而鹽梅

내를 건널 때는 배와 노로 삼았네[654]　若濟川而舟楫

두루 응하고 널리 베푸니　泛應博施

하나에만 적합한 것 아니었네　非適於一

아 너 장공이여　嗟爾張公

너의 능력이 얼마나 되겠는가　爾能幾何

옛사람과 지금 사람　古人今人

같은가 다른가　同耶異耶

이미 너를 상림이라고 불렀으니　旣號之曰商霖

상림의 귀한 호칭을 네가 다 누리는 것이 마땅하리　宜爾盡商霖之貴矣

하지만 네가 능력이 없었다면　苟爾不能

송조의 장맛비만 되고 말았을 것이라오　適足爲宋室之霖而已

654 쇠를……삼았네 : 《서경》 〈열명 상(說命上)〉에 "쇠를 다룰 때는 너를 숫돌로 삼고 큰 내를 건널 때는 너를 배와 노로 삼으며, 큰 가뭄이 들 때는 너를 장맛비로 삼으리라. 〔若金, 用汝作礪. 若濟巨川, 用汝作舟楫. 若歲大旱, 用汝作霖雨.〕"라고 한 구절과 《서경》 〈열명 하(說命下)〉에 "술과 단술을 만들 때는 너를 누룩과 엿기름으로 삼고, 국에 간을 맞출 때는 너를 소금과 매실로 삼으리라.〔若作酒醴, 爾惟麴蘖, 若作和羹, 爾惟鹽梅.〕"라고 한 구절을 차용한 것으로, 재상의 역할을 말한다.

청풍명월불용일전매부[655]

淸風明月不用一錢買賦

인적 드문 띳집에서 茅齋人靜
설탑[656] 위의 책을 덮었네 雪榻書掩
깊숙한 방이라 맑은 밤빛이 막혀 沮淸夜於洞房
외로운 등불의 차가운 불꽃 짝하였네 伴孤燈之寒焰
근심 속에 기쁘지 않아 悄然不怡
내 누워 잠을 청하려 하였네 偃余將寢
이윽고 俄而
성긴 대숲에서 절로 운율 흐르고 疏篁自韻
빈 휘장에 밝은 빛 생기니 虛幌生明
일어나 문을 밀치고 起而拓戶

655 청풍명월불용일전매부(淸風明月不用一錢買賦) : '맑은 바람과 밝은 달은 돈 한 푼 들여 살 것 없다.'라는 시구에 대해 읊은 부로, 이백(李白)의 〈양양가(襄陽歌)〉의 구절을 차용한 것이다. 진(晉)나라 때 산간(山簡)이 술을 매우 좋아하여 양양 태수(襄陽太守)로 있을 적에 경치 좋은 곳에 가서 술을 마시고 잔뜩 취해 돌아오곤 하여 풍류를 만끽했는데, 이백이 산간을 두고 읊기를 "맑은 바람과 밝은 달은 돈 한 푼 들여 살 것 없고, 옥산은 스스로 무너졌지 남이 민 게 아니로다.〔淸風明月不用一錢買, 玉山自倒非人推.〕"라고 하였다. 옥산(玉山)이 무너졌다는 말은 술에 몹시 취하여 곧 넘어질 듯한 자태를 형용한 말이다. 《李太白集 卷6》

656 설탑(雪榻) : 눈에 비친 책상으로, 손강(孫康)이 젊었을 적에 집이 가난하여 기름을 마련할 수 없어, 겨울밤이면 눈으로 책을 비춰 가면서까지 열심히 글을 읽었던 데서 온 말이다. 《蒙求 卷上 孫康映雪》

뜰 가운데를 둘러보았네 流眄乎中庭
달은 예쁘게 집 위로 솟아오르고 月上軒而姸姸
바람은 소슬하게 섬돌에 일었네 風生砌而淅淅
달빛 우러러 읍하고 바람 맞아 씻노라니 仰而挹兮遡而濯
나도 모르게 정신이 합하고 마음으로 깨달았네 不自覺神會而心得
이에 옷을 걷은 채 달빛 아래를 걷고 乃褰衣而步
옷깃을 풀어헤치고 바람을 맞이하였네 披襟而納
그림자 돌아보고 홀로 섰다가 顧影獨立
가면서 노래하고 스스로 화답하였네 行歌自答
이에 於是
술 권할 사람 찾고 酒佐要
시 벗을 불러 詩伴速
선창하고 화답하며 唱而和
술잔을 주고받았네 酬而酢
서로 함께 흡족해 하고 기뻐하여 相與于于焉欣欣焉
끝까지 탐하고 마음껏 즐기며 기뻐 감상하여 본래 소유한 듯이 하였네 窮耽翫恣懽賞而若固有之
객이 말하였네 客曰
"그대가 이를 즐기지만 즐기는 방법을 아는가 子樂此而知所以樂之者乎
사물에는 각기 주인이 있으니 夫物各有主
구한다고 해서 절로 이르는 것은 드물고 鮮能求而自至
취하는 데 한계가 있으니 取之有限
겸하여 소유하면 시기 받는다네 兼有則忌

그러므로 힘으로 이르게 할 수 없고　故致不可以力
넉넉함으로 취할 수도 없다네　取不可以優
오직 저 세찬 바람만이　惟彼怒於氣者
두루 입혀주고　其被也周
하늘에 걸린 달만이　麗乎天者
널리 비춰준다네　所照也普
귀로 듣고　耳以之得
눈으로 보면　目以之寓
듣는 것은 모두 소리가 되고　聽共爲聲
보는 것은 똑같이 빛을 이룬다네　視均成色
부유한 이에게 넉넉하지도 가난한 이에게 인색하지도 않아
不爲豐於富而嗇於貧
귀천과 상하에 관계없이 모두 얻을 수 있다네　無貴賤上下而俱得
이것이 옛사람이 말한 돈 한 푼 들여 살 것 없고
此古人所謂不用一錢買
취하여도 막는 사람이 없고 써도 고갈되지 않는 것이라네[657]
而取之無禁用之不竭者也
만약 재화로 취하거나 재물로 살 수 있다면　倘使貨而取財而鬻
천하에 돈이 많은 자가 비싼 값으로 사서　則凡天下多錢者善賈

657 옛사람이……것이라네 : 소식(蘇軾)의 〈전적벽부(前赤壁賦)〉에 "오직 강 위의 맑은 바람과 산간의 밝은 달은 귀로 들으면 소리가 되고 눈으로 보면 빛을 이루는데, 이를 취하여도 막는 사람이 없고 써도 고갈되지 않으니, 이것이 바로 조물주의 무진장한 보배이다.〔惟江上之淸風, 與山間之明月, 耳得之而爲聲, 目寓之而成色, 取之無禁, 用之不竭. 是造物者之無盡藏也.〕"라고 한 말을 응용한 것이다. 《東坡全集 卷33》

남은 광채와 남은 빛이 而餘光末照
필시 가난하고 누추한 집에는 이르지 않을 것이네 未必及於蓬窓蓽戶
그렇다면 적벽에서 좋은 밤에 然則赤壁良夜
도모한 것이 어찌 술뿐이었겠는가 所謀者豈止於酒也
두공부(杜工部)는 주머니 속에 工部囊中
스스로 하나도 남겨두지 못하였는데[658] 自不得留其一
또 어찌 기꺼이 그대로 하여금 又安肯使吾子
멋대로 쌍청의 주인이 되게 하겠는가 肆然爲雙淸主人
마음껏 희롱하고 뜻대로 차지하면 擺弄管占
기분이 상쾌하고 흉금이 씻긴다네 爽襟懷而滌胸臆
굳이 찾지 않아도 있고 맞이하지 않아도 갖추어졌으니 惟其不覓而有不邀而俱
이것이 그대가 뜻 가는 대로 취할 수 있는 이유이네" 此吾子所以任意取之
주인이 말하였네 "그러하네 主人曰然
경치가 아무리 아름다워도 景致雖美
즐기는 자가 몇이나 있겠으며 樂之者有幾
그것을 즐기는 자가 있다 한들 雖有樂之
또한 즐기는 자가 누구인지 몰랐네 亦不知樂之之誰

658 두공부(杜工部)는……못하였는데 : 두보(杜甫)는 아무것도 간직하지 못했다는 말이다. 두공부는 공부원외랑(工部員外郎)을 지낸 두보를 가리킨다. 그의 시 〈공낭(空囊)〉에 "주머니가 비면 민망할 듯싶어서, 동전 한 닢 남겨 볼 수 있게 하노라.〔囊空恐羞澁, 留得一錢看.〕"라고 한 말을 차용한 것이다. 《杜少陵詩集 卷8》

만약 그대가 일깨워주지 않았다면	使微子詔之
거의 하늘이 나를 호사스럽게 해준 기회를 놓쳐	幾失乎天之侈我
나는 이것들을 누리지 못했을 것이네	而我非有此
아아	嗚呼
하늘이 나를 대접하는 데 뜻이 있다면	天若有意於餉我
만금으로 보상한들 무엇이 아깝겠는가마는	償萬金兮何惜
하늘이 이미 값을 받는 데 마음이 없으니	天旣無心於取價
돈 한 푼도 굳이 허비할 것 없고	一錢固不可費
또 서로 잊어버릴 뿐이라오"	而且置諸相忘之域
이에	於是
잔을 들어 객에게 권하고	揚觶勸客
이로써 좋은 구경 마치니	以畢良覯
숲 끝에 성긴 그림자 일렁이고	爾其取疏影於林端
마름 끝에 서늘한 바람 부누나	煽微涼於蘋末
하늘 가운데에 맑은 빛이 반짝이고	藹澄輝於天心
버드나무에 맑은 기운 넘치니	泛灝氣於楊柳
모든 구멍에서 세차게 울부짖고[659]	激調刀於萬竅
깊은 숲으로 달그림자 옮겨가네	移魍魎於深樹
잠자는 새는 가지에서 번드치고	宿鳥翻柯

659 모든……울부짖고 : 바람이 지나가면 소리를 울릴 수 있는 모든 것에서 소리가 난다는 뜻이다. 원문의 '조도(調刀)'는 '조조(調刁)'와 같은 말로, 나뭇가지를 흔들며 지나가는 바람 소리를 형용한 것이다. 《장자》 〈제물론(齊物論)〉에 "거센 바람이 일단 지나가면 뭇 구멍이 텅 비게 되는데, 그대는 그때에 살랑거리며 지나가는 바람의 모습을 유독 보지 못하였느냐.〔厲風濟則衆竅爲虛, 而獨不見之調調之刁刁乎.〕"라고 하였다.

은하수는 빛을 감추네	河漢韜光
탄식하여 말하였네	歎曰
“위대하도다 조물주여	偉哉造物
이 무진장한 보배가 넉넉하도다	富此無盡藏
고인과 금인이 물처럼 완연히 흘러가니660	古人今人兮流水宛然
바람은 그대로 바람이요 달은 그대로 달이로다	風自風而月自月
즐길 수 있도록 해 주었을 뿐인데	聽其所娛而止焉
어찌 아껴서 모두 거두고 쌓아 두리오	夫豈吝乎俱收竝蓄
나는 시로써 빚을 갚고	吾當以詩爲債
술로써 값을 치러	以酒爲直
조물주의 두터운 은혜를 갚고	詶眞宰之厚施
좋은 밤을 헛되이 보낼까 염려하리라”	恐良夜之虛度
이에 객에게 술을 권하면서 노래하였네	乃屬客而歌曰
“맑은 바람 맞고 밝은 달 희롱하며	臨淸風兮弄明月
애오라지 나의 근심스런 마음을 푸노라	聊以寫吾愁腸
하늘이 어슴푸레하여 새벽이 되려하니	天蒼蒼兮向曉
필성과 묘성661이 동방에서 솟아오르네	畢昴出於東方
낮은 또 낮이 되고 밤은 또 밤이 되니	日復日兮夜復夜
영원히 서로 따르며 즐거움 끝이 없으리	永相隨兮樂未央

660 고인(古人)과……흘러가니 : 인간사가 덧없다는 말이다. 이백(李白)의 〈파주문월(把酒問月)〉에 “고인이나 금인이 모두 물처럼 흘러가서, 다 같이 밝은 달 보고 이런 감정 느꼈으리.〔古人今人若流水, 共看明月皆如此.〕”라고 한 데서 온 말이다. 《李太白集 卷19》

661 필성(畢星)과 묘성(昴星) : 이십팔수(二十八宿) 가운데 서방에 있는 별자리이다.

고상한 흥취에 의탁해 휘파람 불고 노래하며	托高興兮嘯而歌
내 삶을 마치도록 노닐리라"[662]	終吾生而徜徉

662 내……노닐리라 : 죽을 때까지 한가하게 살겠다는 말이다. 당(唐)나라 한유(韓愈)의 〈송이원귀반곡서(送李愿歸盤曲序)〉에 "내 수레에 기름 치고 내 말을 잘 먹여서 그대 따라 반곡에 가서 내 삶을 마치도록 노니리라.〔膏吾車兮, 秣吾馬, 從子于盤兮, 終吾生以徜徉.〕"라고 한 데서 온 말이다. 《古文眞寶後集 卷4》

투벽제하부[663] 신축년(1601, 선조34) 감시 초시에서 수석을 차지하였다.

投璧濟河賦 辛丑年監試初試居魁

옛날 진 문공이 본국에 들어갈 때에	伊昔晉文公之入也
여러 해 동안 근심 속에 외국에 머물러 있었네	淹恤多年
포인과 적인 중 누가 따랐나	蒲人狄人伊誰云從
말고삐 잡고 수행한 자는 다섯 신하라[664]	負紲者五臣
그들의 힘에 의지해서 이제 보답하려 하는데	賴其力方且報之
어찌하여 구씨[665]는 "나는 떠나겠다." 하는가	奚舅氏謂我亡矣
벽옥(碧玉)을 던져 너와 맹세하리니	投其璧以詛爾

663 투벽제하부(投璧濟河賦) : 춘추 시대 진 문공(晉文公)이 마음을 변치 않기로 호언(狐偃)과 맹세하고 벽옥(碧玉)을 던지고 황하(黃河)를 건너 본국에 들어간 것에 대해 읊은 부(賦)이다. 진 문공이 19년 동안의 망명 생활을 마치고 본국으로 돌아갈 적에 황하 가에 이르렀는데, 호언이 지니고 있던 벽옥을 진 문공에게 주면서 자신이 저지른 죄가 매우 많으므로 이곳에서 떠날 수 있게 해달라고 하였다. 그러자 진 문공은 그와 마음을 같이하기로 황하의 신에게 맹세하겠다고 하고 벽옥을 황하에 던져 버렸다. 그러고는 황하를 건너 본국으로 돌아와 현신(賢臣)들의 공로에 보답하고 마침내 제 환공(齊桓公) 다음가는 패업을 성취하였다. 《春秋左氏傳 僖公 24年》

664 포인(蒲人)과……신하라 : 진 문공(晉文公)의 아버지 진 헌공(晉獻公)이 여희(驪姬)에 빠져 태자 신생(申生)을 죽이고 포성(蒲城)을 지키고 있던 문공을 공격하자, 문공은 적(狄)으로 달아났다. 이때 호언(狐偃), 조최(趙衰), 전힐(顚頡), 위무자(魏武子), 사공계자(司空季子) 이 다섯 신하가 문공을 수행하였다. 《春秋左氏傳 僖公 23年》

665 구씨(舅氏) : 호언(狐偃)을 가리킨다. 자가 자범(子犯)이고, 진 문공(晉文公)의 외삼촌이므로 구범(舅犯)이라고도 한다.

하수의 신이 증인이 되리로다　斯有如河[666]之水兮

강을 건너려 할 때 이 마음을 드러내고　曝此心於臨濟

신명에게 시종을 함께 하리라 고하였네　證神明而終始

많은 말로 은혜를 해쳐　長舌夷恩

부자가 행로인(行路人)이 되었네[667]　父子行路

옷소매가 칼로 잘렸지만　斬裾有刃

하늘의 도움으로 달아났네[668]　天以身走

신룡은 씩씩하게 못에서 나왔지만　神龍矯矯兮脫淵

오랜 세월에 구름과 비 잃었는데[669]　勢久失於雲雨

다행히 현신들이 그에게 귀의하여　幸諸賢爲之依歸

날개 달고 나는 것을 기약할 수 있었네　期余翼之于飛

몸소 잘 보좌하고　躬克左右

666 河 : 대본에는 '何'로 되어 있는데, 《국어(國語)》 〈진어 4(晉語四)〉의 '有如河水'에 근거하여 바로잡아 번역하였다.

667 많은……되었네 : 진 헌공(晉獻公)이 여희(驪姬)를 총애하여 여희의 소생인 해제(奚齊)를 태자로 세우고자 하자, 여희는 태자 신생(申生)을 죽이려고 계책을 꾸며서 신생이 아버지 헌공을 독살하려 했던 것처럼 누명을 씌웠다. 이 일로 신생은 자살하고 진 문공은 포성(蒲城)으로 달아났다. 《春秋左氏傳 僖公 4年》

668 옷소매가……달아났네 : 진 문공(晉文公)이 지키고 있던 포성(蒲城)을 진 헌공(晉獻公)이 시인(寺人) 피(披)를 시켜 치게 하자, 문공은 군부(君父)의 명령에 대항해서는 안 된다고 하면서 담장을 넘어 도망쳤는데, 이때 시인 피가 휘두른 칼에 문공의 옷소매가 끊어졌다. 《春秋左氏傳 僖公 5年》

669 신룡(神龍)은……잃었는데 : 신룡은 진 문공(晉文公)을 비유한 말이다. 진 문공이 본국에서 나온 지 오래되어 많은 신하들을 잃었으므로 이렇게 말한 것이다. 《주역》 〈건괘(乾卦) 문언(文言)〉에 "구름은 용을 따르고 바람은 범을 따른다.〔雲從龍, 風從虎.〕" 라고 하였는데, 여기에서 유래하였다.

늘 한결같은 절개 지켰네　一節險夷

우공[670]의 신세로 입에 풀칠하다가　糊其口於寓公

제나라 위나라 교외에서 소란스러운 일[671]이 있었네　擾攘乎齊衛之郊

구범(舅犯)은 왕실의 친족으로　犯也肺腑之親

모책이 실로 원대한 계획에서 나왔네　謨畫實出於遠圖

강녀의 잠계를 따르게 하여　因姜女之有箴

천하를 경영하려는 큰 뜻을 권면하고　勉四方之大志

치욕당한 일을 용서해 영광으로 여기게 하여　免辱爲榮

오록에서 흙덩이에 절하게 하였네　拜五鹿之塊

안일은 공명을 무너뜨린다 하고 술 취하게 하여　謂安敗名醉以酒

속여서 대국으로 싣고 갔네　而紿載大國

진(秦)나라는 서융의 패자라　維秦西戎之霸

어찌 그 힘에 의지해 국가를 바로잡고 회복하지 않으리오

670 우공(寓公) : 나라를 잃고 다른 나라에 우거하고 있던 제후를 가리키는 말로, 《예기》〈교특생(郊特牲)〉에 "제후는 우공을 신하로 삼지 않는다.〔諸侯不臣寓公.〕"라고 한 데서 온 말이다.

671 제(齊)나라……일 : 제나라에서의 일은 다음 고사를 말한다. 진 문공(晉文公)이 제나라에 이르자 제 환공(齊桓公)이 그를 사위 삼고 말 80필을 주니, 문공이 제나라에서의 생활에 안주하였다. 그러자 부인 강씨(姜氏)가 문공에게 아내를 그리워하고 안일을 탐하는 것은 공명(功名)을 무너뜨리는 일이라고 하며 떠날 것을 권유하였는데, 문공이 듣지 않자 술에 취하게 하여 수레에 싣고 제나라를 떠나게 하였다. 이때 일을 주도한 사람이 호언(狐偃)이었다. 위(衛)나라에서의 일은 다음 고사를 말한다. 진 문공 일행이 망명하여 위나라 오록(五鹿) 땅을 지날 때 야인(野人)에게 음식을 구걸하자 야인이 흙덩이를 주었는데, 문공이 화가 나서 채찍으로 치려하였다. 그러자 호언이 "하늘이 준 것이다."라고 하니, 문공이 머리를 숙이고 받았다. 《春秋左氏傳 僖公 23年》

盍得其力以濟匡復

진실로 하늘의 뜻이 따로 있어　諒天意之有在

거의 나라를 일으켜 세우는 데 공로 이루었네　庶收功於封植

분정의 예를 깍듯이 하니　禮勤分庭

부인이 주전자를 받들었네[672]　嬪有奉匜

돌아가지 않으면 포의의 신분이나　不歸則布衣

돌아가면 천승의 주인이 된다오　歸千乘主

친족 관계 중시하여 이웃나라와 우호 다져　重其親而樹隣

선발된 갑병의 호위 받아 본국에 들어가게 되었네[673]　衛選甲而爰入

나라가 대대로 이어지게 되었으니　邦其世矣

쓰러진 나무에 새 움이 돋은 격이었네　顚木之蘖

몇 년 동안 천하를 두루 다니다가　幾年周流天下

내 수레 동쪽으로 향하였네　而我車之東矣

황하 나루에 다다라 건너려 하는데　臨河津而欲渡

갑자기 벽옥을 돌려주면서　奄有璧之還授

672 분정(分庭)의……받들었네 : 분정의 예는 주인과 빈객이 서로 대등한 관계임을 나타내는 말이다. 진 목공(秦穆公)이 망명 온 진 문공(晉文公)에게 여자 다섯 사람을 보내왔는데 진 목공의 딸 회영(懷嬴)도 그중의 한 사람이었다. 회영이 주전자에 물을 담아 문공에게 세수하게 하였는데, 문공이 손의 물을 회영에게 뿌렸다. 그러자 회영이 진(秦)나라와 진(晉)나라는 대등한 나라인데 자신을 비천하게 대한다고 화를 내자, 문공이 사죄하였다. 《春秋左氏傳 僖公 23年》

673 친족……되었네 : 진 헌공(晉獻公)이 딸인 목희(穆姬)를 진 목공(秦穆公)에게 시집보내 부인을 삼게 하여, 진(晉)나라와 진(秦)나라는 친족 관계를 형성하게 되었고, 진 문공은 진 목공의 도움으로 황하를 건너 본국에 들어갈 수 있었다. 《春秋左氏傳 僖公 24年》

구범이 문공에게 고하였네　犯告于公
"신은 할 말이 있습니다　臣有辭焉
말고삐를 잡고 이곳저곳 돌아다니면서　執羈靮而巡遊
지은 죄가 헤아릴 수 없습니다　貽厥罪之不貲
공자께서 주신 것을 돌려드리니　旋公子之所賜
저는 여기에서 떠나겠습니다"　請從此而去之
공자가 대답하였네　公子曰
"아, 나의 구씨여　吁惟我舅氏
그대의 공로가 아니었다면　微爾之勞
나의 일을 어떻게 이루었겠는가　我臬何集
그동안 어려운 일 다 겪었으니　旣艱難之備嘗
나에게 함께 안락을 누리지 않겠다고 말하지 말라"　毋謂我莫共安樂
이에 벽옥을 가져다가 강물에 던지고　爰取璧而投之
긴 황하를 가리키며 맹세하였네　指長河而成誓
"나의 마음은 나의 구씨와 똑같으니　余之心一乎余舅
영원히 서로 보호하며 변치 않으리라　永相保而不替
짐이 만약 식언한다면　朕如食言
내 누구를 속이리오 신을 속이는 것이로다"　吾誰欺兮欺神
걱정과 의심이 완전히 풀리고 나니　旣渙釋其憂疑
곡진히 성의가 서로 통하였네　藹誠意之交孚
임금과 신하는 한 몸이 되어　君臣兮一體
원수와 고굉 같은 사이가 되었네[674]　股肱兮元首

674 원수(元首)와……되었네 : 임금과 신하의 뜻이 서로 잘 어우러져 훌륭한 정치를

마음과 정신이 하나로 합쳐지고　有心神之融會
진심이 통해 막힘이 없었네　豁肝鬲而無礙
말은 훌륭하고 모책은 좋아　言之臧兮策之良
흔쾌히 잘 따랐네　順乎從其沛然
제후를 부리고 천하를 바로잡을 수 있었던 것이　其所以役諸侯而匡天下
어찌 마음을 하나로 한 효과가 아니겠는가　何莫非一乃心之效也
옛 기록에 있으니　於傳有之
이것이 이른바 친척을 사랑함을 보배로 여긴다는 것이라[675]　是所謂仁親爲寶
옛날 황하 앞에서 한 한 마디 말을　疇昔之臨河一言
잘 실천하고 어기지 않았네　克踐之而不悖
아아　嗚呼
임금과 신하는　惟君與臣
의로써 합하니　合之以義
충과 예로써　以忠以禮
부리고 섬기는 것이라[676]　其所使事

구가한다는 말이다. 《서경》 〈익직(益稷)〉에 "고굉 같은 신하가 기뻐하여 일하면 원수가 되는 임금의 다스림이 홍기하여 백공이 기뻐할 것이다.〔股肱喜哉, 元首起哉, 百工熙哉.〕"라고 하였다.

675 옛……것이라 : 옛 기록은 《대학장구(大學章句)》로, 이 말은 전 10장에 보인다.

676 충(忠)과……것이라 : 《논어》 〈팔일(八佾)〉에, 노(魯)나라 정공(定公)이 임금이 신하를 부리고 신하가 임금을 섬기는 도리를 묻자, 공자가 대답하기를 "임금은 예로써 신하를 부리고, 신하는 충으로 임금을 섬긴다.〔君使臣以禮, 臣事君以忠.〕"라고 한 데서

이 두 가지를 반대로 하면 구차해질 뿐이니 反是二者苟而已矣

구씨의 살을 씹어 먹으려고 한 것[677]이 무슨 예의이며 欲食舅肉何禮哉

하수를 근거로 맹세하게 한 것이 其所以使據河而要

또한 어찌 섬기는 분에게 충성을 다했다 하리오 亦豈云盡忠於所事

그 임금이 속임수를 쓰고 정당하지 않았다고 한 것에 其君譎而不正

공성의 은미한 뜻이 담겨 있고[678] 有孔聖之微旨

그 신하가 자기의 사리사욕을 도모한 것은 其臣爲己私圖

무중의 지혜에 불과하다네[679] 要不過武仲之爲智

그러므로 공렬이 저처럼 낮은 것이니[680] 故功烈如彼其卑也

온 말이다.

677 구씨(舅氏)의……것 : 호언(狐偃)의 주도 하에 진 문공(晉文公)이 술에 취한 채로 수레에 실려 제(齊)나라를 떠났는데, 진 문공이 술에서 깨자 화가 나서 창을 들고 호언을 쫓으며 "만약 일을 이루지 못하면 내가 구씨의 살을 씹어 먹어야 만족할 줄 알 것이다.〔若無所濟, 吾食舅氏之肉, 其知厭乎.〕"라고 하였다. 《國語 晉語4》

678 그……있고 : 공성(孔聖)은 공자(孔子)를 말한다. 공자가 진 문공(晉文公)과 제 환공(齊桓公)을 평가하며 말하기를 "진 문공은 속임수를 쓰고 정당하지 않았고, 제 환공은 정당하고 속임수를 쓰지 않았다.〔晉文公譎而不正, 齊桓公正而不譎.〕"라고 하였다.《論語 憲問》

679 그……불과하다네 : 지혜가 뛰어나나 사리사욕을 채우는 데 불과할 뿐이라는 말이다. 무중(武仲)은 장무중(臧武仲)으로, 춘추시대 노(魯)나라 대부이다. 지혜가 뛰어나 당시 사람들이 그를 성인이라고 불렀는데, 죄를 짓고 주(邾)나라로 도망갔다가 자기의 봉읍(封邑)인 방(防)으로 들어가 자신의 후계자를 세워줄 것을 노(魯)나라에 요구하고, 들어주지 않으면 반란을 일으키겠다는 태도를 보여 임금을 협박하였다. 《論語 憲問》

680 공렬(功烈)이……것이니 : 호언(狐偃)이 진 문공(晉文公)을 도와 패자가 되게 한 공은 있지만 인의(仁義)로 보좌한 것이 아니라 자신의 사리사욕을 채우기 위한 수단이었

오척의 동자가 말하기를 부끄러워하는 것[681]도 마땅하네 宜五尺之羞道

게다가 맹약이라는 것은 況乎盟者

의심하기 때문에 하는 것이니 惟疑之致

의심하지 않으면 어찌 맹세하리오 不疑何盟

성심으로 하는 것이 귀중하니 誠之爲貴

이것이 이른바 성심이 신명보다 중요하다는 것이다 此所謂隆於神後已

아아 吁嗟乎

전국 시대의 풍습은 살을 베어 먹이는 것인데 戰國之氣習刲肉

무슨 죄를 지었다고 나무 껴안고 불에 타 죽었는가[682] 何辜抱木而焚

으므로 공렬이 아주 낮다고 비난한 것이다. 《맹자》 〈공손추 상(公孫丑上)〉에, 혹자가 증자(曾子)의 손자인 증서(曾西)에게 관중(管仲)과 비교하자, 증서가 발끈 화를 내며 "네가 어찌 나를 관중에게 비교하는가. 관중은 군주의 신임을 저처럼 독차지했으며, 국정을 저처럼 오래 행하였는데도 공렬이 저처럼 낮았는데, 네가 어찌 나를 관중에게 비교하는가.〔爾何曾比予於管仲? 管仲得君, 如彼其專也, 行乎國政, 如彼其久也, 功烈如彼其卑也, 爾何曾比予於是?〕"라고 한 데서 온 말이다. 《孟子 公孫丑上》

681 오척(五尺)의……것 : 어린 아이도 진 문공(晉文公)을 입에 담는 것을 부끄러워한다는 말이다. 《한서(漢書)》〈동중서전(董仲舒傳)〉에 "중니(仲尼)의 문하(門下)에서는 오척 동자도 오패(五霸)를 입에 담는 것을 부끄러워하였으니, 이는 속임수와 무력을 앞세우고 인의를 소홀히 했기 때문이다."라고 하였다

682 전국……죽었는가 : 진 문공(晉文公)이 망명하는 동안 개자추(介子推)는 허벅지살을 베어 봉양할 정도로 충성을 다했지만, 작록을 구하지 않았으므로 작록이 내려오지 않았다. 이에 개자추는 면산(綿山)으로 들어가 은거하였는데, 뒤늦게 문공이 산으로 찾아갔으나 개자추가 나오려 하지 않았다. 문공은 그를 나오게 하려고 산에 불을 질렀는데, 개자추가 끝내 나오지 않고 어머니와 함께 나무를 껴안고 불에 타 죽었다. 《春秋左氏傳 僖公 24年》

벽옥이 있어도 물에 빠뜨리지 않았으니　　有璧不沈兮
내가 너에 대해 홀로 원통해하노라　　吾於爾乎獨冤

용문상설부[683] 신축년(1601, 선조34) 감시 회시에서 장원을 차지하였다.

龍門賞雪賦 辛丑年監試會試居魁

구양자[684]가 객과 함께	歐陽子與客
숭산 남쪽에서 노닐려고	遊于嵩山之陽
번다한 일 물리치고	乃謝煩宂
탁 트인 곳으로 나갔네	出寥廓
마른 등나무 지팡이 짚고	策枯藤
짚신 신은 채	躡芒屩
높은 봉우리에 오르고	凌穹巘
깊은 골짜기를 넘었네	跨絶壑
비바람 부는 곳을 배회하고	彷徨乎風雨之區
호랑이와 표범 굴을 훌쩍 지난 다음	驀越乎虎豹之穴

683 용문상설부(龍門賞雪賦) : 용문(龍門)에서 눈을 구경하는 것에 대해 읊은 부(賦)이다. 송(宋)나라 구양수(歐陽脩)가 낙양(洛陽)에서 벼슬할 적에 사강(謝絳) 등과 함께 숭산(嵩山)을 유람하다가 영양(潁陽)에서 저녁에 용문의 향산(香山)에 이르렀는데, 눈이 내리자 석루(石樓)에 올라가 도성을 바라보며 각기 감상에 젖었다. 그런데 어떤 사람이 갑자기 안개 속에서 말을 달려 이수(伊水)를 건너와 유수(留守) 전유연(錢惟演)의 명이라고 하면서 음식과 가기(歌妓)를 보내오고, 이어 관리가 와서 유수의 말을 전하기를 "산행이 참으로 고달플 것이니 잠시 머무르면서 용문의 눈을 감상하라. 관청의 일은 간단하니 급히 돌아올 것 없다."라고 위로하였다. 《聞見錄 卷8》

684 구양자(歐陽子) : 송나라의 정치가이자 문인인 구양수(歐陽脩)를 말한다. 자는 영숙(永叔), 호는 취옹(醉翁), 시호는 문충(文忠)이다.

잠시 머뭇거리다 쉬니	乍容與而止息
용문의 절이었네	得龍門之梵宇
이때 계절은 용투에 닿고[685]	于時日會龍狵
한 해는 저물고 있던 터라	歲律云暮
겨울 추위 매섭고	玄陰慄烈
북방 한기 혹독하였네	朔氣贔贔
운뢰는 석문에 막혀 있고	雲雷隘兮石門
수목은 바위에 쓰러져 있으며	樹木殭兮巖阤
산은 깨진 기와에 모습 감추고	山斂容於破瓦
물은 두꺼운 얼음에 흐르기를 멈추었네	水沈駛於層氷
아무것도 들리지 않고	耳無所寄
아무것도 보이지 않았네	目無所憑
근심 속에 정신이 쇠락하여	悄然心神之不旺
흥취가 없음을 탄식하였네	歎無興之可乘
잠시 후에	少焉
구름은 뭉게뭉게 숲을 덮고	雲溶洩而冪林
싸락눈은 우수수 돌길에 불었네	霰淅瀝而吹磴
회오리바람은 평평한 들판을 휩쓸고	偃回飆於平楚
해는 산꼭대기에 가려졌네	霾日軸於山椒
찬바람 소리 저물녘에 거세니	寒聲暮緊
눈 올 기미 바야흐로 성해졌네	雪意方豪

685 계절은 용투(龍狵)에 닿고 : 용투는 28수(宿) 중의 하나로 용미(龍尾)라고도 한다. 일월(日月)이 용투의 궤도에 닿으면 하력(夏曆)으로 10월이 된다. 《國語 楚語》

넓은 하늘에 눈꽃 흩날리니 攪玉花於長空
어두운 거리에서 치우가 싸우는 듯[686] 戰蚩尤於陰衢
용봉이 날갯짓하며 춤추고[687] 舞龍鳳之逸翰
파도가 가벼운 거품 내뿜는 듯 洒波濤之輕沫
규벽[688]을 부수어 고운 가루 뿌리니 撒密屑於圭璧
고니와 해오라기의 흰 털인 듯[689] 皓質於鷺鵠
옥비의 옷과 패물이 떨어지고 點玉妃之衣佩
백제의 깃발이 요동치네[690] 滾白帝之旛旆

686 어두운……듯 : 비바람이 몰아치는 날씨를 묘사한 말이다. 치우(蚩尤)는 황제(黃帝) 때의 제후(諸侯) 이름이다. 탁록(涿鹿)의 벌판에서 황제와 대전(大戰)을 벌일 때, 치우가 풍백(風伯)과 우사(雨師)를 동원하여 크게 풍우(風雨)를 일으켰다. 《史記 五帝本紀》

687 용봉(龍鳳)이 날갯짓하며 춤추고 : 눈이 흩날리는 모습을 형용한 말이다. 한유(韓愈)의 〈신묘년의 눈〔辛卯年雪〕〉에 "용봉이 마구 난다.〔龍鳳交橫飛.〕"라고 한 데서 온 말이다. 《韓昌黎集 卷5》

688 규벽(圭璧) : 제사와 조빙(朝聘)에 쓰이는 일종의 옥기(玉器)로, 규(圭)는 네모난 옥이고, 벽(璧)은 둥근 옥이다. 진(晉)나라 사혜련(謝惠連)의 〈설부(雪賦)〉에 "이미 네모난 곳에 의지하여 규가 되고, 둥근 것을 만나 벽을 만든다.〔旣因方而爲圭, 亦遇圓而成璧.〕"라고 하였다. 《文選 卷13》

689 고니와……듯 : 흰 눈이 내리는 것을 고니의 흰 털이 뽑혀 날리는 것에 비유한 것이다. 한유(韓愈)의 〈눈을 읊어 장적에게 주다〔詠雪贈張籍〕〉에 "틀림없이 고니와 해오라기를 삶은 것이 아니고, 참으로 옥돌을 가루로 부순 것이로다.〔定非燖鵠鷺, 眞是屑瓊瑰.〕"라고 하였다. 《全唐詩 卷343》

690 옥비(玉妃)의……요동치네 : 눈이 오는 모습을 형용한 말이다. 옥비는 선녀로 눈꽃을 비유하고, 백제(白帝)는 화산(華山)의 신령인 서방신(西方神)으로 가을을 의미한다. 한유의 〈신묘년설〉에 "파도가 어찌 흩날리나, 바람에 깃발이 나부끼누나. 백제가 우위의 의장을 성대히 하고, 머리 헝크러진 모습으로 옷자락 휘날리네. 흰 무지개가 먼저 길을 출발하니, 수많은 옥비가 그를 따라 내려오네.〔波濤何飄揚, 天風吹旛旆. 白帝盛羽衛, 鬖髿

용공이 한번 솜씨 부리니[691] 試下手於龍公
어리진(魚麗陣)[692]을 횡으로 이은 듯 綴橫陣於魚麗
갑자기 어지럽게 흩날려 俄然揮霍之紛如
온갖 형상을 아름답게 바꾸었네 換萬象而殊姿
기분 좋게 고상한 흥취 이끌고 引高興於得意
보는 곳마다 상쾌함이 더해졌네 添爽槩於寓目
이에 한숨 쉬며 탄식하였네 乃喟然歎曰
"강산이 참으로 아름답고 江山信美
경치도 아주 빼어나누나 景致殊絶
객은 있는데 술은 없고 有客無酒
굴레 있어 벗기 어렵네" 有韂難脫
승경을 반도 못 봤는데 選勝未半
돌아갈 생각이 밀려왔네 歸思云迫
텅 빈 산에 눈 내리는데 山空雪落
이 저녁 어이할거나 其於此夕何

振裳衣. 白霓先啓途, 從以萬玉妃.〕"라고 하였다.《韓昌黎集 卷5》

691 용공(龍公)이……부리니 : 눈이 오는 모습을 형용한 말이다. 용공은 전설상에 눈과 비를 관장하는 용신(龍神)이다. 송(宋)나라 소식(蘇軾)의 〈취성당설(聚星堂雪)〉에 "창 앞에 은은한 소리 마른 잎을 울리더니, 용공이 한번 솜씨 부려 첫눈이 내리누나.〔窓前暗響鳴枯葉, 龍公試手行初雪.〕"라고 하였다.《東坡全集 卷19》

692 어리진(魚麗陣) : 물고기가 서로 붙어서 나아가는 모양의 진법(陣法)을 말한다. 한유(韓愈)의 〈눈을 기뻐하며 배상서에게 올리다〔喜雪獻裴尙書〕〉에 "어리진을 펼친 것이 저 멀리까지, 글자 만든 새 발자국 기이하기만.〔陣勢魚麗遠, 書文鳥篆奇.〕"라고 하였다.《韓昌黎集 卷9》

이윽고	已而
누군가 급히 말을 달려	有騎翩翩
홀연 산비탈에 도착하였네	忽到山阿
얼른 편지 열어보니	華緘乍閱
정의가 극진하였네	情意綢繆
“급히 돌아올 것 없으니	曰無遽歸
마음껏 한가하게 노닐라”	任爾優游
이윽고 술과 음식 홀연 넉넉해지고	旣行廚之忽贍
가기(歌妓)까지 더해져 나를 즐겁게 하였네	副聲伎以娛我
관장의 꾸지람을 면하고	免官長之譴罵
또 나의 과업도 느슨해졌으니	又寬我之隙課
이에 술과 안주 들고서	於是携酒與肴
멋대로 질탕하게 놀았네	恣意跌宕
맑은 경관 이어 보고	繼淸覿
못 다한 경치 감상하니	追餘賞
맑은 술 올라오고	綠醥登
맛있는 음식 올라왔네	芳膳薦
〈북풍〉 노래하고 〈남산〉 읊으며[693]	歌北風而詠南山

693 북풍(北風)……읊으며 : 〈북풍〉은 《시경》 〈패풍(邶風)〉의 편명이고, 〈남산〉은 《시경》 〈소아(小雅)〉의 〈신남산(信南山)〉을 가리킨다. 서한(西漢)의 양 효왕(梁孝王) 유무(劉武)가 양원(梁園)이라는 자신의 원림(園林)에서 세모(歲暮)에 사마상여(司馬相如), 매승(枚乘), 추양(鄒陽) 등과 함께 주연(酒筵)을 베풀고 놀다가 눈이 오자 흥에 겨워 먼저 《시경》의 〈북풍〉과 〈신남산〉을 노래하고는 간찰을 주면서 사마상여에게 눈에 대한 부(賦)를 짓게 한 고사가 있는데, 이를 원용하여 한 말이다. 《文選 卷13 雪賦》

눈을 돌려 맑은 경치 실컷 보니 　 飫淸景於流眄
수많은 바위들 빼어나고 희며 　 爾其千巖兮秀白
온갖 골짜기들 흰 빛 드러내었네 　 萬壑兮呈縞
벽옥이 길 가운데 펼쳐지고 　 璧鋪兮中逵
옥이 뭇 산에 우뚝 솟은 듯 　 玉峙兮群峭
덤불에는 잠깐 사이에 꽃 피고 　 花頃刻於灌薄
언덕과 산에는 흰 비단 일렁였네 　 纈紈帛於丘巒
골 입구엔 큰 코끼리 시끄럽고 　 豗巨象於谷口
숲 사이엔 교만한 호랑이 숨어있는 듯 　 蟄驕虎於林間
은빛 바다엔 남은 광채 어지럽고 　 眩餘彩於銀海
옥 같은 전야엔 맑은 빛이 빛났다오 　 耀淨輝於瓊田
기쁘고 두렵고 괴이하고 놀랄만한 천태만상이
　 紛萬狀可喜可懼可怪可愕者
술자리 앞에서 자태를 마음껏 뽐내니 　 盡效態於尊俎之前
정신이 오싹하고 두려워 　 神懍兮魄慄
아, 볼 수가 없구나 　 羌不可以覷也
장차 겨드랑이에 날개 돋아 신선이 될 것처럼 　 若將羽其腋而登仙
달에서 내뿜는 맑고 찬 기운이 스며드누나 　 襲淸冷於桂府
영숙[694]이 말하였네 　 永叔曰
"아, 그대도 들었는가 　 吁子亦聞夫
예전에 해진 신발을 끈 동곽[695] 　 往者曳弊履之東郭

694 영숙(永叔) : 구양수(歐陽脩)의 자이다.

695 해진……동곽(東郭) : 동곽은 한 무제(漢武帝) 때의 제(齊)나라 사람으로, 매우

문빗장 단단히 걸은 원안[696]	掩重扃之袁安
부 지을 간찰을 주게 한 사신[697]	授賦簡之詞臣
운루를 깨뜨린 장군[698]에 대해	斫雲壘之將軍
누가 나귀 등에서 어깨를 세웠으며[699]	孰聳肩於驢背
누가 대궐 문에서 하례를 올렸던가[700]	孰獻賀於天門
그 마음을 한번 살펴본다면	試嘗其味兮

빈곤하여 옷은 낡아서 해지고 신발은 온전치 못해 눈길을 가는데 신발의 윗부분만 있고 밑창이 없어서 발이 땅에 닿았으므로 사람들이 모두 웃었다고 한다. 《史記 滑稽列傳》

696 문빗장……원안(袁安) : 원안은 후한(後漢)의 명상(名相)으로, 원안이 미천(微賤)했을 때, 한번은 낙양(洛陽)에 큰 눈이 와서 낙양 영(洛陽令)이 민가(民家)를 순행하는데 다른 사람들은 모두 나가서 눈을 치우고 걸식(乞食)을 하였지만 원안의 집만 유독 눈도 치우지 않고 있었다. 사람을 시켜 왜 나오지 않느냐고 묻자, 원안이 말하기를 "큰 눈이 와서 사람들이 모두 굶주리는 때에 남에게 요구를 해서는 안 된다."라고 하였다. 《後漢書 袁安列傳》

697 부(賦)……사신(詞臣) : 간찰은 시문(詩文)을 지을 종이로, 사마상여(司馬相如)의 고사이다. 308쪽 주 693) 참조.

698 운루(雲樓)를 깨뜨린 장군 : 한 무제(漢武帝) 때의 대장군(大將軍) 위청(衛靑)의 고사를 말한다. 흉노(匈奴)가 한나라 땅을 유린하자 대장군 위청이 흉노를 정벌하여 크게 승리하였다. 운루는 병영으로, 흉노의 진지를 말한다. 왕창령(王昌齡)의 〈출새(出塞)〉에 "장군은 밤중에 운루를 깨뜨렸다.〔將軍夜中斫雲壘.〕"라고 하였다.

699 누가……세웠으며 : 당(唐)나라 시인 맹호연(孟浩然)의 고사를 말한다. 맹호연이 눈이 내리는 가운데 비쩍 마른 나귀를 타고 파교(灞橋)에 가서 매화를 구경한 일이 있었는데, 소식(蘇軾)이 이를 읊어 "또 보지 못했는가 눈 속에 나귀를 탄 맹호연이, 눈썹을 찌푸리고 시를 읊느라 어깨가 산처럼 솟은 것을.〔又不見雪中騎驢孟浩然, 皺眉吟詩肩聳山.〕"이라고 하였다. 《東坡全集 卷6 贈寫眞何充秀才》

700 누가……올렸던가 : 눈이 많이 내리면 풍년이 들 조짐으로 보아 백관들이 조정에 들어가 축하를 올리기 때문에 이렇게 말한 것이다.

누가 기쁘고 누가 슬프겠는가	誰喜誰戚
그 사정을 혹 헤아려본다면	倘揣其情兮
누가 고달프고 누가 편안하겠는가	孰勞孰逸
아	嗚呼
눈이 어찌 다르겠는가	雪豈異哉
만난 상황이 같지 않은 거라오	所遇不同
설령 사람이 생각한 바가 있더라도	縱斯人之有懷
참으로 무심한 것은 하늘이라네	諒無心者天公
깊숙한 곳에서 신묘한 계책 운용하니	運神機於窅冥
어찌 조금이라도 혹 사사로움이 있겠는가	寧一毫之或私
하물며 나와 그대는	況吾與子
서로 뒤따르며 수레 타고서	駕言相隨
구름 빗장 두드리고 돌층계에 기대고	敲雲關而倚石梯
신선과 스님의 고상한 발자취를 찾음에랴	訪高躅於仙翁釋子
술은 회수처럼 많고	有酒兮如淮
안주는 모래섬처럼 많은데[701]	有肴兮如坻
내가 이 산에서 노닐 때에 미쳐	及余遊此山之中
눈이 펄펄 내리는구나	降滕六之瀌瀌
하늘이 준 것이 매우 많으니	天所餉之孔多

701 술은……많은데 : 술과 안주가 매우 푸짐하다는 말이다. 춘추 시대 진후(晉侯)와 제후(齊侯)가 서로 투호(投壺)를 할 때, 진나라 대부 중행목자(中行穆子)가 "술은 회수처럼 많고, 고기는 모래섬처럼 많다.〔有酒如淮, 有肉如坻.〕"라고 하였다.《春秋左氏傳 昭公 12年》

마치 나를 호사스럽게 하는 데 뜻이 있는 듯 若有意於侈吾

옛 사람에 비해 내가 지극히 도도한 즐거움 가장 많이 누렸으나
比古人其吾最占至樂之陶陶

내일 아침에는 서류더미에 머리를 파묻으리라 明朝簿牒之埋頭

한바탕 꿈처럼 요대[702]에서 황홀하게 놀았으니 一夢瑤臺之惝怳

어찌 글로 짓고 읊어 寧無辭而是詠

여운을 허공에 붙이지 않겠는가" 寄餘聲於空曠

이렇게 노래하노라 歌曰

"아득히 높다란 산 邈邈兮高山

구불구불 깊은 골짜기 深谷兮逶迤

어찌 가서 보지 않으랴 盍往觀諸

그대와 함께 가리로다 與子同歸

미인이 늙어가니[703] 美人兮遲暮

한 해가 이미 저물어 눈이 펑펑 내리네 歲旣晏兮雨雪霏

마음이 맺히고 얽혀 즐겁지 않아 情紆軫其不自聊

흰 눈 어루만지며 공연히 배회하노라" 撫白雪兮空躑躅

702 요대(瑤臺) : 옥으로 장식한 누대로, 신선이 거처하는 곳을 가리킨다.

703 미인이 늙어가니 : 미인은 임금을 가리키는 말이다. 굴원(屈原)의 〈이소경(離騷經)〉에 "초목의 잎이 떨어지니, 미인이 늙어갈까 두렵네.〔維草木之零落兮, 恐美人之遲暮.〕"라고 한 데서 온 말이다. 《楚辭 卷1》

〈수양춘부〉[704]에 차운하다 월과이다.

次愁陽春賦 月課

만물은 화락한데	萬物熙熙
나만 이 따뜻한 봄에 근심하누나	余獨愁此陽春
기운 따뜻하여 눈이 취하니	氣暖眼醉
어찌 봄빛이 술처럼 사람을 취하게 만드나	何春色如酒之着人
바람이 훈훈하게 화기(和氣)를 부니	風融融以扇和
나무에 생기 넘쳐 새로 싹이 돋누나	木欣欣以爭新
꽃은 찡그리고 버들은 졸며	花嚬兮柳眠
반짝이는 태양에 아양 떠누나	媚白日之光鮮
흔들흔들 천천히 지나가며	搖颺兮延緣
샘에 잠긴 푸른 마름을 보고	見綠蘋之涵泉
작은 무늬들 아득하니	萋菲兮渺綿
안개 속의 푸른 풀을 바라보네	望碧草之和煙
시절 경물의 아름다움을 느끼니	觸時物之芳華
내 생각이 더욱 분분해지네	增余思之紛然
진천(秦川) 생각한 〈등루부(登樓賦)〉[705]	若夫登樓秦思

704 수양춘부(愁陽春賦) : 《이태백문집(李太白文集)》 권24에 보이는 글로, 아름다운 봄에 고향을 그리는 서글픈 마음을 읊은 글이다. 우리나라 선현들이 이 글에 차운한 작품을 많이 남겼다.

705 진천(秦川) 생각한 등루부(登樓賦) : 타향에서 고향을 그리워하는 모습을 표현한 말이다. 진천의 귀공자(貴公子)였던 왕찬(王粲)은 한(漢)나라 말에 난리를 피하여 형주

월나라 노래 부른 집규[706] 執珪越吟
소인이 읊조리던 못가[707] 騷人澤畔
원비가 울던 대숲이여[708] 怨妃竹林
걷다가 오래도록 서서 머리 들고 보니 步延佇而矯首
아득히 멀리 있어 마음이 괴롭구나 極遠目兮勞心
정신이 요동쳐 가만있지 않으니 魂震蕩而不住
회오리바람에 눈이 거세게 내리는 듯 若回飆之驚雪
가절이 사람을 감동시키는 것이 아니라 非佳節之感人
사람이 스스로 가절에 감동하는 거라오 人自感乎佳節
수레 몰고 나가서 놀며 물가에 임하여 駕言出遊兮臨水濱
내 근심 쏟아내려 하나 아 방법 없어라 寫吾憂兮嗟無因
그윽한 기약 펴지 못함을 염려하고 念幽期之莫展

(荊州)의 유표(劉表)에게 가서 의지해 있으면서 누각에 올라가 〈등루부(登樓賦)〉를 읊어 시름을 달랬다. 《三國志 魏書 王粲傳》

706 월(越)나라……집규(執珪) : 집규는 높은 벼슬 이름이다. 전국시대 월나라 사람 장석(莊舃)이 초(楚)나라에 와서 현달하여 집규를 맡았는데 병이 들자 자기도 모르게 월(越)나라 노래를 불렀다는 고사가 있다. 《史記 陳軫列傳》

707 소인(騷人)이 읊조리던 못가 : 소인은 전국시대 초(楚)나라 굴원(屈原)을 가리킨다. 굴원이 소인(小人)의 참소를 입고 조정에서 쫓겨나 "강담에서 노닐고 못가에서 읊조릴 적에 안색은 초췌하고 용모는 마른 나무 같았다.〔遊於江潭, 行吟澤畔, 顔色憔悴, 形容枯槁.〕"라고 하였다. 《楚辭 卷1 漁父辭》

708 원비(怨妃)가 울던 대숲 : 원비는 순(舜) 임금의 두 비(妃)인 아황(娥皇)과 여영(女英)이다. 순 임금이 남쪽 지방을 순행하다가 승하하자, 두 왕비가 슬피 울어 소상강(瀟湘江)을 건너가지 못해 눈물을 흘렸는데, 이 눈물이 대나무에 떨어져 반점이 생겼다고 한다. 《述異記》

미인 가까이 할 수 없음을 생각하네[709]	思美人兮不可親
만약 봄빛을 당겨서 머무르게 할 수 있다면	若使春光可挽而留之兮
나는 애오라지 미인과 함께 즐기길 원하노라	願余聊與娛夫美人

709 미인……생각하네 : 가까이에서 모실 수 없는 임금을 생각한다는 말이다. 송지문(宋之問)의 〈명하편(明河篇)〉에 "은하수를 바라만 볼 뿐 가까이할 수 없으니, 뗏목 타고 나루터를 한 번 물으리라.〔明河可望不可親, 願得乘槎一問津.〕"라고 한 데서 온 말이다. 《古文眞寶前集 卷5》

북문쇄약부[710] 월과이다.

北門鎖鑰賦 月課

화산이 높이 솟아 하늘에 닿을 듯하니 華之岳峻極于天兮

산들 즐비하나 이 산보다 높지 않네 惟衆山之纍纍兮莫之與夫竝尊

사람 중에 누가 높고 큰 화산처럼 고결하게 할 수 있나

人孰能自潔其高大兮

참으로 기약한 바가 특출나고 출중한 사람이리라

諒所期之拔乎萃而出乎群

엄연히 몸소 관문을 지키는 중임을 맡아 儼然以身當閫閾之重寄兮

북문의 방비 태세를 굳건하게 갖추었네 鎖鑰克壯乎北門

역량이 그가 읊었던 내용[711]과 과연 부합하니 而力量果符其諷詠

위대하도다 옛날에 품었던 포부 저버리지 않았네

偉哉不辜夫疇昔之抱負

710 북문쇄약부(北門鎖鑰賦) : 변방을 수어(守禦)하는 것에 대해 읊은 부로, 송(宋)나라 구준(寇準)의 고사를 원용한 것이다. 《고금사문유취 외집(古今事文類聚外集)》 권10 〈북문쇄약(北門鎖鑰)〉에 "구준이 대명부(大名府)를 맡아 지킬 때, 요(遼)나라 사신이 그 길을 경유하며 말하기를 '상공(相公)은 명망이 중한데, 어찌하여 중서성(中書省)에 있지 않는가?' 하니, 구준이 대답하기를 '황상께서 조정이 무사할 때 북문을 굳게 잠그는 것은〔北門鎖鑰〕 구준이 아니면 안 된다고 하였기 때문이다.' 하였다."라고 하였다.

711 읊었던 내용 : 구준(寇準)이 8세 때 화산(華山)에 대해 읊었던 시를 말한다. 거기에 "이 위로는 하늘만 있을 뿐, 더는 견줄만한 산이 없네.〔只有天在上, 更無山與齊.〕"라고 하였는데, 그의 스승이 구준의 아버지에게 말하기를 "현랑(賢郎)이 어찌 재상이 되지 않겠습니까."라고 하였다고 한다. 《古今事文類聚 別集 卷16 詠山見志》

하늘이 송나라를 돌보아 크게 통일하여 天眷有宋兮大一統

이에 육십 년 동안의 분란을 안정시켰네[712] 于以靖謐乎六十年之紛糅

퇴폐한 기강 진작시키고 끊어진 법도 이어 振頹綱而紐絶維

내정을 닦고 외적을 물리쳤네 蹇修內而攘外

공은 태평성대를 만나 풍운지회(風雲之會)를 기대하여 公際明時兮蹻足風雲

좌우로 보좌하는 천자의 재상이 되었네 左之右之兮爲天子宰

굳건하게 곧은 도리 지키고 흔들리지 않아 秉直不撓兮斷斷

위급한 때에 자신을 잊고 나라에 몸을 바쳤네 忘身徇國兮緩急

으스대는 저 교만한 오랑캐가 옛일 답습함을 예사로 여겨 可恃彼驕虜襲舊以爲常兮

감히 멋대로 미쳐 날뛰어 우리 변방 침범하니 敢逞猘突兮聳我邊鄙

온 강좌 사람들은 부진이 능멸했던 일을 두려워하여[713] 擧江左慴符秦之凌轢兮

모두 그들과의 전쟁을 이롭게 여기지 않았네 皆莫利乎與之呀鬩

우리가 가면 오랑캐도 갈 텐데 我往寇亦往兮

예봉 피하고 적 맞아 싸울 적에 누가 좋은 계책 내어 운용할 수 있나

712 하늘이……안정시켰네 : 907년에 당(唐)나라가 멸망하고 다섯 개의 왕조와 열 개의 나라가 흥망성쇠를 거듭한 이른바 5대 10국의 대 혼란시기가 있었는데, 960년에 송(宋)나라의 통일로 이 시기가 마감되었다.

713 온……두려워하여 : 강좌(江左)는 양자강(揚子江)의 동쪽 지역으로 동진(東晉)을 가리키고, 부진(符秦)은 전진(前秦)의 왕 부견(苻堅)을 가리킨다. 부견이 백만 대군을 이끌고 회비(淮肥)까지 진군하자 동진(東晉)의 서울이 진동하여 모두 두려움에 떨었는데, 사안(謝安)이 조카 사현(謝玄)을 보내 격파하게 하였다. 《晉書 謝玄列傳》

避鋒迎敵兮策誰良而可用

공이 한 마디 말을 내어 公一出言兮

온 조정의 논의를 꺾어버렸네[714] 屈盈庭之論議

황제가 정벌하러 나서니 왕사가 많기도 한지라 帝庸于征兮王師嘽嘽

닷새를 힘써 싸워 강한 오랑캐를 손쉽게 소탕하였네

辦五日兮摧勁寇如拉朽

바람 소리에 학이 울 듯 헐떡이며 이에 달아나니

風聲鶴唳兮喘喙斯遁

잠깐 사이에 공을 이루었는데 도리어 참소를 받아

功成造次兮反罹讒口

원대한 계획 저지되어 펼치지 못하였네[715] 沮大計而莫之展

재상이든 장수든 어디에 쓴들 안 되랴마는 相乎將乎奚用不可兮

재상의 자리를 놓아두고 이에 군영에 올랐다오 釋台鉉兮迺登夫師垣

변방의 관문이 관문처럼 굳건하지 못하였지만 匪鎖鑰之鎖鑰兮

이 사람이 관문을 엄정하게 지켜 우리 변방을 견고히 하였네

714 우리가……꺾어버렸네 : 송(宋)나라 진종(眞宗) 경덕(景德) 원년에 요(遼)나라 군대가 송나라로 깊숙이 쳐들어오자 조정이 동요하여 여러 사람들은 피난을 가야 한다고 주장하였으나, 재상 구준(寇準)은 이러한 주장을 물리치고 진종이 직접 정벌에 나서도록 권하여 11월에 진종이 전연(澶淵)에 이르렀다. 그러자 요나라가 전쟁의 불리함을 깨닫고 사신을 보내어 맹약을 맺자고 요청하였다. 《宋史 寇準列傳》

715 잠깐……못하였네 : 요(遼)나라가 전연(澶淵)에서 화의(和議)를 요청하자, 송 진종(宋眞宗)은 전쟁을 그만둘 생각에 화의를 하려고 하였다. 하지만 구준은 따르지 않고 자세한 계획서를 작성해 요나라를 칠 것을 주장하였다. 이때 어느 간신(姦臣)이 진종에게 구준이 요나라와 싸울 것을 계속해서 주장하는 의도는 병권을 쥐려는 데 있다고 참소하였다. 《宋史 寇準列傳》

人其鎖鑰有以截然固夫吾屛藩

그리하여 안으로는 이미 안정되었고 內旣底安兮

밖으로는 또 빗장을 단단히 걸었네 外又爲扃鐍

이에 말하였네 乃曰

"내가 아니면 안 된다" 非吾則莫可云

천하의 안위가 나 한 사람에게 달려 있다고 판단하여

判一己係天下之安危兮

애오라지 무겁게 자임하는 모습 보여 聊以見自任之重

먼 오랑캐 사신의 입을 막았네 而塞有口於遠人

어찌 단자가 장성을 지킨 일[716]과 비유하겠으며 曷足喩檀子之長城

진공이 와호하게 한 일[717]과 견줄 수 있겠는가 晉公臥護兮其倫

이는 오직 한 덩이의 정직한 기운을 고취시킨 것이라

是惟鼓一團正直之氣

장막 안에서 담소하고 준조에서 절충하는 자[718]는

716 단자(檀子)가……일 : 전국시대(戰國時代) 때 위 혜왕(魏惠王)이 제 위왕(齊威王)에게 제나라의 보물에 대해 묻자, 제 위왕이 "과인이 보배로 여기는 것은 왕과는 다릅니다. 내 신하 중에 단자라는 자가 있는데 남쪽 성(城)을 지키게 하면 초나라 사람들이 감히 노략질하지 못합니다."라고 하였다. 《通鑑節要 周紀 烈王 14年》

717 신공(晉公)이……일 : 와호(臥護)는 와치(臥治)와 같은 말로, 와병(臥病) 중에 군무(軍務)를 살피는 것을 말한다. 진 원제(晉元帝)가 기첨(紀瞻)에게 "경이 병들었지만 짐을 위해 육군(六軍)을 와호해 준다면 유익한 점이 많을 것이다.〔卿雖病, 但爲朕臥護六軍, 所益多矣.〕"라고 하였다. 《晉書 紀瞻列傳》

718 장막……자 : 막사에서 작전 계획을 짜거나 연석(宴席)에서 외교상의 문제를 담판하는 사람을 말한다. 《사기(史記)》 〈유후세가(留侯世家)〉에 "장막 안에서 계책을 운용하여, 천리 밖의 전쟁터에서 승부를 결정짓는다.〔運籌策帷帳中, 決勝千里外.〕"라고 하였고,

談笑帷幄折衝尊俎者

또한 어찌 견고한 성과 해자, 날카로운 무기와 갑옷, 험고한 산과 강이 필요하겠으며 亦安用城池之固兵革之利山谿之險

어찌 적진에 돌격하여 궁문을 밀치고 빗장 부수고 들어갈 것이 있으랴 豈能摩其壘排其闥斬其關而可入兮

일만 명이 주저하며 범하지 못하리라[719] 萬夫趑趄兮不可犯

너의 안색과 마음을 바꾸고 나의 좋은 소리에 감화된 것은 革爾面爾心兮懷我好音者

참으로 탄압하고 진정시킨 위세에 힘입은 것이라 寔賴彈壓鎭服之威稜

가령 임금이 시종 총애하여 오로지 그를 의지했다면 使是君寵嘉終始兮倚毗其專

국가의 형세를 반석에 둘 수 있고 則可以措國勢於磐石

그 재능을 다 펼칠 수 있었을 것인데 可以盡布其才能

임금[720]은 어찌하여 갑자기 고주의 한 마디 말[721]에 의혹되어

《전국책(戰國策)》〈제책(齊策) 5)〉에 "준조의 사이에서 성을 함락하고, 자리 위에서 절충한다.〔拔城於尊俎之間, 折衝席上.〕"라고 하였다. 준조는 연석이고, 절충은 담판하는 것을 말한다.

719 일만……못하리라 : 관문의 특성상 한 사람이 굳게 지키고 있으면 수많은 사람이 공격해도 뚫을 수 없다는 뜻으로, 구준을 염두에 두고 한 말이다. 서진(西晉) 장재(張載)의 〈검각명(劍閣銘)〉에 "한 사람이 창을 들고 서 있으면 일만 명도 주저한다.〔一人荷戟, 萬夫趑趄.〕"라고 하였고, 이백(李白)의 〈촉도난(蜀道難)〉에 "검각이 험난하게 우뚝 솟아 버티고 있으니, 한 사나이가 관문을 지키면 일만 명이 공격해도 열지 못한다.〔劍閣崢嶸崔嵬, 一夫當關, 萬夫莫開.〕"라고 하였다. 《文選 卷56》《李太白集 卷2》

720 임금 : 원문의 '전(荃)'은 향초의 이름인데, 굴원(屈原)의 〈이소경(離騷經)〉에 "전초

荃何遠惑乎孤注之一說兮

헌신짝 벗어서 버리듯 수많은 성들을 버렸나 廢千城如棄脫屣

뇌주는 어디쯤인가 雷州何許兮

바다 남쪽 만리로다 海南萬里

몸은 떠돌고 고립되어 身羈孤兮

위험과 치욕 속에 죽었네[722] 危辱以死

관문이여 관문이여 鎖兮鑰兮

맡은 자가 누구인가 委寄者誰歟

백년도 못가 오랑캐가 야욕을 품었구나 未百年而戎生心

바로 관문을 맡은 자가 적임자가 아니어서 관문으로서의 역할을 하지 못했으니 是乃不人其鎖鑰而以鎖鑰爲鎖鑰兮

이 때문에 요나라에 피폐하고 서하(西河)에 곤란을 겪고 금나라에 멸망한 것이라네 所以弊於遼困於夏而亡於金

처음에는 북문이 무너지고 始而北門壞

는 내 마음을 헤아리지 않으시고 도리어 참소 믿고 노여워하시네.〔荃不揆余之中情兮, 反信讒而齌怒.〕"라고 하여, 전초를 임금에 비유하였다. 《古文眞寶後集 卷1》

721 고주(孤注)의……말 : 고주는 노름에서 남은 밑천을 다 걸고 최후로 승부를 겨루는 것을 뜻한다. 송 진종(宋眞宗)이 전연(澶淵)에서의 맹약 이후로 구준(寇準)을 더 중용하자, 왕흠약(王欽若)이 몹시 시기하여 "폐하께서는 도박에 대해 들어보셨습니까? 도박하는 데에 돈을 잃어 다 떨어지려 할 때 가지고 있는 돈을 몽땅 거는 것을 고주라고 하는데, 폐하께서는 구준의 고주였습니다.〔陛下聞博乎? 博者輸錢欲盡, 乃罄所有出之, 謂之孤注. 陛下寇準之孤注也.〕"라고 한 데서 나온 말이다. 《宋史 寇準列傳》

722 뇌주(雷州)는……죽었네 : 뇌주는 지금의 광동성(廣東省)이다. 정위(丁謂)가 환관과 결탁하여 구준(寇準)을 뇌주의 사호참군(司戶參軍)으로 좌천시켰고, 구준은 다음 해 배소(配所)에서 병사하였다. 《宋史 寇準列傳》

이어서 도성이 함락되었네 繼而都城墮兮

일찍이 한 사람을 얻어 굳게 지키지 못해 曾不能得一人而保障

울타리 거두고 원수에게 아양 떨어 스스로 어리석은 짓을 하였네[723] 撤藩籬媚讎賊以自愚

점차 일변 이항 삼민 사광에 이르러 끝났으니[724] 馴至於一汴二杭三閩四廣而止焉

패망의 전철을 답습하여 이었네 踵覆轍之相尋兮

슬프다 悲夫

내가 이미 옛 일을 경계로 삼아 余旣懲乎古

오직 우리 북문을 근심하노라 而惟我北門之是憂兮

어떻게 하면 용맹한 군사를 얻어 安得猛士兮

사방을 지키고 근심이 없기를 보장할까[725] 守四方而保無虞

723 울타리……하였네 : 오랑캐와 맞서 싸우지 않고 화의를 맺었다는 말이다.

724 점차……끝났으니 : 송(宋)나라의 국운이 점차 쇠퇴하여 멸망에 이른 과정을 말한 것이다. 송 태종(宋太宗)이 진희이(陳希夷)에게 묻기를 "짐이 나라를 세웠는데 이후에 앞으로의 국운(國運)이 어떻게 되겠는가?"라고 하자, 진희이가 대답하기를 "송나라는 인(仁)으로 천하를 얻고 의(義)로 인심을 결속하였으니, 장구하지 않을 것은 걱정할 것이 없습니다. 다만 도읍지를 점쳐보면 처음에는 변주(汴州), 두 번째는 항주(杭州), 세 번째는 민주(閩州), 네 번째는 광주(廣州)입니다."라고 예언한 고사가 있다.《宣和遺事 前集》

725 어떻게……보장할까 : 훌륭한 군사를 얻어 변방을 잘 방비하고 싶다는 말이다. 한 고조(漢高祖)가 천자가 된 뒤에 고향인 풍패(豐沛)를 찾아가 부로(父老)들과 함께 술을 마시면서 노래하기를 "큰 바람이 일어나니 구름이 날리었도다. 천하에 위엄 떨치고서 고향에 돌아왔네. 어떻게 하면 용맹한 군사를 얻어 사방을 지킬거나.〔大風起兮雲飛揚, 威加海內兮歸故鄕, 安得猛士兮守四方?〕"라고 하였다.《史記 高祖本紀》

괘표부[726] 월과이다. 남을 대신하여 짓다.

挂瓢賦 月課 代人作

표주박이라는 기물은	瓢之爲器
물을 뜨는 용도이니	職乎挹者
저기에서 떠서 이곳에 부울 때	挹彼注玆
이것을 쓰지 않으면 안 된다네	靡用不可
그런데 어찌하여 나무에 걸어 두어	胡爲挂置乎樹間兮
버티지 못하고 바람에 흔들거리게 하였나	風搖搖而力不任
매여 있어 먹지 못한다고 하나[727]	雖曰係而不食
처사의 잔을 대신할 수 있다네	于以代乎處士之杯歓
요임금 때에	當堯之時
천하가 크게 다스려져	天下大治

726 괘표부(挂瓢賦) : 표주박을 건 것에 대해 읊은 부(賦)로, 허유(許由)의 고사를 원용한 것이다. 한(漢)나라 채옹(蔡邕)의 《금조(琴操)》 〈기산조(箕山操)〉에 다음과 같은 내용이 보인다. "요(堯) 임금 때의 은사(隱士) 허유가 일찍이 기산(箕山) 아래에 은거하면서 늘 손으로 물을 움켜 마셨는데, 어떤 사람이 그가 그릇이 없는 것을 보고 표주박 하나를 주자, 허유가 표주박으로 떠서 마신 뒤에 그것을 나무에 걸어 두었다. 그런데 바람이 불 때마다 나무가 흔들려 덜그럭거리는 소리가 나자, 번거롭게 여겨 마침내 표주박을 내버렸다.〔堯時許由隱居箕山, 常以手捧水而飮, 人見其無器, 以一瓢遺之, 由飮畢, 以瓢挂樹. 風吹樹動, 歷歷有聲, 由以爲煩擾, 遂取瓢棄之.〕"

727 매여……하나 : 무용지물(無用之物)을 비유한 말이다. 《논어》 〈양화(陽貨)〉에 "내가 어찌 조롱박처럼 한 군데에 매여 있어 먹지 못한단 말이냐?〔吾豈匏瓜也哉? 焉能繫而不食?〕"라고 한 공자의 말에서 나온 것이다.

태평 성세를 환히 밝히고 昭隆泰和
화락한 세상을 만들었네 陶鑄雍熙
태양이 떠오르니 횃불이 희미하고 太陽升爝火微矣
단비가 내리니 관개가 수고로웠네[728] 時雨降灌漑勞止
선생의 정신과 역량을 以先生之精神力量
어찌 짝할 수 있으랴 夫豈與伍乎
기와 고는 모두 널리 은혜를 베풀어 대중을 구제하였지만 夔皐非不能博施而濟衆
자잘하게 제기 넘어 주방 일 하는 것을 부끄러워하였네[729] 恥屑屑乎越俎而爲庖
이에 천지 사방을 작게 여기고 乃錙銖六合

728 태양이……수고로웠네 : 허유를 칭찬하는 말로, 요(堯) 임금이 천하를 허유에게 넘겨주려고 하면서 "해와 달이 나와 밝은데, 횃불을 끄지 않는다면 그 빛은 빛나기 어렵지 않겠는가. 단비가 내리는데 여전히 물을 댄다면 그 윤택하게 하는 것이 수고롭지 않겠는가.〔日月出矣, 而爝火不息, 其於光也, 不亦難乎? 時雨降矣, 而猶浸灌, 其於澤也, 不亦勞乎?〕"라고 하였다. 《莊子 逍遙遊》

729 기(夔)와……부끄러워하였네 : 허유가 기와 고처럼 요순(堯舜)을 도와 태평성세를 이룩하였지만 천하를 받는 것은 분수에 맞지 않는 일이라고 여겨 부끄러워하였다는 말이다. 기와 고는 요순시대의 현신(賢臣)인 법관(法官) 고요(皐陶)와 악관(樂官) 기(夔)를 합칭한 말이다. 《논어》 〈옹야(雍也)〉에 자공(子貢)이 "만약 백성에게 널리 은혜를 베풀어 대중을 구제한다면 어떻겠습니까? 인이라고 말할 수 있습니까?〔如有博施於民而能濟衆, 何如? 可謂仁乎?〕"라고 묻자, 공자가 "어찌 인의 일이겠는가. 반드시 성인일 것이다. 요순도 오히려 이것을 부족하게 여기셨을 것이다.〔何事於仁? 必也聖乎. 堯舜其猶病諸.〕"라고 답하였다. 또 《장자》 〈소요유(逍遙遊)〉에 "요리하는 사람이 주방에서 일을 잘 처리하지 못한다고 해서, 시동이나 축관이 제기를 뛰어넘어 와서 그 일을 대신해 줄 수는 없는 일이다.〔庖人雖不治庖, 尸祝不越樽俎而代之矣.〕"라고 하였다.

만승의 천자를 찌꺼기처럼 여겨　糠粃萬乘
요임금을 돌아보고 웃으며　顧堯笑之
초탈하게 기영[730]에서 고상히 노닐었네　超然高蹈乎箕穎
나무 위도 커다란 집보다 크게 여기고　巢木侈於高堂
연잎 옷도 비단 옷보다 화려하게 여겼네　製芰華於袗衣
꿋꿋한 절개와 우뚝한 지조로　介然兀然
외물을 따르는 일 없었네　無物相隨
표주박은 가장 하찮은 물건이지만　惟瓢也物之最薄
의리상 구차하게 취하지 않았네　義不苟於取之
맑은 물가에 임해 따라 마시면서　臨淸流而下酌
애오라지 갈증 해소하며 즐거워하였네　聊救渴而譆嬉
다만 보관할 곳이 없기 때문에　顧無所以藏貯兮
늘 바람 부는 나무 가지에 걸어 두었는데　常露挂於風枝
어찌 그리 달그락 달그락 번거로운 소리로　何歷歷之煩聲
적막한 은자의 귓가에 스치게 하나　拂寥寥之幽耳
어찌 갈증을 위해　曷爲口腹
그 뜻을 어지럽히며　以攖其志
어찌 외물에 얽매여　曷以外累
감히 그 마음을 어지럽히랴　敢攘其內
속히 제거하여　其亟去之

730 기영(箕穎) : 허유가 은거한 기산(箕山)과 영수(潁水)를 말한다. 요(堯) 임금이 천하를 양보하려 하자 허유는 거절하고 기산(箕山)에 숨었으며, 또 그를 불러 구주(九州)의 장(長)으로 삼으려 하자 영수(潁水) 물가에 가서 귀를 씻었다 한다. 《莊子 逍遙遊》

나를 번잡하게 하지 않으리라　莫我膠擾
그러한 뒤에 귀로 보고　然後以耳而視
눈으로 들으니　以目而聽
사라진 듯 조용하고　泯乎其寂
못처럼 고요하였네　淵乎其靜
희이와 뒤섞이고　混乎希夷
홍몽과 합하여[731]　合乎鴻濛
혼돈의 구멍을 막아　塞混沌之竅
조물주와 짝하였네[732]　而與造物者爲徒
객중에 조롱하는 자가 말하였네　客有調之者曰
"하늘이 재목을 낼 적에　天之生材
지우(智愚)에 관계없이　無智無愚
각기 그 쓰임에 맞게 하여　各適其用
세상에 필요한 존재가 되게 한다네　爲世所需

731 희이(希夷)와……합하여 : 마음이 만물의 밖에서 초연(超然)하다는 말이다. 홍몽(鴻濛)은 우주자연의 원기를, 희이는 우주의 현묘한 이치를 가리킨다. 유종원(柳宗元)의 〈우계시서(愚溪詩序)〉에 "홍몽(鴻蒙)을 뛰어넘고 희이(希夷)와 뒤섞여, 적막하여 나 자신도 알지 못하게 될 것이다.〔超鴻蒙, 混希夷, 寂寥而莫我知也.〕"라고 하였다. 《古文眞寶後集 卷5》

732 혼돈(混沌)의……짝하였네 : 자연 상태를 회복한다는 말이다. 혼돈은 원기(元氣)가 아직 나뉘기 전의 모양으로, 남해의 임금 숙(儵)과 북해의 임금 홀(忽)이 중앙의 임금 혼돈의 은혜에 보답할 목적으로 사람처럼 일곱 개의 감각 기관을 만들어 주기 위하여 하루에 한 구멍씩 뚫어 주었는데, 일주일이 되던 날 혼돈이 그만 죽고 말았다는 이야기가 《장자(莊子)》 〈응제왕(應帝王)〉에 보인다.

어찌 그대의 훌륭한 재주로 夫何以子之大才
남면의 존위를 양보하고 기꺼이 산천에서 야위어 가는가
讓南面之尊而甘爲山澤之癯
게다가 이 표주박이라는 것은 況茲瓢者
스스로 운용하지 못하고 사람이 기물로 쓰는 것이네
不能自用而人所器之
한 잔의 물을 따르기 보다는 與其斟一酌之水
어찌 구준의 술을 따라서 曷若酌衢尊之酒
만백성에게 충만한 은택을 내리는 것만 하겠으며[733] 而澤萬民其洋洋
빈산의 바람에 울리기보다는 與其響空山之風
어찌 팔음의 하나를 갖추어 曷若備八音之一
조수가 너울너울 춤추도록 하는 것만 하겠는가[734] 而致鳥獸之蹌蹌
아 선생은 크게 쓰이는 데 서투르니 嗟先生拙於用大
내가 숭상할 바가 아니라네" 非吾所尙
선생은 답하지 않고 先生不答

733 어찌……하겠으며 : 많은 사람들에게 은혜를 베푸는 것이 나음을 비유한 말이다. 구준(衢尊)은 옛날 행인들이 누구나 마실 수 있도록 큰 길거리에 마련해 놓은 술통을 말한다. 《淮南子 繆稱訓》

734 어찌……하겠는가 : 팔음(八音)은 금(金), 석(石), 사(絲), 죽(竹), 포(匏), 토(土), 혁(革), 목(木) 등 여덟 가지 재료를 써서 만든 악기에서 나오는 소리로, 표주박은 포의 한 종류이다. 순(舜) 임금 때 악관(樂官)인 기(夔)가 "생과 용을 번갈아 울리자 새와 짐승들이 너울너울 춤을 추었다.〔笙鏞以間, 鳥獸蹌蹌.〕"라고 하였다. 《書經 益稷》 여기서는 혼자서 달그락거리는 소리를 듣기보다는 사람뿐만 아니라 조수도 듣고 감동할 수 있는 악기 같은 존재가 되는 것이 나음을 말한 것이다.

멍하니 스스로를 잃어버렸네[735] 窅然自喪

735 멍하니 스스로를 잃어버렸네 : 자신의 존재조차 망각한 상태를 가리킨다. 《장자(莊子)》〈제물론(齊物論)〉에, 남곽자기(南郭子綦)란 사람이 안석에 기대앉아 하늘을 우러러 한숨을 내쉬는데, 멍하니 마치 짝을 잃은 것 같았다. 안성자유(顔成子游)란 사람이 곁에서 모시다가 "무엇을 하고 계십니까. 형체는 본래 마른나무처럼 할 수 있고, 마음은 본래 식은 재처럼 할 수 있는 것입니까?"라고 물으니, 남곽자기가 대답하기를 "언아, 훌륭하구나. 너의 질문이. 지금 나는 내 자신을 잃어버리고 있었는데, 네가 그것을 알았나 보다.〔偃, 不亦善乎? 而問之也. 今者吾喪我, 汝知之乎.〕"라고 한 데서 유래하였다.

요지연부[736]

瑤池宴賦

금천[737]의 서쪽은 해가 지는 곳이라	金天西兮日所入
깊숙한 신령스런 언덕이 황홀하네	閟靈丘兮惝怳
소문은 들었으나 보지 못하였으니	而有聞而莫覩
누가 거기에서 노닐며 완상할 수 있으랴	孰能於焉遊賞
주 목왕이 연회에 참석하였다는 말 들으니	聆周穆之宴集
아득한 상상 속에 내 의심 일으키네	起余疑於遐想
창희[738]의 빛나는 공업을 바탕으로	席蒼姬之赫業
이에 백세의 수명을 누렸네	年有百兮斯享
문왕과 무왕의 법도를 따랐지만	遵文武之軌度
옛 자취에 구속받는 것을 싫어하였네	厭局束於疇曩
천지간의 하루살이 신세를 상심하고[739]	傷蜉蝣於逆旅

736 요지연부(瑤池宴賦) : 주 목왕(周穆王)이 일찍이 선녀인 서왕모(西王母)를 찾아가 요지(瑤池)가에서 함께 연회를 가졌던 일에 대해 읊은 부이다. 요지는 곤륜산(崑崙山) 위에 있는 연못의 이름으로 서왕모가 거처하는 곳이다. 주 목왕이 정사는 돌보지 않은 채 팔준마(八駿馬)가 모는 수레를 타고 천하를 두루 유람하다가 곤륜산 꼭대기의 요지에 이르러, 마침내 서왕모의 빈객(賓客)이 되어 요지 가에서 술잔을 나누었다고 한다. 《列子 周穆王》

737 금천(金天) : 서쪽의 하늘을 말한다. 이백(李白)의 〈상운악(上雲樂)〉에 "금천의 서쪽은 태양이 사라지는 곳이다.〔金天之西, 白日所沒.〕"라고 하였다. 《李太白文集 卷2》

738 창희(蒼姬) : 주(周)나라를 일컫는 말로, 주나라의 성(姓)이 희씨(姬氏)이고 음양오행으로 볼 때는 푸른색 목(木)의 시대이기 때문이다.

항아리 속의 초파리 신세를 탄식했네[740]	歎醯鷄於甕盎
일장춘몽(一場春夢)에서 막 깨고 나니	夢纔警於一春
머리털은 이미 희고 천 길이나 되었네	髮已霜兮千丈
좁은 세상에서 변화에 따라 죽기보다는	將隨化兮促界
차라리 나는 망상[741]으로 돌아가리라	寧余反乎罔象
아득한 곳에 깊은 생각을 치달리고	駕玄思於冥漠
텅 빈 곳에 표일한 흥치를 부쳤네	寓逸致於空曠
삼청[742]의 빼어난 경치 생각해	緬三淸之殊絶
하나의 소원 이루기를 기약하였네	期一願之庶償
시끄러운 구주를 벗어나고	蛻九州之塵囂
어지러운 정무를 사절한 채	謝萬機之擾攘
팔룡[743]을 몰고 달려서	馭八龍而驟驅

739 천지간의……상심하고 : 덧없는 인생을 슬퍼한다는 말이다. 소식(蘇軾)의 〈전적벽부(前赤壁賦)〉에 "천지간에 하루살이처럼 붙어 있다.〔寄蜉蝣於天地.〕"라고 한 데서 온 말이다. 《古文眞寶後集 卷8》

740 항아리……탄식했네 : 좁은 세계에 갇혀 있는 자신의 신세를 한탄한다는 말이다. 공자(孔子)가 일찍이 노담(老聃)을 만나 보고 나와서 안회(顔回)에게 이르기를 "나는 도에 대해서 마치 항아리 속의 초파리 같았다. 부자께서 그 항아리의 덮개를 열어 주지 않았더라면 나는 천지의 위대한 참모습을 모를 뻔하였다.〔丘之於道也, 其猶醯雞與. 微夫子之發吾覆也, 吾不知天地之大全也.〕"라고 한 데서 온 말이다. 《莊子 田子方》

741 망상(罔象) : 상망(象罔)과 같은 말로, 무심(無心)한 경지를 뜻한다. 《장자(莊子)》 〈천지(天地)〉에 "황제(黃帝)가 적수(赤水)의 북쪽을 유람하고 곤륜산(崑崙山)에 올라가 남쪽을 바라보다가 돌아오는 길에 현주(玄珠)를 분실하자, 상망을 보내어 찾아오게 하였다."라고 하였다.

742 삼청(三淸) : 도가에서 말하는 신선이 사는 곳으로 옥청(玉淸), 상청(上淸), 태청(太淸)의 삼부(三府)를 말한다.

천리를 지나 멀리 갔네　歷千里而長往
황홀하게도 신물이 앞에서 지시하니　訝神物之先指
조화옹(造化翁)이 몰래 도와준 듯　若造化之陰相
기쁘게 천상의 신선이 나를 인도하여　忻上眞之我誘
넓게 펼쳐진 큰 길로 안내하였네　啓周道兮有蕩
내가 아침에 기도[744]를 출발하여　朝余發於岐都
저녁에 곤륜산에 다다르니　夕云窮乎崑壤
요지라는 이름의 연못이　瑤以名兮有池
지축을 돌아 넘실대고 있었네　軋坤樞而瀰張
아침에 물가에서 물마시니 옥룡이 고개 숙인 곳이요　朝飮渚兮玉龍垂
저녁에 물가에서 목욕하니 금아[745]가 몸을 씻은 곳이라　暮浴汀兮金鴉盪
새하얀 광채가 흐르니 밝은 거울이 비추는 듯　素彩流兮開朗鑑
가벼운 파도가 걷히니 가는 무명이 쪼그라든 듯　輕濤斂兮蹙纖纊
자동 12루[746]가 빙 둘러있고　環紫洞之十二
선우[747]가 드넓게 잠겨 있네　蘸璇宇而滉瀁

743 팔룡(八龍) : 여덟 마리의 용으로, 주 목왕(周穆王)이 신선을 찾아다닐 때 타고 다녔던 여덟 마리의 준마(駿馬)를 말한다.

744 기도(岐都) : 기산(岐山)의 남쪽으로, 주(周)나라의 도읍지를 말한다.

745 금아(金鴉) : 태양 속에 있다는 세 발 가진 신조(神鳥)인 삼족오(三足烏)로, 금오(金烏)라고도 하는데 태양을 지칭하는 말이다.

746 자동(紫洞) 12루(樓) : 자동은 자하동(紫霞洞)의 준말로 선경(仙境)을 뜻한다. 신선들이 사는 천상의 옥경(玉京)에는 5성(城)과 12루(樓)가 있다고 한다.

747 선우(璇宇) : 신선이 거처하는 곳을 말한다.

삼주[748]의 섬에 기화요초 푸르고　島三珠兮奇卉綠
오색의 물가에 영지 자라누나　洲五色兮靈芝長
겁회가 날려도 빠지지 않고[749]　揚劫灰兮不塹
바다에 먼지가 일어도 문제없으리[750]　海爲塵兮無恙
이곳은 신선이 씻는 곳이니　玆仙侶之所濯洗
어찌 수중 생물이 자랄 수 있으랴　豈鱗介之能蓄養
또 여기에서 멈추어 쉬고　且於焉而止息
잠시 배회하면서 마음껏 노는데　乍容與而跌踼
청조[751]가 날아와서 보고하였네　青鳥翼乎來報

748 삼주(三珠) : 삼주수(三珠樹)의 준말로, 신선이 사는 곳에 자란다는 신령한 나무이다. 《산해경(山海經)》 〈해외남경(海外南經)〉에 "삼주수는 염화(厭火) 북쪽에 있고 적수(赤水) 가에 자라는데, 그 나무가 잣나무와 같고 잎은 모두 진주로 되어 있다.〔三株樹, 在厭火北, 生赤水上. 其爲樹如栢, 葉皆爲珠.〕"라고 하였다.

749 겁회(劫灰)가……않고 : 큰 재앙이 닥쳐도 요지(瑤池)는 신선이 사는 곳이기 때문에 재앙을 입지 않는다는 뜻이다. 겁회는 불가(佛家)의 용어로, 재앙을 뜻한다. 하나의 세계가 끝날 즈음에 겁화(劫火)가 일어나 온 세상을 다 불태운다고 하는데, 한 무제(漢武帝) 때 곤명지(昆明池) 밑바닥에서 검은 재가 나오자, 인도 승려 축법란(竺法蘭)이 "바로 그것이 겁화를 당한 재〔劫灰〕"라고 대답했다는 고사가 전한다. 《高僧傳 卷1 漢洛陽白馬寺 竺法蘭》

750 바다에……문제없으리 : 세상에 큰 변화가 와도 아무 문제가 없다는 뜻이다. 상전벽해(桑田碧海)의 이야기를 원용하여 한 말로, 선녀 마고(麻姑)가 신선 왕방평(王方平)을 만나서, 그동안 동해가 세 번이나 뽕밭으로 변한 것을 봤다고 말하자, 왕방평이 웃으면서 "바닷속에서 다시 티끌이 날리게 될 것이다.〔海中復揚塵也.〕"라고 말했다는 신화 속의 이야기가 전한다. 《神仙傳 卷7 麻姑》

751 청조(青鳥) : 선녀(仙女)인 서왕모(西王母)의 사자(使者)이다. 한 무제(漢武帝)가 7월 7일에 승화전(承華殿)에 있을 때 갑자기 청조 한 마리가 서쪽에서 날아와 전각 앞에 이르렀는데, 무제가 동방삭(東方朔)에게 물었더니 동방삭이 "이것은 서왕모가 오

"왕모께서 왕림하실 것입니다."	曰王母之將枉
은빛 대궐에 상서로운 무지개 걸히자	祥霓霽兮白銀闕
황금빛 패방(牌坊)에 상서로운 태양이 비추었네	瑞日耀兮黃金牓
요대의 향기로운 꿈을 깨고	破瑤臺之香夢
운모로 만든 비단 장막을 젖혔네	排雲母之綉帳
삼각 모양의 봉계로 장식하고	綰三角之鳳髻
칠보 장식의 학창의를 입고서	御七寶之鶴氅
얼룩 기린 멍에 하여 빨리 달리고	斑麟駕兮蹄疾
머리 치든 채색 난새 곁말로 삼았네	彩鸞驂兮頭昂
바람 수레 정돈하여 높이 치달리니	整飆車而高驅
구름 깃발 엄연하게 가벼이 날렸네	儼雲旗之輕颺
홀연 훨훨 날아 내려 와서	忽翩躚而戾止
옥 같은 손을 들고 읍양하였네	抗玉手而揖讓
살결은 빙설에 비길 만하고[752]	肌氷雪之可比
모습은 연꽃도 견주지 못한다네	貌芙蕖之羞況
눈썹에 달을 품은 듯 예쁘게 찡그리고	月藏眉兮嬌顰
눈동자에 별이 들어온 듯 밝게 빛났네	星入眸兮的朗
갖가지 아름다운 빼어난 자태	百嬋娟之秀態
온갖 정숙한 어여쁜 모습을 하고	千窈窕之嫩樣

려는 것입니다.〔此西王母欲來也.〕"라고 대답하였고, 잠시 뒤에 서왕모가 이르렀다고 한다.《漢武故事》

752 살결은……만하고 : 피부가 희다는 뜻이다.《장자(莊子)》〈소요유(逍遙遊)〉에 "막고야산에 신인이 사는데, 살결은 빙설과 같다.〔藐姑射之山, 有神人居焉, 肌膚若氷雪.〕"라고 하였다.

"삼생[753]에 맺은 인연이 있어	曰三生之有緣
고생스럽게 천자께서 멀리서 찾아 오셨군요	勞萬乘兮遠訪
이처럼 성대하게 또한 만났으니	紛亦旣其覯止
어찌 한 번 답답한 회포를 풀지 않겠습니까" 하였네	盍煩襟之一暢
못가에 임하여 옥 대자리 깔고	臨池面兮玉簟肆
하늘 문까지 구슬 자리 펼쳤네	拂天門兮瓊筵敞
옥 나무 떨기에 흰 토끼 매여 있고	絆白兎於琪叢
신선 의장에 황옥[754]이 멈춰 섰네	住黃屋於仙仗
조용히 앉아 가르침 듣고	接謦咳而靜坐
마주보며 정답게 이야기하면서	訓晤語而相向
왕기러기에게 과일을 올리게 하고	俾雁帝而薦果
왕벌에게 명하여 음식 대접하게 하였네	命蜂王而司餉
용의 포를 차린 진수성찬 받들고	奉龍脯之奇膳
봉의 골수로 담근 신령한 술을 따르며	酌鳳髓之靈釀
천년 묵은 복숭아 열매[755]를 따오고	摘千年之桃實
구증[756]의 구기자 장을 올렸네	進九蒸之杞醬

753 삼생(三生) : 전생(前生), 현생(現生), 후생(後生)을 가리키는 불가의 용어이다.

754 황옥(黃屋) : 황색 비단으로 덮개를 한 황제의 수레이다. 여기에서는 서왕모가 타고 온 수레를 가리킨다.

755 천년……열매 : 천도(天桃)라고 한다. 선녀(仙女) 서왕모(西王母)가 가지고 있던 복숭아로 천 년 만에 열매가 익는데, 이를 먹으면 천년을 산다고 한다.

756 구증(九蒸) : 한의학의 대표적인 약재 가공법으로, 구증구쇄(九蒸九曬)라고도 한다. 아홉 번 약재를 찌고 아홉 번 햇볕에 말리는 과정을 되풀이함으로써 약효를 높이는 것이다.

가는 허리 흔드니 고운 춤이 나부끼고	妙舞翻兮飄細腰
번갈아 맑은 노래 하니 엷은 구름 멈추네[757]	纖雲遏兮迭淸唱
예주[758]까지 통하니 단판[759] 소리 쟁그랑하고	蘂珠徹兮檀板鏗
퉁소 격렬하게 부니 용의 울음 웅장하네	簫管激兮龍吟壯
계수나무 꽃 지니 하늘 향기 가득하고	桂花落兮天香滿
온화한 바람 부니 패옥 소리 울리네	和風動兮玉佩響
연못 속의 맑은 기운을 들이키고	納灝氣於潭心
술잔 위의 맑은 광채를 떠 마시네	挹澄光於杯上
형체를 드넓은 우주에 부치고	寄形骸於寥廓
정신을 깨끗한 자연에서 기르며	囿氣魄於蕭爽
세상의 번뇌를 푸른 물결에 씻고	滌世累於滄波
진세의 옷자락을 구름 파도에 씻네	浣塵裾於雲浪
창합[760]에 기대 웃으며 즐기니	倚閶闔而笑傲
취흥이 도도하여 정신이 왕성하였네	騁醉興之神旺
인간 세상의 적소[761]를 굽어보니	瞰下界之積蘇

757 번갈아……멈추네 : 노랫소리가 멋지게 울려 퍼졌다는 말이다. 진(秦)나라의 명창 진청(秦靑)이 노래를 부르자, 가던 구름도 그 소리를 듣고 멈춰 섰다는 '향알행운(響遏行雲)'의 일화가 전한다. 《列子 湯問》

758 예주(蘂珠) : 예주궁(蘂珠宮)으로, 신선들이 산다고 하는 꽃과 구슬로 장식한 궁전이다.

759 단판(檀板) : 악기 이름으로, 노래의 박자를 맞추기 위해 두드리는 박달나무로 만든 판이다.

760 창합(閶闔) : 전설에 나오는 천궁(天宮)의 문이다. 《초사(楚辭)》 〈이소(離騷)〉에 "내가 천제의 문지기로 하여금 관문을 열게 하니, 창합에 기대어 나를 바라보았네.〔吾令帝閽開關兮, 倚閶闔而望予.〕"라고 하였다.

홀연 아득한 곳에 버려진 듯하였네	忽若遺乎坱莽
백성들 돌볼 것 없고	謂萬姓之不可字
천하에 왕 노릇 할 것 없다 하여	而四海之不足王
옛 자취에 얽매인 것을 후회하고	悔桎梏於疇昔
분양에서 멍하니 천하를 잊으려 하였네[762]	擬汾陽之窅然喪
신선이 된 듯 너울너울 춤추느라	託仙袂而婆娑
구묘[763]에 울창주 올리는 것도 잊었네	忘九廟之薦鬯
즐거움을 만끽하지 못했는데	而講歡之未洽
희어가 홀연 서쪽으로 숨어버렸네[764]	羲御忽以西藏
일찍이 더러운 창자를 씻지 못했는데	曾未澇夫穢腸
어떻게 오래도록 함께 지낼 수 있겠나	安得久與之偃仰
함께 노는 사이에 도끼 자루 홀연 썩으니[765]	柯忽爛於從遊

761 적소(積蘇) : 쌓아 놓은 땔나무를 말한다. 주 목왕(周穆王)이 일찍이 도사(道士)를 따라 천상(天上)에서 노닐 적에 인간세계를 내려다보니, 그 궁궐과 정자들이 마치 포개 놓은 흙덩이나 쌓아 놓은 땔나무〔累塊積蘇〕처럼 보였다는 고사에서 온 말이다. 《列子 周穆王》

762 분양(汾陽)에서……하였네 : 분양은 분수(汾水)의 북쪽인데, 요지(瑤池)를 비유한 말이다. 《장자(莊子)》 〈소요유(逍遙遊)〉에 "요 임금은 천하의 백성들을 다스리고, 천하의 정사를 안정시키고서 막고야산으로 가서 네 신인을 본 다음, 분수 북쪽에 가서 그만 멍하니 천하를 잊어버렸다.〔堯治天下之民, 平海內之政, 往見四子, 藐姑射之山, 汾水之陽, 窅然喪其天下焉.〕"라고 하였다.

763 구묘(九廟) : 천자의 종묘(宗廟)로, 태조와 이종(二宗)과 삼소(三昭)와 삼목(三穆)을 합한 것이다.

764 희어(羲御)가……숨어버렸네 : 시간이 빨리 흘러 해가 졌다는 말이다. 희어는 희화(羲和)가 모는 수레라는 뜻으로, 태양을 말한다.

765 도끼……썩으니 : 시간이 빨리 흘러감을 비유한 말이다. 진(晉)나라 때 왕질(王質)

문득 수레바퀴 돌려 동쪽에 이르렀네 奄回輪之東放
옥 같은 얼굴과의 이별을 상심하여 傷玉顔之一別
머뭇머뭇 돌아보며 서쪽을 바라보았네 眷踽顧兮西望
선계와 속계가 연무에 막히니 仙凡隔兮煙霧
아득해라 몇 겹의 푸른 산인가 迷邈幾重之青嶂
신령한 곳의 즐거운 모임 생각하니 思靈區之好會
황홀하여 멍하니 망연자실한 듯 恍如失兮惘惘
양쪽 겨드랑이에 날개 돋지 못함을 탄식하고 嗟兩腋之未羽
야생마가 진세의 그물에 걸림을 슬퍼하였네 悼野馬之塵網
조화의 화로[766]는 어떻게 할 수 없어 造化鑪之無奈何
신선의 기상을 지니려 하였는데 處神仙之氣像
나무 하나에 넋을 거두고 보니[767] 暨斂魂於一木
전날이 허망함을 더욱 알겠어라 益驗夫前日之虛妄
아 너 선조의 성덕은 噫乃祖之聖德
방책에 밝게 실려 있으니 在方冊其昭亮

이 나무를 하러 석실산(石室山)에 들어갔다가 동자(童子) 두어 사람이 바둑을 두며 노래하는 것을 구경하고 있었는데, 이윽고 동자가 왕질에게 말하기를 "네 도끼 자루가 이미 다 썩어 버렸나.〔汝斧柯爛矣.〕"라고 하므로, 왕질이 일어나서 보니 과연 자기의 도끼 자루가 이미 다 썩어 버렸다는 고사에서 온 말이다. 《述異記 卷上》

766 조화의 화로 : 천지의 조화를 비유하는 말이다. 257쪽 주 587) 참조.

767 나무……보니 : 죽음을 의미하는 말이다. 강엄(江淹)의 〈한부(恨賦)〉에 "평원을 바라보니 덩굴풀이 해골을 휘감고 무덤의 나무가 넋을 거두누나. 인생이 이 지경에 이르렀으니 천도를 어찌 논하리오.〔試望平原, 蔓草縈骨, 拱木斂魂. 人生到此, 天道寧論.〕"라고 하였다. 《文選 卷16》

왕께서 영소에 계심을 읊고 詠王在乎靈沼
백성들과 함께 즐김을 본받아야 하리[768] 民共樂兮是尙
마땅히 후손은 삼가고 두려워하여 宜後嗣之惕厲
선조의 행실을 따라 힘써야 하는데 率先行而勉强
어찌하여 사도(邪道)에 뜻을 두고 何役志於左道
이를 생각하지 않아 스스로 광인이 되었단 말인가[769] 罔念玆而自誑
가까운 데서 구하지 않고 먼 데 있는 것을 흠모하여 不邇求而遠慕
스스로 허망한 데에 빠졌구나 而自惑於誕謏
요지에서 연회를 베푼 하나의 이야기가 宴瑤池之一說兮
신선을 모방하는 효시가 되었네 作嚆矢於傚倣
진은 약초 캐기 위해 동자를 보내고[770] 秦採藥而遣童
한은 이슬 받기 위해 손바닥을 세웠으나[771] 漢承露而竪掌

768 왕께서……하리 : 선조(先朝)인 주 문왕(周文王)의 덕화(德化)를 본받아야 한다는 말이다. 《시경》 〈영대(靈臺)〉에 문왕의 덕을 칭송하면서 "왕이 영소에 계시니, 아 고기들이 가득히 뛰놀도다.〔王在靈沼, 於牣魚躍.〕"라고 하였는데, 맹자(孟子)가 이 구절을 인용하여 "옛 사람이 백성들과 함께 즐겼기 때문에 이러한 것을 즐길 수 있었다.〔古之人, 與民偕樂, 故能樂也.〕"라고 하였다. 《孟子 梁惠王上》

769 이를……말인가 : 주 목왕(周穆王)이 생각을 잘못하여 광인이 되었다는 말이다. 《서경》 〈다방(多方)〉에 "성인이라도 생각하지 않으면 광인이 되고 광인이라도 생각할 수 있으면 성인이 된다.〔惟聖, 罔念作狂. 惟狂, 克念作聖.〕"라고 하였다.

770 진(秦)은……보내고 : 진 시황(秦始皇)이 서복(徐福)에게 명하여 동해의 삼신산(三神山)으로 가 불로초를 캐 오라고 하면서 동남동녀(童男童女) 삼천 명을 보냈다. 《史記 秦始皇本紀》

771 한(漢)은……세웠으나 : 한 무제(漢武帝)가 신선술에 미혹되어 감로(甘露)를 받아 마셔 수명을 연장시키고자 하여 건장궁(建章宮)에 신명대(神明臺)를 세우고 동으로 선인의 손바닥 모양을 만들어 세워 동반(銅盤)을 떠받치고서 감로를 받게 하였다. 《漢書

부안(鳧鴈)은 여산의 수은 바다에 갈무리하고[772]	雁蟄驪山之銀海
반딧불은 무릉의 숙망 위를 날았네[773]	螢飛茂陵之宿莽
당제의 은빛 다리 부질없이 전하는데	唐帝之銀橋謾傳
도사의 월궁을 어찌 믿겠는가[774]	道君之月宮何諒
오직 신선을 좋아하는 한 가지 일은	惟好仙之一事兮
모두 네가 처음으로 창도한 것이라	莫非爾之始倡
설령 마술을 부려 하늘을 난들	縱有假術而凌虛兮
결국 누가 세속의 모습을 면하랴	竟孰免塵容俗狀
내가 만세의 미혹을 경계하려고	余將戒萬世之蠱惑
너희 조손에 대해	於爾祖孫乎
엄히 포폄(褒貶)하노라	聿嚴其貶獎

郊祀志上》

772 부안(鳧鴈)은……갈무리하고 : 부안은 물오리이고, 여산은 진 시황(秦始皇)의 무덤이 있는 곳을 말한다. 《사기(史記)》〈진시황본기(秦始皇本紀)〉와 《한서(漢書)》〈초원왕전(楚元王傳)〉에 의하면, 진 시황을 여산(驪山)에 장사 지낼 적에 수은(水銀)으로 강해(江海)를 만들고, 황금으로 부안(鳧雁)을 만들어 온갖 기기(奇器)와 진괴(珍怪)한 것들을 갈무리했다고 한다.

773 반딧불은……날았네 : 신선이 되어 상생불사하기를 길망하였으나 결국 보통 사람과 마찬가지로 죽어서 쓸쓸한 무덤만이 남아 있다는 말이다. 무릉(茂陵)은 한 무제(漢武帝)의 무덤이 있는 곳을 말하고, 숙망(宿莽)은 무덤 위에 난 풀을 가리킨다.

774 당제(唐帝)의……믿겠는가 : 당제는 당 현종(唐玄宗)이다. 당(唐)나라 도사(道士) 나공원(羅公遠)이 중추절에 계수나무 한 가지를 공중에 던져 은빛 다리〔銀橋〕를 만들어 현종과 함께 월궁(月宮)에 올라 선녀들의 춤을 구경하고 〈예상우의곡(霓裳羽衣曲)〉을 듣고 돌아왔다고 한다. 《說郛》

군중기서루부[775]

軍中起書樓賦

내가 예전에 남의 군대를 위해 도모해 주는 자[776]를 찾아보니 余嘗求謀人之師者
문무(文武)를 병용하는 좋은 계책 없었네 失竝用之長策
양석궁(兩石弓)은 다투어 당기지만 弓兩石之爭挽
정자(丁字) 하나를 어찌 알겠는가[777] 字一丁之寧識
그런데 어찌 군중에 누각이 있단 말인가 夫何軍中之有樓兮
서루라고 부르는 것이 유독 이상하구나 號以書之其獨異乎哉

775 군중기서루부(軍中起書樓賦) : 군중(軍中)에 서루(書樓)를 일으킨 것에 대해 읊은 부로, 당(唐)나라 위박 절도사(魏博節度使) 전홍정(田弘正, 746~821)의 고사를 원용한 것이다. 전홍정은 전대(前代)의 충효(忠孝)에 관한 일과 공로를 세운 일에 대해 듣기를 좋아하여 관사(官舍)에 서루(書樓)를 일으켜 만여 권의 책을 모으고, 정무를 보는 여가에 빈좌(賓佐)들과 고금의 언행과 득실에 대해 강론하였다. 유서(儒書)를 매우 좋아하였는데, 특히 《사기(史記)》, 《좌전(左傳)》, 국사(國史)에 통달하여 그 대략을 알았다고 한다. 《舊唐書 田弘正列傳》

776 남의……자 : 군대의 장수를 말한다. 《예기》 〈단궁 상(檀弓上)〉에 "남의 군대를 위하여 도모해 주다가 패하면 죽어야 하며, 남의 나라와 고을을 위하여 도모해 주다가 위태로우면 망해야 한다.〔謀人之軍師, 敗則死之, 謀人之邦邑, 危則亡之.〕"라고 하였다.

777 양석궁(兩石弓)은……알겠는가 : 무략(武略)은 뛰어나나 문식(文識)은 부족하다는 말이다. 양석궁은 두 섬의 무게가 나가는 강한 활이다. 《구당서(舊唐書)》 〈장홍정전(張弘靖傳)〉에 "이제 천하가 태평하여 일이 없으니 너희들은 양석궁을 당기기보다는 정(丁) 자 하나를 아는 것이 더 나을 것이다.〔天下無事, 而輩挽兩石弓, 不如識一丁字.〕"라고 한 데서 유래하였다.

적잖은 국가의 흥망을　　不淺之興替
여기에서 강습하면서 보고 익혔다네　　玩肆於講習
굳세고 굳센 전공[778]이여　　惟暨暨之田公
사람들이 평소 그 위엄과 명망에 탄복하였네　　衆素服其威名
육주를 들어 가장 먼저 대의를 주창하여　　擧六州而首義
국가의 옛 영토를 회복하였네[779]　　復邦家之舊經
누대토록 날뛰고 버티는 풍습을 바꾸어　　革屢世之狂牽
당대에 정성을 다 바쳤네　　效一代之誠慤
큰 공적 드러내어 천자께 사랑 받아　　顯丕績而媚茲
삼석의 은명(恩命)을 하사 받았네[780]　　紆寵命於三錫

778 전공(田公) : 전홍정(田弘正)을 말한다.

779 육주(六州)를……회복하였네 : 당 헌종(唐憲宗) 때 전홍정(田弘正)의 종부(從父)인 승사(承嗣)의 증손 회간(懷諫)이 자기 증조부의 절도사(節度使)를 승습받았으나 나이가 어리므로 그의 사노(私奴)인 장사칙(蔣士則)이 모든 정무를 전단하였다. 전홍정이 병마사(兵馬使)가 되어 장사칙을 죽이고 위(魏), 박(博), 상(相), 위(衛), 패(貝), 단(澶) 등 육주의 곡식 수입을 모두 적어서 헌종에게 바치고 관리되기를 청하자 헌종이 그를 가상히 여겨 위박 절도사(魏博節度使)에 제수하였다. 한유(韓愈)의 〈평회서비(平淮西碑)〉에 "이미 오(吳)지방과 촉(蜀)지방의 반란자들을 목베고 곧바로 산동(山東) 지방을 취하니, 위주(魏州) 장수 전홍정이 가장 먼저 대의를 주창하여 육주가 항복하여 복종하였다.〔旣斬吳蜀, 旋取山東, 魏將首義, 六州降從.〕"라고 하였다. 《舊唐書 田弘正列傳》《古文眞寶後集 卷3》

780 큰……받았네 : 전홍정(田弘正)이 육주(六州)를 바친 공로로 위박 절도사(魏博節度使)에 제수된 것을 말한다. 삼석은 세 차례 은명(恩命)을 내리는 것으로, 매우 총애하고 예우하는 것을 말한다. 《주역》〈사괘(師卦) 구이(九二)〉의 효사에 "군진(軍陣)에서 중도를 행함에 길하고 허물이 없는지라, 임금이 세 차례나 은명(恩命)을 내리도다.〔在師中吉, 無咎, 王三錫命.〕"라고 하였다.

이에 사업을 수립하기를	爰事業之樹立
붓을 던지는 데서 시작하였네[781]	乃權輿乎投筆
힘은 말을 달리기에 부족하였고	力未遑於馳騁
공부는 두루 섭렵하지 못하였네	功卽虧於涉獵
겨루기만 하는 습관에 얽매이고	狃氣習於頡頏
엉성하고 좁은 견문에 국한되었는데	局聞見於麤疏
계책 운용하고 책략 결정하는 것이	認運籌與決策
바로 시서의 남은 가르침임을 알았네	乃緖餘乎詩書
의당 선현의 말씀 널리 상고하여	宜博考於前言
자신의 행실이 미혹되지 않기를 바랐는데	庶余行之不迷
입으로 읊조리며 몽매함을 깨우치니	諷於口而發蒙
참으로 눈꺼풀 제거하는 금비였네[782]	信刮眼之金鎞
돌아보건대 그 공부가 전일하여	顧厥治之有專

781 붓을……시작하였지만 : 무과(武科)로 입신(立身)하였다는 말이다. 후한(後漢)의 반초가 붓을 잡고 베껴 쓰는 일을 하며 모친을 봉양하다가 "대장부(大丈夫)가 별다른 지략(志略)이 없으면 부개자(傅介子)나 장건(張騫)처럼 이역(異域)에 나가 공을 세워 제후(諸侯)가 되어야 마땅하지, 어찌 오래도록 붓만 잡고 있겠는가.〔大丈夫無他志略, 猶當效傅介子張騫, 立功異域, 以取封侯, 安能久事筆硏閒乎?〕"라고 하면서, 마침내 붓을 던지고 서역(西域)에 사신으로 나가 큰 공을 세워 정원후(定遠侯)에 봉해졌다.《後漢書 班超列傳》

782 눈꺼풀 제거하는 금비(金鎞)였네 : 시서의 가르침이 자신의 무지를 깨우쳤다는 말이다. 금비는 불가(佛家)에서 말하는 금 칼을 가리키는데, 중생들의 눈을 가리고 있는 무지(無智)의 막(膜)을 금 칼로써 제거해 준다는 데서 온 말이다. 맹인의 뒤덮인 눈꺼풀을 의사가 쇠칼로 떼어 내 벗겨 주자, 맹인이 다시 광명을 되찾게 되었다는 금비괄목(金鎞刮目)의 고사가 있다.《涅槃經 卷8》

많은 비방에도 생각이 흔들리지 않았네	思不撓於衆咻
그리하여 군중 안의 빈 땅을 살펴	相隙地兮軍之中
문득 높은 누각 축조했네	奄侖奐之危樓
사업을 성취하려고 하면	要以成夫其事業
자리를 옮기지 않아야 하는 법	不遷於居肆
업후(鄴侯)의 삼만축(三萬軸)을 여기에 보관하고	鄴萬軸兮斯藏
혜시(惠施)의 오거서(五車書)를 이곳에 갖추었네[783]	惠五車兮具此
분음에서 잃어버린 책 상자 수습하고	拾亡篋於汾陰
급총에서 타다 남은 죽간 발굴하였으니[784]	抽燼簡於汲塚
어찌 구절을 따다 쓰기만 하리오	豈徒事夫尋摘
장차 가져다 공부하는 데 이용하려고 하였네	將以資乎取用

783 업후(鄴侯)의……갖추었네 : 업후는 당 덕종(唐德宗) 연간에 업현후(鄴縣侯)에 봉해진 이필(李泌)을 가리키고, 삼만축(三萬軸)은 곧 3만 두루마리란 뜻으로 많은 장서(藏書)를 이른다. 한유의 〈송제갈각왕수주독서(送諸葛覺往隨州讀書)〉에 "업후의 집에는 서책이 많아서, 서가에 삼만 두루마리가 꽂혀 있다.〔鄴侯家多書, 架插三萬軸.〕"라고 하였다.《韓昌黎集 卷7》 혜시(惠施)는 장자의 친구를 가리키고, 오거서(五車書)는 곧 다섯 수레에 실을 만큼의 책이란 뜻으로, 많은 책을 이른다.《장자》〈천하(天下)〉에 "혜시의 학문은 다방면에 걸쳐 있어서 그 저서가 다섯 수레에 실을 정도이다.〔惠施多方, 其書五車.〕"라고 하였다.

784 분음(汾陰)에서……발굴하였으니 : 옛 서적들을 서루(書樓)에 많이 모아 보관하였다는 말이다. 한 무제(漢武帝)가 하동군(河東郡) 분음현(汾陰縣)으로 행차할 때에 잃어버린 세 상자의 글을 장안세(張安世)만이 기억하였다는 고사가 있다.《漢書 張湯傳》 급총(汲塚)은 진(晉)나라 태강(太康) 2년(281)에 급군(汲郡) 사람 부준(不準)이 도굴한 전국시대 위 양왕(魏襄王)의 무덤인데, 이 무덤에서 선진(先秦)의 과두문자(蝌蚪文字)로 기록된 죽간(竹簡)의 고서(古書) 75편을 얻었다. 이를《급총서(汲冢書)》라고 한다.《晉書 束晳列傳》

때때로 군무를 보는 여가나	時戎武之間隙
바쁜 업무 잠시 사절하고서	謝簿領之倥偬
많은 빈료들을 불러다가	速濟濟之賓僚
질서정연한 강연 자리 열었네	開秩秩之講筵
옛 성왕 시절을 거슬러 올라가고	遡洄乎皇王之際
진한 이전의 일을 토론하며	討論乎秦漢之前
백가의 글을 널리 섭렵하고	汎濫乎百家之語
제자의 책을 두루 보았네	周觀乎諸子之編
선철의 훌륭한 가르침을 받들고	奉嘉訓於先哲
현인들의 심오한 뜻을 모았네	摭奥旨於群賢
국가의 치란을 저울대로 헤아리고	酌治亂於衡錘
국가의 성패를 밝은 거울로 증명하며	證成敗於龜鑑
크고 작은 이치를 숫자로 계산하듯 하고	數以計乎巨細
심오한 이치를 촛불로 비춰보듯 하였네[785]	燭以照乎幽闇
가슴으로 헤아려 시비를 따지고	胸摩揣而是非
마음으로 의심하여 생각하고 분변하였네	腹疑難而思辨
악을 두렵게 여겨 징계하였고	惡可懼而宜創
선을 흠모하여 권면할 줄 알았네	善斯欽而知勉
누각에서 글 읽노라니	誦咿啞之一樓

785 크고……하였네 : 이치를 논함이 정밀하다는 말이다. 한유(韓愈)의 〈송석홍처사서(送石洪處士序)〉에, 하양군절도사(河陽軍節度使) 오중윤(烏重胤)이 선비를 추천하라고 하자 종사관(從事官)이 석홍(石洪)은 고금의 이치 등에 대해 "마치 촛불로 비춰보고 숫자로 계산하여 거북점으로 치는 것과 같다.〔若燭照數計而龜卜也.〕"라고 하면서 추천하였다. 《韓昌黎集 卷5》

방촌 가운데 만고불변의 마음이라	方寸中之萬古
소뿔에 걸고 읽는 것이 어찌 상세하겠는가[786]	挂牛角者何詳
누워서 듣는 것이 잘못 이해될 수도 있네	臥而聽者或誤
오하의 아몽이 아니나[787]	非吳下之阿蒙
책을 의지하면 어찌 성취 못하랴	豈藉也之不成
무인도 오히려 그러한데	武人也而尙然
신실한 서생에 있어서랴	恂恂乎一書生
문무겸비한 사람을 칭찬한	褒文武之兩有
태사의 말씀이 마땅하도다	宜太史之云云
만방의 본보기가 된 길보[788]	憲萬邦之吉甫
이후로 천년 뒤까지 알려진 사람 없었는데	後千載而無聞
누가 알았으랴 거의 비슷한 사람이	誰知庶幾乎其人兮

786 소뿔에……상세하겠는가 : 바르게 앉아서 책을 읽지 않으면 상세히 알 수 없다는 뜻이다. 당(唐)나라의 이밀(李密)이 구산(緱山)에 있는 포개(包愷)를 찾아가면서 소뿔에 《한서(漢書)》 한 질(帙)을 걸어 둔 채 소를 타고 가면서 한 손으로는 고삐를 잡고 한 손으로는 책장을 넘기며 읽었다고 한다. 《新唐書 李密列傳》

787 오하(吳下)의 아몽(阿蒙)이 아니나 : 독서하여 괄목상대(刮目相對)할 만한 정도의 수준에는 이르지 않았다는 말이다. 오하의 아몽은 삼국시대 오(吳)나라 여몽(呂蒙)을 가리킨다. 여몽이 군무(軍務)에만 종사하다 손권(孫權)의 권유로 열심히 독서하여 노사숙유(老士宿儒)보다 나을 정도의 학식을 쌓았다. 노숙(魯肅)이 도독(都督)으로 와서 여몽과 담론해 보고는 "이미 예전 오나라의 아몽(阿蒙)이 아니도다.〔非復阿蒙.〕"라고 한 데서 온 말이다. 《三國志 吳書 呂蒙傳注》

788 만방의……길보(吉甫) : 길보는 주 선왕(周宣王) 때 북벌(北伐)을 담당한 장군 윤길보(尹吉甫)를 가리킨다. 《시경》 〈유월(六月)〉에 "문무를 겸비한 길보여, 만방의 본보기가 되리로다.〔文武吉甫, 萬邦爲憲.〕"라고 하였다.

하북의 번진(藩鎭)에서 나올 줄을	出河北之列藩
종사는 사납게 굴어 목이 잘리고[789]	從事狠而斧吭
유벽은 반란을 일으켜 머리를 잃었네[790]	劉闢悖而喪元
모두 분분하게 멸망을 자초하였으니	般紛紛自取顚覆兮
과연 독서를 잘한 사람이 있었던가	果能有讀書人否
천도는 가득차면 허물고 겸손하면 복을 주니[791]	天道虧盈而益謙
하늘이 두터이 베풀어 준 은혜 누리는 게 마땅한데	享厥施之宜厚
결국 그 끝을 보장하지 못하였으니[792]	竟莫保乎其終
이 누각의 불우함을 한탄하도다	歎斯樓之不遇

789 종사는……잘리고 : 종사는 장사칙(蔣士則)을 가리키는 듯하다. 장사칙이 모든 정무를 전단하자, 전홍정이 참수하였다. 341쪽 주 779) 참조.

790 유벽(劉闢)은……잃었네 : 당 헌종(唐憲宗) 때에 서천 절도사(西川節度使) 유벽이 반란을 일으키자 고숭문(高崇文)이 토벌하여 유벽을 참수하였다. 《新唐書 劉闢列傳》

791 천도(天道)는……주니 : 교만하지 말고 겸손해야 함을 말한 것이다.《주역》〈겸괘(謙卦) 단사(彖辭)〉에 "천도는 가득 차면 허물고 겸손하면 복을 준다.〔天道虧盈而益謙.〕"라고 하였다.

792 결국……못하였으니 : 전홍정이 서책을 좋아하여 겸손하였지만 제 수명대로 살지 못하고 죽었다는 말이다. 당 목종(唐穆宗) 때 진주(鎭州)에 난이 일어나서 성덕군 절도사(成德軍節度使) 전홍정이 진인(鎭人)과 싸웠는데, 그때 왕정주(王廷湊)가 민중을 선동하여 전홍정을 죽였다. 《新唐書 卷176》

형곡부[793]

硎谷賦

구불구불한 저 들판을 따라	率彼野之邐迤兮
나는 석양 속에 말을 타고 갔네	步余馬於斜日
여산(驪山)과 위수(渭水)의 북쪽	驪之陰兮渭之陽
형이라는 이름의 골짜기는 어떤 골짜기인가	硎以名者何谷
진나라 유자가 생매장 당한 곳으로	曰秦儒之攸坑兮
원통하게 구덩이 하나에 사백 명을 묻은 곳이라오	冤四百於一窖
생각건대 정[794]의 정치는	緬政也之爲政
성질이 억세고 편협하여 자신만 옳다 여기고	性剛偏而自用
예의를 버리고 공로만을 높여	棄禮義而尙功兮
사지를 굴려 백성들을 다스렸네	騁私智而禦衆
여섯 왕 위협하여 제압하고[795]	喝六王而西膝兮

793 형곡부(硎谷賦) : 형곡에 대해 읊은 부(賦)로, 진 시황(秦始皇)의 고사를 원용한 것이다. 진 시황이 고문(古文)을 바꾸어 전서(篆書)와 예서(隸書)로 만드는 문자 개혁을 단행하자, 사람들이 이를 비방하였다. 그래서 이들을 없애기 위해 비밀리에 명령을 내려 겨울에 여산(驪山)의 형곡(硎谷) 속 따뜻한 곳에 오이를 심게 해서 오이가 열매를 맺자, 어떤 사람에게 '오이가 겨울에 열매를 맺었다.〔瓜冬有實〕'라는 글을 올리게 하고, 천하의 박사(博士)와 제생(諸生)에게 이에 대해 말하게 하였는데 의견이 각기 달랐다. 그래서 직접 가서 살펴보게 하였는데, 이에 앞서 덫을 설치해 두었다가 제생이 논란할 때에 덫을 당겨 구덩이에 떨어뜨리고 흙으로 덮어 모두 죽였다. 《尙書注疏 尙書序》

794 정(政) : 진 시황의 이름이다.

795 여섯……제압하고 : 여섯 왕은 제(齊), 초(楚), 연(燕), 한(韓), 조(趙), 위(魏)나라

곧바로 제멋대로 황제가 되어　即肆然而爲帝
채찍 하나로 천하를 모니　驅天下於一鞭
귤과 유자의 동산이며 생선과 소금의 바다까지 미쳤네[796]
橘柚園兮魚鹽海
삼황오제의 덕을 스스로 겸비하고　德自兼於皇王
공로 또한 전대에 없던 것이라 하여　功亦蔑乎往代
교만하게 좌건하고 외역하면서[797]　蹇左建而外易
성인이 남긴 제도를 없애버렸네　滅聖人之遺制

의 왕이다. 진(秦)나라까지 합하여 전국 칠웅(戰國七雄)이었는데, 진나라의 세력이 강해져 여섯 나라를 제압하였다. 원문의 '서슬(西膝)'은 서쪽 진나라의 위엄에 굴복하여 무릎으로 긴다는 말이다. 남조(南朝) 양(梁)나라 강엄(江淹)의 〈한부(恨賦)〉에 "진나라 황제가 검을 잡으니 제후들이 서쪽으로 달려왔다.〔秦帝按劍, 諸侯西馳.〕"라고 하였고, 왕한(王翰)의 〈고장성음(古長城吟)〉에 "옛날 진시황이 검을 잡고 일어서니 제후들이 무릎으로 기며 감히 바라보지 못했다.〔當昔秦王按劍起, 諸侯膝行不敢視.〕"라고 하였다. 《文選 卷16》《古文眞寶前集 卷12》

796 귤과……미쳤네 : 진(秦)나라의 세력이 천하에 미쳤다는 말이다. 귤과 유자의 동산은 남쪽의 월(越)나라를 가리키고, 생선과 소금의 바다는 동쪽의 제(齊)나라를 가리킨다. 《술이기(述異記)》 권상(卷上)에 "월 지방 사람들은 귤과 유자의 동산이 많아서 해마다 귤세를 내므로, 이들을 등귤호라 한다.〔越人多橘柚園, 歲出橘稅, 謂橙橘戶.〕"라고 하였고, 또 예로부터 산동(山東) 지방의 제나라는 생선과 소금 등 해산물이 풍부하기로 유명하여 '어염지지(魚鹽之地)'로 일컬어져 왔다. 《史記 齊太公世家》

797 좌건(左建)하고 외역(外易)하면서 : 정당하지 않은 방법으로 권위를 세우고 법도를 고치어 바꾼다는 말이다. 《사기(史記)》〈상군열전(商君列傳)〉에 "지금 군(君)께서 좌건(左建)하고 외역(外易)하는 것은 가르침이 될 수 있는 바가 아닙니다.〔今君又左建外易, 非所以爲敎也.〕"라고 하였는데, 《사기색은(史記索隱)》에 "좌건(左建)은 그릇된 방법으로 권위를 세우는 것이고, 외역은 군주의 명령을 밖에서 고치어 바꾸는 것이다.〔左建謂以左道建立威權也, 外易謂在外革易君命也.〕"라고 하였다.

책을 불살라 백성을 어리석게 만들고	愚黔首於灰書
법을 준엄하게 세워 백성의 입에 재갈 물리고서	箝萬口於峻法
눈을 부릅뜨고 흘겨보니	而有目之睽睽兮
누가 예구에서 놀 수 있겠는가[798]	孰能遊乎羿彀
포악함으로 거느리자 백성들이 따랐지만[799]	率以暴而民從
유자만은 잘못된 정치를 따르지 않고	儒也獨不詭隨
수사의 남은 물결 어루만지며[800]	撫洙泗之餘波兮
사문이 무너져버린 것을 애통하였네	痛斯文之旣夷
은미한 뜻을 품고 크게 말했지만	抱微志而嘐嘐
바로잡을 방법이 없었네	顧無術而匡之
부질없이 마음으로 비난하고 폄하하였지만	謾心非而腹貶
비린의 위기를 밟았네[801]	蹈批鱗之危機

798 누가……있겠는가 : 형벌의 표적에서 자유로울 수 없다는 말이다. 예구(羿彀)는 활을 잘 쏘는 예의 사정거리에 있다는 뜻으로, 《장자》〈덕충부(德充符)〉에 "명사수인 예(羿)의 사정거리 안에서 노니는 자 가운데 중앙에 선 자는 적중되기에 꼭 알맞다.〔遊於羿之彀中, 中央者中地也〕"라고 하였다.

799 포악함으로……따랐지만 : 진 시황(秦始皇)의 포악한 정치를 따라 백성들이 포악하게 되었다는 말이다. 《대학장구》 전 9장에 "요순(堯舜)이 천하를 인(仁)으로 통솔하자 백성들이 그를 따랐고, 걸주(桀紂)가 천하를 포악함으로 통솔하자 백성들이 그를 따랐다.〔堯舜帥天下以仁, 而民從之, 桀紂帥天下以暴, 而民從之.〕"라고 하였다.

800 수사(洙泗)의……어루만지면서 : 공자가 남긴 가르침을 공부한다는 말이다. 수사는 중국 산동성(山東省) 곡부(曲阜)를 지나는 두 개의 강물인 수수(洙水)와 사수(泗水)를 이르는 말로, 이곳이 공자의 고향과 가깝고 또 그 강물 사이의 지역에서 제자들을 가르쳤기 때문에 보통 공자나 유가(儒家)의 학문을 뜻한다.

801 비린(批鱗)의 위기를 밟았네 : 진 시황(秦始皇)에게 간하였다가 노여움을 샀다는 말이다. 비린(批鱗)은 용의 수염을 건드린다는 뜻으로, 용의 턱 밑에 거꾸로 난 비늘이

이미 하는 바가 서로 맞지 않는데	旣所爲之相背兮
하물며 그 말이 황제의 뜻을 거스름에랴	矧其言之忤意
옛일로 지금의 일 비난함을 미워하여	憎以古而非今
"너희들이 감히 나를 비방하느냐?" 하였네	曰爾敢乎我議
이들을 제재할 법을 만들어	繩此輩之有法兮
정확도 오히려 가볍다고 여겼네[802]	謂鼎鑊之猶輕
저 형곡을 바라보니	瞻彼硎之一谷
장평에서의 일[803]을 대신할 만하네	事可攝於長平
병졸을 생매장한 일을	將坑卒之擧措
찬란한 우리 무리[804]에게 시행하고	施斐然之吾黨
장자의 간언[805]을 듣지 않고	咈長子之有言

있는데 이를 건드리면 용이 노하여 건드린 자를 죽인다고 한다.《韓非子 說難》

802 정확(鼎鑊)도……여겼네 : 사람을 무자비하게 살상(殺傷)하였다는 말이다. 정확은 전국시대에 죄인을 삶아 죽이던 형구(刑具)로, 큰 형벌을 받는 것을 비유하는 말로 쓰인다. 소식(蘇軾)의《유후론(留侯論)》에 "사람을 칼로 베거나〔刀鉅〕 솥에 삶아 죽임〔鼎鑊〕으로써 천하의 선비를 대하였다."라고 하였다.《東破全集 卷43》

803 장평(長平)에서의 일 : 장평은 전국시대 진(秦)나라 백기(白起)가 조(趙)나라 조괄(趙括)의 군사를 대파하고 항졸(降卒) 40여만 명을 땅에 파묻어 죽인 곳이다.《史記 趙世家》

804 찬란한 우리 무리 : 유자(儒者)를 말한다. 공자가 "우리 무리 젊은이들이 뜻은 크나 일에는 소략하여 찬란히 문장을 이루었을 뿐 그것을 마름질할 줄 모르도다.〔吾黨之小子狂簡, 斐然成章, 不知所以裁之.〕"라고 한 데서 온 말이다.《論語 公冶長》

805 장자(長子)의 간언 : 장자는 부소(扶蘇)를 가리킨다. 진 시황(秦始皇) 35년에 460명의 유생을 함양(咸陽)에서 생매장하여 죽이고 더 많은 사람들을 변경으로 유배시키자, 진 시황의 장자 부소가 간언하여, 유생들이 공자를 암송하며 받들고 있는데 황제께서 엄한 법으로 처벌하면 천하가 불안해질 것이라고 말하였다. 이에 진 시황은 노여워하여

무고한 식자들을 죄로 얽었네　搆有識於無妄
수백 명을 줄줄이 꾀어서　誘數百之其麗
한 곳에 매장하여 대노를 풀었네　快盛怒於一塡
구덩이에 임해서 두려움에 떨었으나　臨其穴而惴惴
하늘에 하소연할 수 없었네　無可扣之蒼天
하늘은 아득하여 대낮에도 어두우니　天茫茫兮白日昏
시름에 찬 기상이 역력하구나　劃氣像之愁慽
슬프도다 성인의 무리여　哀聖人之其徒兮
재앙이 이렇게도 혹독하였네　禍若是其太酷
우리 유자가 유자인 이유를 살펴보면　迹吾儒之爲儒兮
나라에 원기를 일으켰기 때문이라　作元氣於邦國
혹 수신정심(修身正心)하고 격물치지(格物致知)하며　或修正而格致
경국제세의 훌륭한 계책을 쌓으며　蘊經濟之奇策
혹 주공과 공자의 글을 외고 본받아　或誦法乎周孔
잡고 견지한 바가 탁월하니　所操持兮有卓
선왕이 치세를 도모하는 정치를 펼칠 때　肆前王之圖治
모두 유자의 힘에 의지했다오　靡不賴乎其力
그런데 어쩌면 그리 조룡[806]은 무도하여　何祖龍之不道
도리어 유자를 원수처럼 보았단 말인가　反視之如仇敵

몽염(蒙恬)의 군대를 감독하라는 명목으로 부소를 북쪽 상군(上郡)으로 보내 버렸다. 《史記 秦始皇本紀》

806 조룡(祖龍): 진 시황을 가리킨다. 조(祖)는 시(始)의 뜻이고, 용(龍)은 군왕(君王)의 상(象)을 뜻하므로 이렇게 칭하는 것이다.

저 험준한 땅에서	彼土囊之岌業
무고한 수많은 선비들 죽였네	賊多士之無辜
나는 이러한 이치 알지 못하겠으니	我未諒夫斯理兮
하늘의 뜻인가 사람의 뜻인가	天耶人耶
아아	嗚呼
범의 아가리가 한번 요동칠 때	當虎吻之一鼓兮
방자하게 배부르기를 구하고 욕심을 채웠지만	恣求飽而塡慾
인재가 없으면 나라가 병든다는 것을 전혀 몰라	殊不知人亡國瘁兮
오훼를 먹고 스스로 해독을 끼쳤네[807]	食烏喙而自毒
책은 비록 불탔으나 도는 보존되어 있고	書雖焚而道存
사람은 비록 죽었으나 유학은 남아 있으니	人縱殄而儒在
유학의 도를 도와 붙들어 세운다면	翼夫道而扶植
유학은 천년토록 없어지지 않으리	儒不滅於千載
초나라가 나라 구석에서 한번 횃불을 들자	楚一炬兮邦墟
진나라가 2대 만에 멸망했네[808]	秦不祀於二世
한 줌의 흙을 남이 취하였으니	一抔土之人取
너에게서 나온 것은 너에게로 돌아감을 알겠네[809]	知出爾之反爾

807 오훼(烏喙)를……끼쳤네 : 유자들을 죽임으로써 도리어 나라가 망했다는 말이다. 오훼는 부자(附子)의 별칭으로 독성이 있는 약재이다. 정력제(精力劑)로 쓰이는 약초(藥草)이나, 독(毒)이 많아 잘못 먹으면 생명을 잃게 된다고 한다.

808 초(楚)나라가……멸망했네 : 진(秦)나라 말기에 진승(陳勝)과 오광(吳廣)이 어양(漁陽)에서 반란을 일으켜 스스로 초왕(楚王)이 되자 이를 기점으로 각지에서 잇달아 반란이 일어나 결국 진(秦)나라는 2대 황제 호해(胡亥) 때에 멸망하였다.

809 너에게서……알겠네 : 자업자득(自業自得)이라는 말과 같다. 《맹자》 〈양혜왕 하(梁

이렇게 보면 누가 득이고 누가 실인가　　而孰得而孰失
또 그 죽음을 원통하게 여기지 말라　　且莫冤夫其死
바로 오도가 막힌 때이니　　乃吾道之丁否
어찌 너 유자만이 곤액 당했으랴　　豈爾儒之獨厄
동해를 밟은 자는 누구인가[810]　　蹈東海者何人
형곡에 거듭 느낌이 이노라　　重有感於硎谷

惠王下)〉에 "너에게서 나온 것은 너에게로 돌아간다.〔出乎爾者, 反乎爾者也.〕"라고 한 데서 온 말이다.

810 동해(東海)를……누구인가 : 전국시대 제(齊)나라의 고사(高士) 노중련(魯仲連)을 가리킨다. 노중련이 무도한 진(秦)나라에 분개하여 말하기를 "저 진나라가 방자하게 황제를 참칭하고 주제넘게 천하에 정사를 편다면 나는 차라리 동해를 밟고 죽을지언정 나는 차마 그의 백성이 될 수 없다.〔彼卽肆然而爲帝, 過而爲政於天下, 則連有蹈東海而死耳, 吾不忍爲之民也.〕"라고 하였다.《史記 魯仲連列傳》

봉황래의부[811] 월과이다.

鳳凰來儀賦 月課

대순을 상고해 보니	曰若稽乎大舜
도당씨의 대업을 이었네	纘陶唐之鴻緖
바르게 남면하고 몸을 공손히 하며	正南面而恭己
천하를 소유하되 간여하지 않았네	有天下而不與
천지의 조화를 돕되 작위함이 없고	贊元化而無爲
제요(帝堯)에게 합하여 거듭 빛났네[812]	協于帝而重華
백성들을 화락하게 감싸고	囿群生於熙皥
만물을 태평하게 길렀네	陶萬物於泰和
이미 모든 관장(官長)들이 진실로 화합하고	旣庶尹之允諧
조수들도 모두 순종하였네[813]	而鳥獸之咸若

811 봉황래의부(鳳凰來儀賦) : 태평시대를 읊은 부로, 《서경》 〈익직(益稷)〉에 "순 임금의 음악이 아홉 악장 연주되자, 봉황이 와서 춤을 추었다.〔簫韶九成, 鳳凰來儀.〕"라고 하였다.

812 제요(帝堯)에게……빛났네 : 순 임금의 덕을 칭송한 말이다. 《서경》 〈순전(舜典)〉에 "옛 제순(帝舜)을 상고해 보니 거듭 빛남이 제요(帝堯)에게 합하였네.〔曰若稽古帝舜, 曰重華協于帝.〕"라고 하였다.

813 이미……순종하였네 : 순 임금의 훌륭한 덕화를 칭송한 말이다. 《서경》 〈순전(舜典)〉에, 순 임금의 악관(樂官)인 기(夔)가 "아, 내가 큰 경쇠와 작은 경쇠를 두드리니, 온갖 짐승들이 모두 따라서 춤을 추고, 모든 관장들이 진실로 화합합니다.〔於予擊石拊石, 百獸率舞, 庶尹允諧.〕"라고 한 구절과 《서경》 〈이훈(伊訓)〉에, 이윤(伊尹)이 태갑(太甲)을 훈계하면서 "옛날 하(夏)나라의 선왕(先王)들이 그 덕을 펴는 데 힘썼기에 천재

경성이 휘황찬란하게 빛나고	景星耀兮煌煌
경운이 뭉게뭉게 피어났네[814]	卿雲興兮郁郁
바로 밝은 덕으로 이룬 것이라	是乃昭德之攸致兮
다시 봉황이 나타나 상서를 바쳤네	而復有鳳凰之呈瑞
단혈[815]의 영험한 새를 보니	相丹穴之靈禽
필시 밝은 세상을 기다려 나타났으리	現必待乎昭世
불의 정기 받아 빼어남을 기르고	稟火精而毓秀
우족의 으뜸으로 기이함을 나타내었네	冠羽族而標奇
높이 훨훨 날아올랐다가	高翱翔而翼翼
덕이 빛나는 것을 보고 내려앉았네	覽德輝而下之
이때 큰 조정에 신하들 가득하니	時大庭之朝盈
아침 해가 떠오르고 훈풍이 불었네	瑞旭昇兮南薰
제후들이 덕과 겸양으로 조정에 나아가니	群后進以德讓
온화한 기운이 성대하게 넘쳐흘렀네	和氣藹以氤氳
한 분을 우러러보니 거룩하신데	瞻一人兮穆穆

(天災)가 없었고, 산천의 귀신들이 편안치 않음이 없었으며, 조수(鳥獸)와 어별(魚鼈)도 모두 순종하였다.〔古有夏先后, 方懋厥德, 罔有天災, 山川鬼神亦莫不寧, 暨鳥獸魚鼈咸若.〕" 라고 한 구절을 혼합하여 차용하였다.

814 경성(景星)이……피어났네 : 경성과 경운(卿雲)은 태평시대에 나타난다고 하는 상서로운 현상들이다. 경성은 대성(大星) 혹은 덕성(德星)이라고도 하고, 경운은 경운(慶雲)이라고도 하는데 오색의 채운(彩雲)을 가리킨다. 순 임금 때에 〈남풍가(南風歌)〉를 부르며 천하를 다스려 태평해지니 경성이 나타나고 경운이 일어났는데, 이에 백공들이 〈경운가〉를 불러 칭송하였다고 한다.《史略 卷1 帝舜有虞氏》

815 단혈(丹穴) : 전설 속에 나오는 산 이름으로, 봉황이 산다고 한다.

진의를 입고 거문고를 타셨네[816]	披袗衣而鼓琴
기가 앞에서 절하고 조아리니	夔在前而拜稽
온갖 악기가 숲처럼 삼엄하게 걸렸네	森百懸之如林
중간에 생황을 번갈아 연주하고	間笙簧以迭奏
옥석 소리 쟁쟁하게 번갈아 울렸네	鏗玉石以交音
소 음악 끊임없이 이어져 아홉 악장 연주하니[817]	韶繹如而九成
문득 중동[818]이 한번 돌아보았네	奄重瞳之一顧
저것은 무슨 새이기에 와서	彼何鳥兮來儀
다시 너울너울 춤추며 나는가	却翩躚而飛舞
구포의 아름다운 자태 우뚝하고	竦九苞之珍姿
다섯 무늬의 고운 채색을 떨치네[819]	振五章之鮮彩

816 진의(袗衣)를……타셨네 : 진의는 그림이 그려진 화려한 옷으로, 천자의 옷을 말한다. 《맹자》 〈진심 하(盡心下)〉에 "순 임금이 마른밥을 먹고 채소를 먹을 때에는 몸을 마칠 때까지 그렇게 할 듯하더니, 천자가 되어서는 진의를 입고 거문고를 타시며, 두 여자가 모시는 것을 본래부터 그랬던 것처럼 하였다.〔舜之飯糗茹草也, 若將終身焉. 及其爲天子也, 被袗衣鼓琴, 二女果若固有之.〕"라고 하였다.

817 소(韶)……연주하니 : 소(昭)는 순 임금의 음악을 말한다. 이 구절은 《서경》 〈익직(益稷)〉에 "순 임금의 음악을 아홉 악장 연주하다.〔簫韶九成.〕"라고 한 말과 《논어》 〈팔일(八佾)〉에 "음악은 알 수 있으니, 처음 시작할 때는 합해지고, 풀어 놓을 때는 조화를 이루고 분명하며 계속 이어져서 한 장을 끝마친다.〔樂其可知也. 始作翕如也, 從之純如也, 皦如也, 繹如也, 以成.〕"라고 한 말을 혼합하여 차용한 것이다.

818 중동(重瞳) : 눈 하나에 눈동자가 둘이 있는 것을 이르는 말이다. 여기에서는 순 임금을 가리킨다.

819 구포(九苞)의……떨치네 : 봉황의 아름다운 모습을 말한다. 구포는 아홉 가지 특징으로, 구포명(口包命), 심합도(心合度), 이청달(耳聽達), 설굴신(舌詘伸), 채색광(彩色光), 관구주(冠矩州), 거예구(距銳鉤), 음격양(音激揚), 복문호(腹文戶)를 가리킨다.

움직이면 반드시 박자에 응하고　動必應乎節奏
울 때에도 율려에 잘 어울리네　鳴亦諧乎律呂
인의의 정기를 고취시키고　鼓仁義之精英
도덕의 광채를 밝게 비추어　絢道德之光輝
태평성대의 아름다운 상서를 바치고　效聖代之奇祥
천재일우의 창성한 시절에 응하네　應千一之昌期
음악이 지극히 좋고 지극히 아름다우며[820]　樂盡善而盡美
우뚝하게 공이 있고 문채가 있다오　巍有功兮有文
칠덕과 육상[821]을 간직하고　蘊七德與六像
모든 새들을 신하로 삼아 임금 되었네[822]　臣百鳥而爲之君

《山堂肆考 卷211 羽蟲 鳳》 이교(李嶠)의 〈봉(鳳)〉에 "단혈산에 새가 사는데, 이름이 봉황이라. 아홉 가지 자태를 갖춘 영물(靈物)이요, 오색의 찬란한 무늬 가지고 있다오.〔有鳥居丹穴, 其名曰鳳皇. 九苞應靈瑞, 五色成文章.〕"라고 하였다. 《全唐詩 卷60》

820 음악이……아름다우며 : 순 임금의 음악이 훌륭하다는 말이다. 《논어》 〈팔일(八佾)〉에 "공자가 순 임금의 음악인 소악(韶樂)을 평하시되 '지극히 아름답고 또 지극히 좋다.' 하였다.〔子謂韶, 盡美矣, 又盡善也.〕"라고 하였다.

821 칠덕(七德)과 육상(六像) : 모두 봉황이 가지고 있는 특징이다. 칠덕은 수대덕(首戴德), 경게의(頸揭義), 배부인(背負仁), 익협례(翼挾禮), 심포신(心抱信), 족리문(足履文), 미계무(尾繫武)이고, 육상은 두상천(頭象天), 목상일(目象日), 배상월(背象月), 익상풍(翼象風), 족상지(足象地), 미상위(尾象緯)이다. 《山堂肆考 卷211 羽蟲 鳳》

822 모든……되었네 : 《맹자》 〈공손추 상(公孫丑上)〉에 "길짐승 중에는 기린이 있고, 날짐승 중에는 봉황이 있으며, 흙이 모여서 쌓인 것 중에는 태산이 있고, 물이 고인 것 중에는 하해가 있다. 이들은 같은 부류이다. 성인과 일반 사람들과의 관계도 이와 마찬가지이다.〔麒麟之於走獸, 鳳凰之於飛鳥, 泰山之於丘垤, 河海之於行潦, 類也. 聖人之於民, 亦類也.〕"라고 한 데서 온 말로, 성인도 일반 사람과 같지만 그 중에서 가장 뛰어나듯이, 봉황도 새 중에서 가장 뛰어나다는 말이다.

오직 겉과 속이 서로 부합하니 惟其表裏之相符

이 때문에 인류는 순이요 조류는 봉황이 으뜸이라

所以人爲舜兮鳥爲鳳

성덕이 아니라면 어떻게 사물을 감동시킬 수 있겠나

非盛德烏能動物

영물이 신령하지 않다면 또 어떻게 덕에 감동 받겠는가

物不靈又烏能爲德之所動

봉황이 오고 오는 이치를 보니 相其來與來之理

그림자와 메아리보다 빠르구나 斯捷於影響

의당 송을 지어 노래하고 宜作頌而歌之

교제사를 밝게 올리네 薦郊祀之明享

송은 다음과 같네 頌曰

봉황이 우네 鳳凰鳴矣

저 높은 언덕에서 于彼高岡

그 문채 화려하니 其章陸離

어찌 그리도 덕이 빛나는가 何德之光

아 질서 있게 종을 치네 於倫鼓鍾

아 즐거운 명정에서[823] 於樂明庭

아름답도다 참으로 성대하니 美哉洋洋

덕이 드러난 것이로다 惟德之形

823 아 질서정연하게……명정(明廷)에서 : 명정은 황제가 조회를 받는 정전의 뜻을 말한다. 이 구절은 《시경》 〈영대(靈臺)〉에 "아 질서 있게 종을 치네. 아 즐거운 벽옹에서.〔於論鼓鍾, 於樂辟雍.〕"라는 구절을 변형한 것이다.

봉황이여	鳳兮凰兮
와서 위의 있게 춤추도다	來舞有儀
아 성대하도다	猗歟盛哉
음악이 이 경지에 이르렀구나[824]	爲樂之至斯

824 음악이……이르렀구나 : 음악이 아주 아름답고 훌륭하다는 말이다. 《논어》〈술이(述而)〉에 "공자께서 제나라에 계실 때에 순 임금의 음악 들으시고 석 달 동안 고기 맛을 모르시며 이르기를 '음악이 이 경지에 이를 줄은 생각하지 못했다.' 하였다.〔子在齊聞韶, 三月不知肉味, 曰不圖爲樂之至於斯也.〕"라고 한 데서 온 말이다.

사 辭

노군 공식[825]은 곤궁하고 낮은 지위에 있어 이름이 알려지지 않았다. 정유년(1597, 선조30)에 왜적의 포로가 되었는데 탈출하여 바다를 건너 절강성(浙江省)에 다다랐다. 글자를 써서 성명을 말하니 고을 사람이 포정에 보고하였고 밥을 얻어먹으면서 경사에 나아갔다. 이어 무이서원에 들러 학도와 《소학》과 《가례》의 내용에 대해 논변할 적에 그 의미를 모두 자세히 알았고, 또 우리 동방의 단군이래 역대의 사적, 정교, 풍속에 대해 분명하게 죄다 말하였는데 매우 해박하였으므로, 배우는 자들이 아주 훌륭하게 여겨 자주 칭송하였다. 우리나라로 돌아올 때는 글로 전별하면서 그 사적을 서술하여 드러내 주었으니 아, 참으로 성대하도다.

아, 공식이 향리에 거처할 적에는 세상과 맞지 않아 뜻을

825 노군 공식(魯君公識) : 노인(魯認, 1566~1622)으로, 공식은 그의 자이다. 본관은 함풍(咸豐), 호는 금계(錦溪)이고, 전라남도 나주(羅州) 출신이다. 정유재란(丁酉再亂) 때 남원(南原) 전투에서 포로가 되어 일본에 잡혀갔다가 명(明) 나라로 탈출하여 무이서원(武夷書院)에서 주자학(朱子學)을 배우며 지내다가 1599(선조32)년에 귀국하였다. 당시 일본과 중국의 풍물을 기록한 《금계일기(錦溪日記)》가 전한다.

굽혔다가 향리를 떠나서는 세상과 맞아 뜻을 폈으니, 이것이 어찌 명과 수가 거기에 있는 것이 아니겠는가. 이제 향리에 돌아와 벼슬 하나를 얻었지만 전도하고 낭패함이 또 심하니, 도리어 포로의 신분으로 뵈었던 것만 못하다.[826] 내가 다시 그가 세상과 맞지 않아 뜻을 굽힌 데 대해 감회가 일어 사를 주어 그 뜻을 펴노라. 한문공의 〈제전횡묘문(祭田橫墓文)〉[827]의 운자를 사용하였다.

魯君公識 困而在下 無所知名 歲丁酉 陷賊庭 脫身而浮于海 泊于江浙 作字道姓名 縣人聞于布政 傳食詣京師 仍過武夷書院 與學徒論辨小學家禮書 無不詳曉其義意 且瞭瞭說盡吾東方自檀君以來歷代事跡政教風俗甚博 學者大異之 亟加奬飾焉 曁其東也 相贐以言 序其事而張之 吁亦侈矣 噫 公識居其鄕則不合而詘 去其鄕則能合而伸 此豈命與數存乎其中者歟 今反其鄕土 得一官而顚頓 狼狽又甚矣 反不若以俘見 余復有感於不合而詘者 贈以辭而申

826 포로의……못하다 : 노인(魯認)이 포로의 신분으로 명나라 신종(神宗) 황제를 뵙고 조서를 받은 것이 지금의 신세보다 낫다는 말이다. 신종 황제가 노인에게 "충성은 문천상(文天祥)과 같고 절의는 소무(蘇武)와 같다."라는 조서를 내리고 특별히 병부에 명하여 건마(健馬) 1필을 하사하고 관원을 보내 호송하게 하였다.《錦溪集 卷7 請建祠上言》 한유(韓愈)의 〈모영전(毛穎傳)〉에 "모영이 처음에 포로의 신분으로 진시황(秦始皇)을 뵙고 결국 부림을 당하였다.〔穎始以俘見, 卒見任使.〕"라는 표현이 나온다.《韓昌黎集 卷36》

827 한문공(韓文公)의 제전횡묘문(祭田橫墓文) : 한문공은 한유(韓愈)로, 문공은 그의 시호이다. 〈제전횡묘문〉은《한창려집(韓昌黎集)》 권22에 실린 글로, 795년에 한유가 전횡의 묘지를 지나다가 그의 장렬(壯烈)한 의기(義氣)에 느낌이 있어 지은 제문이다. 전횡은 전국시대 제(齊)나라의 왕족으로, 전영(田榮)의 아우이다. 진(秦)나라 말 전횡이 한신(韓信)의 공격을 받아 제나라가 망하자, 5백 명의 장사(壯士)를 이끌고 바다 섬으로 도피하였다. 유방(劉邦)이 한(漢)나라를 건국한 후, 사신을 보내 항복할 것을 협박하자, 전횡이 낙양(洛陽)으로 오는 도중 자살하고 섬에 있던 5백 명의 장사도 전횡을 따라 자결하였다.《史記 田橫列傳》

其意云 用韓文公弔田橫文韻

진실로 천리나 떨어져 있지만 뜻은 서로 부합하니
志固有隔千里而相會

하늘에서 부여받은 이 마음 같아서라오 得於天者同此心

호오만큼은 어긋나지 않는 것은[828] 惟好惡之不背

바로 마음에서 발현하여 금하지 못해서라오 乃所以發於情而莫之禁

오직 창도했지만 세상의 화답이 없으니 是唯唱之而無和

그대 짐짓 무지하게 반평생 무엇을 했던가 子故貿貿乎半世其奚爲

하루아침에 이국으로 가니 一朝適異鄕

사람들 또한 그가 누구인지 몰랐네 人亦不知其爲誰

한 마디 말을 듣고 놀란 듯하여 聞一言而若驚

함께 옛 성왕(聖王)에 대해 토론하였네 與討論乎皇王

학자들은 오도가 동방으로 갔다고[829] 믿었고 學者信吾道之東矣

칼날처럼 삼엄한 웅변에 탄복하였네 服雄辯之森森若鋒鋩

어찌 지역의 가깝고 멂에 차이가 있으리오 豈邇遐之有間

지우를 입음이 특별하다는 것을 알겠네 諒知遇之不常

때를 만나지 못해 미관말직[830]으로 있을 뿐인데 惟抱關之非時

828 호오(好惡)만큼은……것은 : 호오는 호선오악(好善惡惡)의 준말로, 선을 좋아하고 악을 싫어하는 인간의 본성이 같다는 말이다.

829 오도(吾道)가 동방으로 갔다고 : 후한(後漢)의 대유(大儒) 마융(馬融)이 자신의 제자인 정현(鄭玄)을 돌려보내면서 "오도가 이제 동쪽으로 가게 되었다.〔吾道東矣.〕"라고 말한 고사에서 유래한 것으로, 노인을 정현에 비유하여 한 말이다. 《後漢書 鄭玄列傳》

그대는 또 어찌하여 황급해하는가[831] 子又胡爲乎遑遑
나는 무릎을 치며 나지막이 읊조리고 余擊節而沈吟
세도를 돌아보며 서글퍼한다오 撫世道而悲傷
진실로 자신이 바라는 바가 아니라면 苟非吾之所欲
고관대작이 영광이 될 수 없으리 軒冕不足爲榮光
아 태뢰[832]가 앞에 진설 되었더라도 緊太牢之前陳
원거가 흠향할 바가 아니라오[833] 匪鶢鶋之攸享

830 미관말직 : 원문의 '포관(抱關)'은 '포관격탁(抱關擊柝)'의 준말로, 《맹자》〈만장 하(萬章下)〉에 "높은 자리를 사양하고 낮은 자리에 처하며 부를 사양하고 가난한 데 처하려면 어떤 자리가 마땅한가? 포관과 격탁이 좋으니라."〔辭尊居卑, 辭富居貧, 惡乎宜乎. 抱關擊柝.〕"라고 한 데서 온 말이다. 포관은 문지기이고 격탁은 나무를 두드리면서 야경(夜警)하는 순라꾼이다.

831 어찌하여 황급해하는가 : 부귀명예를 탐할 필요가 없다는 뜻이다. 도잠(陶潛)의 〈귀거래사(歸去來辭)〉에 "어찌하여 가고 머무는 것을 마음대로 하지 않고, 어찌하여 황급히 어디로 가려고 하는가. 부귀는 내가 바라는 바 아니요, 선향(仙鄕)도 기약할 수 없다네.〔曷不委心任去留, 胡爲乎遑遑欲何之. 富貴非吾願, 帝鄕不可期.〕"라고 한 데서 온 말이다.

832 태뢰(太牢) : 제사에서 소·양·돼지, 세 희생을 갖추는 것을 말한다.

833 원거(鶢鶋)가……아니라오 : 제사 받아야 할 대상이 아닌 사람이 제사를 받아서는 안 된다는 말로, 노인의 충절을 선양한 것이다. 원거(鶢鶋)라는 해조(海鳥)가 노(魯)나라 동문(東門) 밖에 와 사흘을 머물자, 재상 장문중(臧文仲)이 나라 사람들을 시켜서 제사를 지내 주었다. 그러자 이에 대해 전금(展禽)이 예가 아니라고 장문중을 비난하였다. 《國語 魯語》

영창대군[834]에 대한 만사

永昌大君挽詞

아 어느 시대인들 어진 사람이 없겠습니까 噫噫何代無賢兮

신은 선조의 밝은 견식에 감격하여 울었습니다 臣竊感泣乎宣祖之見之明

어린 자식을 생각하여 맡겨 둘 데를 구하셨으니[835] 念弱子要有所託兮

인정상 사랑하면 살기를 바란다는 말[836] 잘 알겠습니다 諒人情之愛欲其生

그런데 간신(姦臣)이 기화로 삼아서[837] 惟孼臣得以爲奇貨兮

834 영창대군(永昌大君) : 1601~1614. 선조(宣祖)의 적자로, 어머니는 인목왕후(仁穆王后) 김씨(金氏)이고, 광해군(光海君)의 이복동생이다. 선조의 아들 중 유일한 정비 소생이나, 광해군이 왕위에 오르자 인목왕후를 서궁(西宮)에 유폐시키고 1613년(광해군 5)에 인목왕후의 아버지 김제남(金悌男)을 반역죄로 몰아 사형에 처하는 한편, 영창대군도 같은 죄목으로 관작을 빼앗아 서인(庶人)으로 만들고 강화에 위리안치(圍籬安置)하였다가 이어서 강화 부사(江華府使) 정항(鄭沆)에 의해 처형당하였다.

835 어린……구하셨으니 : 선조(宣祖)가 승하하면서 어린 영창대군(永昌大君)을 잘 보호하라는 유명(遺命)을 유영경(柳永慶), 한응인(韓應寅), 박동량(朴東亮), 서성(徐渻), 신흠(申欽), 허성(許筬), 한준겸(韓浚謙) 이렇게 일곱 신하에게 내린 일을 말한다.《仁祖實錄 13年 12月 30日》

836 사랑하면……말 :《논어》〈안연(顔淵)〉에 "사랑하면 그가 살기를 바라고, 미워하면 그가 죽기를 바란다.〔愛之欲其生, 惡之欲其死.〕"라고 한 데서 온 말이다.

837 간신(姦臣)이 기화(奇貨)로 삼아서 : 정인홍(鄭仁弘)과 이이첨(李爾瞻) 등 대북(大北)이 선조(宣祖)의 후사로 광해군(光海君)을 옹립한 일을 말한다. 기화는 값진 보화라

권세를 공고히 하고 총애를 차지하였습니다　　固權勢而取寵榮

예전에 버려지고 배척된 데 대해[838] 묵은 감정을 품고서

抱宿憾於疇曩之棄斥兮

궁궐에서 사사로운 분노를 흔쾌히 풀었습니다　　快私憤於宮闈

아 인륜 해치고 기강 멸절하는 데 힘을 다 쏟으니

繄戕倫滅紀之唯力是視

선왕께서 남기신 혈육을 어찌 염두해 두겠습니까

顧何有於先王之體之遺

큰 옥사 일으켜 사형수를 사주하여　　搆大獄而嗾死囚兮

속이고 미혹시켜 죄를 얽어 매었습니다[839]　　譸張幻惑而累及之

저 어린 아이가 무엇을 안다고　　彼孩提兮何所知

품속에서 빼앗는 짓을 차마 한단 말입니까　　其可忍乎奪之懷中兮

는 뜻으로, 진(秦)나라 상인 여불위(呂不韋)가 힘없는 왕손 가운데 한 사람인 자초(子楚, 뒷날의 진(秦)나라 장양왕(莊襄王))를 보고 "이 사람은 기화이니 사 둘 만하다.〔此奇貨可居.〕"라고 하고, 자금을 투자하여 마침내 자초를 세자로 만들어 왕위를 잇게 한 고사가 있다.《史記 呂不韋列傳》

838 예전에……대해 : 선조(宣祖)의 병세가 악화되어 세자 문제로 갈등하고 있을 때, 정인홍(鄭仁弘)이 상소를 올려 영의정 유영경(柳永慶)이 동궁(광해군)을 동요시키고 있다고 주장하자, 선조는 정인홍이 이유 없이 임금을 동요시키고 유영경을 모함하였다고 하여 정인홍과 이이첨(李爾瞻)을 유배 보냈다.《이성무, 조선왕조사, 수막새, 2011, 388쪽》

839 큰……매었습니다 : 이이첨(李爾瞻) 등이, 조령(鳥嶺)에서 행상인을 죽이고 돈을 탈취한 사건으로 붙잡혀 사형을 앞두고 있던 박응서(朴應犀)를 사주하여 김제남(金悌男)이 반역을 모의하고 있다며 무고하게 했고, 결국 이로 인해 계축옥사(癸丑獄事)가 발생했다.《燃藜室記述 卷20 廢主光海君故事本末 朴應犀之獄》

간혀 있던 곳을 부수고 擊圓扉

젖먹이 아이를 떼어 내어 絶乳哺

집에 불을 지펴 살이 문드러지니 而焦爛於火宅兮

울부짖고 뒹굴다가 잠깐 사이에 명운이 꺾였습니다[840]

呼號宛轉兮命殞斯須

선왕의 영령이 밝게 뜰을 오르내리며 先王於昭兮陟降庭止

안타깝고 측달해 하여 끝내 무엇을 하였습니까 哀悶惻怛兮竟何爲

신손(인조)을 계도하여 자상하게 명하는 듯이 하였을 뿐 아니라

啓神孫不啻若諄諄然命之

국운을 바로잡고 인륜을 붙들어 세워 廓淸國步兮扶植民彝

흉도와 역도를 제거하고 섬멸하였습니다 兇徒逆徒芟夷而梟殄

해와 달을 밝게 내걸어 昭揭日月兮

밤을 낮처럼 환하게 하니 俾夜而晝

충신과 열사는 새 임금 보익하고 장추께 절하여

忠臣烈士翼新君而拜長秋兮

문을 열어젖히고 빗장을 부수었습니다[841] 門其擴而鎖其掊

840 간혀……꺾였습니다 : 김제남(金悌男)이 반역을 모의하고 있다는 무고를 받고 사사된 뒤에, 인목왕후의 곁에 있던 영창대군을 강제로 빼앗아 강화도로 보내자, 강화 부사(江華府使) 정항(鄭沆)은 영창대군을 방에 가두어 놓고 아궁이에 불을 지펴 데어 죽게 하였다. 《이성무, 조선왕조사, 수막새, 2011, 420쪽》

841 해와……부수었습니다 : 인조반정(仁祖反正)을 말한다. 1623년에 인조(仁祖)는 반정군(反正軍)을 이끌고 창의문(彰義門)에 이르러 빗장을 부수고 들어가 광해군이 머물던 창덕궁을 접수한 다음 곧바로 인목왕후가 유폐되어 있던 서궁(西宮)으로 발길을 돌려 반정을 공식적으로 승인받았다. 장추(長秋)는 한(漢)나라 때 태후(太后)가 거했던 장추궁(長秋宮)으로, 인목왕후를 가리켜 말한 것이다.

신복들을 예전처럼 어루만졌지만 撫臣僕其如初
아이는 불러도 만나지 못하여 呼我兒兮莫之覯
어머니가 말하였습니다 "아 내 아들아 母曰嗟予子兮
하늘의 뜻이로다 너의 원통함이여 天乎爾之冤矣
네가 내 슬하에서 떠난 지 自爾之離我膝兮
별이 일주하여 벌써 10년이 되었다 天星周兮奄及一紀
어미는 유폐되어 곤욕 당했지만 아이는 듣지 못했고
母見幽辱兮兒不聞
아이는 야위어 죽었지만 어미는 알지 못했다 兒之瘦死兮母不知
이때 나는 목숨만 부지하며 두려움에 떨면서 時予懔懔其餘喘兮
위협과 핍박을 두루 겪었는데 備嘗危逼
이제 살날이 얼마나 되겠느냐 幾何其不死
내 너를 따라 가리라 而爾之相隨
예전엔 네가 불행하여 어미를 잃은 아이였는데 向爾不幸而爲失母之兒
이제는 내가 다행히도 아이를 장사 지내는 어미가 되었다
今予幸而爲葬兒之母
애통하게 네가 서인으로 죽어 상복(殤服)을 입지 못했으니[842]
痛爾庶人窆而服不殤
누가 다시 너의 무덤에다 씻은 그릇에 밥을 담아 올렸겠느냐
誰復洒盂飯兮爾之墓

842 네가……못했으니 : 상복(殤服)은 성년이 되지 않아 죽은 자녀에 대해 입는 복제를 말하는데, 영창대군이 서인으로 강등된 상태에서 죽었기 때문에 복을 입지 못했다고 한 것이다.

이제 너의 관작 회복되어 너에게 부의(賻儀) 보내니

今復爾爵兮贈爾賵

관과 상여 화려하고 아름다우며 음식도 풍성하고 정결하구나

棺轝華美兮飮食豐潔

연일[843]이 길하고 때도 좋으며 練日吉兮辰之良

새 묏자리 정하고 무덤에 흙 덮으니 卜新兆兮掩幽穴

실로 하늘에 계신 영령과 寔賴乎在天之靈

난리를 평정한 공로 덕분이라 撥亂之功

이승과 저승에서 각기 분수와 소원을 얻게 한 것이

使幽明各得其分願者

누구의 은혜인지 어찌 모르겠느냐" 寧可不知其恩之所自

신은 만 번 죽을 고비 겪고 겨우 살아서 臣經萬死兮得一生

신령과 사람이 경하하고 천지가 바로 섬을 다시 보게 되었습니다

再覩神人慶而天地位

감히 왕대비의 전교를 서술하며 그 생각을 쏟아내니

敢述慈旨兮洩其思

한 글자에 한 번 탄식하며 눈물이 글자를 적십니다

一書一歎兮淚濕字

843 연일(練日) : 보통 소상일(小祥日)을 말하나, 여기에서는 영창 대군의 기일인 듯하다.

죽음집

제2권

오언절구 五言絶句

육언절구 六言絶句

오언절구 五言絶句

취한 뒤에 붓을 놀려 자선[844] 이영원 의 벽화에 제하다
醉後放筆 題子善壁畫 李榮元

오래된 나무 참으로 앙상한데	古木正槎牙
추운 날 까치가 가지에서 지저귀네	天寒鵲啅柯
사립문에서 손님 기다리노라니	柴門待客處
마치 깍깍 우는 소리 들리는 듯	怳若聽查查

이상은 오래된 나무의 찬 까치〔古木寒鵲〕를 읊은 것이다.

물가 기러기 깊은 가을에 우는데	渚雁叫深秋
갈대 잎은 이리저리 거꾸러졌네	顚倒蒹葭葉
빈 강엔 진 달빛이 어렸고	空江落月痕

844 자선(子善) : 이영원(李榮元, 1565~1623)의 자로, 본관은 함평(咸平), 호는 용계(龍溪)이다. 사계(沙溪) 김장생(金長生)의 문인으로 사계의 〈문인록(門人錄)〉에, 이영원이 욕심이 적어 사계가 유학(儒學)에 종사할 것을 권면하자, 분란한 속세를 떠나 은거해 살면서 벼슬길에 나가지 않았고, 만년에 재랑(齋郎)에 제수되었다고 하였다. 그의 시는 준수하고 맑아 권필(權韠), 임숙영(任叔英)과 벗으로 친하게 지냈으며, 김상헌(金尙憲) 형제 등도 그를 중요시하였다.

온 몸은 찬 이슬에 젖었어라　滿身涼露濕

이상은 갈대 우거진 물가에서 우는 기러기〔蘆渚叫雁〕를 읊은 것이다.

부들과 갈대 우거진 깊은 들못에　蒲葦野塘深
흰 깃털 푸른 물가에 비치누나　霜毛照碧潯
물고기 찾느라 너무 일이 많으니　窺魚太多事
너희들에게도 기심이 있구나　爾輩亦機心

이상은 부들 우거진 못의 백로〔蒲塘白鷺〕를 읊은 것이다.

멀리서도 알겠네 문에서 기다리는 아이　遙知候門兒
곧바로 손잡고 방으로 들어가니　便可携入室
시원한 북창 아래에　翛然北窓下
절로 근심 잊게 하는 물건[845] 있음을　自有忘憂物

이상은 연명의 귀거도〔淵明歸去圖〕[846]를 읊은 것이다.

845 근심……물건 : 술을 말한다.

846 연명(淵明)의 귀거도(歸去圖) : 연명은 도잠(陶潛)의 자이다. 귀거도는 도연명이 벼슬을 버리고 전원으로 돌아간 광경을 그린 그림으로, 그의 《귀거래사(歸去來辭)》에서 모티브를 얻은 것이다. 거기에 "동복들은 기뻐 맞아 주고, 어린 아이는 문에서 기다리네. 세 오솔길은 황폐해졌으나, 소나무와 국화는 남아 있도다. 어린 아이 손잡고 방으로 들어가니, 술동이에 술이 가득하구나.〔僮僕歡迎, 稚子候門. 三徑就荒, 松菊猶存. 携幼入室, 有酒盈樽.〕"라고 하였다. 《陶淵明集 卷5》

하곡의 신정 십영 후천 한 판상의 시에 차운하다.

霞谷新亭十詠 次后川韓判相韻

높은 언덕에 새벽 놀 피어오르니 崇阿啓曙霞
아침 해가 숲 사이로 비치누나 瑞旭射林樾
새들이 조금씩 푸드덕대며 나니 群動稍飛翻
서쪽에 뜬 달이 눈 같구나 西方桂如雪

이상은 숭악의 아침 해〔崇嶽朝暾〕를 읊은 것이다.

엄숙한 기운이 나쁜 기운 걷어내니 肅氣霽氛陰
봉우리 위로 달빛이 찬란히 빛나네 峯頭爛金魄
밤엔 푸른 바다에서 솟아올랐다가 宵從碧海來
새벽엔 은하수 따라 떨어지누나 曉趁明河落

이상은 존봉의 제월〔尊峯霽月〕을 읊은 것이다.

평평한 들판엔 불탄 흔적 없고 平蕪沒燒痕
간밤의 비가 산기슭을 적셨네 宿雨霑山足
종일토록 고사리 캐고 돌아와 盡日采薇歸
향긋한 밥 짓고 새 잎 삶는다네 炊香煮新綠

이상은 북동에서 고사리 캐는 모습〔北洞采薇〕을 읊은 것이다.

차조는 특성상 돌밭에서도 잘 자라 秫性宜石田
남파에 두어 이랑 개간했지 南坡墾數頃

가을이 되어 제사지낼 때[847] 秋來作社時
모두 취해 좋은 광경에 보답하리 盡醉酬佳景

이상은 남파에서 차조 파종하는 모습〔南坡種秫〕을 읊은 것이다.

비낀 바람에 낚싯줄 하늘거리니 斜風釣絲裊
가랑비에도 돌아갈 것을 잊었네[848] 細雨却忘歸
물고기로 술 바꾼들 어떠하리 不妨魚換酒
취한 뒤 도롱이 걸치고 누웠네 醉後臥簑衣

이상은 사천에서 도롱이 걸치고 낚시하는 모습〔斜川釣簑〕을 읊은 것이다.

연지의 연꽃에 이슬 떨어지니 露下聯池藕
맑은 구슬이 잎 가운데 쌓이네 明珠貯葉中
둥글둥글하여 가만있지 못하고 團圓不自定
알알이 가을바람에 떨어지누나 箇箇滴秋風

이상은 연지의 연잎에 떨어지는 이슬〔聯池露蓮〕을 읊은 것이다.

847 가을이……때 : 입추(立秋) 이후 다섯 번째 무일(戊日)인 추사일(秋社日)을 가리킨다. 곡식의 수확에 감사하여 이날 마을 사람들이 모여서 토지신(土地神)에게 제사를 지내고 함께 잔치를 베풀어 즐기는 풍속이 있었다.

848 비낀……잊었네 : 은거하며 지내고 싶은 마음을 당(唐)나라의 은자(隱者) 장지화(張志和)의 고사를 차용하여 표현한 것이다. 장지화는 벼슬살이를 하다가 물러나와 강호(江湖)에 노닐며 연파조도(煙波釣徒)라 자칭하고 낚시로 소일을 하였다. 그의 〈어부사(漁父詞)〉에 "푸른 삿갓 쓰고 초록 도롱이 걸쳤으니, 비낀 바람 가랑비에 굳이 돌아갈 것 없네.〔青蒻笠綠蓑衣, 斜風細雨不須歸.〕"라고 하였다. 《全唐詩 卷308》

마음의 때 이미 다 제거하였다면 靈臺已去垢
몸의 때야 어찌 추할 것 있겠는가 身垢豈足醜
일신의 공효[849] 알고자 할진댄 要識日新功
이 말에 고상한 홍취를 의탁해야 하리 玆言托高趣

이상은 초정에서 때를 씻는 모습〔椒井洗垢〕을 읊은 것이다.

돌에 새겨진 바둑판 하나 石上一局棊
백 년 삼만 일[850]이 지났구나 百年三萬日
난가인에게 한번 묻노니 借問爛柯人
초탈한 신선 홍취 아는가[851] 能知仙興逸

이상은 반석에 새겨진 바둑판〔盤石圍棊〕을 읊은 것이다.

849 일신(日新)의 공효 : 몸을 씻어서 때를 없애듯 마음의 더러운 것을 씻어서 새로워지는 것을 말한다. 탕(湯) 임금의 반명(盤銘)에 "진실로 어느 날 새로워졌거든 나날이 새로워지고 또 날로 새로워져야 한다.〔苟日新, 日日新, 又日新.〕"라고 한 데서 온 말이다. 《大學章句 傳2章》

850 백 년 삼만 일 : 아주 오래 시간을 말한다. 이백(李白)의 〈양양가(襄陽歌)〉에 "백 년이라 삼만 하고도 육천 일 동안에, 날마다 반드시 삼백 잔씩을 기울여야지.〔百年三萬六千日, 一日須傾三百杯.〕"라고 하였다. 《李太白集 卷6》

851 난가인(爛柯人)에게……아는가 : 난가인은 도끼 자루가 썩도록 놔둔 사람을 가리키고, 신선 홍취는 바둑 두는 것을 말한다. 진(晉)나라 때 왕질(王質)이 나무를 하러 석실산(石室山)에 들어갔다가 동자(童子) 두어 사람이 바둑을 두며 노래하는 것을 보고 구경하였다. 이윽고 동자가 왕질에게 말하기를 "네 도끼 자루가 다 썩어 버렸다.〔汝斧柯爛矣.〕"라고 하자, 왕질이 일어나서 보니 과연 자기의 도끼 자루는 이미 다 썩어 버렸고, 집에 돌아가니 이미 자기가 아는 사람은 세상에 하나도 없게 되었다는 고사가 전한다. 《述異記 卷上》

층암절벽에 걸린 폭포수 飛瀑挂層巖
튀는 물결이 옥처럼 부서지네 跳波碎片玉
긴 무지개 비단 숲을 스치며 長虹拂錦林
은은하게 깊은 골로 왔다네 隱隱來深谷

이상은 풍암의 폭포수〔楓巖飛瀑〕를 읊은 것이다.

시내 대에 잠시 눈 내리자 溪竹乍逢雪
없던 감정이 곧바로 생겨났네 無情便有情
평생 추위를 견디는 지조로 平生耐寒操
십분 청고함을 넉넉히 차지했네 剩占十分淸

이상은 죽계의 갠 눈〔竹溪晴雪〕을 읊은 것이다.

산수도. 상공 서경[852] 유근 의 시에 차운하여 이 만호에게 주다

山水圖 次西坰相公 柳根 韻 贈李萬戶

촌 아이 거문고 안고 온 뒤로[853]	山童抱琴後
오솔길 하나 암자 향해 났네	一逕向菴開
바둑 두기로 약속했는데	有約着棊局
주인은 아직 오지 않았네	主人猶未來

852 서경(西坰) : 유근(柳根, 1549~1627)의 호로, 본관은 진주(晉州), 자는 회부(晦夫), 시호는 문정(文靖)이다. 황정욱(黃廷彧)에게 수학하였다. 1572년(선조5) 별시 문과에 장원으로 급제하였으며, 1576년 질정관(質正官)으로 중국에 갔다. 1596년과 1602년에 충청도 관찰사를 지냈으며, 대제학에 이어 좌찬성이 되었다. 시문에 뛰어나 1606년에 중국사신 주지번(朱之蕃)이 왔을 때 원접사(遠接使)로 나가 이들을 맞이하였는데, 조희일은 그의 종사관이 되어서 수행하였다. 저서에 《서경집》이 있다.

853 거문고……뒤로 : 거문고를 안고 온다는 말은 유유자적한 삶을 표현한 것이다. 이백(李白)의 〈산중여유인대작(山中與幽人對酌)〉에 "나는 취해 자고 싶으니 그대는 돌아갔다가, 내일 아침 생각 있거든 거문고 안고 오게.〔我醉欲眠卿且去, 明朝有意抱琴來.〕"라는 구절이 있다. 《李太白集 卷23》

또 짓다
又

가까이 꽃이 핀 곳	近指花開處
이 사이에 말 멈추기 좋아라	停驂可此間
어찌하여 오래 오지 않는가	如何久未到
마음껏 청산이나 구경하리라	隨意翫青山

또 짓다
又

외로운 배 어디로 향하는가	孤舟向何處
달은 작고 산들은 높구나	月小群山高
되려 하로를 찾아	却疑尋賀老
술통 가득 술 채워 실은 듯[854]	載得滿尊醪

854 되려……듯 : 산수도 속의 외로이 떠가는 배를 보고, 이백이 배에 술을 싣고 하로(賀老)를 찾아가는 모습을 연상한 것이다. 하로는 이백을 적선(謫仙)이라고 불렀던 당(唐)나라의 하지장(賀知章)을 가리킨다. 이백의 〈중억(重憶)〉에 "강동 향해서 가고 싶지만, 정작 누구와 술잔을 들꼬. 회계산에 이미 하로 없으니, 술 실은 배 돌릴 수밖에.〔欲向江東去, 定將誰擧杯? 稽山無賀老, 却棹酒船回.〕"라는 구절이 있다.《李太白集 卷22》

또 짓다
又

그야말로 우거진 높다란 나무 喬木正陰陰
그 너머에 맑은 냇물이 있네 晴川在其外
흥취 사라지면 도리어 무심해지니 興倒却無心
약속했어도 기다리지 않는다네[855] 有期莫相待

855 흥취……않는다네 : 만나자고 약속했더라도 흥취가 사라지면 그냥 떠난다는 말이다. 진(晉)나라 왕자유(王子猷)가 산음(山陰)에 살면서 눈 내리는 밤 불현듯 섬계(剡溪)에 있는 벗 대안도(戴安道)가 생각나서 작은 배를 타고 찾아갔는데, 정작 그곳에 도착해서는 문 앞에서 다시 돌아오기에 그 까닭을 묻자, "내가 본래 흥에 겨워 왔다가 흥이 다하여 돌아가는 것이니, 대안도를 보아 무엇 하겠는가."라고 하였다 한다. 《世說新語 任誕》

또 짓다

又

촌 아이 술을 사 들고 오며	村童沽酒來
앞 다리를 조금씩 건너가네	稍度前橋去
기러기 떼 비스듬히 내릴 제	落雁數行斜
가을 풍광이 참으로 맑구나	秋光淡如許

또 짓다
又

층암절벽에 걸린 폭포수에	飛瀑掛層壁
긴 무지개 은은하게 나타나네	長虹隱隱來
노니는 사람 주목하는 곳에	遊人注目處
마치 천둥소리 들리는 듯	恍若聽雲雷

또 짓다
又

그림 속의 흥취만 알 뿐이니　　但知畫中趣
나귀인지 말인지 묻지 말게　　莫問驢與馬
눈바람 맞으며 홀로 돌아갈 때　　風雪獨歸時
시정이 본래 거짓 아니라네[856]　　詩情本不假

856 눈바람……아니라네 : 당(唐)나라 맹호연(孟浩然)이 좋은 시를 지으려고 고심하다가 나귀 등에 타고서 눈발이 휘날리는 파교(灞橋) 위를 지나갈 때에야 좋은 시상(詩想)이 떠올랐다는 고사를 차용하여, 당시 떠오른 시상이 진실한 것임을 나타낸 말이다. 이 모습을 두고 송(宋)나라 소식(蘇軾)의 〈초상화 그리는 수재 하충에게 주다〔贈寫眞何充秀才〕〉에 "또 보지 못했는가, 눈 속에서 나귀를 탄 맹호연이, 눈썹 찌푸리고 시 읊느라 어깨가 산처럼 솟은 것을.〔又不見雪中騎驢孟浩然, 皺眉吟詩肩聳山.〕"이라고 하였다. 《蘇東坡詩集 卷12》

또 짓다
又

열 손가락 곱은들 어떠랴	不奈十指直
신발 한 쌍 미끄럽건 말건	無論雙履滑
가고 가다 잠시 한숨 돌리니	行行且息肩
깊은 골에 있는 그윽한 냇가라오	幽澗在深谷

차운하여 접반사로 가는 민여양[857] 인백 의 행차에 주다
次韻 贈閔驪陽接伴行軒 仁伯

변방에서 오래 객으로 지냈는데 塞上久爲客
객지에서 되려 사람을 선송하네 客中還送人
응당 알리라 손을 맞잡을 곳이 應知握手處
봄 꽃 떨어지는 봉성[858]임을 花落鳳城春

857 민여양(閔驪陽) : 여양군(驪陽君)에 봉해진 민인백(閔仁伯, 1552~1626)을 가리킨다. 본관은 여흥(驪興), 자는 백춘(伯春), 호는 태천(苔泉), 시호는 경정(景靖)이다. 1595년(선조23)에 청주(淸州) 목사가 되었고, 체직된 후 사명(辭命)에 능하여 중국 장수의 접반사(接伴使)가 되었다. 저서에 《태천집》이 있다.

858 봉성(鳳城) : 대궐을 가리킨다.

또 짓다
又

그대 돌아가 오랜 벗을 만나면	君歸見故舊
멀리 노니는 사람 소식 물으리라	應問遠遊人
문을 닫고 서책 읽느라	閉戶讀書史
꽃과 버들에 봄 온 줄도 모른다 하게	不知花柳春

사상의 시[859]에 차운하여 영위사로 가는 송 첨지[860] 기 의 행차에 주어 작별하다

次使相韻 贈別宋僉知 圻 迎慰行軒

외로운 성에 한식 지나니 孤城過寒食

방초가 강가에 가득하구나 芳草滿江頭

찬 기러기 두어 소리 급히 우는데 塞雁數聲急

석양 속에 사람은 누각에 기댔네[861] 斜陽人倚樓

859 사상(使相)의 시 : 사상은 서경(西坰) 유근(柳根, 1549~1627)으로, 이 시는 《서경집(西坰集)》 권1에 〈한식서회(寒食書懷)〉라는 제목으로 실려 있다.

860 송 첨지 : 송기(宋圻, 1553~1611)로, 본관은 여산(礪山), 자는 민지(民止)이다. 1583년(선조16)에 문과에 급제하였다.

861 찬……기댔네 : 누각에 기대어 지인을 그리워한다는 뜻이다. 당(唐)나라 조하(趙嘏)의 〈장안만추(長安晩秋)〉에 "얼마 남지 않은 새벽 별에 기러기는 변방 비껴 날고, 긴 피리 소리에 사람은 누각에 기댔네.〔殘星幾點雁橫塞, 長笛一聲人倚樓.〕"라고 한 데서 나왔다. 《全唐詩 卷549》

또 짓다

又

큰 바다는 하늘 밖에 있고	大海天窮外
외로운 성은 땅 끝에 있네	孤城地盡頭
별을 보매 되려 멀지 않으리니	瞻辰還不遠
백 척의 높은 누각에 있어서이리	百尺有高樓

임진강 나루에서 바람을 맞다. 사상 서경의 시에 차운하다

臨津遇風 次西坰使相韻

강물이 삼키니 바위가 줄어들고	江呑石稜減
바람 솟구치니 물거품 많이 이네	風湧浪花多
배 멈추고 모래 언덕에 올라	輟棹登沙岸
역을 보니 아득히 멀리 있구나	蒼茫見驛賖

서경의 원운

原韻 西坰

이월이라 바람에 강물 어지럽고　二月風江亂
먼 산엔 밤새 많은 눈 쌓였네　遙峯夜雪多
가벼운 배 급히 부르지 말게　輕舟招莫急
앞길 바라보니 멀지 않다오　前路望非賒

사상의 시에 차운하여 병풍 그림에 제하다
次使相韻 題屛畫

눈은 아득히 날아가는 기러기 좇고	眼逐征鴻杳
몸은 외로이 가는 조각배 따라가네	身隨片帆孤
가을바람 불어 돌아가는 흥취는	秋風歸去興
순챗국과 농어회에만 있지 않다오[862]	不獨在蓴鱸

862 가을바람……않다오 : 꼭 가을이 되어 고향 음식이 생각나서 돌아가는 것만은 아니라는 뜻이다. 원문의 '순로(蓴鱸)'는 순갱노회(蓴羹鱸膾)의 준말로 순챗국과 농어회를 가리키는데, 고향을 그리워하는 말로 쓰인다. 진(晉)나라 장한(張翰)이 낙양(洛陽)에서 동조연(東曹掾)으로 벼슬하다가 어느 날 가을바람이 부는 것을 보고 갑자기 고향인 강동(江東) 오중(吳中)의 순챗국과 농어회가 생각나 "인생은 자기 뜻에 맞게 사는 것이 중요하니, 어찌 수천 리 먼 곳에서 벼슬하며 명성과 작위를 구하겠는가.〔人生貴得適志, 何能羈宦數千里, 以要名爵乎?〕"라고 하고, 즉시 고향으로 돌아갔다는 고사에서 온 말이다. 《晉書 文苑列傳 張翰》 참고로 이백(李白)의 〈송장사인지강동(送張舍人之江東)〉에 "장한이 강동으로 떠나니 마침 가을바람 부는 때로다.〔張翰江東去, 正値秋風時.〕"라는 구절이 있다. 《古文眞寶前集 卷1》

또 짓다
又

어둑어둑 외로운 마을에 해 저무니 翳翳孤村暮
울울창창 세 오솔길[863]이 그윽하네 蒼蒼三逕幽
동쪽 울타리[864]에 좋은 흥취 있으니 東籬有佳趣
거문고와 술로 근심 없애리라 琴醞可銷憂

863 세 오솔길 : 원문의 '삼경(三逕)'은 은거하면서 유유자적함을 말한다. 서한(西漢) 말에 장후(蔣詡)가 은거한 뒤 집 안뜰에 세 갈래 오솔길을 만들어 놓고 오직 양중(羊仲)과 구중(求仲) 두 사람과만 교유하며 두문불출했던 고사가 있다. 《三輔決錄 逃名》 도연명의 〈귀거래사(歸去來辭)〉에 "세 오솔길 황폐해졌는데, 소나무와 대나무는 남아있다.〔三逕就荒, 松竹猶存.〕"라고 한 구절이 있다. 《陶淵明集 卷5》

864 동쪽 울타리 : 국화를 가리키는 말로, 도잠(陶潛)의 〈음주(飮酒)〉에 "동쪽 울타리 밑에서 국화를 따고, 유연히 남쪽 산을 바라보네.〔採菊東籬下, 悠然見南山.〕"라고 한 데서 온 말이다. 《陶淵明集 卷3》

또 짓다
又

눈에 비친 찬 매화 고운데	照雪寒梅艶
사람 따라 들 학도 야위었네	隨人野鶴癯
작은 시내 아주 그윽한 곳에서	小溪幽絶處
종일토록 짧은 지팡이 의지했네	終日短筇扶

또 짓다
又

깊은 골짝 천 겹으로 막히어	洞壑千重阻
시내 물가 몇 굽이를 도는가	溪灣幾曲回
복사꽃은 아주 경박하여	桃花最輕薄
도리어 속인을 끌어들였네[865]	還引俗人來

865 복사꽃은……끌어들였네 : 진(晉)나라 때 무릉(武陵)의 어부가 복사꽃이 흘러 내려오는 물길을 따라 거슬러 올라갔다가 진(秦)나라의 난리를 피해 들어온 사람들을 만났는데 그곳이 워낙 선경(仙境)이었다는 도잠(陶潛)의 〈도화원기(桃花源記)〉에 나오는 무릉도원(武陵桃源)의 고사를 원용하였다.《陶淵明集 卷5》 복사꽃이 경박하다는 말은 오래도록 굳건하게 있지 못하고 이리저리 흔들리는 모습을 형용한 말이다. 두보(杜甫)의 〈절구만흥(絶句漫興)〉에 "미친 버들개지는 바람 따라 춤을 추고, 경박한 복사꽃은 물을 따라 흐르누나.〔顚狂柳絮隨風舞, 輕薄桃花逐水流.〕"라고 한 데서 온 말이다.《全唐詩 卷227》

또 짓다
又

모래 언덕엔 구름에 잠긴 나무요	沙岸雲沈樹
고깃배엔 비에 흠뻑 젖은 도롱이라	漁舟雨滿蓑
높은 난간 홀로 기대 있는 곳	危闌獨憑處
드넓은 물결에 백구 나는구나[866]	浩浩白鷗波

866 드넓은……나는구나 : 백구처럼 자유로운 삶을 동경하는 표현이다. 두보(杜甫)의 〈봉증위좌승장(奉贈韋左丞丈)〉에 "너른 바다 물결에서 출몰하는 백구를, 만 리 밖에서 어느 누가 길들이겠는가.〔白鷗沒浩蕩, 萬里誰能馴.〕"라고 하였다. 《杜少陵詩集 卷1》

또 짓다
又

날 저물어 다리 길 끊어지고	日暮斷橋路
안개 자욱하니 마을은 어드메뇨	煙深何處村
그저 물고기를 술과 바꾸었으니	但將魚換酒
황혼이 가까움을 따지지 않네	不問近黃昏

비온 뒤에 차운하다 호당[867] 삭제이다.

雨後次韻 湖堂朔製

저물녘 구름에 나무 잠기고 景黑雲沈樹

빈 강엔 비가 안개 짓누르네 江空雨壓煙

바람 따라 앞 포구 지나가며 隨風過前浦

여울 의지해 가는 배에 뿌리네 霅洒倚灘船

867 호당(湖堂) : 독서당(讀書堂)을 말하는데, 문관 중에 학문에 뛰어난 사람을 선발하여 휴가를 주어 연구하게 한 곳이다. 조희일은 1608년(선조41) 11월에 사가독서(賜暇讀書)에 선발되었는데, 이 시는 이때 지은 듯하다.

노계 이장[868]의 장사. 팔영
魯溪李丈莊舍 八詠

천 길 높이 솟은 벽면에 壁面千尋削
물줄기 하나 기대 흐르네 川流一道欹
여악의 승경[869]만 들었지 但聞廬岳勝
누가 수종의 장관을 알랴 誰識水鍾奇

이상은 수종의 폭포〔水鍾瀑布〕를 읊은 것이다.

언덕 가득한 단풍나무와 녹나무 滿岸楓枏樹
숲 이루어 비단처럼 빛나네 連林錦繡光
양곡에 밤이 찾아오니 夜來陽谷裏
된서리 내릴까 걱정 된다오 愁殺有嚴霜

이상은 양곡의 단풍나무와 녹나무〔陽谷楓枏〕를 읊은 것이다.

868 노계(魯溪) 이장(李丈) : 이해(李海)를 가리키는 듯하다. 《상촌집(象村集)》 권17에도 여기와 마찬가지로 여덟 곳의 장관을 읊은 팔영(八詠)이 있는데, 거기에는 〈동년급제한 이해의 과천의 별업 팔영〔題李同年海 果川別業八詠〕〉이라는 제목으로 되어 있다.

869 여악(廬岳)의 승경 : 여악은 중국 강서성(江西省) 구강현(九江縣) 남쪽에 있는 산으로, 경치가 아름답고 그 남쪽에 아홉 줄기의 폭포가 유명하다. 이백(李白)의 〈망여산폭포수(望廬山瀑布水)〉에 "향로봉에 해가 비춰 붉은 노을이 생겼는데, 멀리 폭포를 보니 냇물이 거꾸로 걸린 듯. 나는 물줄기 곧장 삼천 자 아래로 쏟아지니, 아마도 은하수가 하늘에서 떨어진 듯.〔日照香爐生紫煙, 遙看瀑布掛前川. 飛流直下三千尺, 疑是銀河落九天.〕"이라는 구절이 있다. 《李太白文集 卷18》

비 온 뒤 자줏빛 고사리 싹을　雨後蕨芽紫
캐 와서 돌솥에 삶는다오　採來煎石鐺
산 아이가 낮잠을 깨우며　山童警午枕
메조밥도 익었다고 알리네　兼報熟黃粱

이상은 용산의 채미〔龍山采薇〕를 읊은 것이다.

옛사람은 나라 낚을 줄 알았는데[870]　古人解釣國
지금 사람은 물고기만 낚는다오　今人唯釣魚
나라 낚고 물고기 낚을 때　釣國釣魚際
흥이 절로 있음을 알아야 하리　須知興自如

이상은 귀암에서의 조어〔龜巖釣魚〕를 읊은 것이다.

주인은 술 많이 마시지 않지만　主人不多飮
어울려 마시는 것은 좋아한다오　好與飮爲徒
높다란 상수리나무 바위 덮었는데　喬櫟蔭石上
낮게 드리운 가지에 술병 매달았네　低枝懸酒壺

이상은 역림의 매달린 술병〔櫟林懸壺〕을 읊은 것이다.

술잔 돌거든 손 멈추지 말라　杯行莫停手

870 옛사람은……알았는데 : 나라를 낚는다는 말은 위기에 처한 나라를 구한다는 말로, 강태공(姜太公)의 고사에서 나왔다. 주(周)나라 때 강태공이 위수(渭水) 가의 반계(磻溪)에서 낚시질하며 숨어 살다가 주 문왕(周文王)을 만나 사부(師傅)로 추대되었고, 뒤에 문왕의 아들인 무왕(武王)을 도와서 은(殷)나라를 멸망시키고 천하를 평정한 고사가 전한다. 《史記 齊太公世家》

이 말 한자에게서 들었다네[871] 此語聞韓子
그대도 더 이상 멈추지 말게나 勸君更莫停
유수에 띄운 술잔 빨리 지나가니 觴流水力駛

이상은 석담의 유상〔石潭流觴〕을 읊은 것이다.

산객이 종소리에 우뚝 섰는데 山客立鍾聲
안개 자욱하니 절은 어드메뇨 煙深何處寺
은은하게 울리다 댕댕 울릴 제 隱隱復舂舂
가을 구름은 젖어 일지 않네 秋雲濕不起

이상은 안개 낀 산사의 새벽 종소리〔煙寺曉鍾〕를 읊은 것이다.

이내 피어오르자 산 어둑하더니 嵐舒山黯黮
이내 걷히자 산이 훤해졌어라 嵐卷山開豁
절로 산 중의 늙은이 있어 自有山中翁
진실로 산의 면목을 아누나 眞知山面目

이상은 송악의 아침 이내〔松岳朝嵐〕를 읊은 것이다.

871 술잔……들었다네 : 한자(韓子)는 당(唐)나라 한유(韓愈)를 가리킨다. 이 구절은 그의 시 〈증정병조(贈鄭兵曹)〉에 나오는데, 거기에 "술잔 돌아 그대에게 오거든 멈추지 말고 마실지니, 만사 잊는 데는 술만 한 것 없다오.〔盃行到君莫停手, 破除萬事無過酒.〕"라고 하였다. 《韓昌黎集 卷3》

영상시[872] 동전에서

迎祥詩 東殿

학가를 밤새워 준비하니[873] 鶴駕通宵戒
금 규룡[874]이 바람결에 시각 알리네 金虯漏滴風
성상께서 특별히 기뻐하시니 天顔別有喜
먼저 궁정에 들어가 하례하네 先入賀庭中

872 영상시(迎祥詩) : 정월 초하루를 축하하기 위해 문관(文官)들이 지어 올리는 시로, 대궐의 전각 기둥에 써서 붙였다.

873 학가(鶴駕)를 밤새워 준비하니 : 세자가 왕을 문안하기 위해 밤새워 준비한다는 뜻이다. 학가(鶴駕)는 세자의 수레를 말한다. 두보(杜甫)의 〈세병마행(洗兵馬行)〉에 "학가로 밤새도록 봉련 준비하였다가, 닭이 울면 황제의 침소에 문안하러 용루문 나선다오.〔鶴駕通宵鳳輦備, 鷄鳴問寢龍樓曉.〕"라고 한 구절이 있다. 《杜少陵詩集 卷6》

874 금 규룡 : 규룡 모양의 물시계로, 금호(金壺)에서 떨어진 물의 양에 따라 화살을 벌어 시각을 알린다.

용계[875]의 시에 화답하다

和龍溪韻

달빛 아래 애절한 곡조 울리는데	月裏哀絃動
꽃 앞으로 병든 객 왔다오	花前病客來
가을 지나 강호에서 만나기로 약속하노니	江湖秋後約
이 큰 술잔 다시 잡으리라	重把此深杯

875 용계(龍溪) : 이영원(李榮元, 1565~1623)의 호이다.

차운하다

次韻

늙어 가니 장구한 계책 없고 老去無長策
슬픔 오니 짧은 노래 부르네 悲來有短歌
초산[876]에는 세 길의 눈 쌓였는데 楚山三丈雪
돌아가는 꿈에 관하를 건넜다오[877] 歸夢度關河

876 초산(楚山) : 평안도 이산(理山)를 가리킨다. 조희일은 1616년(광해군8)에 허균(許筠)의 소행으로 의심되는 투서(投書) 사건에 연루되어, 양사(兩司)의 합계(合啓)로 1617년에 평안도 이산에 위리안치(圍籬安置)되었다. 《竹陰先生集 附錄 神道碑銘》

877 돌아가는……건넜다오 : 먼 변방에서 고향에 돌아가고 싶은 심정을 읊은 것이다. 관하(關河)는 고향이나 도성에서 멀리 떨어진 변방이나 나루이다. 여기서는 조희일이 당시 위리안치되어 있었던 평안도 지방을 가리킨다. 송(宋)나라 진사도(陳師道)의 〈송내(送內)〉에 "관하 만 리 길을, 그대 이제 떠나니 언제나 돌아올꼬.〔關河萬里道, 子去何當歸?〕"라고 한 구절이 있다. 《後山集 卷1》

시를 주어 작별하다

贈別

그대 보낼 제 달이 술잔에 들어왔는데	送君月入巵
그대 떠나니 달도 따라 가리라	君去月應隨
돌아가는 길에 만약 달 보거든	歸程如見月
함께 술 마시던 때 기억해줄는지	能憶把杯時

단성으로 향하다[878] 산음[879]에서 일찍 출발할 때 달이 떠 있었다.

向丹城 山陰早發時有月

달빛 밟으니 눈 위를 걷는 듯하고 踏月疑乘雪
거위 보니 경전 베낀 이 생각나네[880] 觀鵝憶寫經
맑은 물에 긴 대나무 비치니 淸流映脩竹
어느 곳이 난정이란 말인가[881] 何處是蘭亭

878 단성(丹城)으로 향하다 : 단성은 경상남도 산청(山淸) 일대에 속하는 옛 고을 이름으로, 단계현(丹溪縣)과 강성현(江城縣) 두 현이 합하여 이루어진 이름이다. 이 시는 조희일이 1618년(광해군10) 9월에 경상남도 하동(河東)으로 이배(移配)되는 과정에서 지은 것이다.

879 산음(山陰) : 지금의 경상남도 산청(山淸) 지역이다.

880 거위……생각나네 : 경전을 베낀 이는 왕희지(王羲之)로, 왕희지가 산음(山陰) 도사(道士)의 거위를 얻기 위해 《도덕경(道德經)》을 써 주고 거위를 가져간 고사를 인용한 것이다. 이백(李白)의 〈왕우군(王右軍)〉에 "우군은 본래 깨끗하고 진실한 사람인데, 속세에서 깨끗한 모습으로 있었네. 산음에서 도사를 만났는데, 거위와 글씨를 바꾸자고 요구했네. 흰 비단을 펼쳐 도덕경을 쓰니, 필법이 정묘하여 입신의 경지에 들었네. 글씨 다 쓰고 조롱에 거위 넣어가니, 언제 주인과 작별했으랴?〔右軍本淸眞, 瀟洒在風塵. 山陰遇羽客, 要此好鵝賓. 掃素寫道經, 筆精妙入神. 書罷籠鵝去, 何曾別主人?〕"라고 한 구절이 있다. 《李太白文集 卷19》

881 맑은……말인가 : 왕희지(王羲之)가 노닐었던 중국의 산음과 우리나라 산음의 풍취가 매우 비슷하여 분간하기 어렵다는 말이다. 난정(蘭亭)은 회계(會稽) 산음현(山陰縣)에 있던 정자이다. 왕희지의 〈난정기(蘭亭記)〉에 "이곳에는 높은 산과 험준한 봉우리, 무성한 숲과 긴 대나무가 있고, 또 맑은 시내 여울물이 난정의 좌우에 서로 비쳤다. 이를 끌어들여 굽이쳐 흐르는 물에 술잔을 띄웠다.〔此地有崇山峻嶺, 茂林脩竹, 又有淸流激湍, 映帶左右, 引以爲流觴曲水.〕"라고 하였다. 《古文眞寶後集 卷1》

임술년(1622, 광해군14) 칠월에 우연히 읊다[882]

〈적벽부〉에서 집자하였다.

壬戌七月偶吟 赤壁賦集字

고아한 신선 소동파요	擧擧蘇仙子
아득한 적벽 물결이라	茫茫赤壁流
장강과 웅부는	長江與雄賦
모두 천추토록 끊어지지 않으리[883]	不絶共千秋

882 임술년……읊다 : 이 시는 조희일이 모친상(母親喪)을 마치고 호서(湖西) 덕산(德山)에 우거할 때 지었는데, 송(宋)나라 소식(蘇軾)이 〈적벽부(赤壁賦)〉를 지었던 임술년(1082) 7월과 마침 간지와 달이 맞았기 때문에 〈적벽부〉에서 집자(集字)하여 지은 것이다. 소식은 임술년 가을 7월 16일에 〈전적벽부(前赤壁賦)〉를, 10월 보름에 〈후적벽부(後赤壁賦)〉를 지었는데, 여기에서 〈적벽부〉는 〈전적벽부〉를 가리킨다.

883 장강(長江)과……않으리 : 장강은 중국의 양자강을 말하고, 웅부는 웅대한 부라는 뜻으로 소식의 〈적벽부(赤壁賦)〉를 가리킨다. 〈전적벽부〉에 "우리 인생이 덧없이 짧음을 슬퍼하고 장강이 끝이 없음을 부러워한다.〔哀吾生之須臾, 羨長江之無窮.〕"라고 한 말을 원용한 것이다. 《古文眞寶後集 卷8》

또 짓다
又

사라지기도 하고 자라기도 하며 一消而一長
무엇은 있고 또 무엇은 없는가 何有且何無
은자는 변화를 잘 살피니 幽人觀變化
만물이 잠깐사이에 다한다오 萬物盡須臾

또 짓다

又

바람과 달 어찌 다함이 있으랴	風月曾何盡
어부와 나무꾼이 이 삶을 기탁하네	漁樵寄此生
스스로 노래하며 술 따르다보니	自歌而自酌
북두성이 저만치 비껴있구나	星斗望來橫

또 짓다

又

강물은 다함이 없는 술 같고	江如無盡酒
바람은 소리가 있는 시로다	風是有聲詩
시와 술로 즐기고 있노라니	詩酒遨遊地
맑은 바람이 강가에 불어오네	淸風江上吹

또 짓다

又

이리저리 떠도는 인간세계	泛泛人間世
나부끼는 물 위의 배 같네	飄飄水上舟
강산에 어찌 주객이 따로 있으랴	江山何主客
천지간에 하루살이 신세인데	天地一蜉蝣

또 짓다

又

흰 이슬은 맑은 가을에 떨어지고	白露淸秋下
서풍에 일엽편주가 위태하구나	西風一葉危
슬픔 찾아오면 술 마시며 즐기리니	悲來取酒樂
즐거움 다하면 다시 슬픔 생긴다오	樂盡更生悲

또 짓다

又

난 술병이 매우 심하지만	酒困吾雖甚
술통 가득한 술 마실 수 있다오	尊盈可飮之
서로 함께 큰 소리로 노래하고	相將歌浩浩
달 바라보며 또 시 완성한다오	望月又成詩

또 짓다
又

깊은 골짝 찾아오는 손님 드무니	幽洞稀來客
슬피 읊조리고 글도 암송한다오	悲吟又誦章
아득한 하늘에는 산이 비껴 있고	山横天渺渺
어두운 달빛 아래엔 물이 흘러가네	波逝月蒼蒼

또 짓다

又

내 부럽기는 날개 돋은 신선처럼　　我羨羽化客
날아서 하늘에 오르는 것이라오　　飛飛淩上淸
훨훨 멀리 천리를 날아가니　　飄然千里擧
밝은 달에 퉁소 소리 들리누나　　明月吹簫聲

또 짓다

又

손님에게 대접할 술 없지만 無酒可醲客
내 회포 부칠 시는 있다오 有詩能託懷
바람 불 제 괜히 맞고 서고 風來空遡立
달 떠오를 제 홀로 배회하네 月出獨徘徊

유자를 깎아 술잔으로 썼는데 술 잘 마시는 객이 씹어 먹자 장난삼아 동악[884] 이안눌 에게 주다

削黃柚當杯杓 爲健飮客所齧 戲贈東岳 李安訥

우연히 천문동[885] 술 익자　偶熟門冬酒
유자로 만든 술잔에 따랐는데　仍斟柚子杯
호쾌하게 마시다 잔까지 씹으니　快傾兼齧盡
비복들이 빈 누대에서 웃는구나　婢僕笑空臺

884 동악(東岳) : 이안눌(李安訥), 1571~1637)의 호이다. 본관은 덕수(德水), 자는 자민(子敏), 시호는 문혜(文惠)이다. 1599년(선조32) 정시 문과에 급제하고 벼슬이 형조 판서에 이르렀다. 청백리에 선정되고 시문에 뛰어났다.

885 천문동(天門冬) : 백합과 여러해살이 덩굴풀인데, 이것으로 술을 담가 먹었다.

동악의 차운시
次韻 東岳

우습구나 연당의 일[886]이여	堪笑蓮堂事
감귤로 술잔 만들었다 자랑 말라	休誇橘作杯
교방은 지금 적막하니	敎坊今寂寞
사인의 누대에 누가 있는가[887]	誰是舍人臺

886 연당(蓮堂)의 일 : 연당은 의정부로, 바로 앞 시의 유자로 술잔을 만들어 놀던 일을 가리킨다.

887 교방(敎坊)은……있는가 : 기생과 놀던 사인의 누대에 아무도 없다는 말이다. 교방은 춤추고 노래하는 기생을 가리킨다. 사인은 의정부에 속한 정4품 벼슬로, 조희일이 1623년(인조1)에 의정부 사인을 거쳐 전한(典翰)이 되었기 때문에 이렇게 말한 것이다. 《竹陰集 附錄 神道碑銘》

고을 사람 정 비안 민구의 시축에 제하다
題邑人鄭庇安敏求軸

북두 자루가 언뜻 서쪽으로 옮겨가니[888]	斗柄乍移西
시름 겨운 회포 북쪽에서 풀었네	愁襟披向北
견디지 못하겠어라 성긴 빗소리	不堪疏雨聲
밤 되어 푸른 오동잎에 떨어짐을	夜入青梧滴

888 북두……옮겨가니 : 가을이 되었다는 뜻이다.

어린 기생 초옥에게 주다

贈兒妓楚玉

타고난 고운 자태 窈窕出天姿

봄에 돋은 두구의 가지로다[889] 春生荳蔻枝

기생의 마음은 아직 너무 이른지 花情絶知早

벌 한 마리 못 날아들게 하누나 未許一蜂窺

889 봄에……가지로다 : 날씬하고 가냘픈 모습을 두구(荳蔻)의 가지에 비유한 것이다. 두구는 화초의 이름으로, 두목(杜牧)의 〈증별(贈別)〉에 “예쁘고도 간드러진 십삼 세 남짓의 아가씨, 이월 초의 가냘픈 두구의 가지로다.〔娉娉嫋嫋十三餘, 荳蔻梢頭二月初.〕” 라고 한 구절이 있다. 《全唐詩 卷523》

이 목천의 그림 병풍에 제하다

題李木川畫屛

한번 묻노니 소야 어디로 가느냐	借問牛何之
우거진 풀 맛있어 뜯으로 간다오	豐草美可齧
너에게 말하노니 살찌게 먹지 마라	寄語且莫肥
너 살찐 것은 너의 복이 아니니라	爾肥非爾福

또 짓다
又

잠자려다 잠들지 못한 곳 欲眠未眠處
물고기 찾아 마음에 잊지 못하네 窺魚心不忘
자연의 이치 인간사와 가까우니[890] 天機近人事
한 번 웃고서 또 술 마신다오 一笑且銜觴

890 자연의……가까우니 : 물새가 기심(機心)이 있어 물고기를 찾듯이 사람에게도 기심이 있다는 말이다. 두보(杜甫)의 〈독립(獨立)〉에 "자연의 이치가 인간사와 가까워, 홀로 서서 온갖 시름하노라.〔天機近人事, 獨立萬端憂.〕"라고 한 구절이 있다. 《杜少陵詩集 卷6》

진주에서 출발하여 덕천으로 향하는 도중에

自晉州發向德川途中

잠시 소남역에 쉬면서	暫憩召南驛
바삐 공문서에 응답하였네[891]	悤悤詶牒移
감당나무 어디에 있는가	甘棠何處在
국풍의 시에 부끄럽구나[892]	慙愧國風詩

891 잠시……응답하였네 : 소남역(召南驛)은 경상남도 진주목(晉州牧)에 속한 역원(驛院)으로, 조희일은 1630년(인조8) 12월에 경상감사에 제수 된 뒤에 다음해 1월부터 경상감사에 재직하였는데, 이때의 일을 말하는 듯하다.

892 감당나무……부끄럽구나 : 백성들에게 선정(善政)을 베풀지 못해 부끄럽다는 말이다. 주(周)나라 때 소공(召公)이 남국(南國)을 순행(巡行)하면서 훌륭한 정사를 베풀었는데, 소공이 떠난 뒤 남국의 백성들이 소공의 덕을 그리워하여 "무성한 감당나무 자르지도 베지도 말라. 소백이 쉬셨던 곳이니라.〔蔽芾甘棠, 勿翦勿伐! 召伯所憩.〕"라고 노래한 구절이 있다.《詩經 召南 甘棠》 조희일이 마침 쉬던 곳이 소남역(召南驛)이었으므로 〈국풍(國風) 소남(召南)〉의 소공의 고사를 인용한 것이다.

간성[893]의 사군으로 호가 호은인 송희업[894]이 찾아와 작별하기에 이에 주다

杆城宋使君熙業號壺隱來別 仍贈

세상살이엔 기쁜 흥취 없지만	世路無歡興
명승지엔 오랜 인연 있다오	名區有宿緣
봉래산[895]이 지척에 있을 테니	蓬山應咫尺
늙고 병든 이 몸 신선들 찾아 가리	衰病問群仙

893 간성(杆城) : 지금의 강원도 고성군(高城郡) 간성읍(杆城邑) 지역이다.

894 송희업(宋熙業) : ?~?. 본관은 여산(礪山), 자는 극가(克家), 호는 호은(壺隱)이다. 간성 현감(杆城縣監)을 지냈고 관직은 장악원첨정(掌樂院僉正)에 이르렀다.

895 봉래산(蓬萊山) : 동해 가운데에 있다는 삼신산(三神山) 가운데 하나인데 신선이 산다고 한다.

구름
雲

구름아 너는 너무도 무심하지　　雲爾無心最
떠다니며 모였다 다시 흩어지니　　浮游聚更分
나의 한가함도 부족하지 않지만　　吾閑非不足
그래도 구름에는 못 미친다오　　猶未及於雲

꽃
花

꽃아 너는 매우 무정하지	花爾無情甚
잠깐 피었다 훌쩍 날아가니	纔開忽已飛
정 잊는 거야 익숙하지만	忘情非不慣
그래도 좋은 향기 아깝다오	猶是惜芳菲

죽암의 적소에 부치다 김광현[896]

寄竹巖謫所 金光炫

사친의 눈물 애써 참으며	忍制思親淚
보국의 마음 굳게 가졌네	堅持報國心
외로운 자취 가을 잎처럼	孤蹤似秋葉
만산 깊숙이 떨어졌다네	飄落萬山深

896 김광현(金光炫) : 1584~1647. 본관은 안동(安東), 자는 회여(晦汝), 호는 수북(水北)이다. 1625년(인조3) 정시 문과에 병과로 급제하고, 승문원 및 홍문관 부정자, 검열, 정언 등을 역임하였다. 1634년에 부제학으로 있던 중 대사간 유백증(兪伯曾)이 인조의 사친추숭(私親追崇)을 옹호하는 것에 대해서 임금에게 아부한다고 탄핵하였다가 삼수(三水)로 유배당하였다. 이시는 이때 지은 듯하다.

또 짓다
又

흥인문 밖으로 난 길을	興仁門外路
한 번 나서니 곧 천애라	一出便天涯
줄지어 남쪽으로 오는 기러기	陣陣南來雁
변방 지날 때 그대 보았으리	看君度塞時

동짓달에 분매를 감상하다

至月賞盆梅

동짓달에 매화가 피니 至月寒梅動
봄빛이 배게 위를 맴도누나 春光枕上回
무단한 동각의 홍취[897]를 無端東閣興
곧 그윽한 향기가 재촉하네 便爲暗香催

897 동각(東閣)의 홍취 : 고을 관아에서 매화를 감상하면서 일어나는 시흥을 말한다. 동각은 지방 수령의 관아(官衙)를 뜻한다. 양(梁) 나라 때 하손(何遜)이 일찍이 양주 자사(揚州刺史)의 기실(記實)로 있을 적에, 해사(廨舍)의 매화 한 그루가 활짝 핀 것을 보고는 〈영조매(詠早梅)〉 시를 읊고 이어서 날마다 매화나무 밑에서 시를 읊었던 데서 온 말이다.

추사 형 조희맹[898] 과 헤어지다

別秋沙兄 趙希孟

아득히 먼 곳으로 떠나니	錯莫天涯別
아스라한 바닷가의 산이라	蒼茫海上山
헤어지는데 더 무슨 말 하랴	臨分更何語
몸 보중하고 식사 잘하시게[899]	珍重勸加餐

898 조희맹(趙希孟) : 1574~?. 1603년(선조36)에 진사시에 합격하였다.

899 식사 잘하시게 : 건강에 유념하라는 말이다. 원문의 '가찬(加餐)'은 작자 미상의 〈악부 상(樂府上)〉에 "편지의 서두엔 밥 많이 먹으라 하고, 말미엔 늘 그립다 하였네.〔上有加餐飯, 下有長相思.〕"라고 한 데서 나온 것이다. 《古文眞寶前集 卷3》

술자리에서 입에서 나오는 대로 붓을 달리다

酒席口呼走筆

세도를 누가 주관하나	世道孰能管
내게 묻지만 난 모른다오	問吾吾不知
봄 등불이 가랑비 비추니	春燈映細雨
밤에 짐짓 더디게 술 따르네	夜酌故遲遲

또 짓다
又

깊숙한 거리에는 녹양이 드리우고	深巷綠楊垂
한가한 뜰에는 방초가 우거졌어라	閑庭芳草合
어둔 빛이 자욱한 앞마을에서	暝色藹前村
나무꾼의 화답하는 노랫소리 들리네	樵歌聞互答

또 짓다
又

게을리 속세의 먼지 밟다가	懶踏軟紅塵
청산 골짜기에 살게 되었네	來住靑山谷
야윈 매화 그림자가 창에 비끼니	梅影瘦橫窓
맑은 향기가 고독한 나를 짝하네	淸香伴幽獨

김 수사[900] 진 이 준 거울을 사례하며 돌려보내다

謝還金水使 鎭 贈鏡

다정한 은혜 크게 받았지만	深荷多情惠
뜻이 있어 돌려보낸 걸 알게나	須知有意還
늙어서도 그대 은혜 갚지 못하니	君恩老未報
거울에 비친 센 머리 부끄럽다네	羞照鬢毛斑

900 김 수사(金水使) : 좌수사 김진(金鎭)을 가리킨다. 본관은 나주(羅州)이고 아버지는 김종신(金宗信)이다. 1605년(선조38) 무과에 급제하여 선전관(宣傳官) 등을 지냈다. 병조 판서에 추증되었다.

직소(直所)에서 동료에게 보이다 계해년(1623, 인조1)에 있어야 한다.

直廬示僚友 當在癸亥年

장락궁[901]엔 밤 종소리 드물고	長樂疏鍾夜
배꽃에는 가랑비 내리누나	梨花細雨天
예전 알던 사람과 상봉하니	相逢舊面目
꼭 십년 만이라오	摠是十年前

901 장락궁(長樂宮) : 한(漢)나라 때 태후(太后)가 거처하던 궁전으로, 전하여 왕후나 대비가 거처하는 궁전을 가리킨다.

육언절구 六言絶句

상인의 시축에 쓰다

題上人軸

만물은 형형색색	萬彙形形色色
꽃들은 울긋불긋	千花白白紅紅
고요한 가운데 사물의 이치 보니	靜裏聊觀物理
영고성쇠를 하늘에 다 맡겼구나	榮枯一任天公

이민호(李珉鎬)

전북 정읍(井邑)에서 태어났다. 단국대학교 한문교육과를 졸업하고, 성균관대학교 한문고전번역 석박사통합과정을 수료하였다. 한국고전번역원 번역위원과 단국대학교 한문교육연구소 연구원을 거쳐 조선대학교 인문학연구원 고전번역연구소 연구원으로 재직 중이다. 논문으로 〈지천 황정욱 시의 요체(拗體)에 대하여〉, 번역서로 《승정원일기》 등이 있다.

최이호(崔二浩)

전남 완도(莞島)에서 태어났다. 조선대학교 국어국문학부를 졸업하고, 고려대학교 고전번역협동과정(박사)을 수료하였다. 한국고전번역원 부설 교육원 연수부, 전문과정1, 2를 졸업한 뒤 《일성록(日省錄)》을 번역하였고, 2020년부터 현재까지 조선대학교 인문학연구원 고전번역연구소에서 연구원으로 번역에 참여하고 있다. 또 한국고전번역원 부설 교육원에서 《고문진보(古文眞寶)》를 강의하고 있다.

권역별거점연구소협동번역사업 연구진

연구책임자 이상원(조선대학교 국어국문학부 교수)
공동연구원 박종훈(조선대학교 국어국문학부 교수)
엄태식(조선대학교 국어국문학부 교수)
정길수(서울대학교 국어국문학과 교수)
연구원 유종수
이민호
최이호

교열 박대현(전 한국고전번역원 교수)
윤문 배대웅

죽음집1
조희일 지음 | 이민호·최이호 옮김
2022년 12월 16일 초판 1쇄 발행
편집·발행 심미안 | 등록 2003. 3. 13. 제05-01-0268호
주소 (61489) 광주광역시 동구 천변우로 487 2층
전화 062-651-6968 | 팩스 062-651-9690 | 블로그 blog.naver.com/munhakdlesimmian

값 30,000원

ISBN 978-89-6381-408-7 94810
ISBN 978-89-6381-406-3(세트)